中国资本市场法治前沿

中国资本市场法治文库
主编 刘俊海

中国资本市场法治前沿

Frontier Issues of the Rule of Law in Chinese Capital Market

刘俊海/著

北京大学出版社
PEKING UNIVERSITY PRESS

图书在版编目(CIP)数据

中国资本市场法治前沿/刘俊海著.—北京:北京大学出版社,2012.8
(中国资本市场法治文库)
ISBN 978-7-301-20667-6

Ⅰ.①中… Ⅱ.①刘… Ⅲ.①资本市场-金融法-研究-中国
Ⅳ.①D922.280.4

中国版本图书馆 CIP 数据核字(2012)第 102040 号

书 名:中国资本市场法治前沿

著作责任者:刘俊海 著

责 任 编 辑:陈 康 陆建华

标 准 书 号:ISBN 978-7-301-20667-6/D·3119

出 版 发 行:北京大学出版社

地 址:北京市海淀区成府路 205 号 100871

网 址:http://www.yandayuanzhao.com

电 话:邮购部 62752015 发行部 62750672 编辑部 62117788
出版部 62754962

电 子 信 箱:law@pup.pku.edu.cn

印 刷 者:北京世知印务有限公司

经 销 者:新华书店

965mm×1300mm 16 开本 25 印张 367 千字
2012 年 8 月第 1 版 2012 年 8 月第 1 次印刷

定 价:49.00 元

《中国资本市场法治文库》总序

资本市场既是虚拟市场、资金密集型市场、信息密集型市场，也是诚信密集型、风险密集型和信心密集型市场。繁荣的资本市场背后也潜伏着利益冲突、道德风险和法律风险。上市公司及其高管，以及市场中介机构都可能存在道德风险。无论在熊市背景下，还是在牛市背景下，都要厉行资本市场法治。好制度比好运气更重要。要促进资本市场的持续和谐发展，必须夯实法治基础，已成为资本市场和社会各界的共识。我认为，对资本市场而言，发展是目标，规范是前提，法治是基础，和谐是关键。公平培育效率，规范促进发展，正义呵护财富，法治构建和谐。

我国社会主义市场经济体制的建立与完善、依法治国方略的确定，以及世界贸易组织的加入，催生了许多新兴的法律现象、法律关系和法律问题，为我国资本市场法治的现代化和法学研究繁荣提供了难得的历史机遇。以人为本的科学发展观的确立与和谐社会的构建更为我国资本市场法治的研究提供了理论基础和行为指南。党的十七大报告强调全面落实依法治国基本方略，加快建设社会主义法治国家；并要求优化资本市场结构，多渠道提高直接融资比重；加强和改进金融监管，防范和化解金融风险。这对我们运用法治手段推动资本市场的健康发展具有重要的理论指导意义。

要推进资本市场法治，必须牢固树立发展与规范并重的新思维。科学发展观主张，发展是目标，规范是前提，法治是基础，和谐是关键。资本市场本身就是社会关系的总和。资本市场主体天然呼唤公平、透明、鼓励创新的游戏规则。各行其道、各得其所的游戏规则是资本市场健康发展的康庄大道。要夯实资本市场法治根基，必须梳理好资本市场主体之间的法律关系，明确和落实各方主体的权利、义务和责任，构建各方主体诚信行事的市场法律环境。要把规范贯穿于资本市场发展的全过程。资本市场只能在规范中发展,在发展中规范。发展与规范如影随形,必须强调边发展、边规范。发展中的问题既要通过发展去解决,也要通过法治去解决。要扭转“重发展、轻规范”,“先发展、后规范”,“只发展、不规范”的错误理念和做法。加大资本市场的规范力度,打击证券市场违法犯罪行为,既是法治工程、规范工程,也是民心工程、发展工程。近年来资本市场中大案要案的查处非但没有阻碍资本市场的发展,反而净化了资本市场稳步发展的法治大环境,对于保护广大投资者合法权益,完善上市公司治理,推进资本市场诚信体系建设,提高上市公司的竞争力发挥了积极作用。

要推进资本市场法治,还必须牢固树立公平与效率兼顾的新思维。如何认识公平与效率之间的关系,是争议已久的老大难问题。传统发展观认为,效率优先、兼顾公平;或者,在初次分配阶段强调效率,在二次分配阶段强调公平。长期以来,重效率、轻公平的思维定式潜移默化地影响着资本市场。曾经出现的虚假“包装上市”即其适例。重效率、轻公平的传统思维不仅导致公平正义、诚实守信的主流价值观受到污染,公平公正的市场秩序遭到破坏,效率目标也很难实现。公平与效率既有差异、冲突的一面,也有相容、共生的一面。在和谐的资本市场中,公平价值与效率价值同等宝贵。公平培育效率,效率成就公平。因此,国不以利为利,国以义为利。立法与政策方案越公平,就越能激发人们创造价值和积累财富的内驱力,资本市场就越有效率。股权分置改革的成功推进即为明证。睿智的立法者与监管者应当通过民主、科学、透明的决策机制优选公平与效率两全的方案。如果实难两全,只能选择符合公平价值的方案。注重资本市场的公平正义,并不是说效率不重要;相反,效率价值很重要,只不过,效率价值不能对抗公平价值而已。和谐的资本市场不能容忍不公平的效率。例如,对关联交易的规制,对高管的股权激励机制,都要遵循公平与效率兼顾的精神。

如果说资本市场的效率和发展问题是经济学家的研究特长,而研究和解决资本市场的公平与规范问题则是法学家责无旁贷的重责大任。因此,公平与效率兼顾、规范与发展并重的主流价值观的确立为推动我国资本市场法治进程提供了宽松的法治环境和浓郁的文化氛围。为进一步繁荣我国资本市场法治研究，我与北京大学出版社蒋浩先生于2008年春天共同商定合作出版一系列专门探讨资本市场法治问题的学术专著系列，名称为《中国资本市场法治文库》。鉴于该文库的核心话题是研究中国的资本市场法治问题，即使探讨域外法治，也贯彻"洋为中用"的思想，因此我在"资本市场法治文库"之前特加上了"中国"二字。

《中国资本市场法治文库》将密切关注和研究中国资本市场领域中的热点、难点和争点法律问题，广泛借鉴和移植国际资本市场法治中的先进立法例、判例与学说，从立法论与解释论的角度提出完善中国资本市场法治建设的法理意见与建议，推动中国资本市场和谐、永续、健康发展。《中国资本市场法治文库》既着力研究资本市场法律规则的解释与适用问题，也深入研究资本市场法律规则的改革与创新问题；既重点探讨公司法、证券法、证券投资基金法、信托法、合伙企业法等领域的法律问题，也密切关注与资本市场密切相关的其他法律问题；既严肃剖析资本市场法治的前沿学术问题，更务实"诊断和治疗"资本市场中的现实法律问题；既探索创造资本财富的制度秘籍，也提炼共享资本财富的法律艺术。

《中国资本市场法治文库》收入的著作虽然均为学术专著，但更强调问题意识，重在解决现实问题，追求学术与实践的高度融合。因为，对于完善我国法学著作而言，专业的就是大众的，大众的就是务实的。本文库将始终坚持精品意识，力争每一页纸都对读者具有阅读价值，力争每本专著都会成为同行研究和解决同一或类似法律问题的必备参考书。本文库将始终坚持创新意识，鼓励作者围绕资本市场法治领域的理念创新、制度创新和行为创新贡献自己的思想。强化问题意识、精品意识与创新意识，坚持"不空谈、不浮躁、不封闭"不仅是本文库的生命线，也是一大批资本市场法治领域的学术明星得以脱颖而出的通行证。

在法学界、法律界、监管部门和资本市场各界相关人士的大力支持下，尤其是在北京大学出版社蒋浩先生和责任编辑陆建华先生的热情帮助下，我领衔主编的《中国资本市场法治文库》终于在2009年与大家见面了。开局之作是最高人民法院民二庭法官刘敏博士的《公司解散清算制度》。

中国有句古话,“万事开头难”,西方也有句谚语,“好的开端是成功的一半”,其实,说的都是一个意思。我们诚挚地欢迎海内外资本市场法治领域的各位贤达充分利用和支持《中国资本市场法治文库》这一学术平台,为推进中国资本市场法治的现代化而共襄盛举。我希望并相信,《中国资本市场法治文库》在国内法学界、法律界、实务界和有关部门的鼎力支持下,将与中国资本市场共同成长,越办越好!

丛书主编:刘俊海

于美国威斯康辛大学法学院

自　序

我国社会主义市场经济体制的建立与完善、依法治国方略的确定以及世界贸易组织的加入,催生了许多新兴的法律现象、法律关系和法律问题,为我国资本市场法治的现代化和法学研究的繁荣提供了难得的历史机遇。以人为本的科学发展观的确立与和谐社会的构建更为我国资本市场的法治研究提供了理论基础和行为指南。

资本市场既是虚拟市场、资金密集型市场,也是信息密集型、诚信密集型、风险密集型的市场。即使在繁荣的资本市场背后也有可能潜伏着利益冲突、道德风险和法律风险。不仅上市公司及其高管存在着道德风险,市场中介机构也存在着道德风险。在股指飙升的情况下,内幕交易、操纵市场和虚假陈述的现象不仅没有禁绝,反而愈演愈烈,即其明证。因此,在熊市的背景下,要加强资本市场法治;在牛市的背景下,更要厉行资本市场法治。毕竟,好制度比好运气更重要。要推动我国未来资本市场可持续地健康发展,必须进一步夯实资本市场和谐发展的法治基础。

要推进资本市场法治,促进资本市场的永续和谐发展,必须牢固树立发展与规范并重的新思维。科学发展观主张,发展是目标,规范是前提,法治是基础,和谐是关键。资本市场本身就是社会关系的总和。资本市场主体天然呼唤公平、透明、鼓励创新的游戏规则。各行其道、各得其所的游戏规则是资本市场健康发展的康庄大道。要夯实资本市场法治的根基,就必须梳理好资本市场主体之间的法律关系,明确和落实各方主体的权利、义务和责任,构建各方主体诚信行事的市场法律环境。只有如此,才能推动我国资本市场的健康发展,确保国民经济的持续稳定增长，确保我国和谐社会的顺利构建。要把规范贯穿于资本市场发展的全过程。资本市场只能在规范中发展，在发展中规范。发展与规范如影随形，必须强调边发展、边规范。这就需要切实解决扭转“重发展、轻规范”，“先发展、后规范”，“只发展、不规范”的理念和做法。加大资本市场的规范力度，打击证券市场违法犯罪行为，既是法治工程、规范工程、民心工程，也是发展工程。近年来资本市场中一些大案要案的查处非但没有阻碍资本市场的发展，反而净化了资本市场稳步发展的法治大环境。这对于保护广大投资者的合法权益，完善上市公司治理，推进上市公司的诚信体系建设，提高上市公司的竞争力都具有积极作用。

要推进资本市场法治，促进资本市场的永续和谐发展，还必须牢固树立公平与效率兼顾的新思维。如何认识公平与效率之间的关系，是我国法学界与经济学界在建立与健全资本市场过程中长期存在争议的问题。传统发展观认为，效率优先、兼顾公平；或者，在初次分配阶段强调效率，在二次分配阶段强调公平。长期以来，重效率、轻公平的思维定式潜移默化地影响着资本市场。曾经出现的虚假“包装上市”即其适例。重效率、轻公平的传统思维不仅导致公平正义、诚实守信的主流价值观受到污染，公平公正的市场秩序遭到破坏，效率目标也很难实现。

公平价值历来是资本法治社会的主流价值观。公平与效率既有差异、冲突的一面，也有相容、共生的一面。在和谐的资本市场里，公平价值与效率价值同等宝贵。公平培育效率，效率成就公平。立法与政策方案越公平，就越能激发人们创造价值和积累财富的内驱力，资本市场就越有效率。股权分置改革的成功推进即为明证。睿智的立法者与监管者应当通过民主、科学、透明的决策机制优选公平与效率两全的方案。如果实难两全，只能选择符合公平价值的方案。注重资本市场的公平正义，并不是说效率不重要。相反，效率价值很重要。只不过，效率价值不能对抗公平价值而已。和谐的资本市场不能容忍不公平的效率。例如，对于关联交易的规制以及对于高管的股权激励机制，要遵循公平与效率兼顾的精神。

2005年,笔者成功申报了国家社会科学基金项目《规范、健全、发展资本市场的法律问题研究》(05CFX013)。2009年3月12日,该课题成果被全国哲学社会科学规划办公室鉴定为优秀成果。在该研究成果的基础上,笔者又对研究成果的内容作了适度修改,遂成为本书。

感谢北京大学出版社蒋浩先生的约稿,也感谢陆建华、陈康编辑的辛勤劳动。书中错误在所难免,敬请各位读者批评雅正。

刘俊海

2012年4月28日

摘　要

2004年1月31日国务院《关于推进资本市场改革开放和稳定发展的若干意见》指出："大力发展资本市场是一项重要的战略任务，对我国实现本世纪头20年国民经济翻两番的战略目标具有重要意义。"但由于我国资本市场立法滞后，存在着一些深层次的法律问题，制约了市场功能的有效发挥。为在证券市场领域落实科学的发展观，增强我国资本市场的国际竞争力，从根本上奠定我国证券市场长远可持续发展的法治基础。本课题组从法治的角度，围绕我国资本市场上重大问题展开深入研究，积极谋求规范、健全、发展资本市场的治本之策。本课题组认为：

科学发展观是指导资本市场法治建设的指南针。科学发展观主张，发展是目标，规范是前提，法治是基础，和谐是关键。要推进资本市场法治，促进资本市场的永续和谐发展，必须牢固树立发展与规范并重的新思维，资本市场只能在规范中发展，在发展中规范；要推进资本市场法治，促进资本市场的永续和谐发展，还必须牢固树立公平与效率兼顾的新思维，和谐的资本市场不能容忍不公平的效率。

为了进一步推动我国资本市场又好又快地永续健康发展，必须弘扬健康向上的和谐股权文化，构建投资者友好型法治环境。和谐股权文化，包括股东主权理念、股权平等理念、向弱势股东适度倾斜理念、股东民主理念和股东诚信理念。弘扬健康向上的和谐股权文化、切实保护好投资者权利应当是我国《公司法》与《证券法》的重要立法宗旨，并贯穿于整个资本市场法治建设的全过程。为弘扬和谐股权文化，必须把弘扬和谐的股权文化作为我国资本市场发展与监管过程中的主旋律，积极构建投资者友好型的法律体系与投资者友好型的行政监管体系，打造投资者友好型的司法救济体系，把弘扬股权文化贯穿于公司治理的全过程，将其作为投资者教育的重要内容，通过组建中国投资者协会，进一步完善证券投资者保护基金制度等方式弘扬和谐股权文化。

在证券发行制度上，我国未来的证券发行监管体制改革仍要在继续坚持市场化改革方向的前提下进一步深化与创新：第一，进一步完善保荐制度。第二，进一步完善询价制度。第三，促进优化资本市场结构和发行监管改革相互协调。第四，建设服务型和法治型证券监管机构。

同时，我国证券发行监管体制的改革路径和核心内容应当是注册制改革。注册制的推行需要完善如下相关配套条件：一是证券市场监管者要从发行申请文件的实质内容的核准转向对发行申请文件的真实性、合法性与完整性的合理审慎审查。二是证券市场监管机构和自律机构应当从过于重视事先的核准把关，转向事后的监管。三是进一步完善证券一级市场的失信制裁机制包括信用制裁机制，督促发行公司、保荐机构和其他中介机构慎独自律。在证券发行制度改革的同时，要加强对非法证券活动的整治，切实维护广大投资者的合法权益。

证券交易所是证券市场的心脏。为了增强我国证券交易所的活力与竞争力，必须进一步改革我国现行的证券交易所制度，进一步明确证券交易所的法律地位，切实强化证券交易所在证券市场中的自治与自律功能。鉴于公司化改革可以强化证券交易所的自治地位，改善证券交易所的自律监管，建议大胆借鉴国外证交所公司制改革的成功经验，积极稳妥地推进我国证券交易所的公司化、股份化和最终上市。当然，在证交所公司制改革以后，还应当强调证交所在发挥自律监管职责方面的社会责任，并推出具体的制度设计与措施保障，同时应打破垄断，在证交所的设立和运营等诸环节创造公平竞争的环境。

公司治理乃公司命运之所系。公司良治的核心特征包括但不限于公司治理的透明度、问责性、民主性、尊重股东价值、股东平等、公司社会责任等方面。因此，公司治理的完善也应当着眼于这一点。建议进一步提高上市公司的透明性，要积极稳妥地推进信息披露的简明化运动，要充分尊重股东的知情权；建议进一步提高上市公司治理的问责性；建议进一步提高上市公司治理的民主性，建议《上市公司监督管理条例》根据《公司法》的规定，进一步细化有关股东大会、董事会、监事会职权的规定，形成股东会负责宏观决策、董事会负责中观决策、经理负责微观决策、监事会负责监督董事会和经理层、独立董事负责监督执行董事和经理层的分权制衡结构。

我国新《公司法》确定了股东大会、董事会、监事会和经理构成的公司治理结构。要从根本上避免独立董事与监事会制度叠床架屋，减少监督资源的不必要浪费，从制度上革除当前独立董事与监事会并存的格局，授权公司自由选择独立董事制度或监事会制度。完善独立董事制度应当寻求良好的独立董事与内部董事的构成比例，最佳的董事会结构应是内外董事（包括独立董事与关联董事）并存、德能互补、好人与能人为伍的结构。从任职资格上看，独立董事既应具备普通董事的任职资格，也应具备其他特殊资格；既要保持独立性，还应当具备至少足以与非独立董事相匹配，甚至更强的业务能力。为培育独立董事市场，加强独立董事自律，有必要设立董事协会，建立独立董事秘书制度。同时，应当健全独立董事的选拔机制，明确独立董事的问责机制，完善独立董事的利益激励机制。

证券公司与其客户之间的代理关系适用代理人对被代理人所负的诚信义务包括忠实义务和勤勉义务。虽然勤勉义务也很重要，但对投资者财产利益和市场信心损伤最大的行为乃是忠实义务之违反。证券公司的诚信义务主要包括：(1) 严格在客户授予的代理权限内代理证券买卖，杜绝无权代理与越权代理行为。(2) 得接受全权委托和概括授权。(3) 及时向投资者揭示投资风险。(4) 保障客户资产的安全性。(5) 不得实施自己代理和双方代理行为。(6) 如实报告义务等。证券公司违反委托合同、给客户造成财产损失的行为既是违约行为，也是侵权行为。根据《合同法》第 122 条之规定，因当事人一方的违约行为，侵害对方人身、财产权益的，受损害方有权选择依照《合同法》要求其承担违约责任，或者依照其他法律（侵权责任法）要求其承担侵权责任。因此，受害投资者有权从中选择对自己最为有利的法律依据，维护自身权益。

会计师事务所侵权责任的理论基础在于受托人信托义务之违反。会计师事务所对利害关系人承担侵权责任时，不应遵循严格责任原则和公平责任原则，而应遵循过错责任原则。在诉讼程序中落实过错责任原则时应当采取过错推定的证据规则。我国应当建立会计师事务所的过错鉴定制度，允许人民法院就其难以判断的会计师事务所过错问题委托由法律、会计等专业人士组成的过错鉴定委员会作出鉴定结论。在落实会计师事务所的过错责任原则时，应区分会计师事务所在主观上的故意与过失。我国现行立法并未规定特定赔偿金额上限，但《公司法》第208条第3款要求承担资产评估、验资或者验证的机构“在其评估或者证明不实的金额范围内承担赔偿责任”。这实际上间接规定了会计师事务所的责任限额，司法解释可以据此予以细化。

股权分置改革的实质是从根本性的制度建设层面理顺流通股股东与非流通股股东之间的利益关系，既有利于非流通股股东依法取得流通权，又有利于流通股股东依法获得公平的对价。而流通股股东获得对价的基础即在于非流通股股东在股份发行之初有关“所持国有股、法人股暂不流通”的承诺构成与流通股股东之间的合同。证监会主导下的股权分置改革导致两类股东之间的合同发生变更，根据情势变更原则，流通股股东有理由请求非流通股股东支付合理的对价。股改对价的确定应遵循公开、公平、公正原则，合同自由原则，保护流通股股东利益原则以及有利于市场稳定原则。流通股股东的共同法律行为构成股权分置改革方案应由股东大会表决的基础。针对非流通股股东的违约行为，流通股股东可以选择违约责任之诉或者选择侵权赔偿之诉。

证券犯罪作为一种社会现象，有其深刻的社会背景和时代特征。现行的证券犯罪执法合作体制在打击证券犯罪、加强市场风险防范方面发挥了重要作用，但仍然面临着来自外部法律法规以及执法合作机制内部在证据转换、公安机关提前介入等方方面面的制约，需要进行改革以便更好地应对打击证券犯罪和防范市场风险的需要。就加强和完善证券犯罪执法合作，应当尽快实现公安机关提前介入，实现公安机关介入的关口前移；积极探索行政执法人员收集的证据与刑事犯罪证据的转换方法；对立案与侦查程序的关系可以重新调整；适当扩充中国证监会的执法权力的范围和种类；进一步加强法律执行的可操作性；适应证券犯罪难取证的特点，提高侦查机关查办证券犯罪的技术手段和方法；尤其应当加强公安机关与证券监管部门之间的协作，逐步建立健全打击证券犯罪的预警机制、防控机制、联合办案协作机制；大力加强证券犯罪侦查机构和侦查队伍建设并建立聘请专家协助侦查制度；多管齐下，广辟案源渠道，积极鼓励市场各方参与者法律监督。在修改相关法律法规的同时，积极探索证券犯罪执法合作机制的实现模式也是加强执法合作的重要路径。

证券市场立法和司法必须扭转重行(刑)轻民的传统思维定式,对于证券民事责任、证券行政责任与证券刑事责任予以同等关注。就证券民事责任、行政责任与刑事责任的并用与竞合问题,三大法律责任原则上应当并用。当证券市场主体的某一行为同时触犯民事法律规范、行政法律规范或者刑事法律规范,但其无力同时支付民事赔偿金、罚款与罚金时,必须优先满足受害投资者的民事赔偿请求权;在适用法律责任时,如果三种法律责任出现竞合,应当删去相叠部分,使重叠的法律责任只适用一次,做到一事不二罚。对于证券市场主体发生债务不履行与侵权行为之竞合时,投资者可自由选择对自己有利的法律依据提起诉讼。至于证券市场中的投资者由于市场主体的虚假陈述遭受损失时,要视其与被告人是否存在合同关系而定:倘若存在合同关系,受害投资者既可选择提起违约之诉,也可选择提起侵权之诉;倘若不存在合同关系,受害投资者只能提起侵权之诉。为保护投资者权益,确保我国证券市场的可持续发展,必须建立快速落实证券民事责任的争讼解决机制,打通五大争讼解决途径,充分发挥行业协会和社会经济团体的作用。

应强化上市公司的社会责任。公司社会责任理论纠正了传统公司法片面强调公司营利性与股东利益最大化的立法理念,要求公司在开展经营活动时不仅要遵守法律和行政法规,而且要遵守商业伦理(商业道德),还要遵守公序良俗(包括社会公共利益和良好社会风俗)。强化公司社会责任的理论依据在于公司的社会性,在于公司的经济力量,在于公司推动社会权实现的社会义务;强化公司社会责任有助于推动和谐社会的构建;强化公司社会责任是聪明的公司占领市场份额的经营方略。为推动上市公司社会责任运动,应当鼓励公司慎独自律,出台公司社会责任政策,鼓励社会责任投资,建立与完善公司社会责任信息披露制度等。

目　录

第一章 引 论

党的十七大报告明确强调，在新的发展阶段继续全面建设小康社会、发展中国特色社会主义，必须坚持以邓小平理论和“三个代表”重要思想为指导，深入贯彻落实科学发展观。科学发展观，第一要义是“发展”，核心是“以人为本”，基本要求是“全面协调可持续”，根本方法是“统筹兼顾”。党的十七大报告还明确要求，全面落实依法治国基本方略，加快建设社会主义法治国家。在谈到资本市场时，党的“十七大”报告特别强调，优化资本市场结构，多渠道提高直接融资比重；加强和改进金融监管，防范和化解金融风险；并要求深化国有企业公司制股份制改革，健全现代企业制度；推进公平准入，改善融资条件，破除体制障碍，促进个体、私营经济和中小企业发展。

早在党的“十七大”召开之前，胡锦涛总书记就在中共中央政治局2007年8月28日下午进行第四十三次集中学习时语重心长地指出：“要大力发展资本市场，加强资本市场基础性制度建设，促进资本市场主体健康发展”。他还强调：“金融越发展，越要加强监管。要坚持把金融监管作为金融工作的重中之重，加快金融法制建设，不断完善金融监管体制机制，改进金融监管方式和手段，健全金融监管协调机制，做好金融重点领域和重点环节监管，加快构建金融安全网，依法打击各种金融违法犯罪行为，不断提高监管能力和水平。”

党的十七大报告和总书记的重要讲话，既强调了资本市场的发展问题，也重视资本市场的法制建设。这对完善上市公司监管立法、运用法治手段推动资本市场的健康发展具有重要的理论指导作用。资本市场既是虚拟市场、资金密集型市场，也是信息密集型、诚信密集型、风险密集型的市场。即使在繁荣的资本市场背后也有可能潜伏着利益冲突、道德风险和法律风险。不仅上市公司及其高管存在着道德风险，市场中介机构也存在着道德风险。在股指飙升的情况下，内幕交易、操纵市场和虚假陈述的现象不仅没有禁绝，反而愈演愈烈即其明证。因此,在熊市的背景下,要加强资本市场法治;在牛市的背景下,更要厉行资本市场法治。毕竟,好制度比好运气更重要。要推动我国未来资本市场可持续地健康发展,必须进一步夯实资本市场和谐发展的法治基础。

第一节 推进资本市场法治的新思维

要推进资本市场法治,促进资本市场的永续和谐发展,必须牢固树立发展与规范并重的新思维。科学发展观主张,发展是目标,规范是前提,法治是基础,和谐是关键。资本市场本身就是社会关系的总和。资本市场主体天然呼唤公平、透明、鼓励创新的游戏规则。各行其道、各得其所的游戏规则是资本市场健康发展的康庄大道。要夯实资本市场法治的根基,就必须梳理好资本市场主体之间的法律关系,明确和落实各方主体的权利、义务和责任,构建各方主体诚信行事的市场法律环境。只有如此,才能推动我国资本市场的健康发展,确保国民经济的持续稳定增长,确保我国和谐社会的顺利构建。要把规范贯穿于资本市场发展的全过程。资本市场只能在规范中发展,在发展中规范。发展与规范如影随形,必须强调边发展、边规范。这就需要切实解决扭转"重发展、轻规范","先发展、后规范","只发展、不规范"的理念和做法。加大资本市场的规范力度,打击证券市场违法犯罪行为,既是法治工程、规范工程、民心工程,也是发展工程。近年来,资本市场中一些大案要案的查处非但没有阻碍资本市场的发展,反而净化了资本市场稳步发展的法治大环境。这对于保护广大投资者合法权益,完善上市公司治理,推进上市公司的诚信体系建设,提高上市公司的竞争力都具有积极作用。从这个意义上说,尽快出台《上市公司监管条例》对于证券市场而言,是一个长期的利好信息。

要推进资本市场法治,促进资本市场的永续和谐发展,还必须牢固树立公平与效率兼顾的新思维。如何认识公平与效率之间的关系,是我国法学界与经济学界在建立与健全资本市场过程中长期存在争议的问题。传统发展观认为,效率优先、兼顾公平;或者,在初次分配阶段强调效率,在二次分配阶段强调公平。长期以来,重效率、轻公平的思维定式潜移默化地影响着资本市场。曾经出现的虚假"包装上市”即其适例。重效率、轻公平的传统思维不仅导致公平正义、诚实守信的主流价值观受到污染，公平公正的市场秩序遭到破坏，效率目标也很难实现。

公平价值历来是资本法治社会的主流价值观。公平与效率既有差异、冲突的一面，也有相容、共生的一面。在和谐的资本市场里，公平价值与效率价值同等宝贵。公平培育效率，效率成就公平。立法与政策方案越公平，就越能激发人们创造价值和积累财富的内驱力，资本市场就越有效率。股权分置改革的成功推进即为明证。睿智的立法者与监管者应当通过民主、科学、透明的决策机制优选公平与效率两全的方案。如果实难两全，只能选择符合公平价值的方案。注重资本市场的公平正义，并不是说效率不重要。相反，效率价值很重要。只不过，效率价值不能对抗公平价值而已。和谐的资本市场不能容忍不公平的效率。例如，对于关联交易的规制以及对于高管的股权激励机制，要遵循公平与效率兼顾的精神。

综上，笔者认为，科学发展观是指导资本市场法治建设的指南针。由此，笔者以科学发展观为基本指导思想，围绕我国证券市场发展与完善中的核心问题，就弘扬和谐股权文化、证券发行制度改革、证券交易所自律监管制度改革、公司治理完善、独立董事制度改革、证券公司诚信义务及其法律责任、会计师事务所民事侵权责任制度完善、股权分置改革的法学思考、证券市场执法体制改革、证券市场法律责任的立法和执法协调、上市公司的社会责任等问题进行深入研究，以期为构建规范、健全、发展的资本市场提出合理的解决之道。

第二节 有关研究方法的说明

本书采用的研究方法主要包括以下几种：

1. 历史考察的方法

历史考察，主要是对制度的历史渊源和发展脉络进行梳理，这是分析现行制度、提出改进建议的基本前提。本书采用这种方法，对资本市场现行制度进行了探究和分析，试图从中探寻建立规范、健全、发展的资本市场的法律基础和制度痕迹。

2. 比较分析的方法

比较分析不同国家的法律体制、法律文化和法律制度，借鉴其经验教训，从而发展完善本国的法律制度，是法学研究中常用的方法。本书采用这种方法，比较了不同国家之间的资本市场制度，借鉴其中有益的理论和做法，结合我国实际情况，确定相应的制度模式。

3. 实证研究的方法

实证研究，要求我们将关注点从规范层面深入到具体的制度运行中去，运用具体的数据和实例，探究制度存在的问题和解决的思路。本书运用这种研究方法，对我国资本市场现行制度进行了分析，通过对现行制度的重点分析，考察了现行制度中存在的问题，并针对问题提出了相应的解决模式。

第二章　弘扬和谐股权文化，构建投资者友好型法治环境

回首2007年的中国资本市场，一个可圈可点的历史画面是资本市场的财富管理效应，数以万计的投资者进入股市，而广大投资者的入市又进一步强化了资本市场的财富管理效应。截至目前，深沪两市账户总数达到了1.38亿。[①] 好制度比好运气更重要。党的“十七大”报告中提出：“创造条件让更多群众拥有财产性收入”。其中的“财产性收入”，主要是与劳动性收入（如劳动报酬）相对而言的。广大投资者购买的证券产品尤其是股票作为财产性收入，当然需要得到《物权法》、《公司法》和《证券法》等法律的承认和保护。笔者认为，为了进一步推动我国资本市场又好又快地永续健康发展，必须弘扬健康向上的和谐股权文化，构建投资者友好型法治环境。

第一节　弘扬股权文化的意义

和谐股权文化是一个内涵丰富、外延广阔的概念，主要指尊重和保护股东权利、体现股权平等、股权民主、关怀弱势股东、股东诚实守信、股东与非股东利益相关者和谐相处的主流价值观。其核心内容有六：(1) 股东主权思想；(2) 股东平等；(3) 向弱势股东适度倾斜；(4) 股东民主；(5) 股东诚信；(6) 股东与利益相关者和谐相处。

1. 弘扬股权文化是改善投资者关系、提升公司治理水平、强化公司竞争力的关键

公司良治的重要标志就是弘扬股权文化，尊重股东价值。凡是贬损股东价值、侵害股东合法权益的上市公司，都不可能成为具有投资价值的公司。有些公司标榜自己重视与投资者的关系，并在网站上虚

---

① 参见胡学文：《A股开户一年新增3400万》，载《证券时报》，2007年12月25日。

情假意地开设投资者关系栏目,但未受到投资者的认同。有些公司虽然资本规模和经营规模庞大,但由于偏离了股权文化而被投资者抛弃,进而丧失了竞争力。弘扬股权文化有助于匡正迷失航线的公司控制股东和经营者的错误思维方式,有助于凝聚一大批认同和追求股东价值投资的投资者和管理精英,建立投资者与经营者共舞的利益共同体,有助于在公司内部和资本市场树立上下和谐、内安外顺的和谐局面。为提升公司竞争力,必须在完善公司治理的过程中大力弘扬以股东主权思想为主流价值观的和谐股权文化。

2. 弘扬股权文化是推动资本市场和谐永续健康发展、拉动经济增长的发动机、火车头和助推器

广大投资者是整个资本市场的基石,投资者的出资是资本市场的物质基础,投资者的利益是上市公司及其高管的行为指南,投资者的意志是影响资本市场繁华衰败的决定力量。在和谐的投资环境下,使广大投资者普遍拥有公平感、安全感和幸福感。保护股东权益是打造和谐资本市场生态环境的关键。在股权文化匮乏的国家和地区,投资者在开展投资活动时必然战战兢兢、如履薄冰。因此,弘扬股权文化,就是保护股东合法权益,就是保护投资信心,保护投资兴业活动,保护国民经济的友好有快地永续增长。

3. 弘扬股权文化是资本市场法治肩负的首要任务,也是资本市场法治化程度的重要标杆

股东权益的保护状况是检验一个资本市场是否成熟、公正的试金石,是衡量一个资本市场文明程度与法治化程度的标志。股权保护程度与资本市场的成熟程度成正比。衡量一个国家或地区的市场经济体制是否完善,可以从投资者权益保护状况、消费者权益保护状况和劳动者权益保护状况等三大指标得到基本验证。在这个意义上说,资本市场法治的历史就是一部为投资者权利保护而奋斗的历史,资本市场法的实质就是投资者保护法。公司法如此,证券法如此,证券投资基金法也莫不如是。弘扬健康向上的和谐股权文化、切实保护好投资者权利是我国新《公司法》与新《证券法》的重要立法宗旨,并贯穿于整个资本市场法治建设的全过程。

让人痛心的是,我国当前资本市场投资者权利保护工作仍显脆弱,投资信心经常遭遇沉重打击,中小股东权益经常受到损害。即使

在股权分置改革之后，上市公司投资者依然深受虚假陈述、内幕交易和操纵市场等“三座大山”的压迫。资本市场中的虚假信息此起彼伏，令广大投资者防不胜防。一些上市公司公然隐瞒事实真相、伪造虚假文件骗取上市资格；一些公司在评估文件中虚增资产；一些公司在年报中虚构损益、隐瞒重大事项；一些上市公司胆大妄为挪用募股资金，坐庄炒股；一些母公司堂而皇之挪用上市公司巨额资产。个别无良的股评家（证券分析师）、注册会计师、资产评估师和律师更为资本市场违法违规行为推波助澜，助纣为虐，引发了广大投资者的深恶痛绝。几年之前，以吕梁为代表的恶庄使出浑身解数，通过开设上百个股东账户、发动数十个证券营业部、集结跨省市的巨额资金，人为操纵股价，害得广大中小投资者血本无归。但在2005年新《证券法》出台之前，受害投资者除了可以将虚假陈述行为人推向被告席、讨回公道外，对于内幕交易和操纵市场的行为除了恨得咬牙切齿外，别无高招。

可喜的是，近年来我国的股权文化意识包括投资者的法律意识和维权意识日渐觉醒。近年来，遭受虚假陈述的投资者纷纷向虚假陈述公司及其高管和中介机构提起民事损害赔偿诉讼，中国证监会加大对资本市场当事人的行政处罚力度，司法机关加大对侵害投资者权益的犯罪主体的刑事追诉力度，“带头大哥案”、“杭萧钢构案”、“广发证券借壳案”的涉案人员的迅速落网，便是其中的重要脚注。此外，投资者教育工作开始起步。当然，股东的维权艺术和维权手段尚需进一步磨砺，尤其是在选择投资对象、行使表决权、团结其他股东方面的法律智慧以及行使诉权的举证能力方面依然任重道远。

第二节　树立股东主权理念

一、公司权力的合法根基在于股东主权思想

股权文化的核心内容是股东主权思想。所谓股权主权就是彻底确认股东在公司治理中的主人翁地位，真正理顺股东与经营者之间的代理（主仆）关系，全面尊重股东依据法律和章程所享有的各项权利和利益，尤其是知情权、决策参与权、分红权、监督权与转股权等。这意

味着,股市就不再仅仅是上市公司和发行人的圈钱工具,而且是投资者取得投资回报、分享中国资本市场和国民经济健康发展成果的聚宝盆。重融资、轻投资,重圈钱、轻回报的游戏规则必须转变。

公司权力(包括公司治理权)的合法根基在于股东主权思想。美国总统林肯的人民主权思想,即民有(from the people)、民享(for the people)、民治(by the people)的政治民主观点,对于在公司领域落实股东民主也有重要启发。由此推演出去,可以断言:公司的权力源于股东(from the shareholders),公司的权力为了股东利益而行使(for the shareholders),公司的权力由股东行使(by the shareholders)。遗憾的是,受几千年重农抑商封建历史的影响,我国传统文化中股东主权思想的基因并不发达。要弘扬股权文化,首先应当树立股东主权思想。

值得注意的是,在股东大会中心主义的立法框架下,要树立股东主权思想;在董事会中心主义的立法框架下,依然要树立股东主权思想。无论是股东会中心主义还是董事会中心主义,仅仅表明公司内部治理机构之间在经营决策方面的职责分工而已,即使董事会中心主义也未颠覆主权思想。个中道理如同政治生活中行政权的适度集中并不能撼动人民主权思想一样。

二、尚存遗憾的股东权立法定义

新《公司法》第 4 条将股东权列举为"公司股东依法享有资产收益、参与重大决策和选择管理者等权利"。1993 年的《公司法》第 4 条第 1 款,曾将股东权界定为"公司股东作为出资者按投入公司的资本额享有所有者的资产受益、重大决策和选择管理者等权利",存在许多缺憾。从逻辑上看,该款规定出现了三个内容相关又相互重叠的概念"股东"、"出资者"和"所有者"。其实,投资者履行出资义务、成为公司股东后,不再对其出资享有所有权,将股东称为"所有者"欠妥。重大决策权属于股东大会或董事会,每位股东仅有权参加股东大会的决策程序,而非单独决策。同理,"选择管理者"也分属股东大会(选择董事、监事)或董事会(选择经理)等权利,而非每位股东。有鉴于此,新《公司法》第 4 条将股东的基本权利作了相应修改。

遗憾的是,新《公司法》第 4 条依然保留了"资产收益"的概念。其实,"资产收益"是经济学色彩较浓的概念,在下次公司法修改时宜改采“分取股利”的法律术语。当然，倘若该条能够提炼股东权的内涵似乎更加理想。建议将该款改为“公司股东依本法和公司章程的规定，享有的维护自身和公司合法利益的权利，包括股利分取请求权、股东大会出席权、表决权、股东代表诉讼提起权、新股认购优先权、公司信息知情权等”。

三、缤纷多彩的股权分类

以其行使目的为准，股东权分为自益权与共益权。顾名思义，自益权是股东为维护自身利益而行使的权利，共益权是股东为维护包括自己利益在内的公司利益和全体股东利益而行使的权利。股东的自益权主要包括：股利分配请求权（《公司法》第 35 条、第 167 条第 4 款）、剩余财产分配请求权（《公司法》第 187 条第 2 款）、新股认购优先权（《公司法》第 35 条）、退股权（股份买取请求权，《公司法》第 75 条）、股份转让权（《公司法》第 72 条）、股东名册变更请求权（《公司法》第 74 条）等。可见，股东的自益权虽主要体现为经济利益，但不必限于直接接受金钱的形式。

股东的共益权包括：表决权（《公司法》第 43、104 条）、代表诉讼提起权（《公司法》第 152 条）、临时股东大会召集请求权（《公司法》第 40、101 条）、临时股东大会自行召集权与主持权（《公司法》第 41 条第 3 款、第 102 条第 2 款）、提案权（《公司法》第 103 条第 2 款）、质询权（《公司法》第 98 条、第 151 条第 1 款）、股东会和董事会决议无效确认诉权（《公司法》第 22 条第 1 款）、股东会和董事会决议撤销诉权（《公司法》第 22 条第 2 款）、累积投票权（《公司法》第 106 条）、会计账簿查阅权（《公司法》第 34 条第 2 款）、公司解散请求权（《公司法》第 183 条）等。由此可见，股东的共益权不仅表现为公司治理中对公司决策的积极参与，也表现为对公司高管的消极监督。自益权与共益权间的界限并非泾渭分明。这是由于，某些共益权作为自益权的手段而行使，从而使此种权利兼具共益权和自益权的特点，例如会计账簿查阅权即属此类。

以其行使方法为准，股东权可分为单独股东权与少数股东权。所谓单独股东权，是指不问股东的持股数额多寡，仅持有一股的股东即可单独行使的权利，如股利分配请求权、剩余财产分配请求权、新股认购优先权、退股权、股份转让权等。所谓少数股东权，是指持有股份占公司已发行股份总数一定百分比的股东才能行使的权利。例如，股份有限公司中的股东要行使代表诉讼提起权须为连续 180 日（投资股东）以上单独或者合计持有公司 1% 以上股份的股东；再如，股东要行使临时股东大会自行召集权与主持权必须连续 90 日以上单独或者合计持有公司 10% 以上股份（《公司法》第 102 条第 2 款）。当然，行使少数股东权的股东既可是持股相与结合始达一定百分比的数个股东，也可是持股达一定百分比的单个股东。股东的自益权从性质上而言均属单独股东权；而共益权中既有单独股东权（如表决权、累积投票权），也有少数股东权（如股东大会自行召集权和主持权）。

四、股东资格不容非法剥夺

股东原始取得（认购股份、缴纳出资）或者继受取得（受让股权）的股东资格当属股东的固有权。除非法律法规另有特别规定，未经股东本人同意，任何人不得擅自处分股东的股权。不仅公司的股东大会无权作出强制某股东有偿或者无偿出让股权的决议，其他股东也无权觊觎或侵占他人的股权，政府监管部门亦无权在缺乏法律授权的情况下强制股东转让股权或者褫夺其股东资格。

法定例外情形常见于人民法院强制执行债务人的股权以清偿债务的情形。依据《证券法》第 150 条的特别授权，中国证监会有权责令净资本或者其他风险控制指标不符合规定的证券公司限期改正，倘若证券公司逾期未改正或其行为严重危及该证券公司的稳健运行、损害客户合法权益的，证监会有权责令控股股东转让股权或者限制有关股东行使股东权利。此外，中国银监会依据《银行业监督管理法》第 37 条也享有类似权力。但是，此种强制措施的运用应当慎之又慎，稍有不慎就会触发不必要的负面效果。例如，哪些市场主体可以成为股权的受让方，有意受让股权的适格当事人众多时，如何不偏不倚地确定受让方也是一个棘手难题。从长远看，此类强制转股的授权立法应当严格控制。立法者应当尽力寻求对私法秩序伤害最轻的办法呵护公共利益。

五、股权是物权在投资领域的延伸

股权与物权既相区别,又相联系。[①]

1. 物权是股权产生的法律前提

股权之取得源自股份,而股份之取得又源自股东对公司的投资,而投资的法律本质在于股东将一定数额财产的所有权转让给公司。可见,没有所有权就没有股权,股权就是由所有权转换而来的。在一定意义上,可以说股权脱胎于物权:股东自益权源于所有权中的收益权能,股东共益权源于所有权中的支配权能。难怪有学者主张,股东的自益权是所有权中收益权能的变形物,而股东的共益权是所有权中支配权能的变形物。[②] 当然,除物权外,具有确定的财产价值、且能够被公司有效利用的知识产权、债权、股权等财产权利也可以作为出资形式。

2. 股权是取得物权的法律手段

股权并非为了其自身的存在而存在,而是为了满足股东的一定利益特别是经济利益而存在。股权的实现突出地表现为股利或剩余财产之取得,即物权或所有权之取得。只要公司存续下去,股东就有可能通过股权之行使源源不断、年复一年地取得物权或者所有权,进而增加股东的财富。因此,物权是股权行使的目的,股权是取得物权的手段。

3. 股票恰恰是股权与物权互相融合的产物

随着资本市场的高度发达、上市公司数量的增加、股份证券化进程的加快,股票作为彰显股权的证券演变为资本市场中的一种独特而重要的商品。从这个意义上说,股票本身也是物权的标的物。民事主体依法取得一张股票,既意味着该民事主体对该股票享有所有权,也意味着该民事主体对发行该股票的公司享有股权。股票将股权与物权熔于一炉,既充实了物权制度的内容,又展现了股权的独立性。当

---

① 关于股东权与物权的区别,参见刘俊海:《股份有限公司股东权的保护》,法律出版社 2004 年修订版,第 77 页至第 81 页。

② 〔日〕大隅健一郎、今井宏:《最新会社法概说》(第 6 版),有斐阁 2004 年版,第 14 页。

然，股票的最大价值不在于一纸股票自身的所有权，而在于股票代表的股权。随着股份发行与交易的无纸化或者电子化趋势，体现股权内容的形式既有纸面形式，也有电子形式。因此，在股份电子化的情形，股权与物权不再紧密融合为一体。不过，在相当长的历史时期，仍将有不少公司的股权采取书面股票形式。

4. 股东的股权与公司的所有权实质上都作用于公司财产

公司财产愈充实，公司所有权的支配力愈大，股权的财产价值愈高。正是由于股权与公司所有权的财产价值都取决于公司财产之多寡，公司利益与股东利益的共荣共存才会变为可能。也正是由于股权与公司所有权实质上都作用于公司财产，股权与公司所有权唇齿相依，紧密相连。没有股权，就没有公司所有权；没有公司所有权，也就没有股权。为避免这两项紧密相关权利之间的碰撞，法律遂将公司所有权界定为民法上的所有权，将股权界定为另一种新型的民事权利。如果将公司所有权称为实体财产权利，可将股权称为虚拟财产权利。

《物权法》既保护投资者的投资手段，也保护其投资收益，更保护其依据投资者身份所享有的治理权。(1) 就投资手段的保护而言，《物权法》第64条明文规定："私人对其合法的收入、房屋、生活用品、生产工具、原材料等不动产和动产享有所有权。"(2) 就投资收益的保护而言，《物权法》第65条明文规定："私人合法的储蓄、投资及其收益受法律保护。国家依照法律规定保护私人的继承权及其他合法权益。"这意味着投资者的投资回报(包括从公司领取的股息红利以及从受让方获得的转股收益)也受法律保护。(3) 就股东的治理权而言，《物权法》第67条规定："国家、集体和私人依法可以出资设立有限责任公司、股份有限公司或者其他企业。国家、集体和私人所有的不动产或者动产，投到企业的，由出资人按照约定或者出资比例享有资产收益、重大决策以及选择经营管理者等权利并履行义务。"

《物权法》对资本市场的重要推动作用不仅表现为保护投资手段和投资收益的具体制度设计，更表现为该法所体现的物权神圣、物权平等的法律理念以及旗帜鲜明地保护私人财产的政治信号。国家和社会要向旗帜鲜明地保护物权那样，旗帜鲜明地保护股权，积极推进投资者权益保护事业。

六、上市公司经营者要敬畏股权

上市公司经营者要牢固树立敬畏股权的股东主权意识，要全面尊重前述的各项股东权利，尤其是知情权、决策参与权、分红权、监督权和转股权等。经营者要对投资者心存感恩心态。无论是借助信托关系或者委托代理关系说明股东与经营者之间的法律关系，有一点是明确的：面对广大股东而言，经营者承人之信，受人之托，纳人之财，必须诚实守信，勤勉尽责。经营者要经常面壁思过，三省其身：吾为股东谋而不忠乎？经营者不仅要忠诚于公司和股东，而且要勤勉谨慎。既不能以牺牲股东利益为代价牟取一己之私，也不能以牺牲股东利益为代价牟取第三人利益；既不能消极地贬损股东利益，还必须积极地增进股东利益。只忠诚、不勤勉，只勤勉、不忠诚，既不忠诚也不勤勉，都不符合经营者作为股东受托人的基本要求。

经营者固然为商人，对待经营者定价固然要采取市场定价的思路，但要预防经营者对股东财富的不当掠夺现象。凡是符合股东根本利益与长远利益的经营者年薪计划与股权激励计划都具有合法性，也会获得广大投资者的自觉认同和大力支持；反之，则行之不远。尊重股权，不仅是尊重他人的财产权利，而且是珍惜经营者自己为股东服务的机会。如果经营者不珍惜，投资者完全可以改聘德才兼备的其他经营者。

实践中，有些控制股东和管理层为躲避股东行使质询权而恶意临时改变会议地点、恶意找“托儿”在股东会上提出无关痛痒的问题以拖延时间、挤压公众股东质询时间。此种行为严重背离了股东主权思想，颠倒了主仆关系。建议《上市公司监管条例》禁止此种行为，并明确此种失信行为的法律后果。

七、中介机构要树立投资者本位的经营理念

证券公司与基金管理公司等中介机构在向投资者提供服务时，对自己的金融客户和消费者也要树立投资者本位的经营理念。证券公司对在本公司开户的投资者要从细节入手，主动向客户揭示投资风险，主动说服风险承受能力较弱的投资者远离风险较高的投资产品和资本市场。不能诱导或者坐视缺乏风险识别和负担能力的公众人士，

尤其是离退休人员、失业人员和其他低收入人群进入股市,不宜片面宣传某农民工倾尽1万元的所有个人资产购买某只股票,最终成为百万富翁的个别传奇故事。

任何证券投资皆有风险,股权投资尤甚。据《中国证券报》调查,2007年有盈利的股民占总人数的48.65%,不赔不赚的为13.7%,有不同程度亏损的为37.65%。就基金投资者而言,虽然在2007年35.68%的基民盈利在0%～10%,24.95%的基民盈利在10%～30%,14.31%的基民盈利在30% ～70%,5.71%的基民盈利在70%以上,但依然有总人数的19.35%遭受了亏损。[①] 问题在于,证券的发行者和销售者包括证券公司、基金管理公司和代销银行很少具体提示这些风险。

八、监管者应尊重股权

监管者也要树立尊重投资者、敬畏投资者的服务型政府意识和法治政府意识。2007年5月29日深夜,财政部紧急宣布从5月30日起,证券交易印花税由1‰调整为3‰。这种突然袭击直接导致了第二天股市的大跌,几百只股票应声连续出现5个跌停,至今仍有相当数量的股票未能恢复"5·30"之前的股价水平。虽然印花税上调的主观愿望是良好的,是为了增强我国资本市场的理性色彩,同时对投资者进行一次刻骨铭心的风险教育和挫折教育活动,但是也存在一定的负面影响。这种负面影响不仅表现为股价的阴晴变化,而且引发了公众投资者对政府公信力和决策透明度的怀疑,对政府部门依法行政能力的诚意的怀疑。当然,如同公众热议的华南虎照片事件一样,印花税事件必然对于提高资本市场监管部门的依法行政水平,打造服务型政府、法治政府、诚信政府和透明政府发挥着里程碑式的促进作用。弘扬股权文化,资本市场监管者责无旁贷,更要以身作则。投资者友好型的政府是和谐资本市场的重要特征。法院和仲裁机构也要在涉及投资者权益的商事争讼中大力弘扬股权文化。

---

① 参见王军:《八成基民取得正收益》,载《中国证券报》,2007年12月24日。

第三节 树立股权平等理念

一、股权平等的内涵

股权平等是和谐股权文化的又一重要内容。股权平等思想意味着在基于股东资格而发生的公司与股东、股东与股东之间的法律关系中，所有股东均按其所持股份的性质、内容和数额享受平等待遇，并且免受不合理的不平等待遇。股权平等是股权文化中的重要内容，渗透于资本市场法治的全部领域。

股权平等原则包括股份内容平等和股权比例平等两层含义。二者密不可分，相辅相成。如果前者是股权平等原则的基础，后者则是股权平等原则的核心。股份内容平等是指公司发行的每一类股份的内容应当相同。股份的内容应当解释为股东享有的权利和利益以及股东因拥有该股份而承受的风险程度。公司在法律规定或允许的股份种类之内，根据公司章程发行数种股份时，每一种类范围内的股份内容应为相同。股权平等原则的第一层含义强调持股类别相同的股东之间在权利内容上的平等。因此，持股类别不同的股东之间无平等可言。

股权比例平等是指，持有相同内容和相同数量的股份的股东在基于股东地位而产生的法律关系中享受相同待遇。我国《公司法》第104条第1款关于一股一表决权的规定，第35条关于按实缴出资比例分配股利的规定，第187条第2款关于有限责任公司按照股东的出资比例分配、股份有限公司按照股东持有的股份比例分配的规定等皆以股权平等原则的第二层含义为前提。由于股权平等原则要求的股权平等以每位股东的持股比例为衡量标准，股权平等的第二层含义可称为量的平等。根据第二层含义，持股比例不同的股东在享受权利和承担义务上可以有所不同。换言之，只有持股类别、内容与比例完全相同的股东之间，才有平等可言。

由于在股权平等原则的视野中只存在股份内容相同这一定量和股份数量这一变量，不必、也不应虑及股东间经济实力和投资意愿等复杂因素的差异，股权平等原则体现的股权平等只能是机会上的平等,而非结果的平等;是一种动态的平等,而不是静态的平等。凡违反股权平等原则的行为,即违反股权平等原则。如公司在无力向全体股东派发股利时,与某大股东签订赠与合同,以填补大股东损失,即其适例。

当然,不同种类的股东享有的权利内容可以不同。例如,普通股东与无表决权股东的待遇就可以不同。前者可在股东大会上行使表决权,后者则否。这两类股东之间虽在具体权利内容上有所区别,但就其实质利益来说各有所长、各有所短、适合于不同投资风格和偏好的股东,股东对上述两类不同股份的选择也本于内心自愿,各取所需,各得其所。因此,新《公司法》第 43 条允许有限责任公司股东不按照出资比例行使表决权,第 35 条允许股东通过全体股东协议约定不按照实缴的出资比例行使表决权。无论如何,普通股东之间在股东权利内容上应当遵守股权平等原则;无表决权股东之间也应遵守股权平等原则。此外,大股东和小股东、控制股东和非控制股东的划分不属于法律允许的种类股份,法律不允许大股东和小股东之间、控制股东和非控制股东之间存在不同等待遇。

股权平等的核心是妥善处理股东之间包括大小股东之间的利益关系,构建控制股东与非控制股东各得其所、相互尊重、和谐相处的股东利益共同体。既反对控制股东恃强凌弱,也反对小股东以小讹大。

二、股权平等的意义

股权平等与《物权法》中的物权平等原则一脉相承,是物权平等精神在公司法领域的延伸。在社会主义市场经济条件下,各种所有制经济形成的市场主体都在统一的市场上开展经营活动,都要遵守统一的市场规则。只有地位平等、权利平等,才有公平竞争,才能形成良好的市场秩序。因此,《物权法》第 4 条明文规定:“国家、集体、私人的物权和其他权利人的物权受法律保护,任何单位和个人不得侵犯。”这就是物权平等保护的立法思想,这就彻底抛弃了国家所有权优于集体所有权、集体所有权优于私人所有权的传统所有权等级观念。各种市场主体对相同的物权享有同等的权利,适用相同的市场交易规则,当物权受到侵害时,不管侵害人是谁,都要承担同样的民事责任。当物权转化为股权,股东由物权主体变为股权主体时,亦应遵循相同的股权平等理念。

根据股权平等原则,只要股东们所持股份的内容和数量相同,公司就应站在中庸、公允、超然的立场上,对所有股权平等对待、一视同仁,不得厚此薄彼、有所偏爱,肆意决定某些股东权利或利益之大小。至于股东的职业、性别、年龄、家庭背景、教育程度、经济实力、社会地位、行政级别、所有制性质、名望、民族等与股东地位无关的各种因素均在所不问。持股内容和持股比例相同的公有制股东与非公有制股东间、法人股东与个人股东间、贫富股东间、大小股东间、新旧股东间、内资股东与外资股东间、本地股东与外地股东间都是平等的。在一定意义上,股权平等原则意味着只认股,不认人。

即便国家股东与其他股东相比,在法律地位、权利能力等方面也是平等的。如果说西方国家的公司法正在经历私法公法化革命的同时,我国公司法正在经历公法私法化(国家股东权从行政权力变为民事权利)革命。贵为国家的股东与其他股东一样,均为平等的民事主体和股东。

三、立法例的比较

鉴于股权平等原则的重要功能,主流市场经济国家的公司法均承认该原则。《德国旧商法典》未曾规定股权平等原则。在 20 世纪 20 年代,德国法院曾在判决中运用公序良俗原则代替股权平等原则。但其后的学说与判例均承认,股权平等原则是一项具有独立意义的基本原则。于是,德国 1978 年修改《股份法》时增列第 53a 条,明文规定股权平等原则。《欧盟第 2 号公司法指令》第 42 条规定:"为贯彻该指令,诸成员国的法律应当确保处于相同地位的全体股东获得相同的对待(For the purposes of the implementation of this Directive, the laws of the Member States shall ensure equal treatment to all shareholders who are in the same position)。"经济合作与发展组织 1999 年 5 月发表的《公司治理原则》(OECD Principles of Corporate Governance)第 2 章更是明确规定了股权平等待遇(The equitable treatment of shareholders)原则,要求"公司治理框架确保所有股东(包括小股东与外国股东)都能获得平等待遇;所有股东在其权利受到侵害时都有机会获得有效救济",并从三个方面对股权平等原则的贯彻提出了具体要求。

我国1993年《公司法》没有明确规定股权平等原则，但设有不少体现股权平等原则的法律条款，如同股同权和同股同利（第130条第1款）、一股一表决权（第106条第1款）、按股东持有的股份比例分配剩余财产（第195条第3款）等。我国新《公司法》虽未在总则中明确规定股权平等原则，但在分则中坚持和完善了1993年《公司法》的规定。例如，新《公司法》第127条规定："股份的发行，实行公平、公正的原则，同种类的每一股份应当具有同等权利；同次发行的同种类股票，每股的发行条件和价格应当相同；任何单位或者个人所认购的股份，每股应当支付相同价额。""同种类的每一股份应当具有同等权利"，既包括财产利益方面的平等，也包括治理利益的平等。新《公司法》第104条第1款还规定："股东出席股东大会会议，所持每一股份有一表决权。但是，公司持有的本公司股份没有表决权。"

《证券法》第4条也体现了投资者平等原则，规定："证券发行、交易活动的当事人具有平等的法律地位，应当遵守自愿、有偿、诚实信用的原则。"国务院转发的中国证监会《关于提高上市公司质量的意见》第2条第5项也提出要"保障投资者平等获取信息的权利"。

股权关系为民事关系之一种。股权关系是平等主体的股东、公司、高管与第三人相互之间基于私法自治原则而发生的民事关系。公司法乃民法之特别法。鉴于《民法通则》和《合同法》等民事法律确认了平等原则，在公司法没有明确排除平等原则的情况下，应当补充适用平等原则调整股权行使与保护的关系。鉴于股权平等在公司治理与资本市场中的重要作用，参酌世界先进国家和地区的立法例、判例和学说，我国未来《公司法》修改时应在总则明文规定股权平等原则，以期该原则之贯彻臻于周全、彻底。但在该原则未被法律明文规定之前，解释学上应确认该原则，法院亦可援引该原则及有关条款作为判案依据。

四、股权平等原则的作用

贯彻股权平等原则有利于充分有效地保护股东的财产利益和参与公司治理的利益。只有根据股权的种类、内容与数量对持股相同的股东实行平等对待，才能确保股东公平地分享自益权与共益权的果实，并调动广大投资者的投资热情。

贯彻股权平等原则有利于制约和规范公司及其经营者处理股东、公司与公司高管乃至于第三人之间相互关系的民事行为。在股东权与经营权互相分离的背景下，公司高管的经营权限日益膨胀，但其法律角色是公司的代理人（受托人）。经营者从法理上而言，仅对公司（而非个别股东）负有诚信义务。若无股权平等原则之约束，经营者对股东的厚此薄彼行为会更加肆无忌惮。

股权平等原则不仅是法官和仲裁员裁决股权纠纷案件的法律依据，也是指导公司、高管处理公司与股东关系的行为指南，更是法官和仲裁员对法律规定和公司章程及其他法律文件进行解释的重要原则，还是股东据以行使股权平等待遇权的重要依据。例如，当公司并入被大股东控制的母公司时，小股东有权主张与大股东相同的待遇。当公司依法购回自己的股份时，小股东应当与大股东享有同等机会向公司售出股份。

五、股权平等原则的适用范围

股权平等原则适用于基于股东资格而产生的全部法律关系。但并不意味着该原则仅仅适用于抽象的、一般的股东权。相反，凡基于股东资格而产生的独立的、具体的债权债务关系亦应遵循股权平等原则。

例如，股东行使股利分配请求权应遵循股权平等原则。倘若公司与特定股东签订协议，约定公司在缺乏足资分配股利的利润时，有义务向特定股东补偿损失，既有悖股权平等原则。[①] 倘若某公司章程规定，不按持股比例而按股东各自的家庭贫富状况派发股利，也有悖股权平等原则。股利分配请求权在股东大会通过股利分配决议后，即转化成独立的、具体的、确定的股利分配请求权。公司在向股东履行股利支付债务时，必须对全体股东予以平等对待，一碗水端平。公司不得为了增进自己偏爱的某些股东的利益，而去剥夺、限制其他股东的合法权益。公司不仅要平等地通知全体股东有关股利分配的信息，而且要平等确定股利的支付时间和支付方式（现金股利与非现金股利）。

---

① 日本最高法院 1970 年 11 月 24 日的判例持此意见。参见《民集》，1963 年 12 月 24 日，载《百选》74。

又如,公司向股东提供股利或剩余财产外的财产利益时应遵循股权平等原则。倘若公司管理层对于行使股东权的某些股东提供财产利益,而拒绝对于行使股东权的其他股东提供财产利益,就违反了股权平等原则,而不问其主观动机如何。例如,公司管理层在控制股东的授意下,为了确保控制股东和董事会成员的既得利益,而向某股东提供财产利益,交换条件是该股东对公司管理层的背信懈怠行为姑息养奸甚或“精诚合作”,或者该股东将其股份转让出去、“淡出江湖”,即有违股权平等原则。公司违反股权平等原则向股东提供的利益应当视为不当得利,收取利益的股东应予返还。倘若公司怠于或拒绝行使不当得利返还请求权,则其他股东有权为此提起代表诉讼。公司除对接受利益的股东行使不当得利返还请求权外,尚可追究提供利益的董事或其他公司高管人员违反忠实义务的民事责任,包括对接受利益股东的不当得利返还之债承担连带责任,也包括对公司的损害赔偿责任。未提供财产利益的公司董事倘若对其他高管人员向股东提供财产利益的行为未尽合理监督之责,应承担违反善管义务之责。

又如,股东表决权之确定、股东大会之召集和决议程序应遵循股权平等原则。股东大会之召集,包括股东大会会议召集通知之发送、会议召集地点之选择、参会股东资格之确定、决议程序之确定都应充分体现股权平等原则。《OECD 公司治理原则》第 2 章第 3 项第 1 目要求,股东大会的召集程序允许全体股东都获得平等待遇,而且禁止公司方面出台的程序对固定投票造成过分困难或成本高昂的局面。股东出席股东大会时的座次排定也应符合股权平等原则,不宜有高低贵贱之别,从心理上和感情上使小股东陷入尴尬。我国社会深受官本位和等级思想的影响,应将这种影响荡涤出股东大会制度。

股东行使其他股东权时,也应遵守股权平等原则。违反股权平等原则的情形也绝不止于上述几例,而是广泛及于公司治理的各类情形。例如,《OECD 公司治理原则》第 2 章在规定股权平等原则时,在第 2 项明文禁止股市中的内幕交易(Insider trading)和滥用权利的自我交易(abusive self-dealing),第 3 项要求公司董事和高管人员披露其在影响公司的交易或其他事务中的所有重大利益(any material interests)。起草者认为,内幕交易和滥用权利的自我交易行为违反了股权平等待遇原则,构成了对公司良治的破坏。①

第四节　树立向弱势股东适度倾斜的理念

一、弱势股东地位产生的根源

股东弱势地位之形成要么源于先天竞争力之不足,要么源于后天竞争力之不足。就后者而言,中小股东与控制股东或者管理者相比在经济实力方面的不对等、在信息占有方面的不对称以及成本外部化程度以及资源的单方先行转移的差异性,往往决定了中小股东存在的长期性以及扶助中小股东利益的艰巨性。

1. 股东之间经济实力的不对等是弱势股东地位产生的根源之一

中小股东与控制股东在经济实力方面的不对等乃成为常识现象。某一特定中小股东的经济实力往往逊于其对应的控制股东的经济实力,尤其是机构股东、法人股东。控制股东一言九鼎,呼风唤雨,左右逢源,而中小股东则是拾遗补缺,位卑言轻。更有甚者,由于中小股东集体维权行动的高额成本(如组织费用的高昂、维权意识和维权智慧的差异性、热心维权人士的稀缺、搭便车的心理、中小股东之间的猜疑与不团结、控制股东瓦解中小股东阵营的策略等),决定了中小股东的经济实力永远弱于控制股东。

2. 信息占有的不对称是弱势股东地位产生的根源之二

就信息占有的落差而言,即使某一中小股东的经济实力强于某一控制股东,但由于特定公司中的管理层往往处于控制股东的手掌之中,控制股东或其控制下的管理层对其提供的公司财务于经营信息的占有数量和质量远远优于中小股东,中小股东的谈判能力仍逊于控制股东或管理层。易言之,百万富翁的中小股东虽然在经济实力上与控制股东或管理层处于势均力敌的平等地位,但由于信息占有的不对称仍摆脱不了弱者地位。传统民事诉讼法与仲裁法预设的"谁主张谁举证"的一般原则以及"举证责任倒置"、"举证责任分担"的例外规则的有限性,更是加重了中小股东的举证责任,但其占有信息的有限性往

---

① Annotations to the OECD Principles of Corporate Governance, Ⅱ(A)(2).

往使其在维权诉讼中败下阵来。

3. 公司经营成本的外部化程度是弱势股东地位产生的根源之三

"羊毛出在羊身上"。控制股东或管理层高举其控制下的"公司"面具，可以从容不迫地委托律师与中小股东展开马拉松式的诉讼。不管控制股东或管理层胜诉还是败诉，控制股东或管理层总有办法将律师费和其他诉讼费用计入公司的经营成本，最终转嫁给广大中小股东。一方面，中小股东维权成本过高，而控制股东或管理层违法成本过低；另一方面，随着政府依法行政进程的加快，一些控制股东和管理层误以为依法行政的政府是"豆腐政府"，软弱可欺。于是乎，欺诈起中小股东来更是有恃无恐。

4. 股东先行向公司注入股权投资是弱势股东地位产生的根源之四

作为股东依法取得股东资格的前提，股东必须及时足额地向公司支付股权认购价款。就投资活动或者消费活动的一般规律而言，一旦消费者向商家、投资者向公司移转了自己曾经合法拥有的物权、债权或者股权财富，就丧失了对这些财富的直接管领、支配和控制。消费者丧失了对转移财富的物权，换回了债权，而债权不是支配权，而是请求权。股东丧失了对转移财富的物权，换回了股权，而股权亦非支配权，而是请求权。在经济学上被统称为"被代理人"的债权人、消费者和投资者一旦丧失对财富的直接支配，往往就变成了弱者，而财富的占有者（债务人、商家和公司管理者）摇身一变成为强者。换言之，能够自由支配他人财富的人是强者，而自己财富被他人支配的人只能是弱者。控制产生利益，产生权力，也产生强者与弱者。

二、向弱势股东倾斜是现代资本市场法治的理性选择

1. 向弱者适度倾斜的原则是贯彻和捍卫平等原则的必然要求

应当承认，国家作为公权力执掌者在介入市场活动时应当一碗水端平，对包括强势群体与弱势群体在内的全体社会成员都应予以一体平等保护。问题在于，抽象的立法文件或者理论体系中的法律平等、形式平等、抽象平等并不能代替残酷的现实生活中的经济不平等、实质不平等、具体不平等。要恢复强者与弱者之间（尤其是消费者与商家之间、劳动者与用人单位之间、小股东与控制股东之间）的平等地

位，必须根据不同之事、不同对待的平等理念，把实践中已经向强者倾斜的天平回归平等的原位，帮助弱者收复失去的平等待遇。因此，向弱势股东适度倾斜的原则不仅不违反平等原则，恰恰是坚持、捍卫和发展了平等原则，弘扬了实质平等文化，并最终贯彻了权利神圣原则。

2. 向弱者适度倾斜的原则是好用公平公正的主流价值观的必然要求

传统发展观认为，效率优先、兼顾公平；或者，在初次分配阶段强调效率，在二次分配阶段强调公平。长期以来，重效率、轻公平的思维定式潜移默化地左右着资本市场领域的工作，可谓我国资本市场法治建设中的一大缺憾。一些部门和地方在公共政策的选择上往往在字里行间流露着对效率价值的偏爱以及对公平价值的漠视。公平价值受到漠视，并让位于效率价值的必然结果是，一些地方和部门纵容了强势当事人强取豪夺，从脆弱的对方交易伙伴攫取不义之财，而且利益受损方很难或者无法获得有效的法律救济（尤其在内幕交易与操纵市场的情况下）。不仅广大弱势市场主体利益受损，而且摧垮了受害者对市场游戏规则的信心，对于维护市场的可持续发展具有极大的杀伤力。重效率、轻公平的传统思维不仅导致公平正义、诚实守信的主流价值观受到污染，公平公正的市场秩序遭到破坏，而且导致效率目标也很难实现。其实，公平与效率虽有差异、冲突的一面，但也有相容、共生的一面。在绝大多数情况下，公平价值与效率价值具有兼容性。公平培育效率，效率成全公平，立法与政策方案越公平，就越能激发人们创造价值的内在驱动力。在绝大多数情况下，法律规则的公平性会带来结果的效率性。虽然愚蠢的游戏规则可以把效率与公平永远对抗起来，而睿智的游戏规则却可以把效率与公平协调起来，使两个价值和平相处。其次，效率的价值未必高于公平的价值。在和谐社会，公平价值与效率价值同等宝贵。当然，不同的利益集团对公平价值与效率价值存在不同的偏好。但成熟的决策者和立法者应当将是否符合公平原则作为衡量一个公关政策选择方案是否可行的底线。为了构建和谐的资本市场法治环境，必须树立效率与公平并重的新思维。在受到不法侵害的广大投资者仅靠一己之力很难维护自身合法权益的情况下，只有依靠国家的公权力和全社会的力量，才能真正有效地保护广大投资者的公共利益。

3. 向弱者适度倾斜的原则是维护社会公共利益的必然要求

由于广大人民群众为数众多,涉及千家万户,因此量大面广的投资者群体的合法权益不仅具有私权和民事权利的特点,还具有社会权和社会公共利益的特点。积万家之私乃为天下之公。因此,国家向弱者适度倾斜不仅仅是保护弱势群体的问题,也是捍卫社会公共利益的问题,是推进资本市场法治,构建和谐资本市场秩序的重要组成部分。

可见,旗帜鲜明地向弱势股东尤其是中小股东倾斜是和谐股权文化的重要标志,是现代资本市场法治的理性选择与永久胎记,而非资本市场法治长河中的昙花一现,更不是民粹主义的情感宣泄。公司王国的通行证是资本多数决。在绝大多数情况下,控制股东可以轻而易举地通过对公司决策权(包括股东会决策与董事会决策)与人事权(提名和选举多数董事、再由多数董事控制经理层人事任免)的实际控制而获得自我保护。因此,强化股权保护的重心乃在于保护中小股东。

三、向弱势股东适度倾斜的基本要求

1993 年《公司法》并未完全树立向中小股东适度倾斜的原则,立法者把所有公司中的所有股东都假定为在经济实力和信息占有上都势均力敌的模范股东。实际上,中小股东与控制股东、个人股东与法人股东、业余股东与专业股东、股东与管理层、股东与公司之间的强弱对比在多种多样的投资实践中千差万别。因此,新《公司法》正视到了中小股东的弱势地位,并在字里行间确认了向中小股东倾斜的原则。例如,新《公司法》第 34 条第 2 款确认的"股东查账权"的规定就是主要针对中小股东而设计的,这种法律条款对于控制股东往往是多余的。因为,控制股东有机会亲自或者借助其在公司管理层的利益代言人制作会计账簿。而会计账簿的制作者对公司会计信息的真实性当然心知肚明。又如,新《公司法》第 152 条确认的"股东代表诉讼提起权"也往往是面向中小股东而设计。因为,控制股东往往可以直接作出由公司对高管和第三人提起诉讼的股东会或董事会决议,而无需舍近求远启动股东代表诉讼程序。

当前,无论是在立法层面,还是在执法层面和裁判层面,都应旗帜鲜明地树立向弱势股东适度倾斜的新思维。向弱势股东适度倾斜主要是指法律和政策的制定要体现出对广大中小投资者的关心和爱护。法律的执行也要在实体和程序上充分体现对广大弱势群体的应有保护和照顾。虽然新《证券法》增加规定了各级地方和部门应当彻底杜绝对强者趋炎附势、而对弱者横眉冷对的不正常现象，切实关心广大弱势群体包括中小股东的合法权益。总之，行政机关和司法机关无论作为裁判员身份裁决纠纷，还是以一方当事人身份与广大中小股东等弱势群体发生利益冲突时，都要体现向弱者适度倾斜的新思维，避免伤害弱势群体的合法权益和正当诉求。

四、中小股东友好型的实体法裁判规则

基于权利神圣、关怀弱者的裁判理念，裁判者应当旗帜鲜明地在裁判活动中加大对受害股东的保护力度，切实提高强者的失信违约成本。对于法律明确赋予中小股东的权利和救济手段，法官应当一丝不苟地坚决予以支持。

法官在解释和适用法律、认定股权关系的性质时，倘若面临两种相左学说，则法官应当优先采纳有利于弱者保护的学说。例如，审判庭内部对中小股东可否请求查阅公司的原始凭证存在争议时，应当采取有利于中小股东的司法态度。

如果当事人约定的违约责任明显无法发挥制裁违约行为、补偿守约方的作用，反而有助于怂恿和鼓励违约方违约，此种违约责任条款应当解释为可由守约方自由选择约定的违约责任以及《合同法》和《公司法》规定的违约责任。例如，对于房地产公司的股权转让而言，倘若房地产公司的房产价值飙升，致使股权价值得以提升。股权出让方可否由于合同约定的违约责任为违约方解除合同、支付每日0.02%的违约金而明目张胆地违约，对抗守约方继续履行合同的请求？回答是否定的。

五、中小股东友好型的裁判证据规则

立法者应当针对在信息占有方面处于劣势地位的中小股东和投资者予以适度倾斜，在中小股东和投资者权益保护的民事争讼之中进一步适度扩大举证责任倒置规则的适用范围，适度减轻弱势当事人的举证责任负担，适度加重信息占有强者的举证责任，从而避免受害股

东由于举证不能而遭受不利后果。

法官在贯彻证据规则时，也要向处于信息弱势地位的当事人适度倾斜。

1. 裁判者对处于信息优势地位的当事人，依法坚决贯彻举证责任倒置规则

根据《公司法》和《证券法》确认的过错推定或者事实推定规则，法院应在以下情形责令被告就其抗辩承担举证责任：(1) 股东向公司提起会计账簿查阅之诉、而公司辩称原告股东存有不正当目的；(2) 一人公司的债权人请求一人股东就一人公司债务承担连带清偿责任、而一人股东辩称公司财产独立于股东自己财产的；(3) 股东提起股东代表诉讼追究董事参与错误决策的民事责任、被告董事主张免责的；(4) 公司的债权人诉请瑕疵出资股东承担债务清偿责任、而被告股东认为自己履行了出资义务的；(5) 公司的债权人诉请出具不实验资报告的资产评估机构承担赔偿责任、而被告主张自己没有过错的；(6) 购买发行人违反法定条件或者法定程序发行的证券的持有人诉请保荐人与发行人承担连带责任，而保荐人辩称自己没有过错的；(7) 投资者诉请发行人、上市公司的董事、监事、高级管理人员和其他直接责任人员以及保荐人、承销的证券公司就信息披露资料中的虚假记载、误导性陈述或者重大遗漏与发行人、上市公司承担连带赔偿责任，而被告辩称自己没有过错的；(8) 投资者诉请证券服务机构就其为证券的发行、上市、交易等证券业务活动制作、出具审计报告、资产评估报告、财务顾问报告、资信评级报告或者法律意见书等文件有虚假记载、误导性陈述或者重大遗漏而承担连带赔偿责任，被告辩称自己没有过错的；等等。

2. 裁判者应根据实质平等原则善用举证责任分配规则，责令信息优势占有者承担较重的举证责任，而不能机械地适用谁主张、谁举证的规则

最高人民法院《关于民事诉讼证据的若干规定》第 7 条规定，在法律没有具体规定，依该规定及其他司法解释无法确定举证责任承担时，法院可以根据公平原则和诚实信用原则，综合当事人举证能力等因素确定举证责任的承担。这条规定对于法院强化信息优势占有者的举证责任、实现信息占有的民主化、公平化具有积极作用。例如，当

非控制股东诉请控制股东就其与公司实施的不公允关联交易对公司承担损害赔偿责任时,法院就可以责令控制股东证明关联交易对价的公允性与程序的严谨性。

3. 当事人因客观原因不能自行收集的证据,可申请人民法院调查收集(最高人民法院《关于民事诉讼证据的若干规定》第3条第2款)

鉴于实践中一些法院和仲裁机构在繁重的裁判压力下拒绝或怠于依职权调取证据,尤有必要强调法院和仲裁机构在必要情况下依职权积极调取证据。倘若非控制股东要求一手遮天的控制股东承担赔偿责任、而控制股东主张公司存在正当亏损,法院就应根据原告的诉讼请求调取有关公司财务状况的证据。

六、关怀弱者的理念不能偏离实质平等原则

向弱者适度倾斜既不是漫无边际地向弱者过渡倾斜,也不是以弱讹强,损害强者的合法权益,而是要构建一个弱者可以变强、强者可以更强、强者与弱者都和谐相处、各得其所的社会与法律环境。对于当事人依法享有的实体权利(如实体性的抗辩权)和程序权利(如举证权、质证权、反诉权)也应予以一体保护。法院要在开庭、审理、裁判和执行等各个环节牢记程序正义的理念。倘若自然人股东滥用公司法人资格,损害债权人利益,被法院责令对公司的债权人承担连带责任的,在执行债权时要保留被执行股东生活必需品和费用,充分贯彻以人为本的精神。再如,在理解与适用《公司法》第16条时,倘若担保公司的董事长超越公司章程载明的代表权限与银行债权人签订担保合同,则董事长越权签署的合同对担保公司产生拘束力。因为,银行债权人在签订担保合同之初应当通过尽职调查程序,索要和研读担保公司的章程条款包括担保授权条款。不过,当前最突出的问题不是债权的过度保护,而是债权保护很不充分。

强弱对比在公司法律关系中并非绝对,而是变动不居的。在某种法律关系中处于强者地位的债权人在另外一种法律关系中可能会沦为弱者。例如,债权人银行对债务人公司堪称弱者,但在该银行的中小股东面前又可能成为强者。又如,法院既要关注金融机构对债务人公司的债权,还要关注储户和消费者对金融机构的债权。

七、大股东也可能沦为弱者

当然,大股东也有可能沦为弱者。无论是在股权高度分散化的股权结构下,还是在股权高度集中的股权结构下,大股东都有可能随时陷入内部人控制的泥潭。特别是在股权转让的情况下,有些新股东为避免经理层和员工队伍的军心涣散和道德风险,往往对经理层原班人马采取集体留任的安抚、怀柔态度。但有些经理层原班人马并不知恩图报,而是认为新的大股东软弱可欺。如此一来,即使新股东取得了公司大股,但未必取得公司的实际控制权。

可见,大股东未必是控制股东。控制股东也未必是大股东。尽管一名股东持股比例不高,但具有超强的组织能力和人格魅力,也能够借助表决权信托、代理甚或股东投票的横向联合而荣膺控制股东的地位。弱势大股东(控制权旁落和被阉割的大股东)则为弱势群体也可以援引新《公司法》对中小股东提供的权利保护与救济措施。

第五节　树立股东民主理念

一、股东民主的内涵

顾名思义,民主就是人民做主、大家做主的意思。“Democracy”中的“Demo”为“多数人”的意思,而“cracy”为“统治”的意思。民主也可被定义为多数人的统治。股东民主就是指全体股东当家做主,共同行使应有股东群体共同行使的权利,维护股东群体的共同利益。股东民主的反义词就是股东专断、股东独裁。

股东民主的核心是充分挖掘股东会制度的资源,坚持股东集体参与决策,反对个别股东在股东会之外向股东会、董事会和公司经理层发号施令;坚持将多数股权蕴含的意思表示拟制为公司的意思表示,反对将少数股东的意思表示拟制为公司的意思表示;坚持股东集体决策的程序严谨、内容合法,反对股东集体决策的程序瑕疵与内容违法。

如果我国政治生活中的全国人民代表大会是国家最高权力机关,公司生活中的股东会是公司最高权力机关。股东会是实现股东集体参与公司决策的重要民主平台。为维护股东权利、完善公司治理,必须大力弘扬“程序严谨、内容合法”的主旋律，激活股东大会制度，从而使其真正成为公司的最高权力机关而非“橡皮图章”或“大股东会”。

政治生活领域中处理人民与人民相互关系的民主规则主要体现为少数服从多数的人头多数决规则。例如，在选举区县人民代表大会代表时，每个选民只有一票表决权，即使某一选民腰缠万贯，也仅有一票表决权。注重个人品德和专业能力的民事生活领域（如董事会决策）亦实行人头多数决规则。相比之下，处理股东与股东相互关系的股东民主规则主要体现为少数股权服从多数股权的资本多数决规则。上市公司股东会作出决议时，一股代表一个表决权，少数股权的意思表示服从多数股权的意思表示。除了股权民主的资本多数决，物权民主也存在资产多数决。例如，《物权法》第76条规定业主大会作出决议时，应当遵循面积多数决与人头多数决的双重多数决规则。如果说《物权法》是人头多数决与资产多数决之间的中庸之道，《公司法》中的股东大会制度和《证券投资基金法》中的基金持有人大会制度，则彻底体现了资产多数决、资本多数决（包括简单资本多数决与绝对资本多数决两种形态）的法律精神。

二、我国公司法的股东会中心主义

在公司机关制度化的初期，尽管公司机关已经分化，但股东大会在公司诸机构中处于最高的万能机构的地位。易言之，股东大会上的众股东享有公司的各种权力，凡与公司经营有关的事务无不含于其中；而董事则不过是股东大会决议的执行者而已，股东大会可随时就任何公司经营行为向董事会发号施令。董事会完全沦为股东大会的消极、机械的附庸。此即股东大会中心主义时期。股东大会中心主义与当时的政治思潮和历史背景是紧密相连的。人们往往搬用政治生活中的民主概念去理解股份公司中的股东民主，并把股份公司的章程与国家的宪法进行类比。

随着科学技术的进步，生产力水平的提高，股份市场的发达，大规模现代股份公司日益崛起，公司参与的市场经济流转不断加快，公司的经营范围空前拓宽，公司的经营活动亦趋高度复杂化和专业化。如果仍然依赖定期举行的股东大会就公司中的所有经营活动进行决策，然后再交由董事会执行，或者如果仍然允许股东大会可随时干预董事会的经营决策,则无异于束缚经营者的手脚,既不利于公司发展,又碍于交易安全。为纠此流弊,公司经营决策权的重心遂由股东大会转向董事会。由于多数股东们无法通过股东会行使公司经营的一切决策权力,董事会中的多数成员又非股东,于是出现了有股权的人没有经营权、有经营权的人没有股权的现象,此即企业所有与企业经营的分离现象。这种现象标志着股东会中心主义向董事会中心主义的变迁。

德国 1937 年《股份法》正式废除了 19 世纪的股东大会中心主义,大大削减了股东大会的权限,同时强化了董事会的经营权限及其对股东会的独立性。该态度被德国 1965 年《股份法》进一步确认。欧陆主要公司法纷纷步其后尘。如 1942 年的《意大利民法典》虽未采用德国的双层制,但第 2364 条第 4 项亦将公司经营排斥于股东大会权限之外。① 英美法系也同样发生了股东大会中心主义向董事会中心主义的变迁。如《美国模范商事公司法》第 8.01 条第 2 项明确规定:"公司的全部权力由董事会行使或者由董事会授权他人行使;公司的各种经营活动和具体事务的管理工作在董事会指挥下进行;但公司设立章程和本法第 7.32 条授权的协议另有约定的除外。"日本亦于 1950 年修改其《商法典》时缩小了股东大会的权限,扩张了董事会的经营权限。该法第 260 条规定:"除法律或者章程规定为股东大会权限内的事项外,由董事会决定公司业务的执行。"

区分股东会中心主义与董事会中心主义的标准有二:一是哪一机构享有经营管理公司的实质决策权(如是否引进授权资本制);二是立法者没有明确列举的剩余权力由谁行使?就前者而言,我国《公司法》并未明确将经营权垄断于董事会之手,更未引进授权资本制;就后者而言,立法者也未明确规定,股东会依本法或章程行使的决策权之外的其他权力皆由董事会行使。可见,我国《公司法》的态度基本上属于股东会中心主义。

依《公司法》第 100 条之规定,股东会的职权有 12 项:(1) 决定公司的经营方针和投资计划;(2) 选举和更换非由职工代表担任的董

---

① 该项规定:股东年会有权"审议批准设立章程规定的、属于股东大会权限范围内涉及公司管理的其他事项、由董事会提交股东大会讨论的事项,以及涉及董事和监事责任的事项"。

事、监事，决定有关董事、监事的报酬事项。至于选举和更换职工董事、职工监事的决策权则归属职工代表大会、职工大会；(3) 审议批准董事会的报告。股东会有权批准董事会的报告，也有权否决董事会的报告；(4) 审议批准监事会或者监事的报告。股东会有权批准监事会的报告，也有权否决监事会的报告；(5) 审议批准公司的年度财务预算方案、决算方案；(6) 审议批准公司的利润分配方案和弥补亏损方案；(7) 对公司增加或者减少注册资本作出决议；(8) 对发行公司债券作出决议；(9) 对公司合并、分立、解散、清算或者变更公司形式作出决议；(10) 修改公司章程；(11) 公司章程规定的其他职权。这意味着，立法者通过兜底条款形式，允许与鼓励公司章程基于公司自治精神赋予股东会更多的职权。

为避免控制股东滥用资本多数决，维护上市公司和中小股东的合法财产权益，新《公司法》第 122 条规定了股东大会的特别决策事项：(1) 上市公司在 1 年内购买重大资产超过公司资产总额 30% 的决策；(2) 上市公司在 1 年内出售重大资产超过公司资产总额 30% 的决策；(3) 上市公司在 1 年内担保金额超过公司资产总额 30% 的决策。前述三类均攸关广大股东切身利益的决策，不仅董事会无权染指，股东大会也不得以普通决议作出，以免控制股东一手遮天。此处的“重大资产”或者“担保总额”并不拘泥于单项合同项下的金额，而包括由若干合同构成、但合计总额超过前述比例的各种情形。单项合同项下的金额超过公司资产总额 30% 的，固然由股东大会作出决议；即使单项合同项下的金额未超过公司资产总额 30%，但多项合同项下的金额之和超过公司资产总额 30% 的，也要由股东大会作出决议。只有如此，才能杜绝化整为零的道德风险。

当然，我国《公司法》明确允许公司章程对股东会、董事会与总经理之间的决策权限予以合理划分，酌情增减。第 38 条和第 47 条在分别列举股东会和董事会职权外，还以兜底条款形式规定了“公司章程规定的其他职权”；第 40 条第 1 款在列举经理的七大职权外增加了“董事会授予的其他职权”；该条第 2 款还规定：“公司章程对经理职权另有规定的，从其规定”。这意味着，公司章程可以将股东会的部分决策权移交董事会，也可以将总经理的部分决策权上收董事会。根据第 100 条、第 109 条与第 114 条之规定，上述规定既适用于有限责任公司,也适用于股份有限公司。

避免股东会决议与董事会决议撞车的上策在于,公司章程应当划清股东大会与董事会之间的权限边界。倘若公司章程未对容易产生纠纷的决策事项作出明确划分,则按照股东主权思想的,应当将该事项解释为股东会的决策事项。值得注意的是,2005 年新《公司法》虽然对旧有的公司法律制度进行了脱胎换骨的改革,但基本上仍未摆脱股东大会中心主义的主流基调,尚未采行董事会中心主义的立法态度。在这种情况下,既然股东并不信赖董事会,并未明确将某一事项的决策权移交董事会,则可以解释为该事项的决策权仍然操诸股东会之手。

股东大会可否随意推翻董事会的决议,存在肯定与否定之争。肯定说的理由是,股东会是公司的最高决策机构,董事会成员由股东会任免,而且都是会对股东会负责并报告工作。笔者持否定说。理由之一是,董事会的权限与其说源于股东大会的授予,不如说来自立法者的授予。理由之二是,股东大会有权任免董事,并不意味着董事会权限由股东大会授予。理由之三是,既然董事会代表公司所作的决策经常涉及第三人的利益,倘若允许股东会随意否决董事会决议,将会损害公司信誉。根据疑人不用、用人不疑的传统文化,也应作如是解释。

三、激活股东大会召集程序

股东大会的及时召集不仅指定期股东大会即股东年会的及时召集,更重要的指临时股东大会的及时召集。根据新《公司法》第 101 条的规定,有下列情形之一的,应当在 2 个月内召开临时股东大会:(1) 董事人数不足本法规定人数或者公司章程所定人数的 2/3 时;(2) 公司未弥补的亏损达实收股本总额 1/3 时;(3) 单独或者合计持有公司 10% 以上股份的股东请求时;(4) 董事会认为必要时;(5) 监事会提议召开时;(6) 公司章程规定的其他情形。除了继续剥夺董事会对适格董事、股东或监事召集临时股东大会的自由裁量权之外,新《公司法》增加了召集临时股东大会的新事由:“公司章程规定的其他情形”。这就使得公司章程得以自由设计启动临时股东大会召集程序的原因。例如,公司章程可以规定,当公司股价跌至一定幅度时,必须召集临时股东大会。因此，新《公司法》第一次赋予了适格董事、股东或监事在启动临时股东会召集程序方面的权力。面对适格董事、股东或监事的召集建议权，董事会必须毫无条件地及时予以召集。

在实践中，一些董事长为预防“宫廷政变”，往往拒绝召集和主持董事会，更拒绝主持股东会，也不指定副董事长或其他董事主持“两会”。为确保股东大会的及时召集，新《公司法》解决了股东会主持程序的真空问题。新《公司法》第 102 条规定，股东大会会议由董事会召集，董事长主持；董事长不能履行职务或者不履行职务的，由副董事长主持；副董事长不能履行职务或者不履行职务的，由半数以上董事共同推举一名董事主持；董事会不能履行或者不履行召集股东大会会议职责的，监事会应当及时召集和主持；监事会不召集和主持的，连续 90 日以上单独或者合计持有公司 10% 以上股份的股东可以自行召集和主持。新《公司法》第 102 条增加了股份有限公司股东的持股期间要求，将行使股东会召集权和主持权的股东的持股资格界定为连续 90 日以上单独或者合计持有公司 10% 以上股份的股东，旨在避免资本规模庞大的股份有限公司的小股东滥用权利。

可见，新《公司法》不仅明确赋予副董事长和半数以上董事选定的董事在董事长怠于或拒绝履行职权时自动代行“两会”主持权，而且增设了小股东的股东会主持权，明确允许股东自行主持临时股东大会。由此，小股东首次获得了股东会的自行召集权和主持权，而非仅仅享有旧《公司法》规定的召集请求权。

倘若董事会沆瀣一气不能履行或者不履行召集股东会会议的职责，监事会可以召集和主持，倘若监事会或者监事与董事会一意孤行，拒不召集和主持，则股东可以自行召集和主持。股东自行召集和主持的临时股东大会，董事、监事和高级管理人员也应密切配合，包括协助召集股东获取股东名册，保证会议的正常召开。

也有人担心，新《公司法》的上述规定有可能造成股东会会议过于频繁地召开。其实，新《公司法》亦不鼓励无谓的、低效的临时股东会议。因此，笔者主张从程序上限制会议泛滥现象。如提议召开的议题应当属于股东会的职权范围；又如，公司章程也可适当限制临时股东会之间的隔离期限、适度提高提议召开临时股东会的股东的持股比例等。

除了股东会的自行召集权和主持权之外，适格股东还享有召集请求权。究竟行使何种权力，宜由股东自己权衡行使权利的成本与收益而定。

四、鼓励中小股东单独或者共同行使提案权

股东提案权包括议题提案权和议案提案权。为避免大股东或董事会独占股东大会的提案权，使小股东关注的问题在股东大会上引起众股东重视，新《公司法》第 103 条第 2 款首次确认了股东的提案权："单独或者合计持有公司百分之三以上股份的股东，可以在股东大会召开十日前提出临时提案并书面提交董事会；董事会应当在收到提案后二日内通知其他股东，并将该临时提案提交股东大会审议。临时提案的内容应当属于股东大会职权范围，并有明确议题和具体决议事项。"

就股东行使提案权的条件而言，该条将股东的持股比例界定为3%以上。之所以如此，旨在确保提案股东在股东会提案和决议中具有合理的利害关系，预防持股甚微的小股东滥用提案权。虽然该条规定的股东提案门槛高于提起股东代表诉讼的门槛，但未如新《公司法》第 152 条第 1 款那样要求股东满足 180 日的持股期限。之所以如此，乃出于鼓励股东踊跃提案、积极参与股东大会的考虑。可见，该条规定的权利行使资格并不苛刻。

就股东提案的时间限制而言，该条要求股东的提案时间控制在股东大会召开 10 日前，以避免由于股东提案的拖沓而窒碍股东大会的效率。也正是出于此点考虑，新《公司法》没有明确允许持股在一定比例以上的股东在股东大会召开时提出临时提案。

就股东提案的效力而言，该条要求董事会在收到提案后 2 日内通知其他股东，并将该临时提案提交股东大会审议。可见，董事会无权否决股东的提案，必须毫无条件地将股东提案提交股东大会审议。

另外，依据新《公司法》第 54 条之规定，监事会、不设监事会的公司的监事也有权向股东会会议提出提案。

五、强化董事、监事与公司高管在股东大会上的列席和接受质询的义务

董事、监事、高级管理人员是否有义务列席股东会,1993 年《公司法》并无明确规定。新《公司法》第 151 条第 1 款规定:“股东会或者股东大会要求董事、监事、高级管理人员列席会议的,董事、监事、高级管理人员应当列席并接受股东的质询。”这就为股东对董事、监事、高级管理人员行使质询权奠定了坚实的法律基础。

根据该条规定,列席股东会或者股东大会是董事、监事、高级管理人员的义务,而非其权利。倘若股东会或者股东大会要求董事、监事、高级管理人员列席会议,董事、监事、高级管理人员当然有义务出席;倘若股东会或者股东大会拒绝董事、监事、高级管理人员列席会议,则董事、监事、高级管理人员无权出席股东会或者股东大会。现实中就曾发生过自行召集临时股东大会的股东拒绝公司董事会成员出席股东大会的案例。

笔者认为,董事、监事、高级管理人员有权利,也有义务出席股东大会,包括年度股东大会与临时股东大会。出席股东大会是董事会与监事会组成人员的权利,因为他们有权在股东大会上为自己的行为申辩;更是他们的义务,因为他们有义务接受任何一名股东有可能在股东大会上提出的质询。临时股东大会的召集股东应当意识到:公司董事会职权在新一届董事会成员被选举出来之前不得中断。这与公法中政府职能在议会选举期间不得中断的法理相似。董事出席旁听股东大会,并回答股东在股东大会上有可能提出的质询,是公司机关正常运转的必然要求。当董事会成员被临时股东大会的召集股东拒之门外时,董事会成员有权以公司名义对该股东提起民事诉讼,要求法院强制股东允许董事会成员出席临时股东大会;对于临时股东大会在排除董事会成员参加的情形下作出的股东大会决议,董事会有权以公司名义要求法院撤销该股东大会决议。

有鉴于此,未来《公司法》改革时应当明确规定,董事、监事、高级管理人员有权利、也有义务列席股东大会,即使他们并未接到股东大会主持人的邀请也可作为不速之客旁听股东大会,并有义务回答参会股东的质询。

值得注意的是,新《公司法》不仅确认了董事、监事、高级管理人员列席股东大会的义务,而且确认了股东质询权。董事、监事和高级管理人员的说明义务与股东的质询权相对。任何股东均有权就公司经营管理事项质询董事、监事。除质询与会议议题和议案无关、质询涉及公司商业秘密不能在股东大会上公开外,董事、监事应现场予以答复或说明;董事、监事需另作调查,延期答复的除外。倘若董事、监事无正当理由拒绝答复,股东有权请求法院责令董事、监事答复,否则法院有权责令股东大会休会,直至董事、监事答复为止。

六、提高股东大会召开和表决程序的合法性

鉴于《公司法》不可能就股东大会召开和表决程序的具体规则详述无遗,应鼓励公司章程在不违反公司法中的强制性规定的情况下,自由设计详细的、具有可操作性的股东会召开和表决的程序规则,包括但不限于开会通知、参会者登记、提案审议、股东质询、股东讨论、股东辩论、投票、计票、监票、表决结果的宣布、会议决议的形成、会议记录及其签署、公告等内容。

为提高股东会的决策质量,方便股东认真消化股东大会的议题与议案,公司章程可以强化股东知情权,明确股东的讨论权和辩论权,助其高效行使表决权。通过股东之间、股东与公司管理层之间坦诚、善意、具有建设性的辩论,可以寻找到实现公司利益和股东利益最大化的最优路径。缺乏讨论、辩论的股东大会缺乏活力和建设性,宛如一潭死水,仅仅具有程序性的价值而已。要提升股东大会在公司治理中的基础作用,应充分尊重股东的讨论权和辩论权。当然,既要鼓励股东畅所欲言,也要确保股东大会秩序井然。股东大会主席在组织股东讨论和辩论的顺序、掌握讨论和辩论的时间、避免讨论和辩论变成人身攻击等方面负有重要职责。

在实践中,我国上市公司还根据《上市公司股东大会规范意见》的要求,聘请律师出席并见证股东大会,对股东大会的召集程序、召开程序、参会人员资格、表决程序的合法性等问题出具法律意见。一些公司还同时聘请公证人员出席股东大会,对股东大会的有关事项进行公证。但应明确,无论是律师,还是公证员,也无论是公司出资聘请的,抑或股东出资聘请,都应当对法律、事实和职业道德负责,不得唯出资

聘请者的个人喜好为马首是瞻，更不得颠倒黑白，指鹿为马。在现实生活中，曾有某公司董事会与其公众股东分别聘请的公证员就同一临时股东大会决议的合法性进行现场公证。结果，董事会聘请的公证员认定股东大会决议合法有效，而公众股东聘请的公证员认定股东大会决议违法无效。这不能不说是公证人的尴尬。

七、股东会运作应遵循的八字方针

新《公司法》第 22 条从反面规定了内容存在法律瑕疵的股东会决议无效确认制度和程序存在法律瑕疵的股东会决议撤销制度。依反对解释，可以发现该条和新《公司法》其他条款字里行间流露出来的立法意图在于，股东大会会议应当遵循“程序严谨、内容合法”的八字方针。为了贯彻新《公司法》激活股东大会的立法意图和制度设计，公司、股东、董事、监事、高级管理人员都要进一步规范股东大会活动。

（一）程序严谨

程序严谨是指股东会会议的召集程序、表决方式不仅应当遵守法律、行政法规中的程序规则，而且应当遵守公司章程中的程序规则。根据新《公司法》第 22 条第 2 款之规定，凡是程序上违反法律、行政法规和公司章程的股东会决议，是可撤销决议。股东有权请求人民法院撤销此等决议。

在实践中，存在一些股东会、董事会混合共同召开的“一勺烩现象”，部分原因是参会人员既是股东代表，也是董事会成员。但严格说来，股东会与董事会是公司的两个不同的决策机构，不应因为两个机构的参会人员的重叠和交叉就否认两个机构以及两个机构的决议的差异。由此，交易公司的股东会会议与董事会会议作为不同的会议，应当分别召开、分别表决、分别制作决议。

股东会的表决程序也应合法。例如，新《公司法》第 104 条第 2 款：“股东大会作出决议，必须经出席会议的股东所持表决权过半数通过。但是，股东大会作出修改公司章程、增加或者减少注册资本的决议，以及公司合并、分立、解散或者变更公司形式的决议，必须经出席会议的股东所持表决权的 2/3 以上通过。”所指为何，语焉不详。依文字解释，凡在股东大会会议签到簿上签到的股东或其代理人所持的股份，均应被计入出席会议的股东或其代理人所代表的表决权总数。签到后又退席的股东所持的股份也应被计入出席会议的股东或其代理人所代表的表决权总数,而不应被排斥在外。

假定某上市公司发行在外的股份总数为 1 亿股。该公司召开年度股东大会通过股利分配决议时,参会股东及其代理人持有的股份为 8 000 万股。在会议上,公众股东与董事会围绕利润分配方案产生了重大分歧。董事会提出的预案主张少分股利,而持有 2 000 万股的公众股东提出的预案主张多分股利。因为董事会未就其提供的股利分配方案认真回答公众股东的质询,致使持有 2 000 万股的公众股东在会议中拂袖而去。持有 6 000 万股的股东接着表决,并以 3 600 万股赞成、1 000 万股弃权、1 400 万股反对的表决结果,批准了董事会提出的股利分配方案。次日,公司将股东大会决议刊登在某证券媒体。之后,中途退席的股东提起诉讼,要求法院确认股东大会决议无效。根据《公司法》第 106 条第 2 款之规定:"股东大会作出决议,必须经出席会议的股东所持表决权的半数以上通过。"在本案例中,出席会议的股东所持表决权的总数为 8 000 万股,而非 1 亿股,亦非 6 000 万股。本案中的股东大会决议要有效通过,赞成该决议的表决权须达 8 000 万股的 1/2(4 000 万股)以上,而实际赞成该决议的表决权仅为 3 600 万股,不及 8 000 万股的 1/2。可见,该股东大会决议在决议要件上存在瑕疵。对于此种程序瑕疵,利益受损的股东有权选择容忍,也有权选择向法院提起股东大会决议撤销之诉。

另外,股东会会议的召集还应当充分体现人文关怀的精神。例如,在座位排序上,应当强调平等对待的原则,而不应过分强调大小股东之间的差异,让大股东坐头排、二股东坐二排、三股东坐后排。

(二)内容合法

内容合法是指股东会会议的实体内容应当遵守法律、行政法规中的强制性规定,遵循诚实信用原则,不得损害他人的合法权益。倘若某上市公司股东大会决议责令全体流通股东各自将其持有的半数股份转让给重组方,则此种股东大会决议属于无效。理由是,股东大会作为公司的最高决策者,只能处分公司的财产权利,而不能处分股东卧室里面的私有财产。而股权不属于公司的财产,而属于股东的私人财产。因此,此种股东大会决议属于侵权行为,任何股东均有权请求法院确认无效。再如,某公司的股东大会决议责令全体股东按其各自的持股比例增资扩股,或为公司举债提供担保,否则公司有权开除拒绝或者怠于增资扩股或为公司举债提供担保的股东的资格。该决议就属于无效决议。这是因为,增资扩股,或为公司举债提供担保,与其说是股东的义务,不如说是股东的权利。

八、切实方便股东参加股东大会并行使相关权利

股东及其代理人参会比例的高低,不仅能反映公司股东大会的人气状况,而且能反映股东大会的质量,更事关广大股东的切身利益。因此,从保护股东权的角度着眼,公司应千方百计扩大股东及其代理人参与股东大会的比例,降低股东参会成本。例如,股东大会召开时间和地点的选择应有利于让尽可能多的股东及其代理人参会。又如,要允许与鼓励股份公司运用现代网络技术,推动股东大会的电子化,鼓励公司在召开现场股东大会时启动虚拟股东大会,允许无法或很难亲临现场的股东网上投票,或行使其他相关权利。应当承认网络投票的法律效力,禁止投票股东重复投票。为保护股东心平气和地行使投票权、预防不肖之徒操纵股东会表决结果,笔者认为,投票进展不宜在网上实时公示。

股东平等原则要求公司对出席股东大会的股东必须一视同仁。从股东大会的召集程序,到股东出席股东大会资格的确定方式,再到参会股东的座次排定,乃至公司对参会股东提供的便利条件等均应充分体现这一点。为确保股东大会运作机制的透明与廉洁,应禁止公司向出席会议的股东或其代理人支付费用或给予其他额外的经济利益,取缔为从公司获利而干扰股东大会正常进行、妨碍其他股东依法行使表决权的行为。既要禁止不法行为人以“股东”面目向公司敲诈勒索,也要反对公司管理层买通捣乱股东、掩盖不法或不妥经营行为。在日本,操此行业者称为“总会屋”。日本于 1981 年修改《商法典》时,新设第 294 条之二与第 497 条,禁止公司对任何人提供与股东权利之行使有关的财产利益;1997 年修改法律时更以严刑峻法待之。日本立法经验颇值得借鉴。

九、确保股东大会顺利召开的正常秩序

为确保股东大会的顺利召开,股东大会主席和作为召集人的董事

会、监事会和股东都应有责任采取必要、可行的措施，维护股东大会顺利召开所需要的正常秩序，确保股东大会会场秩序的安全、有序。公司法还应明确赋予股东大会主席会场秩序维持权和捣乱股东退场命令权。对于寻衅滋事、无理干扰股东大会正常进行以及侵犯股东权的行为，股东大会主席应当及时加以制止，必要时可请求当地公安机关协助。

我国股份公司股东大会实践中也暴露出不少会场秩序混乱，乃至于影响股东大会决议效果的现象。例如，A公司作为一家股份全流通公司，经常爆发股权之争，你来我往的大小股东习惯于借临时股东大会相互攻击。2001年8月，A公司召开第一次临时股东大会时，由两名武警把门，逐一检查股东的出席证。会场四周约有二三十名统一着装且配有工作牌的大汉，相当一部分是运动员，有练田径的，也有练柔道的。虽是如此，会议还是很不平静。股东发言时，代表与护场大汉的肢体冲突不断。到计票时，又有人向现场公证员和律师举报，称有的受托出席会议的人身份有假。会议主持人宣布封存票箱，并在向监管部门专门汇报后，宣布会议结束。A公司创下了我国上市公司的一个奇迹：股东大会只有表决，没有结果。[①]

A公司的案例表明，会议召集人组织武警、保安或运动员维持股东大会秩序固然重要，但会议主持人的组织能力、股东及其代理人的参会素质亟待提高。当然，会场秩序维护人员除了强壮的体魄，还应掌握一定的秩序维护艺术，包括细致过硬的参会股东人员身份查验能力。倘若会场秩序维护者、会议主持人或参会股东中的任何一方主体违反了股东大会会议规则，都有可能招致股东大会决议的瑕疵。

十、建议建立全面的关联股东回避表决制度

所谓关联股东回避表决制度，是指与股东会表决事项存在关联关系的股东不得参与该事项的表决。只要某股东与股东大会的决议事项存在关联关系，不问其是大股东，还是小股东；也不问其在表决时如何投票，一律剥夺其表决权；违反表决权排除制度的投票一律无效。这有利于事先堵塞控制股东滥用表决权的漏洞。

---

① 参见白水：《"剑拔弩张"的临时会》，载《证券时报》，2003年3月18日。

我国《公司法》并未建立全面的关联股东表决权排除制度，仅在第16条第3款规定了股东回避表决的一种法定情形：公司为公司股东或者实际控制人提供担保的，必须经股东会或者股东大会决议，但该股东或者受该实际控制人支配的股东不得参加前款规定事项的表决，该项表决由出席会议的其他股东所持表决权的过半数通过。

但立法上的局限并未妨碍中国证监会运用行政指导手段在上市公司建立全面的关联股东回避表决制度。根据《上市公司章程指引》第79条和《上市公司股东大会规则》第31条第1款，股东大会审议有关关联交易事项时，关联股东不应当参与投票表决，其所代表的有表决权的股份数不计入有效表决总数；股东大会决议的公告应当充分披露非关联股东的表决情况。公司应当根据具体情况在章程中制订有关联关系股东的回避和表决程序。

从长远看，有必要在《公司法》中建立关联股东在股东大会上的回避表决制度，这既是对国际惯例的借鉴，也是对我国关联股东表决权排除经验的总结。

十一、鼓励上市公司积极采取累积投票制

所谓股东累积投票权，指股东大会选举董事或者监事时，每一股份拥有与应选董事或者监事人数相同的表决权，股东拥有的表决权可以集中使用。

累积投票（cumulative voting）与非累积投票（non-cumulative voting）或者直接投票（straight voting）相对。后者指股东持有的每一股份最多只有一个表决权，而且股东将其全部表决权集中投向一个候选人时其拥有的投票权总数不超过其股份总数。可见，累积投票制度的本质是一股多票，而直接投票制度的本质是一股一票。

《公司法》第106条第1款规定："股东大会选举董事、监事，可以依照公司章程的规定或者股东大会的决议，实行累积投票制。"由于董事监事选举是公司自治的范畴，立法者未对累积投票采取强制态度，而采取了鼓励态度。《上市公司章程指引》第82条第4款要求公司在章程中规定董事、监事提名的方式和程序，以及累积投票制的相关事宜。

1. 股东累积投票制度可以帮助小股东"把钢用在刀刃上"，从而

促成小股东将其代言人选入董事会和监事会，扩大小股东的话语权，增强小股东表决权的含金量，弱化控制股东的话语霸权，平衡小股东与大股东之间的利益关系

这是小股东行使直接投票权无法或者很难做到的。倘若多数派董事把自己代表的大股东利益与少数派董事代表的小股东利益画地为牢，容不下来自小股东的不同观点，只能说明其自身不可能代表公司各集团的利益，不具有应有的独立性与公正性。而且公司利益并不等于股东利益，股东利益、债权人利益与职工利益等都是公司利益大系统之下的子系统。退一步说，即使多数派董事能够代表全体股东（包括大股东和小股东）的利益，仍然不能说此种董事就能够而且必然代表公司整体利益。

2. 股东累积投票制度虽然有利于鼓励小股东参与董事会与监事会，但并未从根本上动摇和颠覆股东大会中的资本多数决原则

理由之一是，推行股东累积投票方式对于第一大股东不是令人激动的好消息，对于持股比例非常少的小股东来说也没有任何实际意义。第一股东之外的股东要想成功地借助累积投票制度夺取公司控制权，仍须以一定数量的资本实力为后盾。理由之二是，股东累积投票制度只能动摇控制股东的绝对控制地位，至于相对控制地位仍有可能保留在控制股东手里。即使控制股东在董事会与监事会丢失个别甚至数个席位的事实本身，与其被解读为控制股东权利的丢失，不如说是其他股东的权利的正当回归。

3. 股东累积投票制度有利于构建和谐的公司治理局面，预防股东之间的利益冲突

在多数情况下，人之所以出轨、犯错，乃由于无法慎独自律。控制股东也不例外。于是，预防控制股东的道德风险的有效途径之一就是减少控制股东的独裁专断机会。即使股东通过累积投票选任一名董事或者监事进入公司管理层，也能在公司决策中享有必要的知情权、决策权与监督权。在小股东及其利益代言人怀疑的目光下，控制股东及其代理人将会自觉不自觉地有所收敛。而且，将控制股东与小股东共同融于公司治理结构之中，有助于培养大小股东之间的合作、诚信精神，增进股东之间的互信、了解，避免不必要的误解、冲突。

4. 股东累积投票制度有利于提高董事会与监事会的工作效率与

质量

就董事会而言，董事会的生命力在于发挥全体董事的集体智慧，鼓励全体董事畅所欲言，各抒己见，反对一手遮天。现代公司决策贵在“兼听则明，偏听则暗”。董事会的决策过程应当是一个允许各种不同观点互相碰撞、互相融合、互相借鉴的过程。无原则的一团和气和一边倒，非但对公司不利，反而对公司有害。从这个意义上说，允许小股东选出其中意的董事，对于提高公司的决策质量，控制公司的决策风险颇有助益。即使小股东或其信任的董事或监事的观点与意见未能被多数董事或监事接受，也有助于启发其余董事认真思考决策的替代方案或技术细节问题。

当然，股东累积投票制度也会产生一些负面作用。如，小股东进入董事会以后有可能在短期内产生董事会内部的不和谐，对不友好批评比较敏感的经理有可能放弃那些可能招致失败和敌视的、适当和必要的经营管理措施。再如，诚信度低的小股东董事有可能为损害公司利益而泄密。但总体而言，我国新《公司法》引入股东累积投票制度利大于弊。累积投票权如同其他权利一样都有被滥用的可能。问题在于有必要、也有可能采取有效措施矫正潜在的弊端，把滥用累积投票权的可能性降到最低限度，而不应因噎废食。例如，公司可以追究泄密董事的赔偿责任。当然，董事依据法律和公司章程将公司的有关经营信息披露给选举自己的股东，并不构成泄密行为。经理开展经营活动的依据是法律、章程、股东会决议和董事会决议，而不是个别董事的闲言碎语。如果个别董事的意见没有被董事会采纳，公司经理根本就没有义务对其言听计从，甚至裹足不前。

总之，累积投票权有利于提高公司治理机构的运作效率，也合于股东平等和股东民主的精神，合于法律保护社会弱者的基本理念。鉴于我国不少股份有限公司“一股独大”、内部人控制的现象比较严重，基于保护小股东免受大股东侵害的理念，新《公司法》大胆借鉴其他有益的立法例，引入股东累积投票制度可谓恰逢其时。

鉴于我国目前上市公司对于董事、监事选举普遍采取了股东累积投票制度，又鉴于股东累积投票制度的确立有助于提升中小股东的话语权、改善公司的投资者关系处理艺术，笔者认为，上市公司仍应一如既往地采取股东累积投票制度，并不断完善细节管理，以图日臻完善。

应当把上市公司是否在召开股东大会选举董事、监事时自觉地合规操作累积投票作为衡量公司治理水平高低的重要标尺。

第六节　树立股东诚信理念

一、诚实信用原则的重要性

所谓诚实信用原则，是指市场主体在从事市场活动时，应当讲究信用，严守诺言，不把自己利益的获得建立在损害国家、他人和社会利益的基础之上，应当在不损害国家、他人和社会利益的前提下追求自己的利益。诚实信用原则兼具道德性规范和法律强制性规范的双重特点，虽然非具体制度，但作为抽象原则，对于一切市场主体的一切市场行为发挥着制约作用。难怪诚实信用原则被称为"帝王规则"，君临法域，可见该原则之重要。

1986 年的《民法通则》第 4 条率先将诚实信用原则确定为民法的基本原则之一。针对合同信用差、相互合作与配合程度不高的现象，1999 年《合同法》在 5 处规定了"诚实信用"。《合同法》除在第 6 条要求当事人行使权利、履行义务遵循诚实信用原则，还要求当事人在缔约过程中履行先合同义务，并把当事人在订立合同过程中违背诚实信用原则的行为，视为向对方承担损害赔偿责任的行为；除了要求合同当事人履行约定义务外，还根据诚实信用原则要求当事人履行合同附随义务（包括通知、协助、保密等）；要求当事人在合同的权利义务终止后，履行后合同义务；并大胆地把诚实信用原则规定为解释合同条款的法律依据之一。

二、诚实信用原则也适用于资本市场领域

诚信有价。从正面看，诚信之举会增加行为人的无形价值资产（包括商业机会的取得、名誉与荣誉的提升）；从反面看，失信之举则会贬损行为人的无形价值资产（包括商业机会的丧失、名誉与荣誉的贬损）。尽管如此，一些缺乏远见卓识和法律思维的股东，尤其是控制股东违背诚实信用原则，不法掠夺其他股东合法财富、公司合法财富和第三人合法财富的现象屡见不鲜。虽然有不少号称为"某某系"的上

市公司的高管纷纷落马,但依然有失信股东你追我赶、前仆后继地步其后尘。不以失信为耻,反以失信为荣。要打造和谐阳光的股权文化,就必须旗帜鲜明地弘扬诚实信用原则,鼓励股东诚信,遏制股东失信行为。

新《证券法》第4条明确要求证券发行、交易活动的当事人遵守诚实信用的原则。遗憾的是,《公司法》未将诚实信用原则规定为公司法的基本原则。但鉴于民法为一般法、公司法为特别法,《民法通则》规定的诚实信用原则也适用于资本市场领域,诚实信用原则也应成为公司法的基本原则之一。广而言之,诚实信用原则既是指导股东缔结法律行为、行使股权、履行义务的行为指南,也是对公司章程及其他法律文件(如股东协议)予以妥当解释的重要规则,还是指导法院和仲裁机构作出公平裁判的法律渊源。

例如,有限责任公司的前股东可否为确认自己签署的股权转让合同属于显失公平而行使账簿查阅权,《公司法》语焉不详。仅从文义解释角度看,很难得出结论认为前股东可以查询公司会计账簿。允许前股东查阅公司会计账簿是诚实信用原则在公司法领域的必然要求。我国《合同法》第92条根据诚实信用原则确认了当事人的后合同义务:"合同的权利义务终止后,当事人应当遵循诚实信用原则,根据交易习惯履行通知、协助、保密等义务。"鉴于《合同法》调整的合同关系往往是一次性的、松散的交易关系,此种松散的合同关系尚且遵循诚实信用原则;鉴于《公司法》调整的股权关系是团体性的、密集的团体关系,《公司法》更应当确认公司对其前股东所负的诚信义务(可称之为"后股东义务")。因此,裁判者可以从诚实信用原则、商事习惯以及《合同法》确认的后合同义务推导出前股东享有此种请求权。这也符合举轻明重的解释技术。

三、强化控制股东对公司及其他股东的诚信义务

控制股东要慎独自律,慎用权力。控制股东的诚信义务主要表现为两个方面:一是对公司及其广大股东的诚信义务;二是对公司外部人尤其是债权人的诚信义务。

(一) 控制股东诚信义务的确立依据

新《公司法》总则虽未明文规定诚实信用原则,但第20条规定的

权利滥用禁止条款耐人寻味。其中,第1款语重心长地要求公司股东应当遵守法律、行政法规和公司章程,依法行使股东权利,不得滥用股东权利损害公司或者其他股东的利益;对反其道而行之的失信股东,第2款规定:"公司股东滥用股东权利给公司或者其他股东造成损失的,应当依法承担赔偿责任。"控制股东不得滥用权利的应然要求,可以统称为控制股东的诚信义务。

控制股东不得滥用权利的行为与其说是滥用权利,不如说是滥用权力。因为,控制股东不同于非控制股东之处在于,控制股东不但在法律上取得了对公司的控制权(如影响股东大会决议结果的权力),而且在事实上取得了对公司的实际控制利益(如将利益代言人选入董事会、进而影响董事会选聘公司高级管理人员)等。

中国证券监督管理委员会与国家经贸委于2002年1月7日联合发布的《上市公司治理准则》第19条明确指出:"控股股东对上市公司及其他股东负有诚信义务。控股股东对其所控股的上市公司应严格依法行使出资人的权利,控股股东不得利用资产重组等方式损害上市公司和其他股东的合法权益,不得利用其特殊地位谋取额外的利益。"该条规定对于控股股东诚信义务的确立,以及对诚信义务的列举值得肯定。但控股股东诚信义务的内容有待在法理上进一步细化。

控制股东的诚信义务与董事、监事等公司经营者所负义务的发生根据不同。后者源于经营者与公司间的委托关系,而控制股东与公司间并不存在委托关系,其与经营者在公司中所处的地位自然不容混淆。这就决定了控制股东诚信义务的发生根据只能从委托关系之外去寻求。此种发生根据并非单一,而具有多元性和立体性。易言之,控制股东的诚信义务深深扎根于股东表决权的本质、控制股东的强大表决力、公序良俗原则、诚实信用原则和股东平等原则。

表决权之行使体现了股东意志,股东意志又反映并服务于股东利益,乃为常理。股东平等原则确认持股类别和比例相同的股东享有相同的分取利益及参与经营管理的权利。非控制股东虽持股比例较小,亦享有与其持股比例相对应的财产利益,这种财产利益不容控制股东予以剥夺。为维持此种利益,股东还应享有与其持股比例相对应的表决权。但小股东表决权之行使所体现的意志根据资本多数决原则往往被控制股东的意志所征服和吞没。这就产生了小股东意志与小股东财产利益的实际脱离。控制股东合法合理行使表决权时,将其意志拟制为公司意思并无不当;但滥用表决权时背离了公司和小股东的利益,仍将其意志拟制为公司的意思,强使小股东意志服从控制股东的意志,则严害侵害了小股东依股东平等原则所享有的比例性利益。因此,股东平等原则亦为控制股东诚信义务的发生根据之一。

(二)控制股东对公司及其广大股东的诚信义务的内容

控制股东既对公司负有诚信义务,也对小股东负有诚信义务。但两者的内容颇不相同。控制股东不仅在行使表决权时负有诚信义务,而且在基于其股东资格以其他方式对公司决策和业务执行活动行使影响力时,亦负有诚信义务。

控制股东对公司的诚信义务与董事对公司所负的义务既有相同之处,也有相异之点。就相同之处而言,控制股东应与董事对公司负有同样内容和同等程度的忠实义务。不确认控制股东对公司负有与董事相同的忠实义务,就很难真正避免控制股东将一己之私凌驾于公司利益之上。就相异之点而言,控制股东对公司业务执行问题行使表决权时应有的注意程度与董事对公司所负善管义务的注意程度颇不相同。这是因为,在股份公司法中,企业所有与经营相分离,除全体股东对公司履行出资义务、控制股东对公司负有忠实义务外,一般股东并不负有与董事同样的善管义务。但是,控制股东毕竟在股东大会中拥有举足轻重的表决力,对于公司利益具有广泛而深远的影响力,自然不能纵容控制股东因重大过失而侵害公司利益。在这一点上,将控制股东的注意义务理解为“通常交易上的注意义务”庶几可行。换言之,以具有普通智商和伦理观念的普通股东在相同的决策情形下应当尽到的谨慎和注意程度为衡量标准。当然,作为董事和其他高管人员避风港规则的“经营判断规则”(Business Judgement Rule)亦可为控制股东提供相当保护。

表决权是共益权,融权利和权限于一体。因此,控制股东在行使表决权时肩负的诚信义务是,在为自己利益行使表决权的同时,不得不正当地侵害公司和其他小股东的利益。但在确定控制股东的诚信义务时,应当根据表决权行使的客体即股东大会决议事项的不同法律性质,分别予以确定。当控制股东表决权之行使直接关乎公司的业务执行问题时,控制股东必须把公司利益放在最高位置上。因为,在这一场合下，与股东大会决议息息相关的是公司利益，而公司利益则是股东利益得以实现的根本源泉，公司利益保障不了，股东利益也就成为无源之水、无本之木。如何判断某决议事项是否与公司业务执行有关呢？这主要应参酌公司的经营目的予以确定。凡与公司追求营利目的直接相关的问题，均应视为公司业务的执行问题。例如，决定公司的经营方针和投资计划；选举和更换董事、监事；审议、批准董事会和监事会报告等决议事项，均为公司业务的执行问题。在这种场合下，无论是控制股东的利益，还是小股东的利益均应礼让公司利益。

当控制股东表决权之行使与公司业务执行不直接相关，即仅与股东利益相关时，控制股东自无由向公司负有诚信义务，而应向小股东负有诚信义务，即在为自己利益行使表决权时，不得损害其他小股东的利益。判断决议事项是否只与股东利益相关，亦应根据该决议事项与公司追求的营利目的的远近程度予以决定。只有与公司追求的营利目的相隔较远的决议事项方可视为直接与股东利益相关，如关于公司解散和清算的决议即属此类。在这种场合下，控制股东的诚信义务是消极的，即仅负有不侵害小股东利益的不作为义务，而不必把小股东的利益放在比自己利益更为优越的位置。但这不意味着小股东有权不受一切给自己带来不利益的股东大会决议的拘束。相反，在同时具备以下三种条件下，不能认为控制股东违反了对小股东所负的诚信义务：(1) 给小股东造成的不利益确实为实现全体股东利益所必需；(2) 控制股东与小股东均因此而蒙受不利益，且此种不利益与持股比例成正比；(3) 在实现股东大会决议目的的诸种可选手段中，选取了给小股东造成不利益程度最低的一种手段。

在决议事项既关乎公司业务之执行又关乎股东利益的场合，即公司利益与股东利益并存的场合，构成决议事项中的灰色区域。这一灰色区域即是公司利益与股东利益并存的场合，如股东大会审议的关于转让公司全部或一部分重要营业的决议即属此类。控制股东在这一场合下所负的诚信义务，指在其为自身利益而行使表决权时，既不得侵害公司利益，也不得侵害其他股东利益。

(三) 控制股东的控制力表现形式

控制股东介入公司业务执行活动的途径很多，既包括表决权的行使，也包括作为公司股东资格的影响力。例如，控制股东凭仗其巨大的持股力量,对公司董事会发号施令、威胁恫吓,甚至直接决定公司的生产目标和经营政策,这些均为控制股东影响力之行使。这种影响力虽然不同于表决力,但也是源于股东权的本质,即法律允许股东所拥有的对公司利益和其他股东利益介入的权限或地位;舍去控制股东的股东资格,也就不存在行使影响力的可能性。因此,控制股东在基于其股东资格行使其影响力时,亦对公司负有诚信义务。由于对公司业务执行发挥影响力的控制股东非常类似于董事的地位,甚至可以说是公司的事实董事,故此种股东对公司所负的诚信义务应与董事对公司所负的义务为同一解释。

控制股东滥用权利损害公司或者其他股东的利益的行为五花八门,包括但不限于明火执杖地侵占公司的合法财产和商业机会,或者间接地通过与公司从事不公允的关联交易而攫取公司和全体股东的正当财富。控制股东滥用股东权利给公司或者其他股东造成损失的,应当依法承担赔偿责任。此处的赔偿责任应当理解为侵权法中的损害赔偿责任,损害赔偿范围应当以实际损失为限。除了第 20 条,《公司法》第 21 条更是明文禁止控股股东、实际控制人利用其关联关系损害公司利益;违反前款规定,给公司造成损失的,应当承担赔偿责任。这两个条款关系紧密,在逻辑上存在递进关系。因此,以下重点讨论关联交易的法律规制。

(四) 强化关联交易的法律规制

规范关联交易行为,切实维护上市公司和股东的合法权益是上市公司监管制度的一个重要内容。关联交易本是一个中性的概念,也是公司实践中无法回避的市场现象。关联交易行为自身无所谓善,也无所谓恶。在公司起步初期,在局外人并不了解该公司资信状况的情况下,公司股东和高管等关联方与公司实施的关联交易有时发挥着雪中送炭的积极作用。问题在于,公司股东和高管等关联方有可能滥用关联交易制度,掠夺公司财富,损害公司小股东和债权人的合法权益。在我国资本市场上,关联交易是控股股东与上市公司进行业务往来、利益输送的管道,一些控股股东利用关联交易操控上市公司业绩,侵占上市公司利益,违规担保也是上市公司存在的痼疾。有些控股股东或者实际控制人通过关联交易、违规担保等手段损害上市公司利益,或者通过其他途径曲线转移利益,增加上市公司负担。

为了更好地兴利除弊，规范关联交易行为，更好地发挥关联交易兴利除弊的作用，立法者只能对关联交易采取允许存在、严加规制的监管态度。《上市公司监管条例(草案)》第5章和其他相关部分专门规定了上市公司进行关联交易的基本原则，审议权限和程序，要求上市公司保证关联交易公平、公允合理，强化及时披露涉及关联交易相关事项的义务。

合法的关联交易应当同时满足信息透明、对价公允、程序严谨的三大监管要求。阳光是最好的防腐剂，灯泡是最有效的警察。信息透明是遏制不当关联交易的关键措施。《上市公司监管条例(草案)》第48条要求关联交易根据法律、行政法规、中国证监会的规定和公司章程，履行相应的审议程序并及时予以披露。《上市公司监管条例(草案)》第50条还要求上市公司及时披露关联交易的内容、交易各方的关联关系和关联人的基本情况、交易的定价原则和定价依据、审议程序和独立董事所发表的意见等事项。《上市公司监管条例(草案)》第7章规定的信息披露制度也适用于关联交易事项的披露。可以说，抓住了信息披露，就等于抓住了关联交易监管的牛鼻子。虽然《上市公司监管条例(草案)》第50条禁止交易各方通过隐瞒关联关系或者采取其他手段，规避关联交易的审议程序和信息披露规定。

我国《信托法》第10条规定，设立信托，对于信托财产，有关法律、行政法规规定应当办理登记手续的，应当依法办理信托登记；未依照前款规定办理信托登记的，应当补办登记手续；不补办的，该信托不产生效力。此处的“效力”究竟指信托行为的自身效力，还是对抗第三人的效力，语焉不详。笔者认为，在通常情况下，应当理解为对抗第三人的效力。委托人与受益人倘若认为办理信托登记、对抗第三人对自己有利，缺乏信托登记制度对他们无疑是一件坏事；倘若认为不办理信托登记、对社会公众和登记机关掩盖其间的内部信托关系对自己有利，缺乏信托登记制度对他们无疑是一件大好事。由于条项下的信托登记制度尚未根本确立起来，控制股东有可能假借名头股东隐瞒关联关系。这需要跟进相应的预防措施与救济手段。当然，治本之策是尽快建立健全信托登记制度。课题组认为，证券信托登记机关可确定为中国证券登记结算公司。

程序严谨是一个核心概念。对此，《上市公司监管条例(草案)》

第49条要求上市公司在公司章程中规定董事会、股东大会对关联交易的审议权限；重大关联交易应由1/2以上独立董事同意后，提交董事会讨论。独立董事可以聘请中介机构对关联交易出具专业意见，作为其判断的依据；股东大会审议关联交易时，与该交易事项有关联关系的股东应当回避表决，并不得代理其他股东行使表决权；除法律、行政法规、中国证监会的规定另有要求外，股东大会作出相关决议须经出席会议的非关联股东所持表决权的过半数通过。这些制度安排对于驯服关联交易、弘扬程序正义的理念都具有重要作用。当然，这些制度仔细推敲起来也还有一些值得商榷的地方。在一定意义上，将股东大会设置为关联交易的最终决策者，有助于充分尊重广大非关联股东的知情权、话语权和决策权，也有助于降低董事会成员的道德风险和决策难度。但这种决策模式最大的问题就是决策成本的控制问题。

利害关系股东的回避表决制度曾是2005年《公司法》修改过程中的争议问题。笔者曾主张，对于股东大会决议事项有利害关系的股东应当回避表决，以还其清白。德国《股份有限公司法》曾经有过利害关系股东回避表决制度，但由于其公司集团制度的发达以及公司治理制度的相对成熟，德国后来就删除了这一制度。但是，我国当前国情与德国情况有较大差距。一是缺乏系统的公司集团制度，二是关联交易数量较多，三是公司治理的失序现象较具代表性。因此，何去何从仍值得深入研究。

对于关联交易监管和司法救济而言，无论是违反信息透明、对价公允、程序严谨中的哪一监管要求都会产生相应的民事责任。信息披露义务人违反信息披露义务的，遭受损害的投资者有权向虚假陈述行为人提起民事损害赔偿之诉；对价明显不公允或者显失公平的，公司有权依据《合同法》行使撤销权，小股东也有权挺身而出，为捍卫公司利益而提起股东代表诉讼；程序不严谨的，股东还可依据新《公司法》第22条关于瑕疵公司决议的救济之道请求法院予以撤销。如果股东会或董事会审议某一关联交易的程序包括召集程序、表决程序存有瑕疵，小股东当然寻求司法救济，股东的举证责任就轻一些。如果小股东从表决程序上、召集程序上找不到程序瑕疵，小股东就麻烦一点。他只有证明公司决议违反了强制性规定，某一关联交易构成了侵权行为或者显失公平条款的合同条款，才能请求法院确认公司决议无效或者撤销关联交易合同。

四、强化控制股东对公司外部人所负的诚信义务

（一）控制股东对公司外部人所负的诚信义务

股东独立于公司之外。公司与股东的民事权利能力、民事行为能力、民事责任能力并行不悖。在通常情况下，只要股东善待公司的独立财产与人格，及时足额地履行出资义务，善用投资自由，审慎行使权利，就不会损害公司外部人尤其是债权人的合法权益。因此，控制股东对公司外部人所负的诚信义务主要表现为消极的不作为义务，而非积极的作为义务。

但是，倘若控制股东滥用投资自由，滥用公司法人独立地位和股东有限责任损害公司债权人的利益公司法人独立地位和股东有限责任损害公司债权人的利益，则在法律上应当蒙受不利后果。根据新《公司法》第 20 条第 1 款之规定，公司股东应当遵守法律、行政法规和公司章程，依法行使股东权利，不得滥用公司法人独立地位和股东有限责任损害公司债权人的利益。与之相呼应，该条第 3 款明文规定："公司股东滥用公司法人独立地位和股东有限责任，逃避债务，严重损害公司债权人利益的，应当对公司债务承担连带责任"。此即揭开公司面纱制度。

（二）正确认识新《公司法》第 20 条第 1 款与第 3 款的关系

值得强调的是，第 20 条第 1 款与第 3 款并非简单的一一对应关系。倘若仔细咀嚼立法文字，可以发现第 20 条第 1 款规定的外延要大大宽于第 3 款规定的外延。具体说来，该条第 1 款不仅禁止母公司滥用子公司的法人独立地位和股东有限责任损害子公司债权人的利益，而且禁止母公司滥用子公司的法人独立地位和股东有限责任损害母公司债权人的利益。而该条第 3 款仅对前一情形规定了法律后果。在实践中，国内外一些股东滥用投资自由，在英属维尔京群岛（BVI）注册一串母子公司，然后到中国与债权人发生交易关系，并大肆玩弄"拉线木偶游戏"。数家公司甚至数十家公司的法定代表人相同，其注册地相同，机构相同，资产混同，在与债权人缔结债权债务关系时彼此混淆，互为代理人。在这种情况下，母子公司的法人壳资源既有可能用于欺诈母公司的债权人，也有可能用于欺诈子公司的债权人。第 20

条第3款虽然能够为法院责令滥权股东对其子公司债务负责提供法律依据，但无法为法院责令子公司对滥权的母公司、祖母公司甚至曾祖母公司债务负责提供法律依据。而援引第20条第1款则可以弥补该条第3款的立法漏洞。

（三）揭开公司面纱制度是对控制股东滥用公司法人独立地位的法律制裁

揭开公司面纱制度又称“公司人格否认”、“公司法人资格否认”、“股东有限责任待遇之例外”、“股东直索责任”，指控制股东为逃避法律义务或责任而违反诚实信用原则，滥用法人资格或股东有限责任待遇、致使债权人利益严重受损时，法院或仲裁机构有权责令控制股东直接向公司债权人履行法律义务、承担法律责任。公司法人资格否认制度以公司法人资格之存在为前提。如果某企业自始至终未取得法人资格或法人资格存在瑕疵，就谈不上公司人格之否认。公司人格否认制度与股东有限责任制度一张一合，共同构成了现代公司制度的核心内容。但公司人格否认制度的产生要晚于公司制度数百年。我国1993年《公司法》并未规定否认公司人格。

在实践中，一些无师自通的控制股东绞尽脑汁运用三十六计中的“草船借箭”、“借尸还魂”、“坚壁清野”、“金蝉脱壳”、“瞒天过海”、“天女散花”、“暗度陈仓”等阴谋诡计，大肆玩弄“拉线木偶游戏”，滥用公司的法人资格，违法侵占和转移公司财产、悬空债权、欺诈坑害债权人的情形比比皆是。一些公司、企业的改制活动名曰“建立现代企业制度”，实则意在逃废债务、欺诈债权人。而法官对无赖股东一筹莫展、无计可施的主要原因是，我国1993年《公司法》并未规定揭开公司面纱制度。鉴于公司制度的一般性大于特殊性，鉴于当今资本市场的国际化和一体化趋势，鉴于维护交易安全是现代公司法的重要使命之一，我国新《公司法》第20条第3款一举导入了揭开公司面纱制度。

中外各国的公司现象既有共性也有个性，而共性又大于个性。因此，法院或者仲裁机构在解释与适用揭开公司面纱制度时既要考虑中国市场经济背景下的中国特有公司现象，更要考虑到全球公司现象中的内在规律和一般性，注重借鉴美国等市场经济国家在揭开公司面纱制度方面的先进经验。法院在运用否认公司人格的司法实践中，既需要严格遵循《公司法》和司法解释的规定，也需要在个案中行使自由裁量权以寻求个案中的公平正义。

新《公司法》第20条所称的“公司债权人”，既包括民事关系中的各类债权人（包括但不限于契约之债的债权人、侵权行为之债的债权人、无因管理的债权人和不当得利之债的债权人），也包括劳动关系中的债权人（劳动者），还包括行政关系中的特殊债权（如国家税收债权）等。因此，在纳税人滥用公司法人资格、偷漏税时，税收征收管理机关也有权援引该条规定请求公司及其背后的滥权股东承担缴纳税款的连带责任。笔者认为，法官在揭开公司面纱之时，还应区分自愿的债权人与非自愿的债权人。侵权行为之债的债权人（受害人）在通常情况下，往往缺乏事先与侵权人讨价还价的机会，更无从容的时间与机会向侵权人索要真实、合法、有效的担保手段。而且，在侵权行为发生之前，侵权的具体损害往往并不确定。鉴于侵权行为中的受害人往往是社会弱势群体（如劳动者、行人、消费者），为充分体现以人为本的思想，法官在应债权人之所请、揭开公司面纱之时，应当对非自愿的债权人（侵权行为的受害者）稍微宽容一些，而对自愿的债权人稍微吝啬一些。当然，这也并非绝对。倘若契约之债的债权人蒙受了债务人公司及其控制股东的不法欺诈，人民法院也应采取与非自愿的债权人相同或者近似的态度。

根据我国新《公司法》第20条第3款的立法精神，公司的债权人要主张揭开公司面纱，请求股东承担连带责任，必须就以下内容承担举证责任：(1) 股东实施了滥用公司法人独立地位和股东有限责任的行为，而且构成了逃避债务的行为。其中的“公司法人独立地位”和“股东有限责任”乃一体两面，法律并不苛求被告股东既滥用公司法人独立地位，又滥用股东有限责任。实际上，滥用公司法人独立地位的同时就滥用了股东有限责任；滥用了股东有限责任，就等于滥用了公司法人独立地位。(2) 债权人利益受到严重损害，而非一般损害。揭开公司面纱是救济债权人的最后一个手段。此处的“严重损害”，不是一般损害，更不是轻微损害，而是指公司不能及时足额清偿全部或者大部分债务。不能简单地因为债务人公司暂时不能清偿债务，就视为债权人利益受到了严重损害。造成严重损害的原因不仅在于债务人公司拒绝或者怠于清偿债务，更在于债务人公司滥用公司法人资格。(3) 股东的滥权行为与债权人的损失之间存在合理的因果关系。以上三大举证责任缺一不可。可见,债权人承担着比较沉重的举证责任。

不过,新《公司法》第64条对于一人公司采取了法人人格滥用推定的态度,即举证责任倒置的态度。接踵而至的问题是,如何理解第64条与第20条第3款之间的相互关系?通读立法框架,第20条第3款的规定位于第一章“总则”,而第64条的规定位于分则中的第二章“有限责任公司”。可见,前者为一般法律规定,后者为特别法律规定。依据特别法优于普通法的原则,第64条有关举证责任倒置的规定应当优先适用。实践中,有人建议将举证责任倒置态度从第64条规制的一人有限责任公司推广到第20条规制的各类公司。笔者认为,为慎重适用揭开公司面纱制度,建议未来公司法修改时维持区分对待一人公司和多人公司的立法态度。

揭开公司面纱不等于说追究所有股东对公司债务的连带责任。揭开公司面纱的后果仅应加于控制股东身上。新《公司法》第20条所称的“股东”既包括一人公司中的唯一股东,也包括股东多元化公司(含有限责任公司和股份有限公司)中滥用权利的控制股东,但不包括诚信慎独的股东尤其是小股东。因此,揭开公司面纱时,应当注意区分消极股东与积极股东。只有积极股东或者控制股东才应当承受公司面纱被揭开的不利后果。实践中,奸诈之人有可能滥用“稻草人”股东之名,行滥用公司法人资格之实。对于此等“实际控制人”,可否适用第20条第3款?笔者主张对第20条所称的“股东”作扩张解释,从而将实际控制人(包括实质股东)涵盖其内。至于法院应否区分自然人股东与法人股东,应当具体情况具体分析,不宜一概而论。诚信的自然人股东有可能慎独自律,而奸诈的法人股东也有可能大肆玩弄厚黑学与三十六计,疯狂地欺诈债权人,巨额地逃废债务。

《公司法》第20条在实践中能否得到妥当执行的关键难点在于如何理解“滥用”二字?毕竟,法官和仲裁员都不能滥用“滥用”二字。“滥用公司法人独立地位和股东有限责任”是相对于“合理使用公司法人独立地位和股东有限责任”而言的。因此,“滥用”二字是一个模糊语词,是一个具有高度弹性化的概念。稍有不慎,合理使用就有可能被认定为滥用。而合理使用公司法人独立地位和股东有限责任恰恰是现代公司帝国得以成长壮大的制度秘籍。因此,努力消除“滥用”

二字的不确定性，增强“滥用”二字的可操作性，便成为法解释学中的重点和难点问题。从我国公司实践看，控制股东滥用公司法人独立地位和股东有限责任的情况五花八门。笔者将最常见的情形概括为两种：股权资本显著不足以及股东与公司之间人格的高度混同。为慎重起见，法院或者仲裁机构在认定股东与公司之间人格的高度混同的事实时，应严格掌握标准，不宜因为存在单一的、非关键的混淆现象就遽然否定公司法人资格。

揭开公司面纱的效力仅限于特定当事人间的具体法律关系，具有浓郁的相对性与特定性，而不具有绝对性与对世性。即使某公司的法人资格被否认，也并不意味着该公司的法人资格在其他法律关系中被否认。这与公司因解散、破产而清算，从而在制度上绝对、彻底丧失法人资格的情形大相径庭。因此，公司人格否认法理的适用条件和法律效果比起彻底消灭公司法人资格要缓和、温和得多。

公司人格否认的不利后果只能降落于有过错的当事人（尤其是控制股东）头上，而不殃及无辜当事人。假定控制股东滥用法人资格，大量侵占公司财产，给公司债权人造成不利，债权人只能追究控制股东的债务清偿责任，但不能伤及其他善良中小股东。

五、中小股东也应力戒滥用权利

新《公司法》不仅致力于强化控制股东的诚信义务，遏制控制股东、高管与实际控制人的道德风险，扶持中小股东，也未淡忘对中小股东滥用权利的预防与救济措施。自股东权保护的理想状态而言，股东的共益权原则上应为单独股东权。但股东群体中的成员未必均为圣人君子。为确保股东行使权利理性、慎重，预防股东滥用权利损害公司和广大股东的利益，遂有少数股东权之设。

为预防急功近利的投机股东滥用权利，新《公司法》除对少数股东权的持股比例予以规定，尚对少数股东权甚至单独股东权的持股期限予以规定。例如，第 152 条规定了股份有限公司股东提起股东代表诉讼的持股比例和持股期限以及原告股东提起代表诉讼的内部救济程序；第 183 条规定了行使公司解散诉权的原告股东所持的表决权比例以及构成公司僵局的三大条件；第 102 条第 2 款规定了股东行使临时股东大会自行召集权与主持权的持股比例和持股期限；新《公司法》第

34条第2款设计了预防有限责任公司股东滥用查账权的预先说明程序,以及公司拒绝股东查账的法定事由。立法者在公司领域弘扬诚信文化的良苦用心可见一斑。

第七节 弘扬股权文化的若干建议

一、弘扬和谐的股权文化应当成为我国资本市场发展与监管过程中的主旋律

弘扬股权文化、尊重股东价值是完善公司治理的指路明灯,是推动资本市场法治建设的重要切入点,是确保资本市场又好又快和谐永续发展的战略举措,是贯穿我国资本市场发展、改革、监管与稳定的主旋律。弘扬股权文化不仅是法治系统工程,也是规模宏大的发展工程、民心工程、和谐工程。

二、构建投资者友好型的法律体系

和谐的股权文化应当贯穿于有关投资者权益保护的法律体系。不仅资本市场的基本法律(物权法、公司法、证券法、信托法、证券投资基金法)要弘扬股权文化,与资本市场基本法律相配套的其他法律(包括侵权法、民事诉讼法、行政诉讼法、行政程序法、仲裁法、税法等法律)也要体现投资者友好型的价值取向。我国目前的立法文件在结构上以法律为干,以行政法规和部门规章为枝,不仅法律要弘扬股权文化,法律位阶之下的行政法规和部门规章也要弘扬股权文化。

投资者友好型的法律体系要具有竞争力。一是与其他国家和地区的法律相比,我国的资本市场法律要具有竞争力;二是与国内消费市场法律相比也要具有竞争力。资往高处走,水往低处流。在资本市场的国际化、全球化趋势面前,资本已无国籍可言。为了打造我国资本市场的国际竞争力,必须打造我国资本市场的国际竞争力。而国际竞争力的关键则是弘扬股权文化,善待各类投资者尤其是个人投资者,并进一步增强法律的公正性、统一性、开放性、前瞻性、可操作性、可诉性。

要鼓励广大投资者参与资本市场法律体系的构建过程。法乃公

器,在一定意义上,立法文件是立法者向纳税人提供的公共产品。立法者的智慧是有限的,而市场的智慧(包括积极智慧与消极智慧)是无限的。为了更好地倾听广大投资者和市场各界的立法呼声,提高立法质量,预防和化解制度供给与制度需求之间的矛盾与冲突,更好地构建和谐的资本市场法律秩序,必须大力弘扬民主立法、科学立法、开门立法、透明立法的理念。

资本市场立法越透明,公众参与度越有保障,制度设计就越公平、越有效率、越有预期度,投资者的投资信心就越有保证。立法机关、国务院、证券监管机构和其他行政机关出台涉及投资者切身利益的立法文件和规范性文件时,应当继续坚持公募民意的先进立法惯例,认真梳理社会各界的立法建议,并对具有典型性与代表性的立法建议的处理结果予以公开说明。对于不予采纳的意见和建议,应当说明立法理由。

遗憾的是,目前广大投资者参与立法进程的主动性与积极性仍有待进一步鼓励和引导。例如,在国务院法制办将《上市公司监管条例(草案)》公开上网征求广大投资者、资本市场各方利益相关者以及社会公众意见后,踊跃发表建议和意见的则为数寥寥。即使公众投资者对与立法活动参与度不高,但将立法草案公之于众的行为本身也有助于增强未来立法的可预期性,进而释放和化解不透明立法带来的投资风险。因此,不宜以社会公众提交的立法建议不多而否定立法草案公开的价值。

为加大对投资者的保护力度,有必要制定一部与《消费者权益保护法》或《妇女权益保障法》相类似的《股东权益保护法》或《投资者权益保护法》。该法可重点规定以下内容:调整范围、基本原则、股东的权利、公司和经营者的义务、国家对股东权的保护、股东权保护组织、争议的解决与法律责任等。除制定《股东权益保护法》作为股权保护的龙头法,还要注意提高股权保护法律体系的系统性、和谐性,避免庞大的法律体系内部出现法律规范之间、立法文件之间在股权保护方面的法律冲突。美国诸州如宾夕法尼亚、北卡罗来纳、新泽西、得克萨斯的《股东保护法》(Shareholder Protection Act)的立法例值得借鉴。美国国会还于1970年颁布了《证券投资者保护法》(SIPA),该法设立了非营利公司证券投资者保护公司(Securities Investor Protection

Corporation)，强制要求所有根据《证券交易法》第15条设立的证券经纪公司成为该公司股东。该公司董事会由7名董事构成，1名由财政部长任命，1名由联邦储备委员会，5名由总统任命。这些经验值得认真借鉴。

三、打造投资者友好型的行政监管体系

投资者友好型的政府是和谐资本市场的重要特征。要打造在全球范围内具有竞争力的中国资本市场，必须按照党的“十七大”报告精神，倾力打造在全球范围内具有竞争力的服务型政府。监管者要带头树立尊重投资者、敬畏投资者的服务型政府意识和法治政府意识。

服务型政府中的“服务”是一个广义的概念，囊括了尊重型服务、保护型服务、宏观调控型服务、引导型服务、促成型服务与给付型服务。监管机构根据依法行政的法治精神，在充分尊重资本市场依法自治创新的前提下，充分发挥市场准入、行政保护、行政指导和行政处罚的行政职能，尤其是及时运用法定的行政核准权限、行政指导权限、行政监督权限、行政调查权限、行政处罚权限（不是豆腐政府）、行政调解权限，维护公平、公正、公开的资本市场秩序，制止和打击损害投资者权益的不法行为。打击资本市场中的违法犯罪行为就是维护投资者合法权益。可见，监管与服务是辩证统一的。

针对当前资本市场打击违法犯罪过程中的新问题，建议在监管机构与司法机关之间建立信息共享、快捷高效的联动执法司法合作机制，实现行政执法机制和刑事司法机制之间的无缝对接。政府要运用行政手段积极引导资本市场主体建立诚信体系，降低投资者的投资风险。

要打造服务型政府，必须树立法治行政、诚信行政、勤勉行政、透明行政的根本理念，进一步增强政府行政措施的透明度。我国资本市场中的数次股价暴跌事件，与政府有关部门在公众投资者没有任何心理准备的情况下突然出台相关的宏观调控措施，与国有股权处分措施具有因果关系。

在传统计划经济体制、官本位和封建文化积淀和影响较深的历史背景下，尤其应当加大对投资者权益的行政保护力度。为加大投资者权益保护力度，协调政府相关部门的投资者保护步伐，有必要借鉴国

家工商行政管理总局成立消费者权益保护局的先进经验,在中国证监会下设投资者权益保护局。从长远看,建议成立国务院投资者权益保护委员会,以统一协调上市公司投资者、未上市公司投资者和其他特殊类型证券的持有人利益的行政保护工作。

四、打造投资者友好型的司法救济体系

在三大法律责任之中,民事责任立于基础性地位。股权文化应当成为法官和仲裁员裁判投资者权益争讼的重要裁判思维。人民法院应对投资者权益争讼案件采取开门立案、凡诉必立的积极态度,在立案、审理、判决和执行诸环节充分体现公正、快捷的原则,重点解决立案难、执行难的问题。要开门立案,全面受理和审理资本市场中涌现出来的各类投资者权益争讼。鉴于投资者权益争讼案件量大面广、专业性强,建议在法院内部设立专门合议庭审理投资者权益争讼案件,加强对法官的资本市场法律业务培训,培养一大批德才兼备的资本市场法官队伍。法官在裁判活动中应当慎思明辨,求索规则;析案以理,胜败皆明;平等保护,关怀弱者。

鉴于民事责任是法律责任中最能调动投资者维权积极性的救济措施,新《证券法》在强化行政责任与刑事责任的同时,扩大了民事赔偿责任的适用范围,殊值嘉许。根据《证券法》第 76 条第 2 款之规定,内幕交易行为给投资者造成损失的,行为人应当依法承担赔偿责任;根据该法第 77 条第 2 款之规定,操纵资本市场行为给投资者造成损失的,行为人应当依法承担赔偿责任。因此,投资者倘若遭遇内幕交易与操纵市场行为之苦,有权对行为人提起民事损害赔偿之诉。再如,根据第 171 条之规定,黑嘴股评家(证券分析师)利用传播媒介或者通过其他方式提供、传播虚假或者误导投资者的信息,给投资者造成损失的,依法承担赔偿责任。

由于最高人民法院的司法解释迟迟没有出台,不少地方法院依然对内幕交易与操纵市场导致的民事损害赔偿案件采取消极态度甚至不予立案的态度。其实,一旦《证券法》明确了内幕交易与操纵市场行为的民事责任,人民法院就应积极受理此类民事案件,即使最高人民法院没有出台司法解释也是如此。

为了统一裁判规则,建议最高人民法院针对投资者权益争讼案件

的特殊性以及传统实体规范与程序规范在审理投资者权益争讼案件中遇到的法律障碍,尽快推出配套司法解释,包括但不限于《公司法司法解释(二)》、《内幕交易行为导致的损害赔偿案件的司法解释》、《操纵市场行为导致的损害赔偿案件的司法解释》、《投资咨询机构及其从业人员提供、传播虚假或误导投资者的信息导致的损害赔偿案件的司法解释》,进一步健全投资者权益争讼的裁判规则。鉴于内幕交易与操纵市场的行为与虚假陈述行为相比更加诡秘,投资者举证更难,司法解释应当更多地采取举证责任倒置的态度,适度减轻原告投资者的举证责任负担。为避免同一案件在不同法院出现不同裁判结果的尴尬局面,建议借鉴2003年最高人民法院《关于审理证券市场因虚假陈述引发的民事赔偿案件的若干规定》有关专属管辖的司法经验,适当上收管辖权限,将虚假陈述证券民事赔偿案件确定由省、直辖市、自治区人民政府所在的市、计划单列市和经济特区中级人民法院管辖。

要鼓励中小股东为了捍卫公司利益而提起股东代表诉讼,为了维护自身利益而提起直接诉讼。建议进一步修改《民事诉讼法》,引入集团诉讼制度,鼓励遭受欺诈之苦的投资者借助律师服务提起集团诉讼。公司争讼的解决需要一系列配套机制的支撑。例如,为应对投资者无力聘请律师的问题,应当建立健全投资者法律援助制度,设立小额诉讼基金;等等。

五、弘扬股权文化要贯穿于公司治理的全过程

公司治理的关键在于妥善处理股东与经营者、控制股东与非控制股东、公司内部人(包括股东与经营者)与公司外部人(非股东利益相关者)之间的利益关系。上市公司经营者要自觉弘扬股权文化。经营者要时刻对投资者心存感恩心态,并诚实守信,勤勉尽责。对于控制股东与非控制股东,经营层一视同仁,一碗水端平,并在投资者关系方面主动关心处于相对弱势地位的非控制股东。经营层可以为谋求公司和全体股东的长远利益和根本利益而适度限制股东的近期利益,但不允许经营层以增进非股东利益相关者利益为名谋求一己之私。经营者固然为商人,对待经营者定价固然要采取市场定价的思路,但要预防经营者对股东财富的不当掠夺现象。

上市公司要把投资者关系管理工作做实做好。上市公司要主动

加强与投资者特别是社会公众投资者的沟通和交流,设立专门的投资者咨询电话,在公司网站开设投资者关系专栏,定期举行与投资者见面活动,及时答复公众投资者关心的问题,增进投资者对公司的了解和认同。为确保两个条款落到实处,建议规定上市公司没有正当理由逾期不予答复的法律后果(包括行政处罚)。

证券公司与基金管理公司等中介机构在向投资者提供服务时,也要树立投资者本位的经营理念,并加强细节管理,完善内控措施。证券公司要鼓励更多的投资者进入资本市场,必须从培养自己对投资者的忠诚度开始。例如,证券公司和基金管理公司在投资者开户时应当作出善意风险警示,并逐项填写个人资产状况表,以示慎重。

六、弘扬和谐的股权文化是投资者教育中的重要内容

资本市场是信心市场。如同加大消费者教育对于刺激消费信心具有重大作用一样,加大投资者教育的力度对于刺激投资信心具有重大的现实意义。而投资者教育的核心内容应当是弘扬股权文化。

要进一步拓宽投资者教育的客体范围。接受教育的主体既包括广大投资者,也包括上市公司、控制股东、公司董事、监事、高级管理人员,还包括证券服务机构,更包括资本市场监管机构和自律机构的工作人员。不能望文生义地把“投资者教育”理解为“教育投资者”,而应当理解为“有关投资者权利与利益的教育”,更不能把最容易侵害投资者权益的当事人(包括民事主体与公法主体)排斥在投资者教育活动之外,尤其不能忽视对针对这些当事人开展的专项教育活动。

要进一步丰富投资者教育的内容。出于唯利是图的目的而功利地进行投资者教育,是非常荒谬的。投资者教育的目的应当在于帮助广大投资者成为成熟理性的投资者,投资者教育的内容也不仅仅止于如何买股票,更在于如何防范风险、识别欺诈、维护权益。既要教育投资者学会如何行使与维护自身的股权,尤其是学会如何睿智投资、依法识别风险和化解风险的专业知识,也要教育投资者之外的各方主体树立尊重股权、敬畏股权、服务股权的主流价值观。当然,投资者自身也应成为理性、文明的投资者,既大胆行使权利、维护权利,也要善用权利。投资者要树立正确科学的投资观、风险观与权利观。要加强培育投资者法律思维,尤其是合规的思维,严谨的思维,风险的思维。个

别投资者过分迷信市场内幕信息,结果要么参与了内幕交易的行为,要么无法用审慎的头脑识别虚假陈述和市场虚假信息。一些投资者对于不法分子在资本市场里通过博客、QQ、BBS、手机短信或者打电话的方式传播的某些信息信以为真,结果因此而上当受骗。因此,培养投资者的法律风险防范的思维,有助于遏制资本市场的不规范行为。

七、设立股东(投资者)协会制度,组建中国投资者协会

团结就是力量。在规模巨大的上市公司中,股东人数众多,且散居各地,不少股东由于时间、知识、经验或财力的原因,无法积极行使股东权特别是表决权等共益权。又由于股东大会奉行资本多数决原则,"大鱼吃小鱼、小鱼吃虾米"的霸权逻辑得以借尸还魂。股东大会制度和表决权制度有可能沦为控制股东或公司内部人排挤、压榨小股东的法律工具。一旦权利受到侵害,许多中小股东因持股比例小、损害不大、维权成本过高而怠于寻求救济。有些中小股东希望其他股东站出来打抱不平,伸张正义,自己则趁机搭便车。广大中小股东的软弱与一盘散沙状态在无形中怂恿、纵容了公司经营者及其他当事人侵害股东权的行为。

在国外,保护股东权益的非政府组织在股东维权工作中发挥了积极作用。1932 年英格兰成立股东保护协会,但只持续了 7 年。1949 年,英国有人宣布成立"投资者协会";还有人试图成立"小股东理事会";以威尔士会计师朱利安·豪奇(Julian Hodge)为代表的一些人亦自封为小股东的代表者,但这些设想均未实现。1960 年,印度共有 12 个股东协会,其中的孟买股东协会和马德拉股东协会影响最大。[①]

在我国香港地区,亦有热心人士主张以法定征费形式支持成立香港小股东协会(Hongkong Association of Minority Shareholders,"HAMS")。[②] 但该建议被有关政府部门拒绝。香港政府发言人 2002 年 4 月 26 日指出,该建议本质上并不可行。因为,"HAMS 的核心建议是通过向所有股票交易征费,以公款支付其运作,这项建议完全缺乏管治与权责安排"。

---

① Surendra Naht, *Shareholders' Right and Proteciton Under Company Law*, pp. 426-432.

② http://www.webb-site.com/articles/hams.htm.

该建议曾提交正全面检讨香港企业管治机制的公司法改革常务委员会(常务委员会)讨论。常务委员会认为,这项建议引起最大的难题是一个以公款成立的组织如何向公众问责。发言人解释:“HAMS 构思中的架构由公款支付经费,但却由其会员选出董事会。这即是说,HAMS 将会是一个以公款支付的私人组织,这安排本身已是一个矛盾。虽然征费以百分比计算并不高,但 HAMS 须筹得的金额将会十分可观(2 亿港元)。然而,建议中并没有任何有效的监察及制衡安排。”发言人也承认,HAMS 只是加强保障股东权益的众多建议之一,澄清和加强公司董事的责任以及确保公司适时披露有质量的资料等也同样重要。①

韩国的股东权益保护组织(People's Solidarity for Participatory Democracy,PSPD)在保护股东权利方面十分活跃。该组织成立于1994 年。保护小股东的权利是该组织的重要宗旨之一。该组织保护小股东的主要措施包括:监督与披露公司活动;与公司经营者举行建设性对话;参加股东大会;行使股东权利;向控制股东和公司经营者提起民事诉讼并吁请司法机关开展刑事调查;提出立法建议;为小股东提供公司治理信息服务。②

为使我国股东维权工作推向前进,加强股东维权工作,我国应早日建立股东协会制度,充分发挥非营利组织或非政府组织在股东维权方面的积极作用。受我国消费者协会制度启迪,借鉴印度、德国及荷兰等国股东协会在股东权自我保护方面所发挥的积极作用,笔者力主我国建立股东协会制度,从而将处于弱势地位的投资者团结起来,结成一定的组织,对股东维权工作进行社会监督,保护投资者合法权益。股东协会是由股东自愿组成、旨在对股东权实行自我保护的自治性社会团体。韩国的股东权保护组织(PSPD)的股东维权经验值得认真研究和借鉴。

也许有人认为,有了投资者协会,投资者便会对上市公司、公司经营者、中介机构,甚至监管部门出难题,甚至扰乱资本市场秩序。这种观点既忽视了投资者协会在投资教育、指导和自律方面的重要作用,

---

① http://www.info.gov.hk/gia/general/200204/26/0426246.htm.

② http://www.pspd.org/pspd/activities/history_1.html; http://www.pspd.org/pspd/activities/activism.html.

又担心投资者协会代表广大投资者(尤其是中小投资者)利益对上市公司、公司经营者、中介机构和监管部门展开合法、合理的有效监督。殊不知,投资者协会既有利于保护投资者权利,强化上市公司、公司经营者、中介机构和监管部门的责任感,也有利于从根本上营造保护投资者的法律环境和社会环境,促进投资的持续繁荣,从而造福所有资本市场的参与者。如果投资者对于投资活动的游戏规则失望至极,对于投资活动望而却步,那才是资本市场最大的悲哀。

股东协会应当发挥以下职能:(1) 就投资指导而言,股东协会应当进一步规范和加强投资调查、投资警示等投资指导工作,为投资者用钞票投票,提供决策依据。股东协会还应组织有关行业协会制定科学的指标评价体系,建立股份公司和中介机构的社会信用评级制度,帮助投资者行使知情权和投资选择权。(2) 就投诉工作而言,股东协会要进一步提高调解的成功率,争取早立案、早调解、快结案,减少调而未解、久调不解的情况。(3) 根据股东授权,直接行使股东权利,包括实体权利与程序权利(如集团诉讼提起权等)。例如,在征得若干小股东书面同意后,股东协会可以代表结合在一起具备法定持股要件的股东行使少数股东权,敦促公司董事会停止或纠正侵害股东权的行为,调查公司财产和业务状况,要求公司召集临时股东大会,在具备法定条件时还可直接召集股东大会。(4) 与行业协会(包括证券业协会)开展对等谈判,争取在立法和司法条件尚不成熟的情况下,早日确定特定行业的执业规范、伦理规范和纠纷解决机制,从而推动投资者维权活动的健康发展。(5) 向立法机关和行政机关提出完善股东权保护的立法与执法建议,努力克服投资者介入立法进程的有限性问题。简言之,股东协会主要职能是:监督各类资本市场主体的行为;维护投资者权利。这两项职能相互统一。监督职能旨在投资者维权,而投资者维权也离不开监督职能。

为确保股东协会能够真正代表和维护广大股东尤其是中小股东的利益,股东协会的工作人员不能由大股东和公司高管人员充任。为预防股东协会偏离保护股东权的宗旨,立法应禁止股东协会从事商事活动和营利性服务,以及以牟利为目的向投资者推荐投资对象或者投资方式。

八、进一步完善证券投资者保护基金制度

针对近年来一些证券公司非法侵害投资者权益、然后濒临破产进而导致投资者严重损失的情况，新《证券法》借鉴美国的立法经验，于第134条前半段明确规定："国家设立证券投资者保护基金。证券投资者保护基金由证券公司缴纳的资金及其他依法筹集的资金组成"。这就筑起了一道投资者权益保护的安全屏障。2005年6月30日，中国证监会、财政部、中国人民银行发布《证券投资者保护基金管理办法》，自2005年7月1日起施行。2005年8月30日，中国证券投资者保护基金有限责任公司注册成立。2005年9月29日，中国证券投资者保护基金有限责任公司正式开业。

《证券投资者保护基金管理办法》第7条将基金公司的职责界定为：(1) 筹集、管理和运作基金；(2) 监测证券公司风险，参与证券公司风险处置工作；(3) 证券公司被撤销、关闭和破产或被证监会采取行政接管、托管经营等强制性监管措施时，按照国家有关政策规定对债权人予以偿付；(4) 组织、参与被撤销、关闭或破产证券公司的清算工作；(5) 管理和处分受偿资产，维护基金权益；(6) 发现证券公司经营管理中出现可能危及投资者利益和资本市场安全的重大风险时，向证监会提出监管、处置建议；对证券公司运营中存在的风险隐患会同有关部门建立纠正机制；(7) 国务院批准的其他职责。

基金的来源主要包括：(1) 上海、深圳证券交易所在风险基金分别达到规定的上限后，交易经手费的20%纳入基金。(2) 所有在中国境内注册的证券公司，按其营业收入的0.5%～5%缴纳基金；经营管理、运作水平较差、风险较高的证券公司，应当按较高比例缴纳基金。各证券公司的具体缴纳比例由基金公司根据证券公司风险状况确定后，报证监会批准，并按年进行调整。证券公司缴纳的基金在其营业成本中列支。(3) 发行股票、可转债等证券时，申购冻结资金的利息收入。(4) 依法向有关责任方追偿所得和从证券公司破产清算中受偿收入。(5) 国内外机构、组织及个人的捐赠。(6) 其他合法收入。

中国证券投资者保护基金公司成立后开展了大量有益于投资者保护的工作。例如，该公司收购了相关问题证券公司80%以上的客户

交易结算资金和个人债权,剩余债权的收购工作正在加紧进行。与此同时,保护基金市场筹集机制基本确立,保护基金公司债权申报与受偿工作也已全面展开。[①] 该公司还受中国证监会委托,组织对广东证券进行托管清算工作;受中国证监会委托对中科证券、中关村证券实施托管和行政清理,并分别派员参与现场工作组工作;运用自有资金5 000 万元对中科证券进行紧急救助,用于弥补中科证券客户证券交易结算资金缺口;发放了第一笔个人债权收购资金,用于收购广东证券挪用国债形成的个人债权,金额为1.13 亿元。[②]

从长远看,该公司的职能有待进一步拓展。除了继续盯紧证券公司,继续参与证券公司风险处置和清算工作之外,还应紧盯证券公司之外的有可能损害投资者利益的其他当事人包括上市公司和其他资本市场中介机构。为方便低收入的投资者及时提起民事诉讼,建议该公司设立投资者诉讼支持金。为了取得必要的诉权,该公司可以以自己的名义直接购买上市公司发行的证券。在中小投资者对共(公)益诉讼态度迟疑的时候,基金公司可以以自己的名义挺身而出,捍卫广大投资者的合法权益。

该公司的治理结构有待进一步完善。从该公司网站提供的信息看,该公司设立董事会,由 9 名董事组成,董事会为公司的决策机构,全面负责公司的运营和管理。[③] 虽然该公司是国务院批准设立的国有独资金融机构,性质为非营利性企业法人,但即使国有独资公司也要设立监事会,负责公司经营管理活动的监督事宜。鉴于该公司的设立宗旨是保护资本市场投资者合法权益,该公司的经营状况和财务状况应当及时予以公开,自觉接受广大投资者的社会监督。

绳锯木断,水滴石穿。笔者相信,只要我们在科学发展观的指引下,大力弘扬健康向上的和谐股权文化,就一定能够为推动我国资本市场又好又快地和谐有序发展奠定坚实的法治基础,立起不朽的历史丰碑!

---

① 参见商文:《证券投资者保护基金收购债权逾八成》,载《上海证券报》,2007 年 12 月 27 日。

② 参见《中国证券投资者保护基金公司大事记》。

③ http://www.sipf.com.cn/bin/FrontPage? m = s&channelFlag = ORGANI.

第三章　证券发行制度改革

第一节　证券发行及其监管体制

一、我国证券发行监管体制的现状和主要特点

证券发行是指发行人劝诱投资者，与其建立相应的法律关系（如股权关系或者债权关系），对其授予相应的法律地位和资格（如股东或者债权人），接受其缴纳资产（尤其是货币资产）的一连串行为的总称。从发行公司角度看，公司通过发行证券募集资金，实现公司制度在集腋成裘、聚沙成塔方面的经济功能。从投资者角度看，投资者是通过证券发行行为取得公司的股东地位，进而实现投资目的的。

发行监管体制的优劣直接决定了一级市场的公平与效率，是证券市场法律制度中最为重要的组成部分之一。我国资本市场是在计划经济体制向市场经济体制转轨变型过程中诞生和发展起来的。因此，我国证券市场注定是一个新兴加转轨的市场。我国证券市场的发展过程也是市场机制不断成熟、市场创新与市场自律机能日益激活、计划经济下的行政管制日益弱化的过程。总体看，我国资本市场的发行监管体制改革是由行政管制向市场化约束机制建设方向推进的。发行监管体制从指标管理、政府推荐、行政审批跨入核准制就是我国资本市场坚持市场化改革取向的重要改革成果之一。

自 2003 年以来，中国证监会围绕核准制的落实和深化进行了一系列的制度性建设，初步形成了符合中国资本市场发展水平的证券发行核准制度。(1) 建立了证券发行上市保荐制度，确立了保荐机构及其保荐代表人在发行上市环节的角色和独特作用，要求保荐机构及其保荐代表人以尽责和诚信为出发点，推荐企业发行上市，从源头上保障拟上市公司的质量基础。(2) 改革发审委制度增强了证券发行审核的公开性、公平性与公正性，提高了中国证监会行政核准行为的公信力。(3) 改革了发行定价机制，告别新股定价方式采用的设定发行

市盈率上限的行政定价方式,适时推出询价制度,首发推行询价制度,采取国际上通行的累积投标方式确定发行价格,使得新股定价更趋理性。

我国发行监管体制的改革具有如下特征:(1) 发挥中介机构的专业能力,强化市场主体的约束作用。无论是发审委制度,还是保荐制度,都是发行监管环节的专门制度;从保荐意见、审计意见、律师意见,到初审意见和发审委裁决,是发行监管环节的专业分工把关。通过这些安排,突出了发行监管过程中中介机构的专业把关作用。(2) 适时改革,坚持市场化取向,发挥市场配置资源的基础性作用。自愿保荐体现了市场对拟上市公司的筛选。询价制的实施既考虑了新兴市场的过度波动特征,也是逐步将定价权归位于市场主体的探索。(3) 牢牢把握独立性。《发审委办法》明确要求委员们作出独立、客观、公正的判断,不代表其所在的机构,防范利益冲突及各种干扰。其他参与发行阶段的中介机构和个人,也都要依法合规地发表独立意见。独立性要求是发行监管机制有效运行的重要基础。(4) 总体布局,为推进核准制向注册制演进打基础。保荐制度、发审委制度、询价制度构成目前阶段发行监管的基础制度,这些关键制度的实施,将全面提升保荐能力、定价能力、审核能力和各类中介机构执业水平,为进一步提升发行监管工作水平奠定坚实的基础,从而为 IPO 和上市公司再融资的审核制度从核准制向注册制过度创造条件。

二、我国发行监管体制的未来改革趋势

目前,我国资本市场总体上还处在继续夯实发展基础的阶段。发行监管工作要坚持市场化取向,既能对投资者合法权益提供保护,又能支持上市公司通过资本市场取得发展;既能把住准入关,又能兼顾市场效率;既能适应当前的需要,又能适时地进行变革,掌控好进入资本市场的第一道闸门。

我国未来的证券发行监管体制改革仍要在继续坚持市场化改革方向的前提下进一步深化与创新:(1) 进一步完善保荐制度。加强对保荐机构和保荐代表人的管理,强化责任意识,加强保荐机构的内部控制,把保荐机构和保荐代表人的责任落到实处,进而达到对拟上市公司和已上市公司的市场化约束。(2) 进一步完善询价制度。价格

的市场化是市场主体行为市场化的决定性因素。要着重加强对询价对象行为的监管,使报价与申购直接挂钩,合理配置网上网下申购比例,抑制新股申购阶段的过度投机性,提高申购公平度。(3)促进优化资本市场结构和发行监管改革相互协调。继续推动境内优质大型企业和高成长性中小企业发行上市。大力发展公司债券。要进一步简化审核程序、提高审核效率,完善公司债券发行方式,完善债权人保护机制,大力发展债券基金等机构投资者。要协调监管,采取措施促进保险公司和商业银行自主投资公司债券,逐步实现银行间债券市场与交易所债券市场的互联互通。(4)建设服务型和法治型证券监管机构。证券监管机构要顺应市场要求,增强服务意识,坚持审核理念,坚守审核质量标准,依法行政,不断提高审核效率。

第二节　证券发行注册制改革

为确保证券市场上市证券的质量,必须把好证券发行关,确保发行证券的质量,杜绝欺诈性的证券混入证券市场,危害广大投资者和社会公众利益。为此,世界各国的证券立法莫不对证券的发行审核条件和程序予以规范,但宽严各异,主要存在注册制与核准制两种立法例。

一、注册制与核准制

（一）注册制

所谓注册制,又称申报制或登记制、公开主义或形式审查主义,是指发行人在准备发行证券之时必须真实、全面、完整、准确地将投资人为判断证券性质、投资价值所必需的重要信息和材料充分公开。注册制以信息披露制度为基础,以法律责任包括民事责任、行政责任与刑事责任为后盾。注册制以美国 1933 年《证券法》和日本《证券交易法》为代表。

证券主管机关的职责仅仅在于,依据信息披露的原则和制度,对证券发行人申报信息和材料的全面性、真实性与准确性进行形式要件的审查;而不对证券发行行为及证券本身作出价值判断,不对拟发行证券的价值以及发行人的营业性质、财务状况、盈利能力及发展前景、发行数量与价格等实质内容作实质审查,亦不对证券发行人发行有价证券事先作出实质条件的限制。

根据注册制,发行人在申报有关信息和材料、经过法定期间后,若未受到证券主管机关的阻止和异议,发行人即可开始发行证券。只要证券发行人提供的材料不存在虚假、误导或者遗漏,即使该证券一点投资价值也没有,证券主管机关也无权干涉,因为自愿上当也是投资人不可剥夺的一项权利。

申报制的哲学理念源于美国大法官路易斯·布兰狄希(Louis Brandis)在其1914年著作《别人的钱》(Other People's Money)中的名言:"公开是现代社会及工业疾病的救生药,阳光是最好的防腐剂,灯光是最有效的警察。"当然,立法者信赖信息披露制度的基础在于立法者假定投资者理性为前提,相信投资者能够理解证券发行信息和相关资料,相信投资者的自我保护能力。

罗斯福总统曾在该法案说明书中指出:"过去投资人遭受了不道德不诚实的发行公司人为的股票操作所带来的严重损失,引起联邦政府立法保护证券市场健全发展之决心。这种保护构架之决定,决不能,也不该被误解为'核准'或'保证'新发行的证券是健全的,它的'价值'将永远维持,或证券所体现的资产将永远会赚取利润,而加之于政府的义务是,政府要坚持每一种在州际间出售的证券,必须随附充分公开的资讯,而且在证券发行上,没有重要的事实隐瞒投资大众。"①

在注册制的指导思想作用下,美国1933年《证券法》第5条规定,任何证券在未向证券交易委员会申报生效之前,不得向公众销售;第6条和第8条规定了申报手续,其中第8条第1项规定申报后20日开始生效,第7条及第10条规定了必须公开的主要信息及项目;第23条规定禁止证券发行人对投资人表示已获得证券交易委员会认定申报证券的价值或者已承认的意思。日本战后于1948年制定《证券交易法》时,几乎完全照抄了美国1933年《证券法》和1934年《证券交易法》,集中体现在《证券交易法》第2章"关于有价证券募集或销售的

---

① 参见苏松钦:《证券交易法修正详论》,五南图书出版公司1988年版,第27页。

申报”之中。

注册制更贴近市场自治的真谛。因为，根据注册制，发行人的证券发行权无须由国家授予。换言之，证券发行权是公司自治的重要内容，不是国家授予的特许权，而是公司与生俱来的自治权利。注册制也符合获利者自取其咎的法律格言。

注册制有利于通过证券发行人的申报说明书和招股说明书等信息载体，将证券发行人有关证券投资人决策所必需的有利和不利信息曝光，既可鼓励公司发行证券，也可阻止不具备发行条件的公司趁机浑水摸鱼，还可便利证券投资人的投资决策，提醒证券投资者谨慎决策。并注册制还可减轻证券主管机关审核证券发行的工作量，极大降低证券监管机关在核准制或者审批制下承担的法律风险和政治风险。

注册制也有缺点。注册制假定投资者能透过发行人披露的信息对证券发行人的财务状况和经营状况明察秋毫。实际上，广大投资者特别是缺乏专业投资知识和经验的个人投资者，很难真正全面客观地了解证券发行人的基本情况和证券投资价值。倘若证券发行人恶意在填报申报材料时避重就轻、报喜不报忧，作出选择性披露而非全面性披露，就会更加容易地混淆证券主管机关和投资者的视线。因此，注册制本身无力阻止竞争力脆弱、投资风险大、投资前景黯淡，但全面遵守信息披露义务的股票上市。

（二）核准制

所谓核准制，又称准则主义、实质审查主义或实质管理原则，是指证券发行人既要公开披露自己的真实状况，还要合乎法律或证券监管者规定的必要实质条件。易言之，国家可以通过立法直接规定证券发行的实质条件，或者授权证券主管机关设定发行的实质要件，发行人发行证券必须符合这些要求与约束。

证券主管机关不但对发行人申报信息和资料的全面性、真实性和准确性进行形式审查，而且对拟发行证券的投资价值是否符合法律或证券监管者规定的必要实质条件进行实质审查，并最终作出发行人是否符合发行实质条件的判断。证券发行人只有在收到证券主管机关的核准函之后，方可开始发行证券。

在核准制下，发行人的证券发行权来自证券监管机构的授予，而非发行人与生俱来的自治权利。核准制通常适用于发达成熟的证券市场,以美国部分州的"蓝天法"即证券法和欧陆国家的公司法为代表。美国1929年证券市场的大崩盘,催生了1933年《证券法》和1934年《证券交易法》。在这种背景下起草的1933年《证券法草案》曾对新股发行采取核准制,但在法律通过时却改成了申报制,这是由于罗斯福总统采纳其法律顾问意见的结果。

核准制的优点是,证券监管机构可以通过国家公权力的行使,淘汰一批缺乏投资价值的上市候选公司,保持上市公司的投资质量,进而更好地保护投资者利益。但证券监管机构并非圣贤。一旦证券监管机构监管失察,也会导致投资质量不高的公司混入上市公司行列。而且,由于核准制的存在,有些投资者会对证券监管机构的核准行为存在严重的心理依赖,进而缺乏对投资价值较差的公司缺乏必要的警惕性和识别方法。

二、我国《证券法》中的核准制

鉴于我国证券市场是一个新兴加转轨的市场,证券一级市场中的欺诈行为此起彼伏,因此,1998年《证券法》对证券发行采取了严格的核准制。核准制是介于批准制与登记制之间的中间形态。《证券法》第10条第1款规定:"公开发行证券,必须符合法律、行政法规规定的条件,并依法报经国务院证券监督管理机构或者国务院授权的部门核准;未经依法核准,任何单位和个人不得公开发行证券。"

不仅股份有限公司首次公开发行股票的行为要遵守核准制,股份有限公司上市后的再融资行为也要遵守核准制。不仅上市公司公开发行新股要报国务院证券监督管理机构核准,上市公司非公开发行新股也要报国务院证券监督管理机构核准。根据《证券法》第10条第1款的规定,上市公司非公开发行新股,应当符合经国务院批准的国务院证券监督管理机构规定的条件,并报国务院证券监督管理机构核准。

不仅股票和债券的公开发行要获得国务院证券监督管理机构核准,可转换为股票的公司债券的发行也要报国务院证券监督管理机构核准。《证券法》第16条第3款规定:"上市公司发行可转换为股票的公司债券,除应当符合第一款规定的条件外,还应当符合本法关于公开发行股票的条件,并报国务院证券监督管理机构核准。”

不但境内发行证券要适用核准制,境内企业直接或者间接到境外发行证券也要获得行政许可。根据《证券法》第238条之规定,境内企业直接或者间接到境外发行证券或者将其证券在境外上市交易,必须经国务院证券监督管理机构依照国务院的规定批准。

核准制的优点有三:(1) 有助于在我国证券市场起步初期运用国家公权力把好一级市场准入关,为广大投资者利益发挥站岗放哨的作用。(2) 有助于迫使发行人真实、完整、及时、全面地充分披露相关信息,进而促使发行人完善自身治理结构。(3) 有利于证券监管机构通过信息披露形式审查和发行条件实质审查的双重手段,加大对证券发行人的监管力度。

三、改革目标:注册制

我国现行《证券法》对证券发行采取核准制是一种较为务实而稳妥的政策选择。但随着市场的成熟程度和国际化程度的日益提高,随着社会主义市场经济体制的不断完善,随着市场主体的日臻理性,积极稳妥地探索核准制向注册制的平稳过渡,应当成为我国证券市场的改革目标之一。

注册制改革有利于完善市场竞争机制,使得具有竞争力的发行公司得以脱颖而出,并大大降低证券发行的时间与成本。在核准制下,有些公司因为上市要苦苦等待数年。一些公司纷纷在北京设立发行申请代表处,投入巨大人力物力,资源浪费现象严重。更有甚者,个别申请公司的工作人员以公关为名大肆侵占公司财产。

注册制改革有利于减少不必要的权力腐败现象,降低证券监管机构由于错误核准而导致的法律风险与政治风险,避免证券监管机关成为众矢之的。核准制下的监管权力明显大于注册制下的监管权力。权利与义务成正比,责任与风险成正比。自由裁量权小了,法律风险与政治风险的降低自然水到渠成。

注册制改革还有助于扩大投资者的投资品种的选择空间。鹬蚌相争,渔翁得利。随着投资者教育工作的日益深入人心,投资者防范欺诈的自觉性和警惕性也在日益增强。既然发展证券市场,就应逐步培养投资者识别和抵制不良公司的专业知识。这无疑为注册制改革创造了较为宽松的社会环境。

有鉴于此,中国证监会主席尚福林在第十届发审委成立大会上,系统地阐述了证券发行监管体制的改革路径和核心内容。他在谈及发行监管体制改革的特征时说,"总体布局,为推进核准制向注册制演进打基础。保荐制度、发审委制度、询价制度构成目前阶段发行监管的基础制度,这些关键制度的实施,将全面提升保荐能力、定价能力、审核能力和各类中介机构执业水平,为进一步提升发行监管工作水平奠定坚实的基础,从而为IPO和上市公司再融资的审核制度从核准制向注册制过度创造条件"。[①]

当然,注册制改革的推行需要相关的配套条件。(1) 证券市场监管者要从发行申请文件的实质内容的核准转向对发行申请文件的真实性、合法性与完整性的合理审慎审查。注册制之下的证券监管机构依然对证券发行负有审查职责,既非甩手掌柜,也非重回核准制的老路,而是履行审慎的形式审查义务。(2) 证券市场监管机构和自律机构应当从过于重视事先的核准把关,转向事后的监管。在注册制改革到位之时,行政监管和自律监管必须全部到位,从而消除发行公司滥用注册制而蒙骗广大投资者和监管者的机会主义心理。(3) 进一步完善证券一级市场的失信制裁机制包括信用制裁机制,督促发行公司、保荐机构和其他中介机构慎独自律。

第三节 再融资的责任与道德

一、上市公司再融资的社会经济功能

与公司首次公开发行融资相比,上市公司发行证券(包括股票和债券)可统称为再融资活动。上市公司通过首次公开发行并上市机制(IPO)取得首次融资后,还会需要一而再、再而三的融资活动。

上市公司为增强竞争力,必须不断开拓融资渠道:一是依赖公司自体,如将公积金转为增加公司资本;二是依赖公司自体之外的其他

---

① 《发行监管体制改革成果显著,推动直接融资制度建设不断深化》,载http://www.csrc.gov.cn/n575458/n575667/n818795/10285939.html。

人。后者又分为股权融资(直接融资)与债权融资(间接融资)。股权融资主要表现为发行新股,债权融资主要表现为从银行借款、向社会公众发行公司债券。举债虽能缓解公司燃眉之急、且不会稀释现有股东的股权比例,但终有偿债期限。偿债期限一旦届满,公司即负有偿还本息义务,即使公司经营效绩不佳,但只要尚未破产,公司就应按约定利率还本付息。

公司发行新股(包括配股与增发)既能充分发挥股份制度聚沙成塔的集资功能,为公司筹措巨额资金,又可通过股东与公司同舟共济的利益关联机制降低公司筹资成本与经营风险。倘若公司经营效绩不佳,无红可分,公司即无义务向股东分配股利。

二、树立责任融资与道德融资的主流价值观

2008 年初,中国平安公布巨额再融资计划后,浦发银行等多家上市公司步其后尘。截至 2008 年 2 月 20 日,已有 44 家公司提出再融资预案,融资额达到 2 599.28 亿元。对于上市公司的慷慨融资计划,广大投资者不但不拍手称快,反而怀有抵制情绪,股市表现也一度因此而暴跌。如何看待上市公司的再融资行为的性质,立法者和监管部门应当采取何种应对之策,值得进一步深思。

1. 从股权融资的权利能力看,上市公司的确有权增发新股

上市公司的资本扩张主要有债权融资和股权融资两种方式。与债权融资相比,上市公司实行股权融资后既可取得巨额资金、有无还本付息的财务负担,至于是否向股东分配股利、分配几何,又在控制股东和经营层的控制之下。因此,上市公司控制股东和经营层具有股权融资尤其是增发新股的利益冲动。即使在股价低迷的情况下,一些上市公司也愿意承受市场抵制的风险而提出增发新股计划。

2. 增发新股虽然要严格遵循法定条件与程序,但法定门槛并不高

2005 年的《公司法》与《证券法》修改的主要着眼点在于鼓励公司自治和证券市场创新,因此立法者设定的增发新股的门槛并不高。例如,《证券法》第 13 条原则要求公开发行新股的公司具备健全且运行良好的组织机构;具有持续盈利能力,财务状况良好;最近 3 年财务会计文件无虚假记载,无其他重大违法行为;经国务院批准的国务院证

券监督管理机构规定的其他条件。中国证监会《上市公司证券发行管理办法》对此虽然做了细化，但并未实质性提高门槛。例如，该《管理办法》第 13 条要求增发新股的公司最近 3 个会计年度加权平均净资产收益率平均不低于 6%，也并非苛刻。当然，具备增发条件的上市公司还要履行内股的股东会决策程序、获得股东会的授权，要履行中国证监会的核准程序、获得中国证监会的核准。

3. 增发新股的条件与程序即使合法，但在市场极其脆弱的情况下也会损害市场中不特定投资者的财产利益

在证券市场上，广大投资者与上市公司都存在于同一证券市场的资金池之中，因而存在着唇亡齿寒的利害关系。因而，上市公司的增发新股行为不仅关系到自己的老股东，也关系到本公司的潜在投资者，甚至还包括无意购买本公司股票的投资者。投资者即使想远离增发新股的公司，但由于巨额的增发计划有可能分流有限的市场资金、导致市场大盘走低也会遭受实际的投资损失。倘若增发公司具有重圈钱、轻分红的历史记录，更容易遭受广大投资者的坚决抵制。

4. 监管机构应当运用证券法赋予的行政核准权限和行政指导权限，充分发挥服务型政府的神圣职责，切实打造服务型证监会

党的“十七大”报告提出要建设服务型政府。具体到证券市场而言，监管机构不仅要尊重市场创新、公司自治和契约自由，还要确保证券市场的公正交易秩序与公平竞争秩序，更要确保广大投资者的合法权益。广大投资者的利益就是公共利益，而不仅仅是普通的民事主体的个体利益。积万家之私乃为天下之公。聚万人之心方成市场之荣。在现有的立法框架下，监管机构依然是可以大有作为的。我国对增发新股实行核准制，既非传统计划经济体制下的批准制，也非美国证券监管体制中的登记制或者注册制，而是介于二者之间的中庸之道。监管机构应当本着对广大投资者高度负责、对市场未来命运负责的思想高度，在核准阶段审慎地行使审查与核准权力，杜绝不合格的增发行为。值得注意的是，《证券法》第 13 条第 1 款已经为监管机构审慎地提高增发门槛预留了制度接口，授权中国证监会在国务院批准的情况下增设合理的条件。另外，建议监管机构充分运用行政指导的行政权力，从追求广大投资者与上市公司利益双赢的角度出发，对于法定条

件与程序均获得遵守的公司予以合理规劝和引导,告知其自觉避免伤害投资者的切身利益,自觉调节增发新股的市场时机和步伐。听从规劝的,监管机构在未来的再融资活动中可以提供更加快捷的绿色通道;不听从规劝的,监管机构可以在未来的核准活动中循规蹈矩地遵循普通核准程序,并对其不听从规劝的事实予以信息披露,进而擦亮市场的眼睛。

5. 建议上市公司和中介机构树立社会责任融资的新思维,积极推动道德融资活动

资本市场虽然是一个注重效率、追求盈利的资本要素市场。但要推动资本市场又好又快地可持续健康发展,必须注重资本市场的法制建设和道德建设,追求效率与公平兼顾、融资与投资双方利益共赢。公平培育效率,效率成全公平。没有公平的市场不是永远具有效率的市场。效率之有无的衡量标准既要立足于融资方,又要立足于投资方。而公平与否的试金石不仅在于法律准则,而且在于伦理准则。从商业伦理角度看,上市公司要成为受广大投资者尊重的公司,必须大力弘扬社会责任融资和道德融资的主流价值观。为了积累自己的资本市场信誉品牌,上市公司应当自觉倾听广大投资者的呼声,自觉调节自己的融资计划和融资额度,将自己的融资利益建立在广大投资者与上市公司共享财富的基础之上。建议上市公司的管理层和控制股东在董事会与股东会的决策过程中立足长远,摒弃短见,投下自己的神圣一票,自觉抵制导致上市公司与广大投资者利益双输的融资决定,圆满化解再融资风波的负面作用,开辟上市公司、中介机构与广大投资者利益共享的新局面。

毕竟,市场有眼睛,法律有牙齿。

第四节　非法证券活动的整治

一、新型股票发行诈骗行为

在广东证监局 2008 年 7 月 22 日披露的案例中,不法分子设立虚假公司网站,假冒已通过证监会发行审核的某拟上市企业的名义,编造虚假网下配售新股信息、诈骗投资者认购新股款的案件。其本质是

以不法占有为目的，通过编造虚假信息骗取投资者金钱，并侵害了被假冒的拟上市企业的合法权益，涉嫌构成诈骗罪。接到该公司报告后，广东证监局迅速约见该公司有关人员了解情况，协调通信管理部门关闭了不法分子开设的三个假网站，并指导该公司通过媒体发布澄清报导，督促公司积极协助异地受害者报案，及时制止这一虚假股票发行诈骗行为。①

为防范可能再次出现的该类原始股诈骗，广东证监局呼吁广大投资者注意掌握以下必要的证券法律知识，提高对非法证券活动的识别能力：

1. 公开发行股票必须经过证监会核准

根据《证券法》的规定，向不特定对象发行股票或向特定对象发行股票后股东累计超过200人的，均为公开发行。公开发行股票应依法报经证监会核准。未经证监会核准，采用广告、公告、广播、电话、传真、信函、推介会、说明会、网络、短信、公开劝诱等公开方式或变相公开方式向社会公众发行股票，均属于非法公开发行股票。因此，如有陌生电话或在互联网上发布所谓"原始股、内部职工股"发售的消息，或者已通过发行审核但尚未取得证监会核准文件的公司公开招股，均涉嫌非法发行，投资者不得参与认购其股票，并应积极向有关部门举报。

2. 公开发行股票应当由有资格的证券公司承销

根据《证券法》的规定，发行人向不特定对象发行的证券，应当由证券公司承销，并与证券公司签订承销协议。不法分子虚拟伊立浦公司名义，委托非证券从业机构与投资者签订申购协议，协议还约定将投资款汇到个人账户，明显违反了相关法律法规的规定，投资者不要轻易相信。

3. 个人投资者非合法新股网下配售对象

根据《证券发行与承销管理办法》，目前在沪深两市发行上市的新股可以通过网上申购和网下配售两种方式发行，网下配售仅针对机构投资者，个人投资者仅可以通过网上申购方式购买新股，即通过交易所交易系统下单申购新股。

---

① 《广东证监局提醒投资者慎防新型股票发行诈骗行为》，载 http://www.csrc.gov.cn/n575458/n870586/n1335262/10669055.html，2008年10月1日访问。

4. 投资者应依据公司《招股说明书》和股票发行公告等公开发行股票必备文件进行股票投资

根据《证券法》的规定，公司公开发行股票，必须在证监会指定的信息披露媒体上刊登《招股说明书》和股票发行公告，公告相关信息。在假冒伊立浦公司股票配售诈骗案中，相关证券媒体和深沪交易所网站均无公司相关股票发行公告，有关网下申购的信息只在甚至没有备案文号的黑网站上发布。投资者应通过证监会指定的信息披露媒体了解新股发行上市信息，或致电所开户的证券营业部、深沪交易所了解新股的发行时间、方式等，不要轻易相信其他媒体或网站有关股票发行上市的报道。

二、非法证券活动的主要形式与特征

近年来，非法发行股票和非法经营证券业务（以下简称非法证券活动）在我国部分地区时有发生，个别地区甚至出现蔓延势头，严重危害社会稳定和金融安全。当前，非法证券活动的主要形式为：(1) 编造公司即将在境内外上市或股票发行获得政府部门批准等虚假信息，诱骗社会公众购买所谓“原始股”；(2) 非法中介机构以“投资咨询机构”、“产权经纪公司”、“外国资本公司或投资公司驻华代表处”的名义，未经法定机关批准，向社会公众非法买卖或代理买卖未上市公司股票；(3) 不法分子以证券投资为名，以高额回报为诱饵，诈骗群众钱财。

非法证券活动是一种典型的涉众型的违法犯罪活动，严重干扰正常的经济金融秩序，破坏社会和谐与稳定。从近期办理的一些案件看，非法证券活动具有以下特征：(1) 按照最高人民检察院、公安部《关于经济犯罪案件追诉标准的规定》（公发〔2001〕11 号），绝大多数非法证券活动都涉嫌犯罪。(2) 花样不断翻新，隐蔽性强，欺骗性大，仿效性高，蔓延速度快、易反复。(3)案件涉及地域广，涉案金额大，涉及人员多，同时资产易被转移，证据易被销毁，人员易潜逃，案件办理难度大。(4) 不少案件涉及境外资本市场，办理该类案件政策性强，专业水平要求高。(5) 投资者多为离退休人员、下岗职工等困难群众，承受能力差，极易引发群体事件。

三、整治非法证券活动的制度建设和组织建设

早在 2001 年，国务院办公厅就下发了《关于严厉打击以证券期货投资为名进行违法犯罪活动的通知》（国办发〔2001〕64 号）。中国证监会也分别于 2003 年和 2004 年下发了《关于处理非法代理买卖未上市公司股票和有关问题的紧急通知》（证监办发〔2003〕15 号）以及《关于进一步打击以证券期货投资为名进行违法犯罪活动的紧急通知》（证监办发〔2004〕16 号）。但整治非法证券活动的效果不彰。

为贯彻落实《公司法》和《证券法》有关规定，维护证券市场正常秩序和广大投资者的合法权益，国务院办公厅于 2006 年 12 月 12 日下发了《关于严厉打击非法发行股票和非法经营证券业务有关问题的通知》（以下简称国办发〔2006〕99 号文）。该文要求地方各级人民政府、国务院有关部门进一步统一思想，高度重视，充分认识非法证券活动的危害性，增强政治责任感。要完善打击非法证券活动的政策法规和联合执法机制，查处一批大案要案，依法追究有关人员的责任，建立健全防范和打击非法证券活动的长效机制，从根本上遏制非法证券活动的蔓延势头。

为加强组织领导，国办发〔2006〕99 号文决定成立打击非法证券活动协调小组。协调小组由证监会牵头，公安部、工商总局、银监会并邀请最高人民法院、最高人民检察院等有关单位参加。协调小组负责打击非法证券活动的组织协调、政策解释、性质认定等工作。协调小组办公室设在证监会。国办发〔2006〕99 号文要求证监会组织专门机构和得力人员，明确职责，加强沟通，与相关部门和省级人民政府建立反应灵敏、配合密切、应对有力的工作机制。非法证券活动查处和善后处理工作按属地原则由各省、自治区、直辖市及计划单列市人民政府负责。非法证券活动经证监会及其派出机构认定后，省级人民政府要负责做好本地区案件查处和处置善后工作。涉及多个省（区、市）的，由公司注册地的省级人民政府牵头负责，相关省（区、市）要予以积极支持配合。发现涉嫌犯罪的，应及时移送公安机关立案查处，并依法追究刑事责任。未构成犯罪的，由证券监管部门、工商行政管理部门根据各自职责依法作出行政处罚。不久，国务院下发了《关于同意建立整治非法证券活动协调小组工作制度的批复》（国函〔2007〕14 号）。

整治非法证券活动协调小组成立以后，各成员单位和地方人民政府高度重视，周密部署，重点查处了一批大案要案，初步遏制了非法证券活动的蔓延势头，各类非法证券活动新发量明显减少，打击非法证券活动工作取得了明显成效，相当一部分案件已进入司法程序。但在案件办理过程中，相关单位也遇到了一些分工协作、政策法律界限不够明确等问题。为此，协调小组专门召开会议对这些问题进行了研究。根据协调小组会议精神，最高人民法院、最高人民检察院、公安部和中国证监会于2008年1月2日下发了《关于整治非法证券活动有关问题的通知》(以下简称《通知》)。《通知》要求各有关部门进一步统一思想，高度重视，充分认识此类违法犯罪活动的严重性、危害性，增强政治责任感，密切分工协作，提高工作效率，及时查处一批大案要案，维护法律法规权威，维护社会公平正义，维护投资者的合法权益。

从形式上看，《通知》是由公检法三大司法机关联合中国证监会推出的一个规范性文件，兼具司法解释与部门规章的性质。从内容上看，该文件主要解决了三个问题：(1) 进一步划清了非法证券发行活动的罪与非罪、此罪与彼罪的界限；(2) 初步明确了公检法三机关与证券监管机构、工商行政监管机关等部门之间的执法司法合作机制；(3) 明确了受害投资者的民事救济途径。这无疑有助于大幅降低司法机关和行政执法机关打击非法证券发行、经营行为的执法成本，提高非法证券活动的违法犯罪成本，彻底打通受害投资者的维权通道。该文件堪称依法整治非法证券活动的重要里程碑。

四、认定非法证券活动的法律界限

国办发〔2006〕99号文明确指出要严禁擅自公开发行股票，严禁变相公开发行股票，严禁非法经营证券业务。但前提条件是，如何划分股份发行与转让过程中合法与非法的界限、罪与非罪、此罪与彼罪的界限。我国刑事法治遵循罪刑法定、无罪推定和疑罪从无等三项基本原则。基于罪刑法定原则，无论是司法解释还是部门规章只能在法律授权的范围内对刑法条款作出解释，而不能在刑法之外创设任何刑事犯罪的罪名和刑罚。对此，国办发〔2006〕99号文和《通知》均尝试作出界定。

（一）擅自或变相公开发行股票的认定

根据《证券法》第 10 条之规定，非公开发行是指向不超过 200 人的特定对象发行股份的行为；当事人非公开发行证券时不得采用广告、公开劝诱和变相公开方式。国办发〔2006〕99 号文将非公开发行解释为“向特定对象发行股票后股东累计不超过 200 人”；并进一步扩大了公开劝诱的方式，“非公开发行股票及其股权转让，不得采用广告、公告、广播、电话、传真、信函、推介会、说明会、网络、短信、公开劝诱等公开方式或变相公开方式向社会公众发行。严禁任何公司股东自行或委托他人以公开方式向社会公众转让股票”。

与非公开发行相对的是公开发行。国办发〔2006〕99 号文明确指出，向特定对象转让股票，未依法报经证监会核准的，转让后，公司股东累计不得超过 200 人；向不特定对象发行股票或向特定对象发行股票后股东累计超过 200 人的，为公开发行。公开发行应依法报经证监会核准；倘若未经核准擅自发行股票，就属于非法发行股票。

未经依法核准，擅自发行证券，涉嫌犯罪的，依照《刑法》第 179 条之规定，以擅自发行股票、公司、企业债券罪追究刑事责任。公司、公司股东违反上述规定，擅自向社会公众转让股票，应当追究其擅自发行股票的责任。公司与其股东合谋，实施上述行为的，公司与其股东共同承担责任。

未经依法核准，以发行证券为幌子，实施非法证券活动，涉嫌犯罪的，依照《刑法》第 176 条、第 192 条等规定，以非法吸收公众存款罪、集资诈骗罪等罪名追究刑事责任。未构成犯罪的，依照《证券法》和有关法律的规定给予行政处罚。

（二）非法经营证券业务的认定

根据《证券法》之规定，任何单位和个人经营证券业务，必须经证监会批准。具体说来，股票承销、经纪（代理买卖）、证券投资咨询等证券业务由证监会依法批准设立的证券机构经营，未经证监会批准，其他任何机构和个人不得经营证券业务。例如，《证券法》第 169 条第 1 款规定：“投资咨询机构、财务顾问机构、资信评级机构、资产评估机构、会计师事务所从事证券服务业务，必须经国务院证券监督管理机构和有关主管部门批准。”

当事人未经批准、擅自从事证券业务的，属于非法经营证券业务，应予以取缔;涉嫌犯罪的,依照《刑法》第225条之规定,以非法经营罪追究刑事责任。对于中介机构非法代理买卖非上市公司股票,涉嫌犯罪的,应当依照《刑法》第225条之规定,以非法经营罪追究刑事责任;所代理的非上市公司涉嫌擅自发行股票,构成犯罪的,应当依照《刑法》第179条之规定,以擅自发行股票罪追究刑事责任。非上市公司和中介机构共谋擅自发行股票,构成犯罪的,以擅自发行股票罪的共犯论处。未构成犯罪的,依照《证券法》和有关法律的规定给予行政处罚。

非法经营罪与擅自发行股票罪之间既有联系,也有区别。实践中,这两种犯罪行为也可能密切交织在一起。例如,有可能张三先有擅自发行股票的犯罪行为,然后李四再非法代理买卖该公司的股票。但是,在审理非法经营罪与擅自发行罪应当在审理过程中应当分别进行,审理其中的一个犯罪不必以另外一个犯罪的审理结果为前提。

(三)关于非法证券活动性质的认定机构

《通知》指出,非法证券活动是否涉嫌犯罪,由公安机关、司法机关认定。公安机关、司法机关认为需要有关行政主管机关进行性质认定的,行政主管机关应当出具认定意见。对因案情复杂、意见分歧,需要进行协调的,协调小组应当根据办案部门的要求,组织有关单位进行研究解决。

总体而言,国办发〔2006〕99号文和《通知》有关擅自发行股票罪、非法吸收公众存款罪、集资诈骗罪与非法经营罪的界定是清晰的。当然,除了这两个规范性文件对罪与非罪、此罪与彼罪的界定之外,刑法及其配套司法解释是认定犯罪构成要件的根本法律依据。

五、非法证券活动中受害投资者的民事救济

长期以来,我国司法系统对涉及场外非法股票交易经济纠纷案件采取了不予立案的消极态度。根据1998年3月25日《国务院办公厅转发证监会关于清理整顿场外非法股票交易方案的通知》(国办发〔1998〕10号)的规定,最高人民法院于1998年12月4日发布了《关于中止审理、中止执行涉及场外非法股票交易经济纠纷案件的通知》(法〔1998〕145号)。虽然最高人民法院的这一举措意在配合国家当时解决STAQ、NET交易系统发生的问题,而非针对目前非法证券活动

所产生的纠纷，但是绝大多数法院还是对涉及非法证券活动的各类民事诉讼案件不予立案。因此，遏制非法证券活动的法律责任仅剩下行政处罚与刑事责任，至于受害投资者追究不法行为人民事责任的司法救济通道则处于严重梗阻状态。这无疑在客观上降低了非法证券活动的违法成本，妨碍了受害投资者运用民事权利手段配合国家行政执法机关和司法机关共同整治非法证券活动的积极性、主动性与创造性。

作为对广大受害投资者维权呼声的回应，最高人民法院、最高人民检察院、公安部和中国证监会于 2008 年 1 月 2 日下发的《通知》开辟了民事司法救济的通道："如果非法证券活动构成犯罪，被害人应当通过公安、司法机关刑事追赃程序追偿；如果非法证券活动仅是一般违法行为而没有构成犯罪，当事人符合民事诉讼法规定的起诉条件的，可以通过民事诉讼程序请求赔偿。"

原告投资者可以自己与被告存在合同关系为由，对被告提起撤销合同之诉或者违约之诉，也可以被告存在侵权行为为由，对被告提起侵权损害赔偿之诉；倘若存在违约责任与侵权责任竞合的，依据《合同法》第 122 条之规定，受害投资者可以从中择一行使。程序法依据是《民事诉讼法》；实体法依据是《合同法》、《民法通则》、《公司法》、《证券法》等民商事法律及其配套的法律、法规和司法解释等。受害投资者也可在司法机关追究犯罪分子刑事责任的同时，对犯罪分子提起刑事附带民事诉讼。凡直接损害投资者合法权益的行为人都有可能成为民事诉讼中的被告，包括但不限于发行公司及其发起人、董事、监事、经理和高级管理人员，非法买卖股票的中介机构和股份的出让方等。对于已经非法注销登记（如未履行公告债权人的程序）的发行公司，由于已经丧失法人资格，受害投资者可对其清算义务主体（如有限责任公司的股东、股份有限公司的董事等）提起民事诉讼。中介机构与发行公司及其发起人等沆瀣一气、同谋损害投资者利益的，可以请求人民法院判令其对受害投资者承担连带责任。

受害投资者有权要求被告人赔偿其遭受的实际损失，包括直接损失（现有财产利益的丧失）与间接损失（本应获得的利益由于被告人的行为而未取得）。但是，根据谁主张谁举证的原则，原告投资者要对其主张的实际损失（包括向发行公司或其发起人认缴股份的金额、向前手支付的股份购买价款、支付的税金、中介费用、同期银行贷款利息)范围承担举证责任。受害投资者要就其遭受的实际损失承担举证责任,以及律师费等合理的诉讼费用支出。至于受害投资者为追究被告人的民事责任而发生的诉讼费用(如律师费)作为投资者的派生损失也应纳入实际损失的范畴。被告除依据法律规定承担连带责任外,对其他被告人的行为存在恶意串通的,也应对原告投资者承担连带损害赔偿责任。当然,在确定受害投资者的实际损失时,人民法院享有一定的自由裁量权。笔者主张,司法机关从犯罪分子没收的广大受害投资者缴纳的股款和股权转让款,应当按照受害投资者的受损比例分配于广大投资者。这也是以人为本的司法理念的具体体现。

六、非上市公众公司的股份发行与转让的制度真空亟待填补

在多数情况下,非法证券活动的滋生与蔓延,源于不法行为人的利欲熏心和胆大妄为。不法行为人往往假借非法发行股份与转让股份的手段,从受害投资者攫取不法利益。因此,进一步加强投资者法律风险教育工作,培育理性成熟的投资者队伍,有助于遏制非法证券活动。但是,非法证券活动的产生与公司法律制度的真空也有一定逻辑关联。例如,我国《公司法》和《证券法》对上市公司的规定较为成熟,《公司法》对有限责任公司的规定也较为完备,加之与《公司法》和《证券法》配套的行政法规和部门规章,量大面广的有限责任公司制度板块,与量小精强的上市公司制度板块已经基本步入灿然大备阶段。

相比之下,既非上市公司、又非有限责任公司的中间形态公司,即公开发行股票、但不在证券交易所上市的股份有限公司(以下简称"非上市公众公司")则处于制度真空状态。对这些公司的投资者而言,一方面其认购的股票是公开发行的,另一方面却无法在证券交易所出让这些股票。由于我国多层次资本市场建设尚不到位,一些股东为了变现投资,遂在一些发行公司和中介机构的蛊惑下通过公开劝诱或者变相公开劝诱的方式转让股权。

大禹治水,贵在堵疏结合。对于制度设计真空导致的非法证券活动,只有改进制度设计,才能从源头上分流不法证券活动,并警醒发行公司、中介机构和投资者见贤思齐,趋利避害,改恶向善。因此,国办

发〔2006〕99 号文明确要求中国证监会根据《公司法》和《证券法》有关规定，尽快研究制订有关非上市公众公司的管理规定，明确非上市公众公司设立和发行的条件、发行审核程序、登记托管及转让规则等，将非上市公众公司监管纳入法制轨道。笔者主张，国家应当鼓励这类公司的股权转让进入证券交易所之外的集中交易市场，同时强化非上市公众公司对其投资者的信息披露义务。这就需要对证券交易所之外的股权集中交易市场采取允许设立、但严格规范的态度。

第四章　证券交易所自律监管制度改革

国务院《关于推进资本市场改革开放和稳定发展的若干意见》提出，要"树立与时俱进的监管理念，建立健全与资本市场发展阶段相适应的监管方式，完善监管手段，提高监管效率。进一步充实监管力量，整合监管资源，培养一支政治素质和专业素质过硬的监管队伍。通过实施有效的市场监管，努力提高市场的公正性、透明度和效率，降低市场系统风险，保障市场参与者的合法权益"。这些重要论述中谈到的"监管"不仅是行政监管，也包括证券交易所等自律机构的自律监管。

虽然我国证券市场目前处于暂时的低迷阶段，但随着国民经济的稳步增长，人民群众收入水平的提高，市场经济体制的完善，资金供给量与需求量的增加，加入世贸组织时间的推移，依法治国方略的贯彻，我国证券市场的规范与发展必然会迎来光辉灿烂的前景。而要恢复投资者对证券市场的信心，强化证券市场的诚信度，推动我国证券市场的健康、高效发展，必须建立健全完善的证券市场监管体制（regulation regime）。恰如国际证监会组织（International Organization Of Securities Commission，"IOSC"）指出的，证券监管的三个核心目标在于：(1) 投资者保护（The protection of investors）；(2) 确保市场公平、高效、透明（Ensuring that markets are fair, efficient and transparent）；(3) 降低系统风险（The reduction of systemic risk.）。

证券交易所是证券市场的心脏，在证券市场运作中发挥着重要作用。没有证券交易所，就没有证券市场，甚至没有市场经济。证券交易所是根据证券法，设置场所和设备，以提供有价证券的集中交易市场为目的的自律法人。证券交易所具有自治性、自律性和集中性。主要证券市场大国的经验与我国证券市场的发展实践证明，证券交易所不仅是整个证券市场结构中不可或缺的核心组成部分，也是证券市场监管结构中角色独具的重要力量。

鉴于证券交易所在证券市场中具有证券交易平台、证券交易心脏、证券交易枢纽以及上市公司与证券公司自律组织的重要地位，

1997年12月10日国务院证券委员会发布了《证券交易所管理办法》；根据国务院《关于修订〈证券交易所管理办法〉的批复》，2001年12月12日，中国证券监督管理委员会重新公布。《证券法》第5章也专门对证券交易所的法律地位和职能作了规定。但毋庸讳言，我国当前证券交易所应有的作用还没有完全发挥出来，证券交易所的法律角色地位仍然不太清晰。在我国经济市场化、市场证券化的现实面前，在全球经济与法律一体化、网络化、电子化的趋势面前，在先进国家和地区的证券交易所进一步改革组织机构和治理结构的历史面前，我国证券交易所的法律制度已经显示出了不少缺陷和不足。证券交易所法律地位和职能设计的缺点，无疑大大制约了我国证券交易所的蓬勃发展，进而影响了我国证券市场在国际资本市场中的竞争力和吸引力。

为了增强我国证券交易所的活力与竞争力，必须大胆借鉴国际先进的监管实践、立法经验、判例与学说，从中国国情出发，进一步改革我国现行的证券交易所制度，进一步明确证券交易所的法律地位，切实强化证券交易所在证券市场中的自治与自律功能，这对证券市场的稳步发展具有重要的实践意义与理论价值。

第一节　证券交易所自律监管的优劣及其与行政监管的互动关系

一、证券交易所的自律监管概述

证券交易所是提供证券集中竞价交易场所的不以营利为目的的法人。这就决定了证券交易所不仅要为证券市场主体（包括投资者、证券公司）提供开展证券交易活动的场所，而且要确保证券市场主体的交易行为符合《证券法》和证券交易所会员章程的规定，确保证券交易所会员进行的证券交易活动既繁荣、活络，又公平、有序。证券交易所的法律地位决定了证券交易所对其会员具有一定的自律功能。既然证券公司愿意加入证券交易所、承认证券交易所的章程，就应自觉自愿地接受证券交易所的监管。

与作为证券交易所会员的证券公司不同，上市公司并不是证券交易所的会员。但是，证券交易所对上市公司也具有相当的监管权限。

这种监管权限源于证券交易所与上市公司之间的上市协议。上市协议与其他普通的民事协议不同,不仅涉及上市公司与证券交易所双方当事人之间的利害关系,而且影响到广大证券投资者的切身利益。上市公司既然同意自己发行的证券在证券交易所上市,就要确保自己的行为符合证券交易所的监管要求。此外,证券交易所对上市公司的监管权限也是证券交易所对证券交易活动进行监管的必然延伸。因为,证券的一级市场与二级市场是密不可分的。要确保上市证券的质量、防范上市证券的投资风险,追根溯源要加强对证券发行人,即上市公司的监管。

证券交易所制定章程和业务规则,对证券交易市场、证券交易所会员和上市公司享有监管权限,实质上是对证券交易所内部的证券交易活动和组织进行的自律性监督和管理(本章以下简称“自律监管”,SELF-REGULATION)。纵观各国成功的证券市场监管模式,无论是自律监管主导模式(英国),还是自律监管与行政监管共享模式(美国),都重视发挥证券交易所的自律监管职能。笔者认为,我国应当建立健全“以政府监管自律组织、自律组织监管市场为主,政府直接监管市场为辅”的双层监管体制。我国证券交易所作为自律组织不能仅满足于发挥拾遗补缺的作用,而是要在证券市场监管体制当中有更大作为。

但这并不等于说,政府对于证券交易所就可以撒手不管了。相反,证券交易所的功能发挥得越充分,就应越强化政府和社会对证券交易所的监督管理。作为监督管理者的证券交易所本身如果脱离了政府和社会的监督管理,便无法实现证券交易所的廉洁化、高效化、法治化、现代化和国际化。

二、证券交易所自律监管的法律渊源

证券交易所自律监管的法律渊源包括三类:(1)立法授权;(2)行政授权;(3)自律规则。

但立法者与政府监管机构的授权不应恣意而为。重要的一点,就是要考虑到证券交易所具有可以被立法者和社会公众信赖的自律资格与能力。国际证监会组织就认为,作为授权的前提条件,立法者或者政府监管者应当要求自律组织满足以下要求:(1)有能力贯彻有关法律、规章和自律规则的宗旨，并确保自身的会员和相关当事人遵守这些法律、规章和自律规则；(2) 以平等、一以贯之的态度对待所有会员和会员资格的申请者；(3) 制定旨在设定会员行为准则、保护投资者的规则；(4) 将自己制定的上述规则提交政府监管者审核或者批准，直到监管者认为妥当，并且确保自律组织规则与政府监管者确立的公共政策目标方向一致；(5) 在案件调查与法律、规章的适用方面，政府监管者和其他自律组织紧密合作；(6) 执行自身制定的自律规则，并对违反者予以必要制裁；(7) 在遴选董事和高级管理人员方面应当确保人员的代表性；(8) 避免制定导致不正当竞争的规则；(9) 避免运用监督职权允许任何市场参与者在市场中牟取不当利益。①

就证券交易所自律规则而言，囊括了上市协议、上市规则、交易规则、证券交易所章程等自治文件。实践中，经常有人将公司章程与合同混淆起来，将章程称为合同。此乃一大误解。公司章程不同于普通民事合同。依合同法一般原理，合同只能拘束缔约各方，不得为第三人设定义务，只能为第三人设定利益；而依公司法一般原理，即便没有参加章程制定和表决的股东，也要接受章程的拘束，履行章程规定的义务。又依合同法一般原理，除经缔约各方同意外，合同不得更改；而依公司法一般原理，股东大会有权根据资本多数决原则变更公司章程中的全部条款，即使小股东不同意，亦不影响章程变更之效力。可见，公司章程体现公司最高意思决定机构——股东大会的意志，即公司自身的意志，而非体现公司每位股东的意志。当然，将章程称之为合同或者契约，可以形象地揭示章程的自治性格、私法性格，更加突出股东在塑造和影响章程内容方面的决定性作用；只不过这种概括在法律上欠严谨。当然，尽管证券交易所章程与上市协议等协议存在区别，但同为证券交易所自律的重要法律基础，当无疑义。自律规则一方面为证券交易所自律监管提供法律上的正当依据；另一方面又限制、框定和拘束着证券交易所自律监管的范围、内容、方式和程序。

---

① Objectives and Principles of Securities Regulation, http://www.iosco.org/.

三、证券交易所自律规范的优点

与政府主管部门的行政监管相比,证券交易所的自律监管具有许多不可替代的优越性。撮其要者有五:

(一) 证券交易所的自律监管成本低于政府的行政监管

证券市场的特殊性、复杂性、变动不居性决定了政府要保持对证券市场的有效、公正、法治监管,必须投入为数可观的人力物力资源,包括一大批品德操守、专业知识、监管经验过硬的专门人才。倘若假定政府一家包打天下,垄断证券市场监管权,绝对排斥自律组织的监管,政府就有责任配备足以监管全部证券市场的资源,确保证券市场的各个领域、各个环节和各个主体都能滴水不漏地纳入监管资源的覆盖范围。

如果政府与自律组织分享证券市场监管权,政府就可以按照监管权限的享受比例,配备监管资源或者把现有的资源运用于最急需的监管客体上,很自然的,政府就其监管表现对国家和社会所负的政治责任也稍轻。作为非政府组织的证券交易所具有财务独立、人才荟萃、信息直接、市场熟悉的优势,由其对证券市场进行前沿(一线)监管,可以大大降低政府的财政负担。

(二) 证券交易所的自律监管效率高于政府的行政监管

随着国内证券市场国际化步伐的加快、市场经济体制的完善、证券市场产品创新的升级、证券市场法律关系的复杂化,监管步伐必须及时跟进。问题在于,由谁跟进?以何种方式跟进?根据法治原则,政府欲监管新兴证券市场现象,必须严格遵守主体法定、职权法定和程序法定原则。在监管法律依据不足、而行政诉讼制度健全的情况下,政府监管者一般不敢轻易行使行政裁量权。但是,立法者为政府监管者设定行政监管法律依据,又要遵守民主立法、公开立法、公正立法的理念。于是,从新兴的证券市场法律现象萌芽、浮出水面再到立法出台、再到政府监管者采取监管措施,往往旷日持久、甚至坐失监管良机,给证券市场造成难以弥补的灾难或者危害。

而证券交易所一旦取得自律监管地位即可随时回应证券市场中出现的新兴法律问题,及时创新监管思路,及时出台自律规章,及时更新监管措施,及时规范新型证券市场关系,体现与时俱进的精神。毕竟，自律规章的性质决定了自律规章的出台时间早于法律、行政法规和部门规章。自律规章不仅出台速度快，而且规章质量本身亦可借由熟谙证券市场实务的证券市场主体地热忱参与而获得合理而有力的专业保障，从而避免“外行立法”的弊端。因此，国际证监会组织认为，“证券交易所可以向市场参与者提供有关市场运作实践中的深度专业经验，而且比起政府监管者更加快捷、灵活地适应变动不居的市场条件”。①

（三）证券交易所的自律监管容易得到市场参与者的充分理解与主动遵守

在政府监管的过程中，政府与市场参与者自觉不自觉地会演变成“猫与老鼠”的关系。此乃他律的本质使然。他律规则很难创造监管者与被监管者的亲和感。任何一个市场主体都不愿意接受他人强行施加给自己的规则。在我国证券市场中，虽然中国证监会作为“黑猫警长”抓了不少违规“老鼠”，但学会与“黑猫警长”周旋的违规“老鼠”似乎越来越多，总也抓不完。中国证监会出台的行政规章不可谓不多，但得到证券市场主体自觉贯彻的似乎也不多。问题不在于这些行政规章不好，而在于在证券市场主体看来这些规章是“别人”、“第三人”制定的，不是自己制定或者自己参与制定的，还在于执行这些行政规章的机构（包括中国证监会的派出机构）无法做到无时不在、无处不在。

而证券交易所的自律监管的实质是股东、券商、上市公司和其他市场参与者共同参与的自律监管。在证券交易所的自律机构框架中，监管者也是被监管者。被自律规章规范者也是自律规章的制定者。自律规章的出台过程也是自律规章的宣传过程。因此，在证券交易所制定自律规章、采取监管措施时，容易得到市场参与者的充分理解、积极参与主动遵守。这不仅由于市场参与者为了维护证券市场的整体利益而愿意接受共同的游戏规则，而且因为他们遵守的规则是自己或者自己的代理人制订的规则，更因为这些规则在制定之初已经体现了他们的意志，维护了他们的正当利益。此外，执行这些自律规章的主体（包括证券交易所和其他市场参与者）在证券市场中基本上是无时

---

① Objectives and Principles of Securities Regulation, http://www.iosco.org/.

不在、无处不在,胆敢违规者不得不三思而后行。这就决定了证券交易所的自律规章的执行状况应当好于他律规章,尤其是部门规章。

(四)证券交易所的自律阳光可以照耀到法律、法规和行政规章无法覆盖的证券市场死角

法律与道德同为行为准则,但性质有别。与道德相比,法律有其自身的局限性:法律设定行为准则时假想的行为人不是圣人、哲人,而是伦理观念和智商处于中庸程度的人。因此,法律不能强制伦理观念不强的人(包括自然人与法人)实施伦理观念强的人认为应当实施的行为。《证券法》及其他配套法规、规章也不宜对应当由商业伦理调整的事项越俎代庖。诚然,人们在追求证券市场法治的时候,必须对法律顶礼膜拜,但法律本身不是万能的。因此,除了《证券法》将诚实信用原则列为法律的基本原则、《信托法》确认受托人的诚信义务外,对于纯粹应当由道德调整的行为,立法者基本上是无能为力的。

而证券交易所的自律规章可以对自律组织成员设定更加严格的行为准则。这种严格性一方面体现为自律规章可以细化现行立法中语焉不详的条款,填补现行立法中的漏洞与空白,使原则性较强的条款更具可操作性;另一方面体现为自律规章可以深入到法律鞭长莫及的商业伦理层面对证券市场主体提出相应的行为准则。第一种严格性虽然增强了法律的威严,但毕竟派生于法律的威严;第二种严格性则纯粹源于商业伦理在降低交易成本、弘扬市场诚信方面的价值。

国际证监会组织(IOSCO)也公开坦言,"证券交易所可以要求市场参与者遵守商业伦理规范,而政府监管者只能要求市场参与者守法行事,而不能期待市场参与者遵守商业伦理规范"。[①] 此言信夫!

(五)确认证券交易所的自律监管有助于舒缓政府监管所派生的政治压力

倘若政府独家垄断证券市场监管权,绝对排斥自律组织的监管,政府必须就其监管表现对国家和社会承担无限政治责任;如果政府与自律组织分享证券市场的监管权,政府就可以按照监管权限的享受比例承担有限的政治责任。虽然政府仍就其对自律组织的行政监管疏忽或者监管不力对国家和社会承担政治责任,但若能举证自己对自律

① Objectives and Principles of Securities Regulation, http://www.iosco.org/.

组织尽到了合理谨慎的行政监管义务,即可免于国家和社会公众的过分谴责。行政权力与行政责任、政治责任如影随形。实际上这也是不少证券市场大国的政府监管者乐意拱手将自己的监管权限让渡给自律组织的一个重要原因。片面追求行政监管权力的膨胀,无视行政机关自身能力的局限性,更无视行政监管不力的法律与政治后果的政府监管者,不是成熟、理性的市场监管者,更不是成熟、理性的政治家。

正是由于证券交易所等自律组织的自律监管既不依赖政府财政拨款,又具有更快的监管速度、更低的监管成本、更好的监管效果,国际证监会组织认为,自律组织在实现证券监管目标方面是政府监管者的宝贵补充力量(a valuable complement)。而且,自律监管的重要原则之一是,监管制度应当妥当地允许自律组织在其各自能力范围内履行某些直接监督职责(oversight responsibility)。至于监督的程度,则与市场的规模与复杂程度相适应。

四、证券交易所自律监管可能存在的缺点

由于证券交易所的自律监管存在自律者(监管者)也是被自律者(被监管者)的特殊情况,致使证券交易所自律有可能存在以下脆弱之处:

(一) 证券交易所有可能放松对市场参与者的自律制裁

制裁机制是行为规范的强制力之所在。自律心理中的"舐犊之情"、"惺惺相惜"在证券交易所自律过程中有可能发生。一些证券交易所为了吸引更多上市公司前来挂牌上市、留住大牌券商,有可能对违反自律规范的证券市场参与者姑息纵容,心慈手软。证券交易所之间为开展恶性竞争,还有可能竞相采取放任态度,从而出现"向最低点竞争"(race to the bottom)的现象。诚如是,则与 20 世纪上半叶美国各州立法者竞相放松本州公司法管制力度,以吸引州外投资者前往本州注册公司的故事如出一辙。

针对这一可能弊端,证券交易所必须拿出"挥泪斩马谡"的魄力,严格按照自律规范制裁违规市场主体,才能打造证券交易所的核心竞争力和自身魅力,才能铸就自己的诚信品牌。严格自律是对广大市场参与者的最大爱护,也是对被制裁者的最大教育。

（二）证券交易所的自律监管有可能忽略社会公共利益

证券市场参与者的利益本身就是一个复合体，既蕴涵着证券交易所的利益，也蕴涵着上市公司和券商的利益。证券交易所在自律规则中表达和代表上述的不同利益时，如何发现上述利益之间的差异、如何协调上述利益，本身已是一个难题。但是，证券市场的健康发展还需要以其他市场参与者的利益呵护为前提，首当其冲者乃为投资者利益，尤其是中小投资者利益。社会公共利益也不容忽略。反观证券交易所周围的上市公司、券商的利益缠绕，有可能影响自律规范代表的利益方向。这就要求证券交易所登高望远，妥善协调好业界利益、投资者利益和社会公共利益。

（三）证券交易所有可能以“自律监管”为名排斥或者抵制政府的必要行政监管

自律监管与行政监管相互依存，相辅相成。在假定证券交易所扮演自律角色的前提下，立法者会将某种程度上的市场监管权限由政府回归证券交易所，政府就有可能撤离对这些自治领域的监管，从而将有限的监管资源专注于亟待行政监管、而自治监管能力不足的市场环节。假定证券交易所珍惜手中的自律监管权限，自然可以孜孜追求与行政机关相同的监管目标。但若证券交易所为了袒护被自律者的不当利益，就有可能打着“自律监管”的旗号，排斥政府的行政监管，并对被自律者垒起“零监管”的保护墙。有鉴于此，证券交易所必须对立法者授权的自律监管领域以及政府行政授权的行政监管领域克尽自律职责，并主动接受政府的行政监管。

（四）证券交易所的自律监管缺乏直接的强制执行力

有力的监管措施以强有力的执行措施为后盾。但是，证券交易所作为自律机构属于民事主体，而非公权力的享有者，与国家机关判然有别。因此，证券交易所在行使自律监管权（尤其是调查权）时，往往缺乏强制手段。无奈之际，证券交易所只有诉诸繁琐的司法程序或者请求政府监管者启动行政监管程序。这无形中助长了市场参与者的违规投机心理。

此外，按照日本学者神崎克郎的观点，自律规范存在以下可能的缺陷：（1）各自律团体的成员可能对自律规范并无参与热忱，致使规范之形成、遵守情形皆不理想；（2）自律规范可能被利用而成为不正当地限制团体成员自由竞争的工具，从而有害于证券市场的整体发展。[①]

正是由于证券交易所的自律监管存在上述缺点与不足，主要市场经济国家都不放弃政府对自律组织的行政监管、政府对自律失灵环节的行政监管，以期扬长避短，兴利除弊。我国政府监管者和政策制定者也应正视证券交易所自律有可能滋生的消极现象，并据此寻求自律监管与行政监管有机妥当平衡的应对之策。监管者与证券交易所应牢记的一点是：当自律组织对自律行为有动力的时候，监管的效果就好；动力最充分时，自律效果最好；反之则否。而自律的动力就在于：规范、诚信、公平、有序的证券市场对证券交易所、政府监管者和各方市场主体都有好处。

五、建立自律监管与行政监管的良性互动关系

不管从监管理念上把行政监管与自律监管视为并肩而立的两种监管形态，还是把自律监管视为行政监管的派生变态形式（间接行政监管），都要承认一点：单靠行政监管的监管模式、单靠自律监管的监管模式都是残缺不全的制度设计。因此，主流市场经济国家和地区都实行“两条腿走路”的立法政策，强调证券交易所的自律监管与政府对证交所的行政监管并重，鼓励证券交易所的自律监管。当然，由于监管理念、历史背景、经济状况与法律文化各不相同，对自律监管与行政监管的侧重点也各不相同。

（一）政府对证券交易所自律监管的行政监督

实践证明，证券交易所的自律监管不可能、也不应脱离政府的行政监管。国际证监会组织（IOSCO）更是明确指出，政府监管者应当在允许自律组织行使权限之前要求自律组织满足必要的行为准则。政府对自律组织的监督应当持续进行。而且，一旦自律组织开始自律，政府监管者就应确信自律行为乃出于维护公共利益而为，而且会使有关证券的法律、规章和自律规则的实施具有公正性与连贯性。[②]

---

① 参见〔日〕神崎克郎：《证券取引法》1987年版。转引自林国全：《证券交易法研究》，中国政法大学出版社2002年版，第15、16页。

② Objectives and Principles of Securities Regulation, http://www.iosco.org/.

也许有人认为,中国证监会的监管性质属于社会监管,因为中国证监会乃为国务院下属事业单位,而非行政机关。但是,正确认识中国证监会的机构性质不能拘泥于中国证监会在现行民法框架中的法人种类定位。《民法通则》将法人区分为国家机关法人、事业单位法人、企业法人和社会团体法人,中国证监会属于事业单位应无疑问。但从行政法角度看,一旦某一事业单位获得立法者的授权,即可代表国家行使行政权。《证券法》将证券市场的行政监管权限赋予了国务院证券监督管理机构,而目前这一“国务院证券监督管理机构”就是中国证监会。因此,中国证监会的监管乃属于行政监管、政府监管、国家监管、公权力的监管,而非社会监管、民间监管、自律监管。相比之下,证券交易所对证券市场的监管乃属于社会监管、民间监管、自律监管。

政府对证券交易所自律功能的行政监督主要区分为两个层次:(1)政府对自律规则内容的行政监督。这种行政监督可称之为“静态监督”或者“规则监督”。政府除了以行政法规、行政规章划定自律监管的法律框架外,还可以通过对证券交易所自律规则的备案、核准、批准手段,责成或者建议证券交易所依法完善自律规则,剔除、变更有悖法律和公平原则的自律规则。(2)政府对自律规则执行状况的行政监督。这种行政监督可称之为“动态监督”或者“执行监督”。证券交易所拒绝或者怠于按照法律、行政法规、行政规章和自律规则履行自律职责时,政府有权责令证券交易所立即改正或者限期改正,或者责令证券交易所罢免相关高管人员,从而清除自律的障碍。政府还有权对疏于自律监管的证券交易所及相关责任人在媒体上予以适当公示,提高证券交易所的失信成本。

根据国际证监会组织的观点,不管自律程度如何,政府监管者应当保留必要的权力对影响投资者或者市场的案件开展调查。当自律组织调查或者处理特定违规行为的权力匮乏导致自律行为鞭长莫及时,或者自律组织存在利益冲突时,政府监管者应当接替自律组织行使执法权限。因此,自律组织应当及时向政府监管者提供上述信息,以便政府监管者在第一时间掌握情况。[①] 因此,对于证券市场中影响大、危害深的大案要案以及超越证券交易所自律范围的案件,中国证

① Objectives and Principles of Securities Regulation, http://www.iosco.org/.

监会必须重拳出击,严厉查处。

利益冲突的存在可能会害及证券交易所的自律效率。一旦证券交易所陷入利益冲突,就很难自拔。在这种情况下,政府更有必要加大行政监管力度。为此,国际证监会组织认为,“政府监管者应当监督并消弭滋生利益冲突的潜在因素。政府监管者应当确保不会由于证券交易所接触有关市场参与者的商业信息而产生利益冲突。当自律组织既负责监督其会员(supervision of its members)、又负责监管市场部分(regulation of a market sector)的时候,利益冲突的风险就更大”。[①]对这一观点,我国政府监管者不可不察。

(二) 证券交易所对政府行政监管的社会监督

恰如行政权对社会权力保持行政监督的合理性、正当性,社会权力对行政权进行社会监督也具有合理性、正当性。社会权力监督行政权运作的目的不是为了人为激化政府与非政府组织之间的矛盾、降低证券市场监管效率,而是表明行政权与社会权力之间的相互尊重和相互制衡。当政府对证券市场的监管存在瑕疵时,证券交易所应当及时通过内部沟通管道或者新闻媒体建言献策,以便及早恢复证券市场的应有秩序。

当前,由于我国证券交易所的自律地位不清晰,证券交易所容易在中国证监会面前丧失自己的独立性,因此证券交易所对中国证监会的社会监督功能尚未彰显出来。随着证券交易所自律监管职能的强化和证券法律制度的日趋完善,证券交易所对中国证监会及其派出机构乃至其他相关政府部门的社会监督将会日益强化。

第二节　证券交易所自律监管比较

一、美国证券交易所的自律监管制度与实践(以 NYSE 为中心)

美国不仅证券市场发达,证券市场监管立法及其监管水平亦举世称奇。美国证券市场自律组织,特别是纽约证交所(New York Stock

① Objectives and Principles of Securities Regulation, http://www.iosco.org/.

Exchange, NYSE)为代表的证券交易所的自律监管及创新改革精神,更堪称后发展证券市场的楷模。在此仅以 NYSE 为中心探讨美国证券交易所的自律地位的历史由来和发展现状。

（一）从证券交易所一元化的自律监管模式到行政监管与自律监管并举的二元化监管模式

从历史上看,由于 NYSE 的诞生历史早于 SEC,因此证券交易所的市场自律早于政府的行政监管。甚至在 1929 年之前,NYSE 自律在这个证券市场结构框架中扮演了独角戏,而且证券市场一直处于高歌猛进的繁荣发展阶段。例如,从 1921 年到 1929 年,NYSE 的上市公司数目增加了 3 倍多,市值增加 3 倍以上,股价指数增长 7 倍,交易量亦增至 6 倍之多。美国国会和政府也一直为其长期奉行的自由放任主义理念和崇尚证券交易所自律为主的不干涉主义监管政策而沾沾自喜。也正是因为如此,美国联邦政府 1933 年以前出台的证券市场监管法规微乎其微,证券市场监管的法律依据主要表现为各州民事、行政与刑事法律规范及各证券交易所的自律规章。

但风云突变。美国股市在 1929 年至 1932 年陷入崩溃,道琼斯工业指数约下挫九成,证券市场中的违规行为导致了投资人的重大损失,动摇了投资公众对证券市场的信心。社会公众纷纷要求政府全面调查证券市场中的违规活动,并敦促立法者出台严法。罗斯福总统在股市大崩盘后认为,对证券市场监管既不应采取全盘放任的政策,也不应由联邦政府采取对公开发行证券进行实质审查的直接管制态度,而应采取在政府有效监督下,以民间自律团体为主导的折中管理模式。

罗斯福总统在 1933 年 3 月 29 日致国会的咨文表达了美国 1933 年《证券法》的基本理念:“我们有责任就每一发行的证券予以完整披露,并且禁止在发行过程中对社会公众隐瞒任何信息。《证券法》改革了所谓‘买方知悉’的古老原则,而使卖方有责任对其销售的证券作出真实陈述。只有证券交易过程中遵守诚实信用原则,才能维持公众的信心,只有通过此种公开方式,才能使诚信企业在政府最少参与和干预的情况下开展经营。《证券法》只是保护投资者的第一步,应有更严格的立法监督证券交易行为,且应有更进一步的立法矫正公司董事违反伦理的行为,我们期待更清楚的真理及公司管理层如同受托人一样为他人利益而经营。”①

美国1933年《证券法》(Securities Act of 1933),又名《证券真实法》(Truth in Securities Law)旨在规范在一级证券市场,尤其是公开募集与发行有价证券的行为。而《1934年证券交易法》(Securities Exchange Act of 1934)旨在规范二级证券市场,尤其是有价证券的买卖活动。该法第4条还要求美国联邦政府设立总统任命的五人证券交易委员会(SEC),以强化证券市场监管。1934年7月2日SEC的设立,奠定了行政监管与自律监管双轨并行的证券市场监管体制。

就行政监管而言,美国证券市场监管机构分为联邦SEC及各州政府所属机关。SEC依据1934年《证券交易法》对证券商进行监管,也可为实现监管目的而制定行政规章。SEC既通过核发证券商执照以及持续对证券商进行监督检查,实现直接监管目的,又通过监督证券交易所等自律组织,了解自律组织对所属会员的监管工作,以收间接监管之效。② SEC的监管的对象既包括证券商,也包括证券交易所等自律组织。

SEC的合规检查办公室(Office of Compliance Inspections and Examinations)通过华盛顿特区总部及全美各地11个地区办公室的检查人员,执行全国范围内的合规检查计划(the nationwide program of compliance inspections and examinations)。检查目的在于:(1)了解立法与实践配合的程度,发现法律制度中的漏洞。(2)了解自律组织对证券商的监管质量。(3)调查证券商的违法情况。(4)持续改进SEC的检查工作。(5)增进与外国、联邦及州的监管者及自律组织的合作。③

就自律监管而言,自律机构主要包括各证券交易所和NASD。美国主要证券交易所计有9个,其中纽约证交所最负盛名。根据1934年《证券交易法》第6条第2项之规定,证券交易所有权在会员自律方面享有规则制定权、检查权及制裁权。

---

① 陈春山:《从SEC发展论证券管理之策略》,载《证券管理》(我国台湾地区)第17卷第7期,第8页以下。

② http://www.sec.gov/asec/wwwsec.htm

③ SEC Annual Report 1999.

（二）NYSE 的组织结构

NYSE 是当今世界上最大的证券交易市场，诞生于1792 年5 月17 日24 个从事股票交易的经纪人在华尔街一棵树下的集会活动。1863 年更为现名。[①] 1934 年10 月1 日被 SEC 登记为全国性证券交易所。1971 年，NYSE 被登记为非营利性（not-for-profit）公司。1972 年，经会员大会决定，NYSE 原来的治理结构理事会（Board of Governors）被代之以25 人组成的董事会（Board of Directors），其中公众代表12 人、证券界代表12 人，主席兼首席执行官1 人。2003 年12 月18 日，SEC 批准了 NYSE 的崭新治理结构。目前董事会由8 名清一色的独立董事组成，此外设1 名董事会主席、1 名首席执行官。同日，NYSE 任命19 人担任 NYSE 执行委员会（Board of Executives，BoE）成员。执行委员会是由 NYSE 的各方利益相关者代表组成的一个咨询性的小组。其中包括4 名投资者（Investors）代表，2 名上市公司（Listed companies）代表，2 名出租人会员（Lessor members）代表，7 名与各种发生交易关系的会员券商代表（Member firms that deal with the public），2 名专家会员（Specialist firms）代表，2 名交易厅经纪人（Trading-floor brokers）代表。执行委员会每年任命一次董事会成员。执行委员会每年至少开会6 次，讨论交易所的运作情况、会员事宜、上市公司问题以及有关市场结构与表现的公共问题。执行委员会每年与董事会召开数次联席会议，并向董事会提交审议报告。部分执行委员会成员还与董事会成员共同组成某些联席委员会。[②]

（三）NYSE 的自律职责

作为联邦政府指定的自律组织（Designated Self-Regulatory Organization），NYSE 必须负责监督证券市场。NYSE 的自律监管主要包括对上市公司的监管和对会员的监管两方面。

NYSE 对上市公司的监管主要体现在对上市公司治理的强制性要求。《纽约证交所上市公司指南》（The NYSE Listed Company Manual）包含适用于所有美国上市公司的治理规则。这些治理准则是公司上

---

① http://202.84.17.11/21ce/100xl/fortune/global/ny.htm.

② http://www.nyse.com/about/p1020656067652.html? displayPage =% 2Fabout%2F1022221392718.html

市的前提,也是所有美国上市公司必须持续遵循的要求。有学者认为,正是由于 NYSE 的这些强制性的公司治理规则,才确保了在 NYSE 上市的美国公司保持了较为统一的最低公司治理标准。

NYSE 不仅监督股票,而且监督全体会员与会员券商是否遵守了联邦立法、SEC 规则和证券交易所的自律规章。证券交易所的自律规章包括营业细则和其他规则。任何一家证券商要买卖在 NYSE 上市的证券都必须通过 NYSE 的会员券商下单,证券商必须遵守证券交易所的自律规则。NYSE 不仅有权制定证券交易中买卖双方的报价和出价必须遵守的程序和规则,而且有权制定和执行证券交易中的转账清算制度,有权制定维持证券交易所正常交易秩序的反交易垄断、反欺诈、反假冒及反内部沟通等制度。对违反证券交易所制度的,证券交易所可以给予暂停交易、取消交易资格等处罚。

NYSE 的会员分为两类:(1) 拥有或租赁会员权之个人;(2) 持有席位的会员公司所指定的代理人(包括其合伙人或雇员)。依据 1934 年《证券交易法》第 6 条第 2 项,全国性证券交易所对会员证券商享有以下自律监管职责:(1) 执行及遵守 1934 年《证券交易法》,并应强制会员及其雇员遵守该法、该法施行细则及交易所规则;(2) 根据该条规定核准及驳回会员的入会申请、禁止不适格者入会或限制会员人数;(3) 交易所应公正代表其会员选出适格董事并设立管理单位;(4) 交易所应在会员、发行人及其他利用交易所交易的当事人之间公平分摊各项合理费用;(5) 应防止诈欺及操纵行为发生,基于促进公正与公平交易的原则,促进从事管理、清算、交割、数据处理的相关人士的协调与合作,消除弊端,并促进自由、公开市场及完善全国性市场制度,保障投资人及公众利益,绝不歧视任何市场参与者,不得通过该法授权的机构监管与该法无关的事项;(6) 当会员及其雇员违反该法、该法施行细则、交易所规则时,应予适当惩戒,包括暂停营业、限制业务活动、罚款、谴责、禁止或暂停其雇员的业务行为及其他适当处罚。

NYSE 作为自律组织的监管范围包括以下事项:(1) 上市股票交易(Trading of Listed Securities);(2) 政府有价证券(Government Securities);(3) 选择权(Options);(4) 财务及经营状况(Financial Soundness/Operating Condition);(5) 销售实践(Sales Practices);

(6) 纪律与执行(Discipline and Enforcement);(7) 仲裁(Arbitration)等。NYSE 还根据 SEC 的授权,检查同属 NYSE 及 AMEX 的会员遵守财务规则的状况。

NYSE 的会员公司监管部(Member Firm Regulation)负责对 400 家 NYSE 的会员券商的财务、经营和销售做法方面的合规性进行持续性监督与年检。NYSE 工作人员通过对会员券商及其分支机构财务状况、经营和销售做法的调查,并检查其遵守 NYSE 交易规则、联邦证券法律(如客户保护规则、交易厅交易要求、必备账簿的保管、信贷监管和反洗钱条款)的情况。①

NYSE 的市场监督部(Market Surveilance)负责监督会员券商在 NYSE 交易厅买卖 NYSE 上市公司证券的全部交易活动,确保集合竞价市场规则得到公正的遵守,包括检查滥用或者操纵市场的行为和内幕交易行为。该部门负责制定规则,并评价专家经纪人和交易厅经纪人的表现。该部门运用先进的电脑技术实时监测所有异常或者违规的交易方式,并派驻工作人员亲临交易厅现场。该部门对于特定违规行为采取惩戒措施,并对那些情节严重、超出 NYSE 管辖范围的违规行为移交 NYSE 执法部门或者 SEC。根据该部门于 2003 年移交的案件线索,SEC 对 6 个内幕交易案件中的 9 名自然人和公司处以冻结资产和共计 500 万美元的罚款处罚。②

NYSE 的执法部(The Division of Enforcement)是 NYSE 的追诉部门。首先,早在 1817 年的 NYSE 章程就允许 NYSE 对任何违反交易规则的行为采取措施。该部负责查处的范围较广,数量最大的案件乃为损害客户利益、违反销售规则的行为;其次,乃是会员券商违反财务和经营规则的行为。该部还对交易厅和市场中发生的违规行为(包括内幕交易与市场操纵)予以追诉。2003 年该部追诉的案件为 231 件,其中 59 件针对会员券商,172 件针对个人。NYSE 该年收取罚款 1 260 万美元。③

---

①　http://www.nyse.com/regulation/p1020656068597.html? displayPage = %2Fregulation%2F1022221392702.html.

②　同上注。

③　同上注。

（四）NYSE 的检查活动

NYSE 在美国自律组织中最负盛名，其自律对象往往为美国大型券商，而券商的业务活动范围又盘根错节。NYSE 对于会员券商的自律性检查经验值得我国借鉴。

NYSE 监督证券商的重心在于证券商的财务、业务状况。为确保会员券商具备足够营运资本，NYSE 每年均对券商进行例行监督检查和专项检查。会员券商必须于每月及每季向 NYSE 报送有关财务业务的专题报告。NYSE 通过书面检查了解会员是否遵守相关财务规定，评估会员财务状况的妥当性，并确认公司内部是否存在非常趋势，作为券商管理之参考。NYSE 对券商的检查内容较为丰富，囊括了券商的管理活动、账簿记录、净资本、客户关系、业务、占有或者控制、监管报告、公积金计算公式、营销惯例、厅内交易活动等。检查的标准包括 NYSE 建立的数据库中储存的相关数据、依据券商风险预设的标准以及 SEC 规定的检查标准。

NYSE 除运用电脑数据库筛选券商的检查等级和周期外，还对券商经营活动进行网上监控，以便对会员券商进行实时检查。某会员券商一旦被确定为异常券商，就不再仅向 NYSE 报送财务业务月报或季报，而代之以更频繁的报告。NYSE 对会员券商进行专项检查的原因通常涉及净资本及部分准备科目的提列计算缺失等问题。

由于作为 NASD 会员的不少券商兼任 NYSE 券商，NYSE 自然有权对这些券商的财务资料进行书面审查，NASD 监管公司也有必要对会员券商进行现场检查。

（五）SEC 对证券交易所的行政监督

1934 年《证券交易法》既确认了全国证券交易所对其会员及所属从业人员的监管职责，也要求 SEC 负责监管证券交易所的自律工作。证券交易所的设立必须在 SEC 登记在案，还要对其注册信息及时更新。

为了解证券交易所自律的实际状况，SEC 合规检查办公室每年对证券交易所至少进行一次现场检查。检查范围涵盖如下内容：(1) 上市及维持活动；(2) 市场监督、调查与处分活动；(3) 财务及业务检查执行活动；(4) 仲裁活动；(5) 客户沟通评价活动；(6) 伦理与利益冲突行为；(7) 侦查及制裁不法销售行为。根据 1934 年《证券交易法》

第19(d)(1)及Rule 19d-1条之规定，证券交易所必须将对所有证券商的最终处分案件上报SEC备案。

SEC不但扮演监督证券交易所的角色，更扮演与证券交易所等自律组织合作的角色。根据1934年《证券交易法》第17d条之规定，为公共利益或保护投资者利益、促进自律组织间的协调与合作发展，SEC有权与自律组织合作，并负责协调各自律组织间的工作，从而使证券市场监管兼具效果与效率。

（六）证券交易所与其他自律组织间的监管信息共享与权责明晰机制

根据1934年《证券交易法》第3a-26条之规定，自律组织包含全国性证券交易所、已注册证券商公会、已注册清算机构、依第15B条成立之市政府证券法理事会。包括NYSE在内的全国性证券交易所并非唯一的自律组织。例如，根据1938年《美隆尼修正案》(Maloney Act Amendments)成立的全美证券商公会(NASD)作为美国最大的自律团体，负责监管在纳斯达克股票市场(Nasdaq Stock Market)交易以及其他在柜台市场交易的证券商。其会员包括所有在美国公开从事证券业务的证券商。为防止NASD在履行自律职责时与证券市场发生利益冲突，NASD于1996年改组为NASD公司(National Association of Securities Dealers, Inc.)，并于同年设立两家独立子公司：NASD监管公司(NASD Regulation, Inc.)与Nasdaq股票市场公司(The Nasdaq Stock Market, Inc.)，前者扮演监管证券商的角色，后者扮演组织Nasdaq股票市场的交易角色。至此，市场的主办者角色与监管者角色彻底发生分离。[1] NASD监管公司已成为美国证券业最主要的自律机构。该公司负责监管5 500多家会员证券商、超过6.3万家之分支机构及53.5万已登记证券从业人员。[2] NASD监管公司还负责制定Nasdaq股票市场的规范。

美国自律组织中规模最大者首推NASD，其次为NYSE，其他自律组织多为地区型，例如太平洋证券交易所的会员证券商多集中于西海岸，会员亦多兼NASD或NYSE的会员。因此，美国证券商的自律主

---

① 资料来源：http://www.nasdr.com/2210.htm.

② *Securities Regulation in the United States*, Third Edition, NASDR, Inc.

要由 NYSE 和 NASD 监管公司(NASD 的子公司)担当。如何确保证券交易所与其他自律组织之间建立高效的信息共享与权责明晰机制,切实降低自律监管成本,乃为美国证券交易所自律监管的重要课题。

为达此目的,美国各自律组织编制的检查报告和管理信息除上报 SEC 外,尚须在各自律组织之间互相交流,实现信息互换和资源共享。根据 1934 年《证券交易法》第 17 (d)2 条之规定,当某一会员同属于两个以上自律机构时,任何自律组织针对该会员编制的各种检查报告均有义务应其他自律组织的请求,向后一自律组织提供。例如,对于同属太平洋证券交易所及 NASD 监管公司或 NYSE 的会员券商,虽由 NASD 监管公司或 NYSE 执行现场检查,太平洋证券交易所亦有权向 NASD 监管公司或 NYSE 调阅检查报告。

在自律组织监管范围的划分上,也体现了相互衔接、不留死角的理念。例如,根据 SEC 的授权,NYSE 若会员业务牵涉 NASDAQ 市场,则由 NYSE 与 NASD 监管公司进行联合检查(joint examination)。至于 NYSE 会员的分公司,一部分由 NASD 监管公司负责检查,一部分仍由 NYSE 负责检查。为明确两个自律组织间的监管范围和职权分工,双方签署了谅解备忘录(memorandum of understanding, MOU)。

又如,为避免出现同属两个自律组织的会员接受重复监管、避免两个自律组织争夺或者抛弃自律监管的情况,根据 SEC 规则,同属两个自律组织的会员除财务事项外,由 SEC 分配监管范围。

再如,所有自律组织均应规定有关会员证券商广告及销售宣传资料的自律规则,并承认 NASD 有权作为唯一自律组织对此类宣传资料定期进行现场检查。即使会员未将此类宣传资料送交 NASD 备案,NASD 亦应对其进行现场检查。NASD 还负责检查有关共同基金、地方政府有价证券、政府有价证券、直接参与投资计划等宣传资料。有关选择权及教育训练的宣传资料,除非已另行提交其他自律组织备案,且该自律组织有类似标准外,所有自律组织均须要求会员报送选择权及教育训练等资料。NYSE 对会员的经营活动及其客户投诉等事项的年检亦包括会员的广告及销售宣传活动。

我国沪深两个交易所之间、交易所与证券业协会之间也应当建立这种信息共享、权责分配明晰而有机衔接的机制。推而广之,交易所与中国证监会及其派出机构之间也应建立这种机制。

二、英国证券交易所的自律监管制度与实践(以伦敦证券交易所为中心)

(一) 英国证券市场的自律监管传统

英国是近现代工业文明和证券市场的主要发祥地,也是自由放任主义思潮和政策的大本营。从证券市场诞生伊始,英国人就崇尚证券市场自治、市场自律的精神。要弘扬证券市场自治,必然要反对立法权和行政权过分干预证券市场。从历史上看,英国证券市场的自律监管传统基本上一直运作良好,维持了市场的公平、公正和高效。自律的理念及其成功实践使人们更加笃信市场自律,排斥行政干预。遵守自律规则已经成为英国证券市场参与者的自觉自愿的选择。立法者也长期不愿过多干预证券市场监管。英国长期没有《证券法》即是明证。英国证券业由于习惯了自律监管方式,一直惧怕政府引进美国的SEC监管制度。英国政府也信赖证券交易所等自律组织的自律能力,也从未试图"进口"美国强大的SEC行政监管制度。

当然,证券市场自治不是不要秩序、规则和监管,而是希望秩序、规则和监管建立在契约自由的理念和证券市场参与者达成的契约(自律规则)的基础之上。而自律规则的核心在于证券交易所严格(甚至严于法律)的自律规章。证券交易所影响大、辐射面广、代表性强,实际上是整个英国证券业的基本监管者。英国证券市场的自律监管者除了证券交易所之外,乃为证券交易所协会、收购和合并问题专门小组以及证券业理事会。他们制定并实施有关证券市场自律规则,并派出代表征询政府部门的意见,保持与政府部门之间的有效沟通。此外,由那些在交易所大厅开展证券交易的证券经纪商和自营商组成的证券交易所协会,根据自律规则监管着伦敦证券交易所和其他地方证券交易所的大厅交易业务。[①]

英国人喜欢市场自治,也青睐市场法治。英国证券市场监管结构历来强调以自律监管为主,也强调自律机构在法治框架内内合法运作。[②] 英国公司法硕儒高尔(Gower)教授认为,证券市场虽受到越来

---

① 参见台湾证券交易所汇编:《英国证券市场相关制度》,第99、100页。

② 同上注,第82页。

越多的立法规制，但立法规制实际上受到自律组织的监督，而自律组织又获得政府的承认、接受政府的监督。虽然证券市场监管立法越来越多，但实际上的监管主体仍为自律组织。例如，英国目前证券商的监管机构金融服务管理局（FSA）虽属根据政府授权而履行监管职责的自律组织，但本身并非政府部门。[①] 既然代理政府行使证券市场行政监管权的机构都是自律组织，不享有证券市场行政监管权，而享有证券市场自律监管权的自律组织，尤其是证券交易所就更具有自律精神了。

考察英国证券市场监管体制的历史流变，该监管体制的本质特征一言以蔽之曰“自律监管强大而完善”。

（二）证券市场自律监管立法沿革

1. 1986 年金融大爆炸之前的证券市场法源

英国作为非成文法传统根深蒂固的国家，不擅长对成文法的体系进行严谨的逻辑架构的建立；在证券市场监管哲学上，更是笃信市场自律、自由放任主义的金科玉律，因此，英国长期以来就没有制定过专门的《证券法》。调整证券发行与交易关系的法律主要散见于 1844 年《公司法》有关公开说明书的规定、1946 年《借贷控制及保证法》的有关规定、1958 年《预防投资欺诈法》有关证券商登记的规定等。真正对证券市场发挥监管作用的乃为以伦敦证券交易所为代表的证券交易所。证券交易所为了监管会员的行为而制定了相应的自律规则，诸如《证券交易所管理条例与规则》和《上市规则》等。直至 1986 年金融大爆炸之前，证券交易所一直是证券市场的最为主要的监管者。

2. 法学界对自律监管立法理念的重申和确认

鉴于 1958 年《预防投资欺诈法》在规制证券市场方面的弱点不断显现，尤其是调整范围逐渐变得不甚周延，且不能对投资者提供充分法律保障，英国政府聘请公司法硕儒高尔教授对当时的法律框架发表评论，并就投资者保护提出立法建议。他在 1984 年发表的《投资者保护评论报告》中指出，《预防投资欺诈法》已经不合时宜，应当被一部全新法律所取代；基本政策制定、整体性监管和投资企业的细节监管应有政府或者新的机构负责；至于证券市场的日常监管则由政府或者

① 参见台湾证券交易所汇编：《英国证券市场相关制度》，第 82 页。

上述新机构认可的民间自律机构负责,此类民间自律机构应当由现有专业机构中产生,从而建立一种立于法律基础之上的自律架构。可见,英国法律界深信证券市场自律,即使提出立法改革建议,也是为了完善自律机制。

3. 触发金融改革"大爆炸"的1986年《金融服务法》

根据高尔教授的建议,英国政府于1985年向国会提出了《金融服务法草案》,该草案于1986年10月27日在英国下院三读通过,从而催生了一系列证券市场变革。主要内容为:(1)步NYSE之后尘,废除证券交易所固定佣金制度;(2)金融业分业经营制改为混业经营制;(3)建立电脑交易和报价系统;(4)设置证券投资管理局(SIB);(5)改组伦敦证券交易所并建立24小时连线。此外,该法明确建立法定框架中的自律机制,规定从事证券投资业务的主体必须获得特许,并加入经承认的自律组织,遵守自律规则。总之,《金融服务法》的出台取代了以往的《反欺诈法》和《公平交易法》,确立了证券市场的自律监管法治框架。

4. 2000年《金融业服务与市场法》的问世

1986年《金融服务法》虽然创设了SIB,但未能克服英国金融市场中的多头监管缺点。相反,由于银行业、证券业、保险业、信托业之间的分业经营界限被打破,混业经营的改革潮流浩浩荡荡,决定了原来建立在分业经营基础之上的分业监管、多架马车负责监管的体制不但缺乏效率,而且职责归属不明,徒增市场参与者的交易成本,既损害了证券市场监管效率,也不利于投资者权益保护。为整合分业监管的多头监管机构,建立一元化的政府监管机构,英国于2000年6月14日通过了《金融服务与市场法》,创设了新型监管机构FSA。1986年《金融服务法》与2000年《金融业服务与市场法》构成了英国证券市场的主要监管立法法律。

(三)从财政部到SIB再到FSA:行使证券市场监管公权力的民间监管组织的嬗变

1. 财政部指定的行使监管公权力的民间机构SIB

1986年《金融服务法》注重自律监管,要求由获得政府承认的自律机构或者专业机构核准其会员。证券市场的行政监管权本属贸易工业部,后根据1992年《职能移转令》(Transfer of Functions Order of

1992)，移转于财政部(The Treasury)。财政部虽享有此权，并非事必躬亲。财政部将部分监管权授权给证券投资管理局(Securities Investment Board，"SIB")，使其成为第一个政府指定代理机构。SIB 虽接受财政部的约束和监管、行使证券市场监管权，却非并非政府机构，而为民间机构。① 这种制度设计比起政府直接监管更具弹性，以使 SIB 免受政府机构所受的财务限制。SIB 监管证券市场的法律依据为成文立法确定的规范及标准，而非 SIB 自身的规则。

2. FSA 的问世

为提高金融监管效率，英国财政大臣于 1997 年 5 月宣布对金融监管体系进行结构性变革，并将原来的九大金融监管机构②整合为单一监管机构——金融服务管理局(Financial Services Authority，"FSA")。1997 年 10 月，SIB 更名为金融管理局(FSA)，继续行使 1986 年《金融服务法》赋予的监管证券市场及证券交易所的监管职责。紧接着，1998 年 6 月 1 日通过的《英格兰银行法》又将原属中央银行(英格兰银行)的证券市场监管职权移转 FSA。为落实金融监管一元化的理念，英国于 2000 年 6 月 14 日通过了《金融服务与市场法》(Financial Services and Market Act)。该法确认 FSA 为监管英国各金融服务业(包括证券、期货、外汇、银行、保险等)的唯一监管机构。FSA 自 2001 年 12 月 1 日起开始正式运作。

FSA 依法行使证券市场的行政监管权。FSA 的创设旨在保障投资者权益，促进证券市场的健康运转，维护证券市场秩序和信心。其监管功能在于制定和修订政策，监督证券市场的投资活动。鉴于金融服务业混业经营的现实，FSA 采取了功能监管的理念，而非按照金融机构的属性予以分类监管。FSA 的证券市场监管权限主要可以概括为两类：(1) 监管与授权所有金融企业和投资企业(all firms)，此为直接监管(direct regulation)；(2) 核准与监管各类投资交易所和结算所，此为间接监管或者授权监管(delegated regulation)。

---

① 参见台湾证券交易所汇编：《英国证券市场相关制度》，第 82 页。

② 这九大金融机构机构分别是证券投资局(SIB)、英格兰银行(中央银行)、建筑合作社委员会(BSC)、保险理事会(ID)、互助会委员会(FSC)、互助会注册局(RFS)、投资活动监管组织(IMRO)、证券与期货局(SFA)和个人投资局(PIA)。

FSA 为自律机构,而非行政机关。根据《金融业服务与市场法》第 7 条之规定,FSA 是根据 1985《公司法》设立的有限责任公司。FSA 的经费并非来自全体纳税人缴纳的政府预算拨款,而是本于“使用者付费”的原则,来自 FSA 向被监管企业和机构(包括证券交易所与结算公司等自律组织)收取特许费。FSA 由于并非行政机关,但行使政府依法授予的行政权,可以称为经费自给自足的公法人。

FSA 虽内设相应机构监管综合金融公司、保险公司、银行、市场及交易所、私人企业等证券市场主体,并未根本改变公认投资交易所(RIEs)、公认结算所(RCHs)和公认专业机构(RPBs)的自律监管模式。因此,伦敦证券交易所依然按自律传统行使证券市场自律职责,丝毫没有因为 FSA 的设立而削弱自律职责。

3. FSA 对中国的启示

英国 FSA 与美国 SEC 的最大不同在于:(1) FSA 虽是英国证券市场的唯一监管机构,但仍属于民间机构的范畴,不属于政府机构,这与 SEC 鲜明的准司法机构、公权力机构的特点迥然有异;(2) FSA 对证券交易所的监管与其说是行政监管不如说是社会监管,而美国 SEC 对证券交易所的监管乃为行政监管。因此,如果说美国证券市场的监管模式是立法基础上的行政监管加交易所自律监管,而英国证券市场的监管模式则是立法基础上的社会监管加交易所自律监管。

FSA 作为金融市场的唯一监管机构,对银行业、证券业、保险业、信托业等统一进行监管,无疑开辟了混业监管的新模式。我国目前虽然对银行业、证券业、保险业、信托业实行分业经营,同时建立了分业监管的监管体制;但随着混业经营改革目标的来临,建立混业监管体制也是迟早之事。FSA 制度当然值得我国政策研究者和立法者借鉴。实际上,中国证监会被界定为事业单位的理念在某种程度上源于 FSA 及其前身 SIB 作为民间组织的启示,只不过 FSA、SIB 均接受政府行政机关(如财政部)的监督,而中国证监会除了接受国务院监督外,不受其他国务院组成部门的监督。

(四) 英国证券市场自律监管框架

1986 年金融改革大爆炸之前,英国证券市场监管体制以自律为主、他律为辅。1986 年金融改革大爆炸之后,英国在继续保留自律监管的同时,也意识到了自律监管之不足,建立了以自律监管为基础、他律(立法和政府)监管为指导和补充的全新证券市场监管体系。

英国目前证券市场监管结构包括以下四个层次:(1) 国会监管财政部。(2) 财政部又监督 FSA 和中央银行(英格兰银行)。根据《金融服务法》第 115 条之规定,财政部享有最终最高的监管权力,包括对自律组织的监督权。(3) FSA 复监督自律组织(如证券及期货局)、公认投资交易所(RIE)、公认专业机构(RPB)。FSA 虽与中央银行(BOE)并肩而立,但分工有别。FSA 负责金融业监管(financial regulation),中央银行负责金融秩序稳定(financial stability)。(4) 证券交易所或者其他自律组织又监管市场参与者。

在英国证券市场监管体制中,财政部、FSA 和自律组织三级监管机构通过监管职能授权和转授权方式连接成一个监管机构链条。其中,执行政府监管职能的财政部的监管极为有限,仅涉及证券业管理的外部框架,而对证券市场中的具体业务基本不作干预。这种监管框架保留了自律组织的大部分独立性,将绝大部分证券市场直接监管的实质性职责留给自律组织,从而使英国自律组织享受了比美国同行更广阔的自治空间。

《金融服务与市场法》第 96 条还创设了金融服务业法庭(Financial Services Tribunal)。第 96 条至第 101 条还详细规定了金融服务业法庭的组成和案件审理程序。不服 FSA 所作决定的当事人有权诉至该法庭。

(五) 枯木逢春的伦敦证券交易所公司制改革

伦敦证券交易所是世界上历史最悠久、也是最具有自律传统的证券交易所,也是欧洲最大的股票市场。前身为 17 世纪末伦敦交易街的露天市场,是当时买卖政府债券的“皇家交易所”。1773 年迁入室内,改名为“伦敦证券交易所”,并于 1802 年获英国政府正式批准。

伦敦证券交易所自 1973 年至 1995 年间实际上曾是英国的唯一证券交易所。根据 1986 年《金融服务法》(Financial Services Act 1986)规定的公认投资交易所(Recognized Investment Exchange, “RIE”)准则,贸易点(Tradepoint)公司于 1995 年 9 月向证券投资局申请,成立了以电子交易系统为主的另一家交易所,名为“贸易点投资交易所”(Tradepoint Investment Exchange),并于 2001 年 6 月 25 日正式更名为“Vir-x”。因此，英国现今同时并存两家证券交易所。[①]

伦敦证券交易所除了划分为英国股票市场、国债市场和选择权交易市场外，尚有国际股票市场板块，即国际股票交易所自动报价(SEAQ International)市场。该市场在国际证券市场中独占鳌头，云集了德法美日等诸多国家的股票。为吸引来自欧洲的创业投资公司前来筹资，伦敦证券交易所于 1995 年 6 月开辟了替代性投资市场(AIM)，其前身为非上市证券市场(USM)。伦敦证券交易所还开辟了科技板市场(techMark)和特别科技板市场(extraMark)。

2000 年，伦敦证券交易所经历了脱胎换骨的重大变革，即会员制向公司制的转变。伦敦证券交易所特别股东大会 2003 年 3 月 15 日作出的决议将证券交易所由会员制组织改制为公开发行公司。伦敦证券交易所于 2000 年 6 月 8 日正式由会员制改制为公司制，并于 2001 年 7 月 20 日将股票上市。全新的股权结构使伦敦证券交易所演变成商业价值取向较强的公司。

（六）伦敦证券交易所的自律监督

1. 准行政法律关系性质的证券交易所自律

英国证券市场监管以证券交易所自律为核心。证券交易所是证券一级市场和二级市场的直接监管者。举凡证券的公开发行和流通，均须遵守证券交易所的自律规则。由于这些自律规则极为周密细致，真正起到了实质意义上“法律”的效果。虽然以 1986 年《金融服务法》为核心的立法改革完善了英国的证券市场监管体制，但并未从根本上动摇证券交易所的自律精神和英国证券市场监管的自律基调。非但如此，在立法改革和政府监管的推动和引导下，证券交易所的自律监管更趋成熟、有效。[②]

与其他国家证券交易所的自律机制相比，英国证券交易所对其会员的自律更具约束力和强制执行力，证券交易所被赋予了其他国家的证券交易所并不享有的自律权力(如许可权)。例如，证券交易所与其会员之间的自律关系具有监管与被监管的行政法性质，会员必须绝对服从、遵守交易所章程及其细则中关于入会、权利与义务、惩戒和开除

---

① 参见台湾证券交易所汇编:《英国证券市场相关制度》，第 16 页。

② 同上注，第 101 页。

等详细规定；会员一旦违反自律规则，将受到自律章程及规则的严厉制裁，如罚款、承担民事责任、限制进入市场交易乃至停止或撤销会员资格等惩处；会员对违规所受惩处很难寻求外部力量的救济。因此，有人认为“证券交易所与其会员之间的自律关系实际上具有准行政法律关系的特点”。[①]

2. 对上市公司的监管

伦敦证券交易所的自律监督首先体现为对证券上市与交易的核准。股票发行与上市，包括发行与上市是否同步进行，是进入发行与上市同步的伦敦证券交易所主市场，还是进入仅发行、不上市的 AIM 市场，完全由证券交易所决定，而非政府审核拍板。伦敦证券交易所曾一直享有上市审查权。但在伦敦证券交易所改制为商业公司后，不复适合扮演上市审查主管机构的角色。故财政部接受伦敦证券交易所的请求，将上市审查权自 2000 年 5 月 1 日起移交 FSA。[②] 因此，目前上市公司在伦敦证券交易所上市仍须履行两道程序：(1) FSA 下属的英国上市管理局(UKLA)负责检查上市文件，执行上市规则，并且核准证券上市；(2) 伦敦证券交易所则负责核准证券的交易。这两项审查程序是同时存在，并行不悖。

3. 对交易市场的监管

伦敦证券交易所的自律监督还体现为对交易市场的持续性监督。伦敦证券交易所虽然也负责监督 AIM 市场，但对集中交易市场的持续性监督为其监督重心，此处仅述及后者。伦敦证券交易所的市场监管信息来源主要包括上市公司财务报告、上市公司其他报表资料、证券分析师专业报告、新闻媒体和证券商提供的信息等 5 项。伦敦证券交易所运用集合性电脑监督系统(IMAS)在交易时间内对证券交易进行实时监测，并自 1997 年 3 月开始启用智能监督系统(IAS)监测异常交易活动。

伦敦证券交易所将被监管者的异常情况区分为预警和案件调查两类。交易所的监督一般采取非公开方式进行。监督内容由交易所监管人员根据自身的专业判断能力决定。例如，他们可以通过路透社

---

① 参见台湾证券交易所汇编：《英国证券市场相关制度》，第 114、115 页。

② 同上注，第 72 页。

的终端机查询上市公司的重大信息，辅以对其股票交易价格与交易量变化的分析研究，确定是否采取监管措施。[①]

伦敦证券交易所内设市场监管部，负责制定监管规则、前沿交易监管和事后案件调查。当 IMAS 系统检测到异常情况时，市场监管部下属的监测组将会采取相应措施，如暂停证券交易、向上市公司查询情况、向市场公众发布公告等。对于达到预警标准的异常交易股票，伦敦证券交易所将调查是否存在内幕交易、操纵市场、抢先交易（front running）、临收与固定作价（capping and pegging）等市场违规行为。伦敦证券交易所对于疑似内幕交易案件移交贸易工业部进行调查；至于其他犯罪案件则移交 FSA 处理。

4. 对券商的监管

目前英国有 6 250 家证券公司。[②] 除 FSA 对证券商享有监管权限外，伦敦证券交易所对其券商会员具有主要的自律监管功能。例如，根据《伦敦证券交易所市场规则》第 1 章第 1.5 条（Rule 1.5）之规定，在证券商申请成为交易所会员时，必须同意交易所有权向有关监管机构或者执法机构调取有关该券商的资料，也有权将该券商的资料提供给其他监管机构或者执法机构。对于违反规则的会员，交易所有权限制该券商在交易所的经营业务范围，或者终止该券商的会员资格。

即使券商会员资格被终止，并不意味着资格终止之前的行为不受交易所自律规则的约束。相反，券商仍须在以下最晚的期日之前就其会员资格终止之前的行为接受交易所自律规则的约束：(1) 会员资格终止 1 年后；(2) 在交易所的交易已经交割或者完成之日；(3) 下欠交易所的会费、费用或者其他款项足额给付之日。

（七）行政权和司法权对证券交易所自律的监督

英国证券交易所的自律始终在法治轨道上运行，并非无拘无束地信马由缰。行政权和司法权虽不若证券交易所活跃在日常监管一线，但始终保持着对证券交易所的严格监督，并努力及时纠正证券交易所偏离法治轨道的自律行为。从这个意义上说，在自律氛围浓厚的英国，政府和法院对证券市场的监管不是无所作为，而是很有作为，只不

① 参见台湾证券交易所汇编：《英国证券市场相关制度》，第 17 页。

② 同上注，第 93 页。

过这种作为的表现方式不是在证券市场上取代证券交易所大包大揽，而是“抓大放小”而已。

一如1986年《金融服务法》弘扬的自律理念，2000年《金融服务市场法》既承认公认投资交易所的自律地位，也确认FSA对证券交易所的核准和监督。

例如，英国《限制贸易措施法》于1976年延伸适用于证券市场领域后，伦敦证券交易所有义务将其自律规则上报公平交易署。公平交易署认为伦敦证券交易所的三项自律措施构成了限制贸易措施：(1) 最低固定佣金制度；(2) 证券经纪商与证券自营商必须分离的规则；(3) 会员不得采取公司组织形态的规则。英国政府遂于1978年以伦敦证券交易所违反《限制贸易措施法》为由，将其诉至法院。1983年，英国贸易工业大臣帕金森与伦敦证券交易所董事长古狄森达成庭外和解协议。根据该协议，伦敦证券交易所废除了上述三项规则，从而吹响了英国证券市场改革的号角。最低固定佣金制度的废除，证券经纪商与证券自营商的混业经营、综合性券商的问世，公司形态券商会员的大量涌现，极大地增强了英国券商的国际竞争力。倘若没有英国行政权与司法权的介入，恐怕今天的伦敦证券交易所仍然会保留上述三项违反公平竞争精神的自律措施。

可见，证券交易所作为自律机构与英国政府监管者虽性质有异，但绝非互不搭界。行政权会滥用，政府会失灵，法律固然有必要保持社会权利和司法权对行政权的制衡与监督；而自律权也会滥用，市场也会失灵，法律遂有必要保持行政权和司法权对社会权的制衡与监督。这一历史经验值得我国借鉴。

三、德国证券交易所的自律监管制度与实践（以法兰克福证券交易所为中心）

（一）德国的证券交易所

德国法兰克福证券交易所创立于1585年，1945年9月重新展开业务运作至今。1993年德国交易所(DBAG)创立，作为法兰克福证券交易所(FWB)的控股公司。德国交易所为法兰克福提供证券交易所需人力、物力与财力。除法兰克福证券交易所外，德国还有柏林、不莱梅、杜赛尔多夫、汉堡、汉诺威、慕尼黑及斯图加特等7个区域性证券交易所。其中,法兰克福证券交易所是德国最重要的证券交易所。

在德国,证券交易所的会员可以分为三种,分别是银行代表、官方经纪商与独立经纪商。银行代表可以自己账户交易。银行代表是官方经纪商必需的中介。客户仅能通过银行代表下单。官方经纪商负责建立官方报价与安排交易员之间的交易,不直接参与投资者交易,仅撮合银行间的交易。独立经纪商是非官方的经纪商,允许在交易厅活动,其功能为撮合银行间在调控市场或在 OTC 市场的交易以及固定价格。①

德国的证券交易所一般开办和经营三类交易市场:第一类是官方市场,就是一般性大公司市场,也可称为主板市场。如法兰克福交易所就有 30 家指数股(DAX),交易量占该交易所交易总量的 63.1%。第二类是调控市场。相当于俗称的二板市场。相对于官方市场而言,对此类市场的监管标准不同,公司上市条件较为宽松。例如,为鼓励资本额较高的独资企业上市,股权分散的标准就有所放宽;又如,公司发行的同类股票可以部分上市,部分不上市。此类市场主要为地方性中小企业提供市场融资渠道。第三类是自由交易市场(OTC)。此类市场的交易标的主要是国外公司的股票、选择权、未上市公司股票。自 1997 年 5 月起,德国证券交易所还开辟了面向高成长型中小企业和高科技企业的新市场。②

德国调整证券交易所组织与运作的法律主要由两部:(1) 德国 1896 年 6 月 22 日颁布的《交易所法》,后历经修正,最近一次修改为 1998 年。该法共 6 章、98 条。(2) 德国 1994 年 7 月 26 日颁布的《证券交易法》。该法共 7 章 43 条,也于 1998 年修改。

(二) 德国证券市场监管结构

德国证券市场监管体制由三层构成。

1. 联邦金融服务监管局

根据 1994 年《证券交易法》第 2 章(第 3 条至第 11 条)之规定,联邦证券交易监管局(BAWe)于 1995 年 1 月 1 日设立,作为证券市场的行政监管者,受联邦财政部的监管。2002 年 5 月,德国完成了对金融

① 参见台湾证券交易所汇编:《德国证券市场相关制度》,第 13 页。

② 同上注,第 8 页。

市场的一元化监管体制改革。根据2002年3月德国议会通过的《联邦金融服务监督管理局组织法》之规定，联邦证券交易监管局(BAWe)、联邦保险业监管局(BAV)与联邦信用机构监管局(BAKred)合并成立联邦金融服务监管局(BaFin)。从2002年5月1日起，BaFin负责监管所有金融市场业务。当然，BaFin内设证券监督与资产管理处专门负责证券市场监管，贯彻与执行《证券交易法》、《公开买卖说明书法》与《证券取得及接受法》，履行投资者保护、市场透明化与市场整合等三项职责。

2. 各州层次的监管机构

对于区域性证券交易所的监管，由各州的交易所监管局与交易所内设的法定机构交易监控处共同负责。

3. 德国8个证券交易所的自律体系

德国证券的发行和交易活动主要依赖证券交易所的自律。证券交易所的自律内容主要包括：(1) 规范公开发行证券公司的公开说明书，规定上市公司有义务报送或公开的报告；(2) 规范会员券商之间的交易活动、会员券商与投资客户之间的关系；(3) 建立会员券商的制裁规则，调查内幕交易的不法动机。[①]

(三) 证券交易所的自律监管

德国《交易所法》要求证券交易所对包括证券商在内的所有市场参与者实行自律监管。该法第1章规定了交易所的设置及其组织结构。在德国，证券交易所属于会员制，并具有公法人性质。

根据《交易所法》，证券交易所享有一系列监管职责。交易所在没有特定理由的情况下，也可为履行职责而要求公司、市场参与者和官方经纪商提供有关证券交易资料或者文件，或开展必要的调查。假如有证据显见，违反交易法规或损害合法交易及结算的情况，亦可要求交易参与者提交非法交易获利的客户资料。证券交易所有权发布任何旨在避免法规违反或减少违法行为的必要命令。为了履行职责，证券交易所有权制定针对官方经纪商的维持账册及准备记录的规则，并要求官方经纪商及独立经纪商提供相关信息及证据；即使被监管者提

---

① 参见台湾证券交易所汇编：《德国证券市场相关制度》，第67页。

起诉讼或者进入司法程序,上述规定仍须继续执行。[①]

为履行自律监管职责,交易所须根据《交易所法》设立以下治理机构:

1. 交易所理事会

根据《交易所法》第10条之规定,证券交易所应当设立交易所理事会。理事由参与交易所交易的各方代表担任,最多不超过24名。交易所理事会是证券交易所的最高决策机构,享有以下职权:负责监督董事会;制定交易所章程;制定收费规则;制定证券交易规则;与政府监管机构共同聘任和解聘董事;监督有关交易所业务的经营事项;决定交易系统和结算系统。

2. 董事会

根据《交易所法》第12条之规定,证券交易所应当设立董事会。作为业务执行机关,董事会负责证券交易所的运作和管理。董事会履行以下自律职责:(1)批准企业和个人参与交易所交易;(2)决定交易所的组建和终止;(3)确定采用电子交易系统交易的有价证券;(4)为行市经纪人和其他经纪人划分市场份额;(5)决定官方登录或交易价格等事宜。

3. 交易监督办公室

根据《交易所法》第4条第1项和第2项之规定,证券交易所设置交易监督办公室,负责监控证券交易所的经营和结算活动,监督证券商遵守交易规则。对欲超过负债限制的证券商,可以要求证券商采取安全措施,立即停止即将开展的交易活动,及时暂停所有或者特定交易。交易监督办公室必须搜集、分析和研究证券交易和结算信息,并对发现的问题进行调查,并定期报告交易所监管局,这是根据1994年的德国《交易所法》新设的市场和交易的监督机构,它不仅是国家对交易所进行监督的机构,也是交易所本身的监督部门。

4. 制裁委员会

该委员会根据《交易所法》第20条设立,其任务是制裁交易参与人违反交易规程和交易条例的行为。对该委员会的决定,可通过行政法进行抗辩。一些证券交易所的制裁委员会还有权制裁以下两种行

---

① 参见台湾证券交易所汇编:《德国证券市场相关制度》,第90页。

为:(1) 由于故意或者过失违反证券交易所规则的行为;(2) 在证券交易活动中滥用权限,侵害对方信誉的行为。

5. 审议委员会(又称“三人委员会”)

审议委员会负责对有价证券是否允许上市作出审议。

6. 自由交易委员会

该委员会监管1988年5月以来出现的“自由交易市场”,负责有价证券进入“自由交易市场”的工作。

7. 伦理委员会

负责调查法律规范和专业行为规范的贯彻执行状况。

8. 仲裁委员会

负责解决交易所客户在交易所进行交易时所产生的纠纷。仲裁合同的有效性按照普通民事诉讼法确定。其合同当事人必须是参与交易所交易的人员,他们可以是交易所客户,也可以是代理交易所业务的信贷机构的客户。这是德国的交易所法制中最具特色的内容。

(四) 政府监管者对证券交易所的监督

德国历来十分重视对证券交易所的监督。根据德国《交易所法》和《证券交易法》之规定,交易所除了接受交易所本身的内部监管,还接受联邦和州政府的外部监管。这种外部的市场监察机构具体分为两个,即交易所的督察专署和联邦证券交易监管机关。根据《交易所法》第2条第1项之规定,交易所的监管机关即使在没有特定理由的情况下,也可为履行职责而要求证券交易所提供有关证券交易资料或者文件,或进行必要的调查。

四、法国证券交易所的自律监管制度与实践(以巴黎证券交易所为中心)

(一) 巴黎证券交易所

法国证券法的历史逊于美国。在证券交易委员会(简称COB)诞生以前,法国尚不存在“证券法”领域。COB成立后,证券法和证券市场监管体制开始逐渐走向成熟。

巴黎证券交易所为法国最重要的证券交易所。原各地交易所的股票交易全部并入巴黎证券交易所的电脑系统交易。1996年成立的新市场,面向具有发展潜力的新公司,尤其是高科技公司。该市场虽由巴黎证券交易所的全资子公司 SNM 首创,但股票上市的审查及结算业务由巴黎证券交易所承担。巴黎证券交易所还于 1996 年 7 月推出了场外自由交易市场,交易标的为未上市公司的股票。[①]

从组织形式上看,巴黎证券交易所属于为从事特许金融业务而成立的商事公司。外国股东对巴黎证券交易所持股比例达 1/3。证券交易所主要任务有三:(1) 负责证券市场机构及运作,并执行证券市场主管机关的规则。包括:记录会员全部交易记录,并扮演会员交易的结算角色;确保市场买卖价格的公开;购并案件明确待审核时暂停股票交易。(2) 成立专门监管部门防范和调查交易违规行为。(3) 负责市场买卖价格信息的使用和管理。[②]

2000 年 10 月,巴黎证券交易所与布鲁塞尔证券交易所、阿姆斯特丹证券交易所合并成立泛欧证券交易所(EURONEXT)。泛欧证券交易所作为一家新公司,总部设立在阿姆斯特丹,巴黎证券交易所持股 60%,并继受了原来三家证券交易所的几乎全部市场资源。[③]

（二）法国证券市场监管体制

法国所有金融市场均由经济财政产业部监管。该部下设四个部门:证券交易委员会(COB)、金融管理局(CMF)、投资局(CECEI)与 CRBF。其中,COB 根据第 671833 号总统令于 1967 年仿效美国 SEC 成立,由 10 位委员组成。负责监管证券市场及证券从业人员,以保护投资者、确保证券市场正常运作。为履行前述职责,COB 享有规则制定权(规定证券市场业务规则,包括证券发行公司和证券市场从业人员的责任)、审核权(核准共同基金的募集及基金公司的设立)、监督权(含调查权)与处罚权。金融市场监管,上市公司发布信息的确认,违反证券法规的调查及投资人举报的调查;基于保护投资者的考虑,反对(拒绝或者否决)某公司的上市或要求交易所将某公司退市。1996 年《金融业现代化法》进一步扩充了 COB 的监管功能。COB 不但负责监管所有自律市场,还负责监管所有金融工具。

---

① 参见台湾证券交易所汇编:《法国证券市场相关制度》,第 7 页。

② 同上注,第 104 页。

③ 同上注,第 7 页。

金融管理局(CMF)由16位委员组成,成员包括发行公司、投资人、中介机构及其雇员,负责监管从事投资服务的信用机构和投资公司。其监管职责包括:确定自律市场及所有中介机构的营业规范;制定证券商、银行提供投资服务的营业守则;核发证券商及银行投资服务的执照;核准股票、债券及衍生商品的交易规则;核准发行新股及公开收购。CMF本系根据1996年《金融业现代化法》由分别监管证券与期货的CBV与CMT合并而来。但从发展趋势看,COB有望与CMF在将来合并成为一个监管机构。①

1996年《金融业现代化法》的监管思路以“金融业务”为导向,而非以“金融机构”为导向。该法在允许投资服务机构提供各种投资服务的同时,确认其各项业务分别受CMF、COB等各行业监管机关的管辖,并要求行政监管者与自律机构之间加强沟通与合作。

除以上政府行政监管体制外,尚有自律监管机构,如证券交易所和证券商协会。证券商协会是由巴黎证券交易所及其会员组成的自律组织,负责与法国及欧洲其他国家的相关证券市场监管机构进行协调,以代表会员利益;并为会员提供信息、财务和仲裁服务。

(三)证券交易所的自律职责

目前法国共有四个自律市场,即巴黎证券交易所、期货交易所、选择权交易所及新市场。法国自律市场管理者被赋予比较大的自律职责,相对而言,COB对它的管理比较宽松。所谓“自律市场”,是指CMF提出、经过财政部参酌COB及中央银行的意见后核准通过的金融市场。1996年《金融业现代化法》扩充了巴黎证券交易所的功能,使其在营运上获得了更大程度的自主性和弹性。

证券交易所的主要职责为:确定会员的加入资格、核准会员资格、制定会员管理规则;订立上市规则、核准证券上市;制定并执行营业细则;决定某只股票暂停交易;核准股权购并程序;发布交易信息及指数等;确保交割结算的顺利完成。②

---

① 参见台湾证券交易所汇编:《法国证券市场相关制度》,第11页。

② 同上注,第7页。

五、日本证券交易所的自律监管制度与实践（以东京证券交易所为中心）

（一）日本的证券交易所

日本全国计有东京、大阪、名古屋、京都、广岛、新泻、札幌、福冈等8个证券交易所。[①] 东京证券交易所最具影响力。东京证券交易所前身为东京股票交易所，创立于1878年。东京证券交易所旨在基于社会公益性而保护投资者利益，并推动有价证券的交易公平、平稳交易。截至2002年3月，东京证券交易所有114家会员，即综合交易参加者。

东京证券交易所是根据《证券交易法》设立的法人机构。原采会员制，后于2001年11月1日改组为公司制。证券交易所的治理结构包括股东会、董事会、监事会、行政主管委员会（下设上市部、自主规制部、现货市场部、衍生性市场部、结算交割部与信息服务部）和顾问委员会（包括市场结构委员会、自主规制委员会与自律委员会）。其中，自主规制委员会主要由交易参加人代表组成，还包括少数其他第三人；负责以下三项职责：修改规章，以维护公平交易；市场监督检查；执行交易参加人纪律规范。自律委员会主要由交易参加人之外的第三人组成，负责决定对交易参加人采取自律措施。

（二）东京证券交易所的公司制改革及其理念

日本《证券交易法》将证券交易所规定为会员组织的理念在于：为使证券市场公正顺利运营，最好由负有交易责任的会员组成的非营利组织担当此任。但是，美国的NASDAQ市场进入日本后，电子证券交易不断普及，市场竞争日趋激烈。证券交易所为了存续下去，有必要向投资者提供方便使用的服务，使证券交易的交割结算事务更加合理化，而构建这些系统需要大量投资。在吸引投资方面，作为股份公司的证券交易所比起仅仅依靠证券公司支撑的会员制证券交易所，更能从广大上市公司和包括机构投资者在内的广大投资者那里筹集更多资金。此外，股份公司制的证券交易所还具有以下优点：（1）能够迅速作出决策；（2）上市公司与机构投资者成为证券交易所股东后，能

---

① 参见台湾证券交易所汇编：《日本证券市场相关制度》，第11页。

够将自己的愿望更好地反映到证券交易所的运营中去。[1]

根据2001年修订的日本《证券交易所法》，证券交易所可以采取会员制的组织形态，也可以采取股份有限公司的组织形态。为增强证券交易所的公平性、可靠性、方便性和效率性，强化自身在国际资本市场中的竞争力，借鉴NYSE和伦敦证券交易所股份公司化的经验，东京证券交易所于2001年11月1日由会员制转变为公司制。

当然，证券交易所股份公司化之后，仍会面临一些新课题需要探讨。诸如，作为自律组织的证券交易所的性质是否适合于股份有限公司，面向股东分配与公共性的关系，股东的出资比率，会员组织与股份公司组织的并存是否恰当等问题。日本学界认为，对这些股份公司化中出现的重要课题进行全面的综合分析与探讨，是完善证券市场立法所必需的。[2]

（三）日本证券市场监管体制

日本证券市场的行政监管机关历经多次改革：从大藏省（1998年5月以前），到直属首相府的金融监督厅（从1998年5月至12月），到金融再生委员会编制下的金融监督厅（从1998年12月至2000年6月），到金融再生委员会编制下的金融厅（从2000年7月至2001年1月），再到内阁府直属的金融厅（从2001年1月至今）。

金融厅下设四个部门：总务企划局、检查局、监督局和证券交易监视委员会。其中，总务企划局中的市场科、监督局中的证券科和证券交易监视委员会分别负有证券市场监管职责。总务企划局中的市场科负责有关证券市场制度的规划和起草；监督局中的证券科负责监管证券公司与信托投资公司；证券交易监视委员会负责调查和处理证券公司与证券交易的违规事件。证券交易监视委员会负责对市场日常的监督检查以及违规违法行为的调查，但检查或者调查结束后，不具有处罚权，而是提交金融厅，由金融厅依法作出行政处罚，或者提起刑事公诉。证券交易监视委员会是独立的证券市场检查调查机关，是日本证券管理体制的划时代变化。

---

① 参见〔日〕河本一郎、大武泰南：《证券交易法概论》（第4版），侯水平译、陈永忠审校，法律出版社2001年版，第348页。

② 同上注，第349页。

日本证券市场监管体制的一个特点是，充分运用现有行政资源，加强市场的一线监管。例如，金融厅在监管市场时，一般授权证券交易监督委员会进行检查和调查；又如，金融厅和证券交易等监督委员会在履行职责时，并无相应直属派出机构，而是可以分别委托地方财务局行使。

日本于1992年修改《证券交易法》时，除了设置监视委员会确保证券主管机关市场监视功能外，亦将证券业协会及证券交易所明确定位为自律组织，并增修强化其机能之规定。例如，自律组织具有实质性的调查和处罚权限，如对违法违规的会员予以劝告、谴责、罚款、终止或限制会员权利、除名等。自律组织与监视委员会对证券公司的检查权限范围大部分是一致的。自律组织必须对其所属会员的法令遵守状况实施调查。根据该调查结果，掌握违反法令事实时，可对其所属会员证券商以自律规则予以处分，并向证券交易等监视委员会报告。

在日本证券市场中，除证券交易所外，日本证券商协会是一个重要的自律组织。该协会中独立设立专门的投资者投诉中心，专门处理投资者的纠纷，所需经费由证券商协会负责提供。日本证券商协会成立于1973年7月，是根据《日本民法典》第34条之规定由日本大藏大臣许可的公益社团法人。[①] 日本证券商协会的自律监管对象既包括证券交易所的会员，也包括非会员证券公司。1992年，日本4家证券商把持证券商协会致使自律效果不彰。如何改善证券商协会的自律职责，并非易事。

（四）证券交易所的自律监管

1992年日本修改其《证券交易法》时，除了增设证券交易等监视委员会，还将证券交易所明确为自律机构。东京证券交易所的主要自律功能包括：(1) 提供证券交易的场所。证券交易所要确保证券交易依规定的时间、地点和方法进行，并公布交易价格。(2) 监管买卖交易行为，包括正在进行的行为与已经结束的行为。(3) 审核上市的有价证券。(4) 监督证券上市以后的适格性。为此，东京证券交易所需要对上市证券及上市公司的实际情况进行监督，对需要停止交易的股

---

① 参见台湾证券交易所汇编：《日本证券市场相关制度》，第16页。

票采取停止交易措施,并对应予下市的股票采取下市措施。(5)监督交易参加者的业务与财产状况。证券交易所对其会员的交易事项,例如会员的营业、财产状况、广告或纷争排解等发挥自我监管职能。

作为自律组织的证券交易所与证券交易等监视委员会的监管职责基本一致,只不过不享有《证券交易法》第54条规定的行政监管权限而已。自律组织必须对其会员的守法状况进行监督;一旦违法情况查证属实,即根据自律规则予以制裁(如罚款、停止或限制交易范围、取消交易资格等),并向证券交易等监视委员会报告。

为了加强对证券商的自律监管,东京证券交易所还根据《交易参加者规程》第19条、第34条和第43条之规定,制定了《东京证券交易所查核规则》。东京证券交易所负责查核证券商的部门为考查部,下设查核组、情报审查组与总务企划组。查核分为一般查核、跟踪查核与特别查核。

为了加强监管信息共享与交流,东京证券交易所还自1999年11月以来召开信息交换季会。金融厅、证券交易监事委员会、东京证券交易所、大阪证券交易所、日本证券商协会均派员参加。[①]

(五)证券主管机关对证券交易所的监督

根据《证券交易法》,证券交易所须接受证券交易等监视委员会的监督。例如,证券交易所的设置必须取得大藏省核发的执照。又如,根据《证券交易法》第5章第6节之规定,内阁总理大臣为保护公共利益的需要,可以命令证券交易所提交报告或者文件资料,并可对其业务和财务状况进行检查;如有违法行为,可对其进行适当的行政处分。东京证券交易所除了每次查核结束时须向证券监视委员会报告查核结果外,尚须每半年报告一次查核统计结果,每年初提交查核计划报告。

六、我国台湾地区证券交易所的自律监管制度与实践

(一)证券交易所的组织形式

我国台湾地区在1953年就有建立集中证券交易所市场的拟议。1959年,台湾"经济部"成立证券市场研究小组,提出报告建立公司制

① 参见台湾证券交易所汇编:《日本证券市场相关制度》,第175页。

证券交易所。在借鉴日美证券立法的基础上,台湾于1968年制定“证券交易法”,并历经修改。最近一次修改为2002年2月。“证券交易法”在第5章设专章规定证券交易所,下设通则(第93条至第102条)、会员制证券交易所(第103条至第123条)、公司制证券交易所(第124条至第137条)、有价证券之上市及买卖(第138条至第157条)、有价证券买卖之受托(第158条至第165条)。“证券交易法”第11条将证券交易所界定为“依本法之规定,设置场所及设备,以供给有价证券集中交易市场为目的的法人”;第94条将证券交易所组织分为会员制和公司制;第103条第1项将会员制证券交易所界定为非以营利为目的的社团法人,除依该法规定外,适用民法规定;第124条规定公司制证券交易所的组织以股份有限公司为限。

台湾证券交易所在创设于1968年时即采取公司制组织形式。与其说创立人具有先见之明,不如说是历史因素的偶合。因为,当时证券商寥寥可数,业务经营也不规范,不具备成立会员制证券交易所的条件,乃由13家公营企业和银行分认42%的官股,由30家民营企业分认58%的民股,成立公司制证券交易所。①

通说认为,台湾证券交易所采取公司组织形式,乃出于管理方便,并视将来情形改为会员制。② 但在证券市场发达国家纷纷对其证券交易所采取公司制改革的历史潮流面前,台湾证券交易所的公司制何去何从,是转变为会员制,还是在坚持公司制的基础上进行改良,均值得进一步研究。

(二) 台湾地区证券市场监管体制

台湾地区“证券交易法”第1条将台湾地区“财政部”证券暨期货管理委员会(证期会)确定为证券交易主管机关。与中国大陆中国证监会作为直属于国务院的监管机构不同,台湾地区的监管机构为“行政院财政部”的三级行政机关。有学者认为,应当提升证期会的行政层级,使其直属“行政院”,从而有助于优秀人才延揽,提升监督效率,

---

① 参见林国全:《证券交易法研究》,中国政法大学出版社2002年版,第322页。

② 参见余雪明:《证券交易法》(第4版),台湾地区证券暨期货市场发展基金会出版,第460页。

增强与公司管理、金融、外汇、财税等有关部会的协调能力，显示政府对证券市场的重视与重建证券市场的信心。[①] 但也有学者提出反对意见，认为：证券行政主管机关能否确实发挥功能，关键在于行政机关在制定政策与执行法律时能保持何等程度的独立性，以及政府给予何等程度的支持；若政府给予充分支持，司法机关及其他相关行政单位能够充分协调配合，证期会即使隶属财政部，亦能确实发挥功能。[②]

证期会对证券市场享有一系列监管职责，包括：(1) 审批权和核准权。根据"组织条例"第 2 条之规定，证期会负责核准证券募集与发行，核定证券上市；核定证券商营业处所买卖有价证券；核准证券投资信托事业、证券金融事业、证券投资顾问事业、证券集中保管事业与其他证券服务事业；许可证券商；特许或者许可证券交易所、柜台买卖服务中心。(2) 行政检查权。台湾地区"证券交易法"第 38 条、第 64 条、第 91 条、第 165 条确认了证期会对发行人及其他关系人或一定证券相关事业的行政检查权。有学者认为，这些权利与调查权有异，并主张赋予证期会对证券市场违法行为的调查权。[③]

除证券市场主管机关享有监管权限外，台湾尚存在证券交易所和证券商同业公会的自律机制。台湾对证券商同业公会采取强制入会态度。当然，台湾现有的证券市场自律机关并未能发挥自律规范功能，台湾现有公司制证券交易所的自律机构色彩并不浓厚。[④] 因此，如何完善证券市场自律机制，尤其是证券交易所的自律监管职能是台湾学界面临的一个重要课题。

（三）台湾证券交易所的自律监管

依台湾学者苏松钦的观点，"证券交易法"第 5 章赋予了证券交易所以下三项自律职责：(1) 订立章则标准，审查公司证券上市；(2) 建立公平有序的竞价交易制度，为市场买卖双方证券商撮合成交，并为

---

① 参见赖英照：《论证管会之隶属问题》，载《证券管理》1985 年第 3 卷第 5 期，第 47、48 页。

② 参见林国全：《证券交易法研究》，中国政法大学出版社 2002 年版，第 294 页。

③ 同上注，第 306—312 页。

④ 同上注，第 340、341 页。

其办理结算与交割;(3) 经常检查券商有无违法违规情况及违反诚实信用原则行为,并对违者予以相当处理,依维护交易市场之纪律,并保障证券投资人权利。[①]

近年来,台湾地区遵循公益性原则、非营利性原则和证券商参与原则,完善了证券交易所的自律监管结构。

1. 吸纳证券交易所的非股东利益代表进入证券交易所治理结构

根据1988年修改的"证券交易法"第126条增加的第2项规定要求:公司制证券交易所的董事和监察人至少应有1/3由主管机关指派非股东之有关专家任之;不适用"公司法"第192条第1项和第216条第1项之规定。这是对普通公司治理结构的一大突破。因为,根据台湾地区"公司法"第192条第1项和第216条第1项之规定,董事和监察人必须由股东担任,董事和监察人资格的取得以取得股东资格为前提。台湾证券交易所第12届董事会成员共计15人,其中由主管机关指派的非股东代表已有6名,显然超过董事会总规模的1/3。[②]

2. 进一步淡化公司制证券交易所的营利性色彩

台湾"证券交易法"虽然将会员制证券交易所界定为非以营利为目的的社团法人,但对于公司制证券交易所是否具有营利性的问题语焉不详。鉴于其组织形式为股份有限公司,股份有限公司依据普通公司法当然具有营利性,又鉴于公司制证券交易所除公股以外尚有民股,台湾不敢否认公司制证券交易所的营利性。为了避免公司制证券交易所营利性与公益性之间的角色冲突,台湾着力于从财务制度上淡化公司制证券交易所的营利性色彩。

例如,根据1988年修改的"证券交易法"第137条之规定,该法第41条有关主管机关命令提列特别盈余公积金的条款适用于公司制证券交易所,即:"主管机关认为有必要时,对于已依本法发行有价证券之公司,得以命令规定其于分派盈余时,除依法提取法定盈余公积外,并应另提一定比率的特别盈余公积。已依本法发行有价证券之公司,申请以法定盈余公积拨充资本时,应先填补亏损;其资本公积拨充资

---

① 参见苏松钦:《证券交易法修正详论》,五南图书出版公司1988年版,第274页。

② 参见林国全:《证券交易法研究》,中国政法大学出版社2002年版,第324页。

本者,应以其一定比率为限”。根据该条授权,证券主管机关在其制定的“证券交易所管理规则”第32条规定:“公司制证券交易所应于每年税后盈余项下,提列百分之三十至八十特别盈余公积。前项特别盈余公积每年提列之比率,由本会视其盈余状况在所列幅度内指定之。第一项特别盈余公积,除填补公司亏损或报经本会核定拨充资本外,不得使用之。”台湾证券主管机关还试图在立法上限制证券交易所股东分取股利的比率上限,但因得到了学界反对而未上升为立法。主要理由是,主管机关有关特别盈余公积比率的规定已经足以限制交易所盈余的过度分配,毋庸立法,以免限制过当。[①]

立法授权主管机关确定特别盈余公积的提取比率有助于限制股东的分红比例,从而淡化公司制证券交易所的营利性色彩,并间接避免证券市场参与者利益与证券交易所股东利益之间的不必要冲突。但也应当避免矫枉过正,否定公司制证券交易所作为公司的一般营利性。

3. 适度允许券商参与证券交易所治理结构

作为证券交易所场所和设施的经常性利用者,也作为证券市场交易中的必备主体,证券商与证券交易所的运作和兴衰息息相关。但为避免券商滥用证券交易所中的管理和控制地位谋求自身利益,台湾1988年之前的“证券交易法”既不允许证券商的董事、监察人、股东或者受雇人担任证券交易所经理,也禁止证券商的董事、监察人、股东或者受雇人担任证券交易所董事、监察人。就股权参与而言,“证券交易法”虽未禁止证券商担任证券交易所股东,但实际上台湾证券交易所的原始股东中并无证券商的踪影。这种制度安排无疑排除了证券商对证券交易所股权结构和治理结构的积极参与。为了加大证券商对证券交易所运作的适度参与,台湾于1988年修改“证券交易法”时只禁止证券商的董事、监察人、股东或者受雇人担任证券交易所经理,但不禁止其担任证券交易所的董事、监察人。因此,目前的证券商有机会选派其利益代表进入台湾证券交易所的决策层。

---

① 参见林国全:《证券交易法研究》,中国政法大学出版社2002年版,第327、328页。

（四）证券行政监管机关对证券交易所的监管

台湾"证券交易法"第 14 条、第 93 条、第 95 条、第 98 条、第 99 条、第 100 条、第 105 条、第 111 条、第 117 条、第 119 条、第 122 条、第 123 条、第 126 条、第 129 条、第 132 条、第 134 条、第 137 条、第 154 条、第 158 条、第 161 条、第 163 条、第 164 条等确认了证券市场主管机关对证券交易所的特许、许可、管理和监督等一系列法定监管权限。

七、我国香港地区证券交易所的自律监管制度与实践

（一）香港地区的证券交易所

1891 年成立的香港股票经纪会于 1914 年更名为"香港证券交易所"。受英国证券交易所自治精神的影响，香港证券市场只接受证券交易所的自律监管，立法规制微乎其微。

为提升香港证券市场的竞争力，香港财政司 1999 年宣布全面改革证券期货市场，决定将香港联合交易所有限公司（简称联交所）、香港期货交易所有限公司（期交所，HKFE）转变为股份有限公司，并与香港中央结算有限公司（HKSCC）合并，由单一控股公司香港交易所拥有。联交所及期交所在 1999 年 9 月 27 日各自举行股东大会，会上分别通过有关的协议计划，并于 1999 年 10 月 11 日获法院批准有关协议计划。两所及结算公司的合并于 2000 年 3 月 6 日正式生效，合并后的香港交易所于 2000 年 6 月 27 日在联交所上市。此外，联交所还是联交所期权交易有限公司的全资控股股东，香港期货交易所有限公司是香港期货交易结算有限公司的全资控股股东。[①] 因此，香港交易所属于《交易所及结算所合并条例》所指的交易所控制人，拥有并经营香港唯一的股票交易所、期货交易所及结算公司。

香港交易所的股份化，使其所有权与交易权分离，并由会员拥有的非营利单位变为股东拥有的以营利为目的的公司。联交所、期交所及结算公司的合并，预期可以从以下两方面增强香港交易所的竞争力：(1) 壮大资源基础。3 家交易所合并后，将原有资源优化组合，通过业务和运作上的调整及人力资源的重新分配，可以提高市场效率和节省成本。(2) 注重业绩及适应市场。股份化改造后的香港交易所

---

① 资料来源于香港交易所网站 http://www.hkex.com.hk/index_c.htm。

是一家上市的营利公司,必须面对自身股东及公众投资者的监督,可以推动管理层作出更具策略性的行动,更迅速地对全球化竞争及金融市场趋势作出反应,建立更为巩固的公司治理结构。

香港交易所董事会由15名成员组成,其中8名公众董事(包括董事会主席)由财政司司长委任,6名由股东选出,集团行政总裁为当然成员。交易所行政总裁、营运总裁及副营运总裁人选由董事会提名,报香港证监会批准。①

截至2003年6月底,香港股市市值在全球排名第10位,在亚洲则占第二位。②

(二)香港证券市场监管体制

香港证券市场一直奉行英国的自律传统。1973年至1974年间,香港证券市场出现股灾。为保护投资者权益,香港于1974年颁布《证券条例》。为证券市场监管法律体系的系统化与现代化,香港自1996年开始梳理零乱芜杂的证券市场法规(包括9项证券条例与《公司条例》的部分内容),将其系统化为统一的《证券暨期货条例》。该条例于2002年3月13日获得立法局通过,并自2003年4月1日起正式开始生效,与该《条例》配套的40项附属规则也已订立。③

香港于1974年成立证券事务监察委员会及证券交易监理专员办事处。随着香港证券市场渐趋复杂,加之1987年的香港股灾暴露出了原有证券市场监管体制的不足。香港政府遂全面检讨当时的证券市场监管结构,并于1989年5月1日根据《证券及期货事务监察委员会条例》成立香港证券及期货事务监察委员会(以下简称"香港证监会")。香港证监会是一个直属香港特别行政区政府、但独立自主的法定组织。

香港证监会作为证券市场监管的公权力机构,负责执行证券监管立法,确保证券市场公平运作,保护投资者权益,促进香港市场的发展。证监会市场监察部负责监管交易所和结算所的活动,监管香港投

---

① 资料来源于香港交易所网站 http://www.hkex.com.hk/index_c.htm.

② 资料来源于香港证监会网站 http://www.hksfc.org.hk/chi/press_releases/html/index/index2.html.

③ 参见台湾证券交易所汇编:《香港证券市场相关制度》,第1页。

资者赔偿基金,促进证券市场自律,鼓励香港证券市场发展;企业融资部负责监管公司购并和股份回购活动,执行与上市公司有关的法律法规,监管交易所在上市事务方面的活动;中介团体和投资产品部负责监管挂牌交易商、证券保证金融资人、投资顾问等市场中介机构以及证券投资基金的销售活动;法规执行部负责查处涉嫌违法违规案件,包括内幕交易和操纵市场案件。证监会对于违法案件享有调查权和处罚权。①

(三)证券交易所的自律监管

香港的自律机构只有证券交易所,不存在其他国家存在的证券商公会组织。因此,证券交易所是香港证券市场的唯一自律监管组织。香港交易所是香港目前证券市场最重要的自律团体。

1. 证券交易所在证监会的监督下享有对上市公司的上市监管权

自1991年开始,证券交易所即被授权制定上市规则。根据《证券与期货条例》第19条之规定,香港交易所有权就上市公司的上市条件等制定自律性质的上市规则,但上市规则须根据《证券与期货条例》第24条之规定报经证监会批准。此外,根据《证券与期货条例》第36条之规定,证监会还可以制定上市规则,并要求证券交易所取消不符合证监会要求的上市公司的上市资格。

2. 联交所还对证券交易活动负有监管职责

联交所为确保证券市场的公平有序,专门设立市场监察科,负责市场监察。该科下设证券商财务监察部、市场监察部、策略规划部与调查部。市场监察部的职责在于:(1)发挥自律组织的一线监管职能;(2)密切监督证券交易活动,确定非寻常的股价和交易量的变化;(3)对于异常股票交易活动进行调查,确定是否存在违规行为。② 联交所的自律规则包括但不限于:联交所基本章程与附属章程;联交所交易规则及其附件(包括操守准则及规例);联交所证券上市规则;内部监控规则等。依据《交易所规则》的430条之规定,联交所有权对券商进行突击检查。

---

① 参见台湾证券交易所汇编:《香港证券市场相关制度》,第70页。

② 同上。

3．香港交易所(HKEX)、联交所(SEHK)与证监会(SFC)还通过签署谅解备忘录的方式寻求更高水平的合作,以明确监管职权,避免监管漏洞和利益冲突

三方曾于2000年6月19日签署有关香港交易所股票在联交所上市的第一份谅解备忘录(MOU)。随着时间的推移,该份备忘录有关条款不合时宜,三方遂于2001年8月22日签署有关香港交易所股票在联交所上市的第二份谅解备忘录。第一份备忘录随之失效。

第二份备忘录第2.1条再次确认证监会是香港证券市场的法定监管者(statutory regulator)。相关条例(Relevant Ordinances)允许证监会监管香港交易所和联交所的运作活动。其中,《合并条例》规定证监会在向香港交易所上市时履行特定监管职责;而香港交易所是法律许可的交易所的控制人,联交所则是被控制公司,而且是交易所公司,负责经营联交所,并扮演联交所上市公司一线监管者(front line regulator)的角色。

第二份备忘录第2.2.5条除确认证监会是香港证券市场的法定监管者外,尚确认其在涉及香港交易所或者其他利益冲突的情况下对市场利用者进行一线监管;确认联交所既是一个证券交易所,也是对上市公司和其他市场参与者(有关交易与清算交割事宜,但香港交易所和其他利益冲突的情况除外)的一线监管者;香港交易所被界定为一家上市公司、联交所和其他子公司的控股公司。

根据第二份备忘录第2.3条之规定,联交所有义务应证监会之请求,在合理期限内就香港交易所或者其他申请人或者发行人采取行动、作出决议。这些行动或者决议如果涉及证券监管者或者证券交易所权力的行使,就应视为联交所代表证监会以自己的名义而实施的行为或者决策。

根据第二份备忘录第6.5.1条之规定,为了落实《合并条例》第13条、该份《备忘录》和相关上市规则的宗旨,三方之间将本着善意提供合作与协助。第6.5.2条规定,为了落实《合并条例》第13条的宗旨,证监会有权随时决定变更或者补充上市规则;证监会或者交易所有权随时决定变更或者补充本备忘录。在这种情况下,各方当事人应当确保拟定出新的规则或者备忘录条款;而且该条规定不影响联交所根据《证券交易所统一条例》(Stock Exchanges Unification Ordinance)第34条所享有的一般规则制定权。

（四）证监会对证券交易所的监管

监管者必须接受监督。证券交易所作为自律监管组织也不例外。证券交易所虽是自律组织，但也要接受证监会的监管。例如，香港交易所（HKEX）的主席由香港特别行政区长官任命；香港交易所的首席执行官和首席运营官必须获得证监会批准；与香港交易所有关的收费项目必须获得证监会批准；作为上市公司的香港交易所由证监会监管，而非联交所监管；证券交易所上市规则的制定和修改都必须获得证监会的批准；香港交易所的实施情况还要接受证监会的持续监督；证监会在认定存在利益冲突的情况下可以向香港交易所发布命令。

（五）香港交易所对改善香港上市规则的政策建议的回应

如前所述，香港证券市场监管体制既发挥证监会的作用，也发挥证券交易所的自律监管职能。但在如何平衡、划分二者监管权限的道路上仍会有许多具体问题需要解决。香港交易所对改善香港上市规则的政策建议的回应就是一个突出问题。

由于香港证券市场的上市规则存在不少值得改进之处，有关专家提出了不少改进方案。（1）将上市监管职能从联交所移交证监会的新设机构；（2）将上市监管职能从联交所移交香港交易所的新设子公司；（3）将上市监管职能从联交所移交给独立于证监会和香港交易所的新设政府机构；（4）扩大现行的双重申报制度（Dual filling system）。香港交易所在其2004年1月14日（2月3日更新）提交的《香港交易所对改善香港上市规则的咨询文件的回应》中指出反对第一和第三方案，赞同第四方案，并主张对其进行修正。主要建议是：由上市委员会决定个案上市申请和潜在退市要求；而上市部根据上市委员会的授权对其他事宜作出初审决定；并成立上市政策与申诉委员会和制裁申诉委员会。[①] 这一反应本身表现了香港交易所对交易所自律的自信，也表现出了对于现行证监会与交易所共享上市公司监管权的信赖，以及对以削弱交易所自律监管职权为代价扩大证监会职权的担忧。当然，最终的决策还不明朗；但无论如何修改，交易所对上市公司的自律监管权不可能被彻底剥夺。

---

① Submission of HKEx in Response to the consultation Document on Proposals to Enhance the Regulation of Listing in Hong Kong.

八、我国证券交易所自律监管的制度缺陷及其立法建议

由于我国证券市场起步较晚，具有政府强力推动的历史背景，证交所的创设与运作必然存在着浓厚的政府干预色彩。与前述先进证券交易所的自律监管职能相比，我国证券交易所的自律监管制度也存在设计缺陷。修订后的《证券法》强调并尊重了证交所的自治地位和民事主体地位，有助于扭转证交所过分依赖政府监管者的从属地位现状。从总体来看，我国证券交易所的自律监管未完全到位，只有正视我国证券交易所自律监管的制度缺陷，才能找到妥善解决问题的路径。

1. 证交所作为自律机构的独立主体地位尚未完全确立，证交所仍处于政府监管机构的强力控制之下

修订后的《证券法》第102条开宗明义，将证券交易所界定为“为证券集中交易提供场所和设施，组织和监督证券交易，实行自律管理的法人”，但我国证券交易所与中国证监会之间的法律关系仍未完全理顺，行政机关对证券交易所的职能和意思自治权力存在诸多限制，不仅在证交所总经理任免问题上，而且在证券市场监管权力配置等问题上，都存在着强政府、弱交易所、强行政权、弱自治权的现象，存在着行政权对证券交易所自治权的过度占有。从国际经验看，证交所自律监管神通再大，也摆脱不了政府对证交所的监管，美国SEC对纽约证交所，英国FSA对伦敦证交所，都是如此。但政府对证交所的控制仅限于监管而已，与政府机关上下级之间的行政隶属关系截然有别。先进经验也重视政府监管者与证交所之间的合作，比如我国香港交易所与证券期货监管部门之间的备忘录即其适例。但是，监管也好，合作也罢，都建立在政府监管者与证交所的各自人格独立、各自法律地位平等的基础之上。此外，由于自律监管与行政监管的性质不同，证券交易所作为自律组织应当与政府监管者保持距离。而我国的证交所与政府监管者之间过从甚密，政府对证交所从设立、运作、治理结构、章程等方面的直接控制力随处可见。例如，《证券法》第107条规定：“证券交易所设总经理一人，由国务院证券监督管理机构任免。”证交所总经理本应由证交所理事会聘任或者由会员大会选举，不应由政府任命。政府机构超越证交所内部治理机构决定总经理人选，虽然可能

选择最优秀的人才,但未必符合民主与自治精神。

2. 我国两个交易所很难说是真正的会员制事业法人

例如,两个交易所既然是会员制的事业法人,就以会员大会为其内部最高决策机构。但实践中的问题是,会员的参与性与主人翁意识较弱,会员大会很难按期召开。10年来,上海、深圳两个证券交易所仅开过四五次会员大会(按规定每年一次)。

3. 证券交易所自律监管职能的行使缺乏充分清晰的游戏规则可资遵循,从而束缚了证交所的自律监管步伐

例如,证交所在对证券交易活动监管的过程中,决定对违反自律规章的上市公司与证券公司进行惩戒的法律效力问题,以及惩戒措施是否具有可诉性的问题,立法者对此语焉不详,在一定程度上制约了证券交易所自律职能的发挥。与此同时,证券交易所的自律职能也存在着诸多薄弱环节。

为强化证交所自律监管职能,必须对现行的《证券法》和《证券交易所管理办法》作出相应修改。

1. 要确认证交所的自治地位,确认证交所的独立的权利能力、行为能力与责任能力,从而消除证交所作为政府附属物的弱势地位

在证交所公司制改革以前,应当彻底恢复证交所作为会员制组织所应当享有的民事主体地位。从当今国际证券交易所公司化变革的趋势看,结合我国证券市场实际情况,我国证券交易所应当实行稳妥的公司制改革,从而为提高证券交易所的自律监管打下坚实基础。正是由于自律监管与行政监管的性质不同,证券交易所作为自律组织应当与政府监管者保持适度距离。

2. 强化证交所的证券交易活动监管权

主要包括制定与执行证券交易方式,操作程序,交易违规的发现与处理,交易合同的生效与废止,交易中的禁止行为,清算交割事项等。

3. 强化证交所的上市公司治理监督权

上市公司的治理状况如何,直接关系到股东和利害相关者的切身利益。作为证券交易所的缔约方,上市公司有义务遵守证券交易所制订的自律规章。纽约证交所的经验值得借鉴。《纽约证交所上市公司指南》包含适用于所有美国上市公司的治理规则。例如,每家美国公

司的董事会中必须有两名以上的独立董事,并任命一个独立的审计委员会。这些治理准则是公司上市的前提,也是所有美国上市公司必须持续遵循的要求。多伦多证交所的公司治理准则包含在《多伦多证交所公司指南》。二者的区别在于,纽约证交所的公司治理规则必须得到遵守,而多伦多证交所的公司治理规则只要求上市公司及时披露公司治理信息。笔者认为,纽约证交所的经验更值得我国学习。

4. 应当在立法中确认证交所的证券争讼调解权和仲裁权

证券交易所有权居中对会员企业和上市公司乃至于投资者之间发生的民事纠纷进行调解。鉴于证券争议仲裁是一种成本低廉的争讼解决方式,建议修改《仲裁法》或《证券法》,允许证券交易所作为仲裁机构,鼓励上市公司、会员券商及其他证券市场参加者通过证交所章程、上市协议等自治文件方式约定仲裁方式和仲裁机构。

5. 明确对证交所自律监管措施的救济途径

证交所的自律监管行为是否具有可诉性,成为业界关心的一大问题。有人主张彻底排斥证交所的自律监管行为具有可诉性,否定被监管人寻求救济的途径。此种观点值得商榷。IOSC 认为,自律组织应当接受监管者的监督,而且应当在行使权力和被授予职责(powers and delegated responsibilities)时遵守公正、保密的原则。自律组织在开展自律活动时应当像政府监管者那样,遵守保密、程序公正等专业行为准则。因此,被监管者不满证交所的自律监管行为可以申诉至政府监管者,故无疑问。被监管者在申诉无果后可否接着诉诸法院?笔者认为,在立法者明文排斥被监管者的诉权的情况下,必须承认被监管者有权就证交所的自律监管行为寻求司法救济。换言之,证交所的自律监管行为具有可诉性。当然,立法者剥夺被监管者的诉权是有条件的,比如信赖政府监管者的公正与水平;而且,要进一步规定政府监管机构救济违规监管行为的法定程序。

6. 借鉴香港的做法,鼓励中国证监会与证交所签署《谅解备忘录》,妥善处理中国证监会与证券交易所的监管职责,明确各方合作监管关系,以避免监管漏洞

确认证交所独立自主的法律地位是前提,完善交易所自律监管立法是基础,扩张证券交易所的自律范围是关键,强化证交所自律监管手段是核心。

第三节 证券交易所的公司化趋势及其对中国的启示

一、证券交易所两种组织形式:会员制与公司制

理论界和实务界通常将证券交易所的组织形式分为两种,即公司制证券交易所和会员制证券交易所。例如,我国台湾地区"证券交易法"第94条就明确把证券交易所之组织分为会员制与公司制;第103条第1项将会员制证券交易所界定为"非以营利为目的的社团法人,除依本法规定外,适用民法规定";第124条仅规定公司制证券交易所的组织以股份有限公司为限,并未涉及公司制证券交易所的立法定义。

大陆法系民法将法人区分为社团法人与财团法人。通说认为,社团法人系以社员为成立基础的法人(人的组织体);财团法人则系以捐助财产为成立基础的法人(财产组织体),如基金会[①]和寺院。二者的主要区别在于:(1) 社团法人之组织基础在于社员;而财团法人之组织基础在于财产,并无社员。前者注重法人的构成社员、以社员为核心,后者注重法人的构成财产,以资金为核心。(2) 社团法人之设立须有2人以上的共同行为;财团法人之设立可为一人之单独行为,并得以遗嘱为之。(3) 社团法人以社员为最高意思机关,为自律法人;而财团法人并无意思机关,为他律法人。法院对财团法人的干预强度高于社团法人。[②]

而社团法人又根据其存在目的区分为营利法人与公益法人。营利法人中最典型者为公司;传统公司法认为,公司就是以营利为目的的法人。《美国模范商事公司法》明确将公司称作"商事公司"(business corporations)。公司不同于非营利法人或者公益法人,具有

---

① 我国现行立法,包括2001年《基金会管理条例草案》第2条将"基金会"界定为"社会团体法人",无疑混淆了社团法人(社会团体法人)与财团法人的界限。当然,将基金会界定为"社会团体法人"的不准确说法,由来已久。但应当以《基金会管理条例》制定为契机,正本清源,澄清"基金会"之概念。

② 参见王泽鉴:《民法总则》(增订版),中国政法大学出版社2001年版,第151、152页。

营利性。传统公司作为股东个人的营利手段而设立和存在，公司的存在价值仅在于营利。这也为公司法涂上了浓厚的营利性色彩。财团法人（如基金会）的存在目的在于，谋求社会公共利益，属公益法人范畴。[①] 社团法人中的公益社团（行业协会、消费者协会、工会、研究会等），以谋求社会中不特定多数人的利益为宗旨，亦属非营利法人。故德国著名社会学家托尼斯（TÖnnies）认为，公司是一种利益社会，与国家这样的协同社会有所不同。前者以个人为目的，以公司为手段；而后者则以社会为目的，以个人为手段。[②] 直到今天，我们仍不能抹杀公司的营利性。公益法人不以营利为目的。公益法人中最典型者为学会、研究会。

从社团法人与财团法人、营利法人与公益法人的区分标准看，证券界所说的会员制证券交易所实际上就是社团法人中的公益法人，既不是财团法人，也不是社团法人中的营利法人；至于公司制证券交易所当然是社团法人中的营利法人。既然公司制证券交易所和会员制证券交易所都是社团法人，当然具有社团性、法人性两大共性，只不过前者具有营利性，后者具有公益性而已。

而在英美法系，特别是美国不存在社团法人与财团法人的划分，因为英美法中没有财团的概念，而以信托制度代替大陆法系中的财团法人。除了政府等公权力组织以外的法人皆可称之为“公司”（corporation）。因此，公司与法人往往是可以相互替代的同义语。至于大陆法系所说的公司往往被称之为“商事公司”（business corporation）。从这个意义上说，大陆法系所说的会员制证券交易所在美国实际上已经是“公司”了，只不过不是“商事公司”而已。

我国《民法通则》将法人分为企业法人、机关法人、事业单位法人

---

① 基金会筹款用于社会公益事业，筹款手段也应符合法律规定、诚实信用和社会公益的要求。例如，法律应当禁止基金会募捐时以授予捐款人与捐款没有直接关系、特别是名不副实的荣誉称号作为交换条件。例如，某企业生产的产品本来不合格，但某基金会在募捐时允诺授予“消费者信得过”的称号，即属此类。有偿募捐看似公平：捐款人得到了与捐款无关、但具有广告价值的荣誉称号，基金会也得到了资金。但这种交易容易误导捐款人的交易对方，尤其是消费者，应予禁止。

② 参见〔日〕田中诚二、堀口亘、川村正幸：《新版商法》，九全订版，第96、97页。

和社会团体法人。

1. 企业法人

企业法人是指以营利为目的,从事生产、流通、科技等经济活动的法人。依照《民法通则》的规定,我国的企业法人可以进行如下分类:(1) 根据所有制性质将企业法人分为全民所有制企业法人、集体所有制企业法人、私营企业法人;(2) 根据是否有外资参与,将企业法人分为中资企业法人、中外合资经营企业法人、中外合作经营企业法人和外资企业法人;(3) 根据企业的组合形式,将企业分为单一企业法人、联营企业法人和公司法人。在我国,公司法人是以营利为目的的企业法人。公司又分为有限责任公司和股份有限公司。

2. 机关法人

机关法人是指依法享有国家赋予的行政权力,并因行使职权的需要而享有相应的民事权利能力和民事行为能力的国家机关。机关法人包括权力机关法人、行政机关法人、司法机关法人和军事机关法人。其中,权力机关法人是指各级权力机构,例如全国人民代表大会和地方各级人民代表大会。行政机关法人包括国务院及其职能机构和地方各级政府及其职能部门,但各职能机构内部的各部门(例如外交部的各司、局)和其派出机构(公安局的派出所)不是法人。司法机关法人包括各级人民法院和人民检察院,法院的派出法庭和检察院的派出机构不是法人。军事机关法人是指团以上具有独立编制的军事机关,营、排、连和班不是法人。

3. 事业单位法人

事业单位法人,根据1998年的《事业单位登记管理暂行条例》第2条的规定,是指国家为了社会公益目的,由国家机关举办或者其他组织利用国有资产举办的,从事教育、科技、文化、卫生等活动的社会服务组织。例如,学校、科研院所、医院、剧团、报社、电视台、广播电台等。

4. 社会团体法人

社会团体法人,根据1998年的《社会团体登记管理条例》第2条的规定,是指自然人和法人自愿组成,为实现会员共同意愿,按照其章程开展活动的非营利性社会组织。例如,协会、学会、联合会、研究会、基金会、联谊会、促进会、商会等群众性人民团体。社会团体法人采取由参加成员出资或由国家资助的办法建立团体财产和活动基金，除依法规定的特别基金外，应以此对其债务负清偿责任。社会团体法人可分为：学术性社会团体法人、行业性社会团体法人、专业性社会团体法人及联合性社会团体法人。

综上，公司制证券交易所可界定为由若干股东设立的、以设立和组织证券交易集中交易市场为经营业务范围的公司。作为特殊行业的公司，公司制证券交易所要接受证券立法和相关经济行政立法的干预；作为公司，仍适用《公司法》和民法有关法人地位、投资者权利和治理结构（如股东会、董事会与监事会）的规定。当然，根据我国现行《民法通则》的规定，公司制证券交易所还应当被界定为企业单位法人。

而会员制证券交易所是指由若干商事主体自愿组成的，不以营利为目的的公益社团法人。作为特殊领域的社团法人，会员制证券交易所要接受证券立法和相关经济行政立法的干预；作为公益社团法人，还要适用民法的有关规定。当然，根据我国现行《民法通则》的规定，会员制证券交易所还应当被界定为事业单位法人。

二、会员制证券交易所的优劣剖析

会员制证券交易所是指不以营利为目的的社团法人，其会员以证券自营公司和证券经纪公司为限。英国和日本等多数国家的证券交易所原来都曾是会员制证券交易所。

例如，日本东京证券交易所在公司化改革之前曾采取会员制，是一个私营、非营利性的会员制法人。其最高权力机构为会员大会，下设理事会，作为日常经营管理机构。理事会由 23 人组成，其中 13 人为会员理事，由会员选举产生；4 人为公益理事，由会员理事在会外代表社会公众意见的人士中遴选；6 人为执业理事，由理事长从非会员的社会公众人士中遴选，并经 17 名会员理事和公益理事过半数表决权同意后委任。其中，1 人兼任证券交易所副总经理，1 人为资深的常务理事，其他 4 人则为常务理事。理事长从 17 名会员理事和公益理事中推选，并经 2/3 以上的会员同意后产生。他还兼任证券交易所总经理，是交易所的最高行政负责人，在任期内不得自行参与有关证券业务买卖。东京证券交易所的会员席位包括正式会员、中介会员和特别会员。正式会员从事的主要业务在于为其客户完成买进或卖出证券之委托,亦可为其本身利益而买卖证券。中介会员仅在证券交易所的交易厅内为正式会员居间撮合交易,而不得接受客户之委托,也不得以自己的名义为自己的利益买卖证券。特别会员,只有一家,即日本协荣证券公司,其主要任务是负责日本各证券交易所之间交易活动的协调。至于会员资格,则限定为根据1965年修正的《证券交易法》设立,且领有大藏省颁发的执照,从事证券业务的股份有限公司。

一般说来,会员制证券交易所具有以下特征:

1. 证券交易所由会员组成

只有会员才能派出自己的场上经纪人进入证券交易所交易大厅开展交易活动,非会员之外的公民和企业只能委托会员代理证券买卖。这就有利于证券交易所对本所会员行为的监管。由于会员制证券交易所只限于本所会员进场交易,会员一般较能自觉遵守共同制定的章程和规则,从而避免违规交易现象发生。

2. 会员制证券交易所收取的交易费用较低

有利于提高证券交易的业务量,吸引更多的场内证券交易活动,并有效防止上市证券场外交易。

3. 会员制证券交易所作为独立的法人,在法律规定的范围内享有高度的自治权限

证券交易所通过作为最高权力机关的会员大会、会员大会选举产生的理事会对会员进行自我教育、自我服务、自我监督、自我管理。这不仅有利于建立健全会员之间的有效自律机制,而且有利于维护证券投资者的合法权益。

4. 证券交易所的费用由全体会员承担,证券交易中的法律后果均由证券买卖双方承受,证券交易所不对此负有担保责任

证券投资者由于证券交易所会员的行为而遭受损害时,无权向证券交易所行使损害赔偿请求权。这有利于增强会员证券商的风险意识、自律意识和责任意识。

当然,会员制证券交易所也存在以下缺点:

1. 有可能损害证券交易的公正性

会员券商开展证券交易时比一般投资者拥有更多的从事交易、获取信息的便利,因而有可能酿成证券交易中的不公正交易现象。

2．不利于证券交易所提升服务质量

由于只有会员券商方可入市交易，新会员的加入一般要经过原会员同意，就容易形成事实上的垄断，不利于鼓励充分自由的竞争活动，不利于提高服务质量和降低收费标准。

3．投资者的风险较大

与公司制证券交易所相比，由于买卖双方自负交易责任，投资者的投资风险较大。[①]

三、公司制证券交易所的优劣剖析

前已述及，公司制证券交易所是以营利为目的、采取公司形式（主要为股份有限公司）的证券交易所。澳大利亚、加拿大、新加坡、马来西亚、印度等国家的证券交易所，越来越多地采取公司制形式。

公司制证券交易所具有以下特点：

1．证券交易所以营利为目的，因此向进场交易的证券公司收取的费用较高

权利与义务是统一的。证券交易所一般对在其场内进行的证券交易行为负有担保责任。证券交易行为的当事人遇到对方违约时，有权向证券交易所行使损害赔偿请求权。这就有利于树立证券交易所在广大证券投资者心目中的信誉和公信力。但证券交易所的风险较大。为追求利润、降低风险，证券交易所将努力改善交易所的治理、管理与服务水平，提高证券交易所的竞争力。

2．证券交易所的公司机关体系与其他公司的公司机关体系是相同的，都接受证券交易所所在地的公司法或证券法的调整

就公司机关体系而言，有的国家实行单层制，如英美法系的公司法规定，公司机关体系由股东大会、董事会组成，董事会中的非执行董事负责对公司经营管理活动的监督；有的国家实行双层制，如法国和德国的公司法规定，公司机关体系由股东大会、董事会和监事会组成。根据法律规定，获准在证券交易所开展证券交易活动的证券经纪人，一般不是证券交易所的股东。这也决定了证券交易所的股东大会在

---

① 参见杨洁：《祖国大陆、香港和台湾地区证券交易所制度比较研究》，载《广西大学学报（哲学社会科学版）》2003年第25卷第1期。

制定证券交易所章程或证券交易所交易规则时,具有相当的公正性。

3. 既然证券交易所是一个股份有限公司,国家可以通过认购证券交易所新发行的股份,或者受让其他股东出售的证券交易所的股份,成为证券交易所的股东

如此一来,国家股东可以透过股权关系,从证券交易所外部渗入证券交易所内部,从而将国家的证券立法政策借助股东大会或股东大会选举的董事会影响证券交易所的行为或政策。

4. 有助于提高证券交易的公平与公正

证券交易所的股东和高级职员不能直接参加证券买卖,使得证券交易所与交易参加者相分离,从而使证券交易所不受交易双方中任何一方的影响,保证证券交易的公平与公正。

当然,公司制证券交易所也存在如下缺点:

1. 容易助长投机交易

由于公司制交易所以营利为目的,容易在利润挂帅的理念指导下,盲目扩大会员人数,甚至人为制造和怂恿证券投机或其他市场违规行为。

2. 证券交易所承担的风险较大

因为证券交易所需要承担买卖双方的违约损害赔偿责任,一旦买卖双方出现违约而又缺乏偿付能力,证券交易所就要遭受损失。倘若公司制证券交易所因经营不善陷入破产,就将给证券市场造成巨大冲击。

四、划分证券交易所组织形态的分水岭

公司制证券交易所与会员制的区别究竟在哪里,学者间聚讼纷纭。准据法说认为,公司制系按各国公司法组织成立,而会员制系按民法组织成立;组织成员说认为,公司制非由证券商同业所组成,而会员制系由券商同业组成的自律团体;目的说认为,公司制以营利为目的,而会员制非以营利为目的。[①] 这些不同的标准中最重要的乃在于设立目的,但除此以外仍存在其他差异。

---

① 参见林国全、王保树等编著:《两岸证券法制》,五南图书出版公司 2003 年版,第 341 页。

1. 设立目的不同

公司制证券交易所和会员制证券交易所的根本区别在于其存在目的是否具有营利性。所谓公司的营利性，指公司的存在目的在于从事商事行为、追求超出资本的利润，并将利润分配于诸股东。公司的营利性体现为两方面：(1) 公司自身作为商法人的营利性；(2) 股东作为商自然人的营利性。

就公司自身的营利性而言，公司具有商人的全部商事权利能力和商事行为能力，有权在法律和公序良俗不禁止的范围内开展各种经营活动，以追逐超出资本的利润。公司向消费者和其他交易伙伴提供商品和服务的行为，是一种经营行为（商事行为），即以营利为目的，固定、反复、连续地开展的营业性行为。公司的营利性决定了公司在达到破产界限、无法实现公司的营利目标时，应当进入破产程序（包括清算程序和破产保护程序）。

就股东的营利性而言，股东有权从公司取得投资回报，公司应把股东利益最大化视为公司最高价值取向。股东的营利状况既取决于公司的营利状况，也取决于公司的股利分配政策。公司的股利分配政策不管由股东大会决定，抑或由董事会决定，均为公司自治之事，法院原则上缺乏对其妥当性进行司法审查的正当依据和判断能力。但是，当股利分配政策沦为控制股东或者经营者压榨或排挤中小股东的手段时，法院应当破例对于遭受压榨或排挤之苦的中小股东提供法律救济。

因此，会员制证券交易所具有公益性，营利性较弱；而公司制证券交易所具有营利性，公益性较弱。

2. 投资者权利（成员权或社员权）的归属不同

会员制证券交易所的成员权归属在交易所开展交易活动的会员，证券商既是证券交易所的投资人，也是证券交易所的实际使用人；而公司制证券交易所的成员权不一定归属在交易所开展交易活动的会员，因此证券商不一定对证券交易所享有成员权。

3. 最高决策机构的表决机制不同

会员制证券交易所的最高决策机构是会员大会，实行一人一票的表决原则；而公司制证券交易所的最高决策机构是股东大会，实行一股一票（而非一人一票）的表决原则。

4. 资本储备要求不同

会员制证券交易所本身虽能取得收费收入，但会员不期待将取得的收入分配予广大会员，因此会员制证券交易所的资本储备率较高；而公司制证券交易所的股东期待证券交易所将其取得收入分配于广大股东，因此公司制证券交易所的资本储备率总是受到股东分取股利冲动的威胁。

5. 交易风险不同

在会员制证券交易所开展证券交易时产生的法律后果由证券买卖双方承受，证券交易所不对此负担保责任，证券交易所风险较低，投资者风险较高。而公司制证券交易所对其场内进行的证券交易行为负有担保责任，证券交易所的风险较高，投资者风险较低。

6. 交易费用成本不同

公司制证券交易所作为公司要承受非公司制证券交易所不必承担的高额费用，如营业税、法人所得税、营业保证金等，因此交易所的费用支出、证券上市的费用和证券交易的经手费也高于会员制证券交易所。

7. 交易公平性不同

公司制证券交易所本身不参与证券买卖，在证券交易中保持中庸和超脱的地位，有助于维护证券交易的公平性；而会员制证券交易所买卖双方限于会员，新会员的加入由于仰赖老会员的鼎立推荐，从而容易形成垄断。

8. 市场稳定性不同

公司制证券交易所为追求利益最大化，有可能片面追求交易量而怂恿和支持投机交易；而会员制证券交易所只允许会员入场交易，有助于稳定市场秩序。

虽然公司制证券交易所与会员制证券交易所存在以上诸多区别，但各有优劣，只不过各自潜在的优势有不同表现方式而已，很难说公司制证券交易所与会员制证券交易所哪一个更好。究竟立法者和政策制定者需要选择哪种组织形式，完全由特定国家或者地区的证券市场的成熟程度、社会信用体系发育状况、法治完备状况、证券市场监管体制和证券市场文化等因素综合确定。

更何况公司制证券交易所与会员制证券交易所的区别有时也是

模糊不清的。例如,公司制证券交易所虽然具有营利性,但立法者仍然可以强制淡化其营利性,强行干预其盈余公积的提取比例和股东的分红比例,从而能够使此类证券交易所更接近于会员制;又如,会员制证券交易所虽然不以营利为目的,但仍然有可能通过收费产生高额应纳税所得;再如公司治理良好的公司制证券交易所为了取得远期经济效益,也会励精图治,整饬市场秩序,而不会坐视市场违规行为而不管;而治理恶劣的会员制证券交易所也有可能为了追逐近期盈利而纵容市场违规。

五、如火如荼的全球证券交易所公司化改革浪潮

从世界各国的证券交易所来看,采取会员制的本来较多,采取公司制的较少。[①] 我国台湾地区的"证券交易法"则同时规定了会员制证券交易所与公司制证券交易所两种组织形式。目前台湾的证券交易所为公司制,主要是考虑到在证券交易所成立初期,证券公司的素质较低,为管理方便,才暂以公司制形式成立,而视将来情形改为会员制。

但是,当今国际证券交易所主要的变革趋势之一是证券交易所的治理结构由会员制向股份制。[②] 1993 年,成立于 1863 年的斯德哥尔摩证券交易所率先在全球实现公司化改革。此后,许多证券交易所也分别实现了公司化。[③]

例如,澳大利亚证交所的会员大会早在 1996 年就作出决议,将交易所改制为公司并上市。澳大利亚议会于 1998 年 10 月 31 日通过立法,准许证交所改制为公司。第二天,澳大利亚证交所股票在本所上市。[④]

再如,东京证券交易所本为会员制组织,根据 2001 年修改后的

---

① 参见余雪明:《证券交易法》,台湾证券市场发展基金会编印,第 126 页。

② 参见张育军主编:《深圳证券交易所综合研究所研究报告,2000 年》,经济科学出版社 2001 年版,第 1 页。

③ 参见施东晖:《证券交易所竞争论》,上海远东出版社 2001 年版,第 212 页。

④ ASX Overview and Structure, at http://www.asx.com.au/shareholder/l3/ASXOverview AS3.shtm.

《证券交易法》于2001年11月1日转变为股份有限公司。

2004年1月20日，美国费城证券交易所（PHLX）宣布，该所经SEC批准实行公司化改革（非互助制改革），并成为第一家实行公司化改革的美国交易厅交易所（the first floor-based US stock exchange to demutualize）。2003年11月，席位所有人会议与会员会议分别以高于80%的多数票赞成证券交易所改制。自此以后，市场参与者要参加证券交易所交易须从证券交易所取得许可。①

据国际交易所联合会（FIBV）统计，1999年其52家会员交易所中有15家已经公司化，14家公司化方案已经获得会员大会通过，还有15家交易所在积极考虑实行公司化改革。公司制改革趋势不仅使公司制交易所在数量上占据主导地位，而且在完成的证券交易份额上，也占据了主导地位。2000年仅8家已经完成公司制改革的主要证券交易所当年完成的证券交易额达到29.6万亿美元，占全球证券交易额51.8万亿美元的57%。可以说，20世纪90年代开始的证券交易所公司制改革趋势，已经使公司制成为当前全球证券交易所的主导治理模式。②

全球主要证券交易所公司化进程如下表③：

证券交易所	公司化时间	证券交易所	公司化时间
斯德哥尔摩证券交易所	1993	多伦多证券交易所	2000
赫尔辛基证券交易所	1995	伦敦证券交易所	2000
哥本哈根证券交易所	1996	中国香港联合交易所	2000
阿姆斯特丹证券交易所	1997	太平洋证券交易所	2000
意大利证券交易所	1997	巴黎证券交易所	2000
澳大利亚证券交易所	1998	德国交易所	2001
维也纳证券交易所	1998	Euronext	2001
冰岛证券交易所	1999	纳斯达克市场	2001
雅典证券交易所	1999	奥斯陆证券交易所	2001
新加坡证券交易所	1999	东京证券交易所	2001

① http://www.exchange-handbook.co.uk/news_story.cfm?id=45694.

② 参见冯巍：《深交所综合研究所研究报告系列：公司制改革席卷全球证券交易所》，http://202.84.17.28/csnews/20020610/239519.asp（2002-6-10）.

③ 资料来源：各证券交易所国际互联网。

需要指出的是，证交所不是实行公司化改革的唯一合作社组织（会员制组织）。早在20世纪90年代，英国许多建筑合作社开始非互助化运动，从而变得更像银行。此外，互助保险组织也开始公司化潮流。不仅在英国，世界各地的许多保险合作社也已经公司化了。公司化的理由有三：(1) 让企业接受更多的市场调节与约束；(2) 可以筹集更多资本；(3) 允许企业在那些不适合采取合作社的地区拓展经营活动。尽管许多合作社保险组织的经营者对公司化改革的正确性深表怀疑，但不少合作社成员拍手称快。因为，合作社社员将其社员权转化为股东权，不仅获得了财产价值，而且可以自由让渡；在合作社改制为公司时，合作社社员还有可能会获取某种短期利益。这些都是合作社组织或者会员制公司无法比拟的优点。[①]

这是否意味着与公司并肩而立的合作社组织形式在现代市场经济体制下的生命力要弱于公司企业，为何证交所、期货交易所、互助保险组织、互助储蓄借贷组织纷纷公司化，公司化的利弊究竟何在，诚为商法学者面临的一个重要研究课题。

六、我国现行立法有关证券交易所组织形态的定位

1997年的《证券交易所管理办法》第3条曾将证券交易所界定为依法设立的，不以营利为目的，为证券的集中和有组织的交易提供场所、设施，履行国家有关法律、法规、规章、政策规定的职责，实行自律性管理的会员制事业法人。可见当时，证券交易所的组织形式就是不以营利为目的会员制事业法人。它强调了证券交易所的四个特点：非营利性、社团法人（会员制）、事业单位、法人。

根据1998年《证券法》第95条的规定，我国的证券交易所是提供证券集中竞价交易场所的不以营利为目的的法人。2001年修改的《证券交易所管理办法》第3条的一个细微修改之处是删除了“会员制事业”5个字。2005年修订的《证券法》第102条规定：“证券交易所是为证券集中交易提供场所和设施，组织和监督证券交易，实行自律管

---

① 关于合作社企业的公司化浪潮，参见 Caroline Bradley, DEMUTUALIZATION OF FINANCIAL EXCHANGES: BUSINESS AS USUAL? *Journal of International Law & Business*, Spring, 2001, 21 NW. J. INT'L L. & BUS. 657.

理的法人”。删除了“不以营利为目的”的内容，为今后交易所的发展预留了一定的空间。

现行《证券法》虽然未明确使用“公司制证券交易所”和“会员制证券交易所”的概念，但在解释上应当把《证券法》规定的证券交易所理解为会员制法人，即会员制事业单位法人。主要理由是：(1) 证券交易所不是财团法人，而是社团法人，《证券法》有关证券交易所的行文之中也多次出现“会员”、“会员费”等概念；(2) 上海、深圳两个证券交易所的章程均规定证券交易所“不以营利为目的”；(3)《证券法》第105条规定，实行会员制的证券交易所的财产积累归会员所有，其权益由会员共同享有，在其存续期间，不得将其财产积累分配给会员。因此，可以将我国的证券交易所界定为社团法人中的公益法人、会员制证券交易所、事业单位法人。如果证券交易所被界定为会员制法人或者公益社团法人，还意味着证券交易所不是商人或者商事主体，不享有商事权利能力和商事行为能力，只享有民事权利能力和民事行为能力。

我国立法者之所以把证券交易所界定为会员制，主要是由于看中了会员制证券交易所的非营利性。立法者认为，采取会员制证券交易所，有利于确保证券交易所的公正性与高效性，确保证券交易所内部的会员自治，避免证券交易所由于追逐营利而危害证券交易活动的效率和公平。

《上海证券交易所章程》(1994年)第3条规定：“本所是为证券的集中竞价交易提供场所、设施，履行国家有关法律、法规、规章和政策规定的职责，不以营利为目的，实行自律性管理的会员制法人。”《深圳证券交易所章程》(1993年)第2条前半段规定：“本所为会员制、非盈利性的事业法人。”不过在实践中，由于我国沪深两地的证券交易所成立于1998年《证券法》颁布之前，目前两个证券交易所的法人种类确定并不非常清晰。例如，深圳证券交易所领取的法人资格证书是《事业单位法人执照》，而上海证券交易所领取的法人资格证书是《企业法人营业执照》。从网址上也可以看出这种差异：深圳证券交易所的网址是 sse. com. cn，而上海证券交易所的网址是 sse. org. cn. 当然，不管证券交易所领取的法人执照有何不同，但均按《企业所得税条例》缴纳企业所得税。可见，我国的证券交易所还具有企业法人的部分特征。

七、我国证券交易所实现公司化改革的必要性与可行性

环顾全球波澜壮阔的证券交易所公司化改革运动或者非互助化运动,很难说这场运动纯粹出于偶然因素;否则很难解释本意实行会员制多年的国家缘何改弦易辙,改采公司制。

公司化改革本身不是目的,但公司化改革可以强化证券交易所的自治地位,改善证券交易所的自律监管。笔者认为,我国证交所公司化至少具有以下好处:

1. 有助于证交所为追求利润、降低风险而努力改善交易所的治理、管理与服务水平,提高证券交易所的竞争力

公司利益和全体股东利益最大化有利于降低董事和管理层的代理成本,吸纳贤才,淘汰庸才,进一步强化对高管人员的激励机制(包括股票期权等薪酬包)与约束机制(公司法有关董事义务与责任的规定均适用于证交所高管人员)。

2. 有助于证交所吸纳更多资本

证交所是管理密集型、技术密集型与资金密集型公司。证交所的发展与壮大离不开强大的资本支撑。证交所的主要业务收入来自券商的交易费用,其次才是上市费用。在一般情况下,交易业务的竞争比上市业务竞争更加复杂,因为除了规则的竞争外,还有技术层面的竞争。证交所的竞争不仅是深沪两地证交所之间的竞争,也是中国证交所与国外的证交所之间的竞争。证交所与其他交易系统(如OTC市场)之间也存在竞争。公司制证交所采取股份公司的组织形态以后,尤其在上市以后,聚沙成塔、集腋成裘的集资功能不仅在证交所上市的公司身上展现出来,也将在证交所公司自身展现出来。而作为非营利公司(Nonprofit firms)、事业单位、互助组织、合作社或者会员制组织的证交所,顾名思义,却无法从自己开办的资本市场中募集资本。

3. 有助于强化证交所的自治地位,削弱政府对证交所的不当干预

政府对证交所实施不当或者过分干预的理论基础在于,证交所属于政府机构中的一个分支,是政府的缩影或者缩小的政府,不管这种证交所是否名为事业单位或者会员制组织。而将证交所转变为公司以后,证交所可以阻止政府的不当干预,政府也会自动保持与证交所

的空间距离。

4. 有助于改善目前证交所会员券商的地位，扩大会员券商的利益份额

会员制证交所中的会员对证交所资产不享有剩余索取权，但对证交所恣意收取的费用承担无限责任。在一般情况下，会员券商的利益诉求绝不在满足于一个席位。多伦多证交所说服会员实行证交所改制时，就明确声明：公司制改革不但可以赋予会员分取证交所盈余的新权利，而且可以限制会员的责任风险。① 这就抓住了会员券商赞同公司制改革的心理要求。

5. 有助于提高证交所决策效率

会员制证交所会员大会实行一人一票表决原则，遂大多遵循多数决定原则，但在实践中往往沦于全员一致决议原则，从而出现久议不决的拖沓现象。而引入公司治理结构以后，股东大会、董事会和监事会的决策机制清晰明了，有助于提升效率，降低成本，关注市场。这对证交所的股东与客户都有好处。

6. 有助于改善证交所的文化建设与公关形象

改革与诚信是证交所公关形象中的重要标志。这一标志对投资者、券商、公司都是至关重要的。从心理上看，人们乐意与平等的公司组织打交道，而不愿与盛气凌人、高人一等的"衙门"打交道。此外，证券交易所与交易参加者相分离，从而使证券交易所不受交易双方中任何一方的影响，保证证券交易的公平与公正。

尽管证交所公司制改革会带来一些可观的成本支出，短期内需要认真磨合各方关系，但从长远看，利大于弊。因此，建议政策制定者积极推进我国证交所的公司制改革，早日在证交所建立现代企业制度。

当然，证交所公司制改革应当在立法改革的基础上稳步进行。例如，证交所股份可以一开始界定为各位会员券商，然后再慢慢进行股权转让，最后再走向上市道路。例如，澳大利亚证交所股票上市时仅

---

① Toronto Stock Exchange, Information Circular providing members with information regarding demutualization of the Toronto Stock Exchange and the market realignment in Canada, 1 (1999), available at http://tsers.com/cgi-bin/uni〈uscore〉framset.cgi? content%3Dpdf/infocirc.pdf.

有 606 名股东,这些股东完全是证交所从前的会员;股票上市后,股东人数骤增。2000 年,证交所有 1.6 万名股东,其中会员股东只有 385 名。10 500 多名股东持有的股份在 1 000 股以下。

八、证券交易所公司化以后被敌意收购的风险及其应对

随着中国证券市场全球化步伐的加快,证券交易所日益国际化:上市证券的发行人会出现外国公司,外国券商也可通过中国证交所开展证券交易活动。证券交易所自身也会成为跨国公司。例如,Euronext 就是一个由巴黎、阿姆斯特丹与布鲁塞尔证交所合并而成的跨国公司。

证券交易所公司化以后,既保留了自身的自律监管职能,又增添了公司的资合色彩,强化了证券交易所股权流转的快捷性,从而把证券交易所推向公司控制权市场乃至购并市场的漩涡。在资本市场国际化的环境下,甚至于证券交易所有可能身不由己地变成跨国敌意收购的目标。这种可能性已经化为现实。例如,2000 年 8 月 1 日,斯德格尔摩证券交易所的控股公司 OM 集团向伦敦证券交易所发出敌意收购要约。经过艰苦挣扎,伦敦证券交易所方幸免被收购。[①] 这个案例表明,公司制证交所被敌意收购,作为收购目标的证交所的管理层并非自愿,还会连带引发复杂的经济与社会问题:敌意收购一旦成功,还有可能危及一国或者一个地区的资本市场安全。例如,中国证券市场主要肩负着为中国上市公司筹集资本、为中国投资者提供投资回报的任务,一旦中国证交所被外国公司敌意收购,中国证交所就很难继续沿着传统的治理思路服务于中国国内的上市公司与投资者。当然,传统证交所沿袭的政策思路注重为国企改革和发展服务,而忽视了为非公有制经济发展服务,也忽视了广大投资者的不少正当利益诉求。但毕竟这是一个资本市场中需要协调和平衡的问题,中国政府和证交所在不受外来资本力量控制的情况下有能力平衡好这些问题。但国外公司对证交所的敌意收购就可能动摇中国政府与证交所对国

① LSE Press Release, London Stock Exchange PLC, 10 Nov. 2000, available at http://www.londonstockexchange.com/press/releases/101100.asp (last visited Feb. 19, 2001).

外控制股东的平衡力。

当然,对中国证交所有利的公司收购要约应持欢迎态度。但在近期内维护国内资本市场安全仍是证券市场对外开放过程中应当注意的一个问题。对策有三:(1) 建议立法者将证券交易所的股东限定为中国股东;(2) 证交所章程限制股东所持有的表决权数量。例如。伦敦证交所将股东持有的最高表决权数量锁定为4.9%,凡超过此限的股权转让行为证交所董事会有权拒绝。[①] 多伦多证交所、NASDAQ与澳大利亚证交所的章程中均有此类条款。(3) 允许公司章程中规定敌意收购防御条款。例如,美国芝加哥期货交易所从依利诺州的非营利公司改制为在特拉华州注册的上市公司以后,就在章程中增加了反收购条款。Euronext 章程中还设置了"毒药丸"条款。这样,一旦出现敌意收购,某神秘基金持有的新股会突然增大,从而挫败敌意收购企图。[②]

九、强化证券交易所作为公司的社会责任

在会员制组织架构下,证交所的非营利性甚为明显。政府设立的证交所更是具有很强的公益色彩,这些证交所作为公共机构(public institutions)而运转。例如,成立于1997年的开门岛证券交易所就是一家由开门岛政府持股的民间有限责任公司,但作为独立主体而运营。[③] 证交所公司化以后,是否意味着证交所仅具有营利性,而不具有社会性与社会责任呢?

公司作为独立的经济组织和民事主体,与自然人和其他组织一样均为社会中的重要成员。公司在开展营利活动的同时,在一国乃至世界的经济、政治和社会生活中发挥着举足轻重的作用。可见,公司既具有营利性,也具有社会性。既然公司具有社会性,就必须承认公司具有区别于股东利益的企业自体利益,承认公司应当承担一定的社会责任。这意味着不能将公司利益仅仅还原为股东利益;相反,公司理

---

① http://www.londonstockexchange.com/dealing/default.asp.

② Don Cruickshank, Speech to the Securities Institute, Oct. 25, 2000, available at http://www.londonstockexchange.com/press/releases/251000.asp.

③ http://www.csx.com.ky.

应对其劳动者、债权人、供应商、消费者、公司所在地的居民、自然环境和资源、国家安全和社会的全面发展承担一定责任，这必将对股东利益的实现产生一定影响。

股东虽是股份公司赖以存在的基础，但并非公司的唯一权利主体和利害关系人；股份公司亦不止于众股东为谋取个人利益而佩戴的脸谱。现代股份公司除与股东、经营者、债权人和劳动者发生利益关系外，还与消费者、当地社区、政府、社会公众等利害关系人（stakeholders, or non-shareholder constituencies）有复杂的利益关系。股份公司遂变成了多元化利益聚集的焦点，并成了多重法律关系中的义务主体。但公司的营利性和股东有限责任导致了一些公司唯利是图、尔虞我诈，将商法规定与商业伦理抛诸脑后，不惜损害劳动者、消费者、环境利益的正当利益，引起了各国社会公众的深切关注。因此，近年来公司社会责任（Corporate social responsibility, Untenehmerische Sozialverantwortung od Sozialverantwortung der Unternehmung）和利益相关者（Stakeholders）的思潮风靡全球，也绝非空穴来风。①

现代公司社会责任理论认为，公司不能仅以最大限度地为股东们赚钱作为唯一存在目的，还应最大限度考虑公司其他利害关系人的利益，包括职工利益、消费者利益、债权人利益、中小竞争者利益、当地社区利益、环境利益、社会弱者利益及整个社会公共利益。建议立法者明确要求公司"保护和增进公司股东之外其他利害关系人的利益"，也可将强化公司社会责任理念列入公司法的立法宗旨；并设计一套充分强化公司社会责任的具体制度。强化公司社会责任的理论依据在于公司的经济力量及其推动社会权实现的社会义务。

公司的社会责任既包括商法上的社会责任，也包括商业伦理上的社会责任。前者诸如，公司作为侵权人对受公害污染损害的当地居民所负的侵权行为之债、公司对于消费者所负的合同债务及其附属义务、对国家所负的税收债务。此类义务具有法律上的强制力。此类权利理应优于股东权实现。后者如公司向慈善机构、灾区和中西部地区捐款等。此种义务不具有法律上的强制力，是否履行均由公司自由决

① 关于公司社会责任的详细论述，参见刘俊海：《公司的社会责任》，法律出版社 1999 年版。

定。故此种义务之履行不具有优越于股东利益实现的法律效力。由上可见,除公司所负的道义上的义务外,公司劳动者、公司债权人及其他利益主体所享有的权利均优于股东权而实现。故股东利益所包含的风险系数极高。作为对这种高风险的补偿,股东有权将其利益与公司的高收益挂钩。公司法为公司设定的社会责任是有限的,而商业伦理为公司设定的社会责任是无限的。

与普通商事公司相比,证交所理应承担更多的社会责任。(1) 公司制证交所隐藏着证交所股东利益与证交所对公众投资者利益、券商利益和社会公共利益之间的冲突。(2) 证交所是造福公共利益与私人利益的重要的国民资源。美国 1934 年《证券交易法》第 11A(a)(1)(A)更将证券市场称为"需要保存与强化的重要民族资产"。

证交所的价值在于其市场的深度和可流通性,券商可在证交所中与许多交易伙伴开展交易活动。交易所市场的魅力在于其能够提供高效、有序的市场场所的诚信度。诚然,在会员制证交所体制下,证交所有可能为迁就会员利益而降低自律标准。但是,在证交所股东利益最大化的驱动下,公司制证交所有可能具有开发、发展、建设市场的内在利益驱动,但监管市场的动力有可能削弱,证交所自律规则的监管标准有可能降低。证交所为追求短期利润,有可能对上市公司降格以求,放松对上市公司与券商及交易活动的自律监管。严格监管的证交所固然能吸引更多业务,但监管宽松、技术先进的证交所必然能吸引更多业务。这种担心不是没有道理。

因此,证交所的角色定位不应限于利润最大化。新的价值去向只能督促证交所提升市场自律的水平与质量,而不是相反。公司化以后的证交所应当好自为之,格外珍惜公司化改革带来的利益和发展机遇。殊不知,一味放松自律监管虽给证交所带来好处,但从长远看将会败坏证交所的商业信誉,最后必将在证交所之间的竞争、证交所与其他市场之间的竞争、国内证交所与国外证交所的竞争中走向衰败。因此,证交所公司化以后,应当更要加强自律监管,才能增强竞争力。

笔者建议,《证券法》或者《证券交易所管理办法》应当在原则指引和制度设计两个层面上要求公司制证交所承担更多的社会责任;要求独立董事进入证交所董事会,并且提高独立董事在董事会规模中占据大多数;明确要求证交所股东利益与非股东利益相关者利益发生冲突时，以后者作为证交所董事会和管理层的行为指南；还有必要通过特别立法提高证交所提取的法定公积金比例。要坚决反对公司制证交所视同普通商事公司的态度，即使是普通商事公司也要承担社会责任，而不能唯利是图、尔虞我诈。

十、公司制证券交易所的股票如何上市

笔者认为，证交所推行公司制改革时，不应改制为有限责任公司，而应改制为股份有限公司，尤其是上市公司，以便提高证交所的集资能力，也为更多社会公众分享证交所的经营成果开辟绿色通道。如果证交所股票根本不上市，就会削弱证交所股票市场的深度与流动性，也会剥夺社会公众投资于证交所的机会。问题在于，证交所的股票如何上市，在本证交所上市，还是在其他证交所上市？

对此，各国做法不一。澳大利亚证交所股票在自己的证交所上市。伦敦证交所股票在交易所主板上市。贸易点（Tradepoint）股票在伦敦证交所的 AIM 市场上市。香港交易所（Hong Kong Exchanges and Clearing Limited）股票在联交所（Hong Kong Stock Exchange）上市。斯德格尔摩证交所的母公司 OM 股票在斯德格尔摩证交所上市。证交所股票之所以选择在自己的市场中上市，会存在两个可能：(1) 有些情况下在当地只有一家证交所，证交所股票上市别无选择，只能选择本证交所；(2) 虽然有两家以上证交所，但倘若证交所股票在其他竞争同行上市有可能流露出证交所对自己股票的不自信。

但证交所股票在自身上市又会带来恩恩怨怨的利益冲突。因为，公众会怀疑作为上市公司的自律监管者如何会真正严格监管自己。澳大利亚允许证交所将自己的股票挂牌上市，但将对证交所自身是否遵守上市规则的日常监管职责由证交所自身移至澳大利亚证券与投资委员会（ASIC），至于证交所对其他上市公司的自律监管职责依然不变。澳大利亚证交所继续对澳大利亚的公司（证交所自身除外）上市享有监管权，负责上市规则的制定与适用。但是，尽管如此，澳大利亚证交所成立了新部门作为其监管框架中的一个重要组成部分。[1] 这就解决了证交所的角色冲突问题，但美中不足是增加了政府主管机关

---

① http://www.asx.com.au/about/l3/ListingRules AA3.shtm.

一项本属于自律监管的职责。

为解决利益冲突的困扰，一些证交所干脆使用“分身术”，将其监管职能与经营职能分离。伦敦证交所上市时，曾与财政部、FSA 达成共识，上市监管由伦敦证交所移至 FSA，伦敦证交所则保留了交易监管权以及证券交易准入规则制定权。① 多伦多证交所采取了第三条路线，即将监管职能从证交所的经营职能中脱离出来。② 美国 NASD 决定采此模式。

但纽约证交所认为，将纽约证交所的监管权限拱手让给一家独立主体将会对证交所的品牌造成永久伤害，理由是：“我们的自律职责渗透到证交所的各个部位。将这些部位割裂开来不论是文化上还是可操作性上，都是不可能的。”③

为保持证交所自律监管权的完整性、提升证交所的监管效率，澳大利亚模式不失为一个可供我国决策者参考的办法。为了避免证交所股票上市后引发的利益冲突，关键的解决办法是要实现证交所内部市场职能与监管职能的分开与制衡，但市场主体与监管主体分离时，如何确保监管主体的监管业务能力，又是一个重要问题。此外，还要强化政府对证交所的行政监督以及新闻媒体、社会公众对证交所的社会监督。

第四节 小　　结

证券交易所自律监管是证券市场监管体制的重要组成部分。证交所自律监管源远流长，甚至长于政府的行政监管历史。纽约证交所在 1792 年成立时就是一个自律监管机构。早在 1934 年 SEC 设立之

---

① HM Treasury News Release: Financial Services Authority to Become U. K. 's Competent Authority for Listing Announces Gordon Brown, 158/99, 4 October 1999, available at http://www. hmtreasury. gov. uk/press/1999/p158 99. html.

② TSE Regulation Services—Press Release: TSE Regulation Services Introduces Minimum Compliance Procedures for Trading Supervision (Dec. 4, 2000), http://www. tsers. com/news rel/rsnews 01. html.

③ Richard A. Grasso, Chairman And Chief Executive Officer, NYSE, before the Senate Banking Committee Hearing on September 28, 1999, available at http://www. nyse. com/events/NT00024586. html.

前，纽约证交所独家监管会员券商，并制定与执行发行人的上市规则（包括公司治理标准）。与政府主管部门的行政监管相比，证券交易所的自律监管成本低于政府的行政监管，效率高于政府的行政监管，容易得到市场参与者的充分理解与主动遵守，证券交易所的自律阳光可以照耀到法律、法规和行政规章无法覆盖的证券市场死角，确认证券交易所的自律监管还有助于舒缓政府监管所派生的政治压力。而我国证券市场起步较晚，而且具有政府强力推动的历史背景，证券交易所的创设与运作更是带着浓厚的政府干预色彩。这种政府推动与干预有其积极的一面，也有其得以产生的历史背景，对于我国证券交易所的自律监管职能的确立也发挥了积极作用。但毋庸讳言，我国证交所自律监管职能的发挥仍受制于制度、文化、历史等各方因素的束缚。为增强我国证交所在证券市场中的自律监管职能，完善证交所自律监管制度迫在眉睫。

今后，我国证交所与国外证交所之间也会出现竞争，竞争还将日益严峻。国外证交所进入中国，中国证交所进入国外在未来不是不可能的事情。成立于英国的贸易点证交所就是一家公司制证交所，也是第一家在美国运营的外国证交所。即使国内立法规定壁垒措施，但证交所之间的国际竞争依然存在。例如，在我国证交所竞争力强劲的情况下，国外公司有可能来我国上市，证交所来自国外的其他业务收入（作为市场参加者的券商的门票费、交易信息与其他服务收费）就会增加；在我国证交所竞争力削弱的情况下，国外公司有可能去其他国家上市，我国国内公司也有可能去国外证交所上市，证交所来自国外的其他业务收入也会减少。至于证交所与其他非证交所形式的替代性交易系统之间的竞争，随着电子商务技术的进步，在宽松的、鼓励公平竞争的政策与法制环境下也会日益白热化。因此，不能因为证交所目前在我国是一个高度垄断行业，就否认证交所作为商事公司所处的天然竞争环境。

立法者和决策者应当站在增强证交所和我国证券市场竞争力的高度上，从强化证交所的自律监管职能入手，加快制度创新步伐，完善自律监管职能，强化自律地位，积极稳妥推进证交所的公司制改革。

在证交所公司制改革以前，应当彻底恢复证交所作为会员制组织所应当享有的民事主体的地位。要尽量将政府监管者的自律监管内容回归证交所，全面扩充证交所的自律监管职责，强化证交所监管手段，进一步强化证交所的证券上市公司治理监督权、证券争讼调解权和仲裁权。要明确对证交所自律监管措施的救济途径，在立法者明文排斥被监管者的诉权的情况下，必须承认被监管者有权就证交所的自律监管行为寻求司法救济。

为了建立健全证交所自律监管机制，还应建立自律监管与行政监管的良性互动关系。单靠行政监管的监管模式、单靠自律监管的监管模式都是残缺不全的制度设计。因此，主流市场经济国家和地区都实行“两条腿走路”的立法政策，强调证券交易所的自律监管与政府对证交所的行政监管并重。政府既要鼓励证交所自律监管，也要对证券交易所的自律监管（包括监管规则与规则执行状况）进行行政监督。在证交所面临利益冲突时尤为如此。证交所与政府监管者还要通过签署备忘录、召开监管联席会议等方式建立合作监管、信息共享、联动监管的新机制。

鉴于公司化改革可以强化证券交易所的自治地位，改善证券交易所的自律监管，建议大胆借鉴国外证交所公司制改革的成功经验，积极稳妥地推进我国证券交易所的公司化、股份化和最终上市。我国证券市场起步晚，立法者对证交所的组织形式采取谨慎的态度是可取的，但需要与时俱进。实际上，直到 1998 年美国 SEC 才明确提出，证交所可以采取公司制组织形式（proprietary businesses），会员制的证交所也可以实现非互助化。[①] 针对证券交易所公司化以后被国外公司（包括证交所）敌意收购的风险，建议立法者将证券交易所的股东限定为中国股东，允许证交所章程限制股东所持有的表决权数量，允许公司章程中规定敌意收购防御条款。为消除证交所股票上市面临的利益冲突，借鉴澳大利亚经验，允许证交所股票在自身证交所挂牌上市，但将对证交所自身是否遵守上市规则的日常监管职责由证交所自身移至中国证监会，至于证交所对其他上市公司的自律监管职责依然不变。

在证交所公司制改革以后，还要强调证交所在发挥自律监管职责

---

① *Regulation of Exchanges and Alternative Trading Systems*, Exchange Act Release No. 34-40760, 63 Fed. Reg. 70,848(Dec. 22, 1998) (codified at 17 C. F. R. pts. 202, 240, 242, 249).

方面的社会责任。因为强调证交所的营利性,有可能导致证交所管理层为了追求营利最大化,从而伤及客户利益。为了吸引更多的上市公司与证券商,证交所有可能一味听命于上市公司或者券商的管理层意志,迎合上市公司或者券商管理层排斥合理自律监管的不当利益诉求。如此一来,证交所有可能纷纷陷入滑向最低点的竞争。如此一来,发行人管理层的利益与证交所的股东利益达成了一致,但在证交所上市的公司的其他股东和潜在投资者的利益有可能因此而被牺牲殆尽。又如,为了追求股东利益最大化,证交所还有可能放纵或者鼓励过热的投机交易,证券经纪商可能从中获取不菲佣金,但此举亦可能伤害无数证券投资人尤其是基金持有人的利益。证交所的公司化虽然克服了会员制正交所的缺点,仍然意味着更多的、更新的利益冲突与矛盾,尤其难以摆脱普通公司治理的通病。股东与证交所管理层之间的利益冲突即其适例。内部人控制的存在、管理层高薪与股东低股利、零股利的反差,都对股东利益形成挑战,还有可能忽略非股东利益相关者的正当利益诉求。

为确保证交所自律监管之树常青,公司化以后的证交所应当强化社会责任感,并推出具体的制度设计与措施保障。证交所的监管品牌在于严格监管(demanding regulation),而非放松监管(lax regulation)。另一方面,立法者也应创新证交所制度安排,因为证交所股东利益无法担任证交所经营与运作的唯一指路明灯,无法取代公司社会责任对证交所的行为指引,更离不开政府对证交所的正确引导与有力规制。建议立法者要求独立董事进入证交所董事会,并且要求独立董事在董事会规模中占据大多数,并通过特别立法提高证交所提取的法定公积金比例。证交所自律监管失灵时,需要政府监管者出面监督证交所。公司化以后尤其需要强调政府监督,而非排除行政监督。实际上,证交所公司化以后,各国政府监管者都不约而同地强化了对证交所的监管。

交易所之间的公平竞争规范体现在技术设施、上市费用、交易费用、交易规则和监管服务等各个方面。自律监管也是证交所的一项服务内容。服务与监管是对立统一的。为强化证交所自律监管,还应打破垄断,在证交所的设立和运营等诸环节创造公平竞争的环境。我国证交所自律必将迎来崭新的明天。

第五章　完善公司治理

——兼评《上市公司监管条例(征求意见稿)》

第一节　对《上市公司监管条例(征求意见稿)》的总体评价

为了规范上市公司的组织和行为,保护公司和投资者的合法权益,促进上市公司质量不断提高,维护社会经济秩序和社会公共利益,推动证券市场健康稳定发展,根据《公司法》和《证券法》、其他有关法律法规和规范性文件(包括《国务院关于推进资本市场改革开放和稳定发展的若干意见》和《国务院批转证监会关于提高上市公司质量意见的通知》)的规定,中国证监会起草了《上市公司监督管理条例(征求意见稿)》(以下简称《条例草案》)。为了进一步增强立法的透明度,提高立法质量,国务院法制办公室于 2007 年 9 月 7 日将中国证券监督管理委员会报送国务院审议的《条例草案》及其说明在网上和媒体上全文公布,征求社会各界意见,以便进一步研究、修改后报请国务院常务会议审议。《条例草案》内容丰富,共计 10 章 106 条,包括:总则;公司治理结构;控股股东和实际控制人;董事、监事、高级管理人员;关联交易和重大担保;发行证券、收购、重大资产重组、合并及分立;信息披露;监督管理;法律责任;附则。

一、开门立法的民主举措值得称道

国务院法制办将《条例草案》公开上网征求广大投资者、资本市场各方利益相关者以及社会公众意见的做法,既体现了党的"十七大"报告提出的"坚持科学立法、民主立法"的重要思想,也体现了"依法行政"、"以人为本"(而非"以官为本")的要求。

这是由于,法乃公器。在一定意义上,立法文件是立法者向纳税人提供的公共产品。立法者的智慧是有限的,而市场的智慧(包括积极智慧与消极智慧)是无限的。为了更好地采集市场精英和社会各界的立法呼声，提高立法质量，预防和化解制度供给与制度需求之间的矛盾与冲突，更好地构建和谐的上市公司法律秩序，必须大力弘扬民主立法、科学立法、开门立法、透明立法的理念。

建议国务院法制办认真梳理社会各界的立法建议，并对具有典型性与代表性的立法建议的处理结果予以公开说明。对于不予采纳的意见和建议，应当说明立法理由。建议立法机关、国务院、证券监管机构和其他行政机关出台涉及资本市场的立法文件和规范性文件时，继续坚持公募民意的先进立法惯例。实践已经并将继续证明，资本市场立法越透明，公众参与度越有保障，制度设计就越公平、越有效率、越有预期度，投资者的投资信心就越有保证。

二、《条例草案》在资本市场法律体系中的重要地位

从立法规制对象来看，上市公司是宏观经济的重要细胞，是国民经济永续发展的火车头和领头羊，是资本市场发展的基石，是广大投资者分享改革与发展成果的重要平台。从立法渊源上看，《条例草案》在资本市场基本法律（如《公司法》、《证券法》、《信托法》）与众多的部门规章、证券交易所和行业协会的自律规则、公司章程之间处于承上启下的重要地位，在规制上市公司的行政法规之间处于核心地位。

《条例草案》既是对基本法律预留制度接口的进一步立法延伸，提高了资本市场基本法律的可操作性与可诉性，也为未来的部门规章、自律规则、公司章程的修改与完善预留了二级制度接口，为未来多层次资本市场法律规则的进一步完善指明了价值方向，提供了立法依据。因而，《条例草案》在金字塔形的资本市场法律体系中处于衔接左右、承启上下、衔接前后的重要位置。

正因为如此，《条例草案》应当实现与即将出台的《独立董事条例》和其他相关行政法规（如《公司登记管理条例》）之间的无缝制度对接。笔者建议将《独立董事条例》纳入《条例草案》的第 2 章“公司治理”或者第 4 章“董事、监事、高级管理人员”中予以规定，也可以考虑予以专章规定。至于非上市的商业银行、保险公司和证券投资基金管理公司的独立董事事项，原则上可参酌《条例草案》执行。

三、《条例草案》已有较强的可操作性，仍须进一步增强

立法产品的可诉性与可操作性是衡量一部法律质量优劣的试金石。面对《公司法》与《证券法》在上市公司监管方面的规则缺失，《条例草案》既进行了拾遗补缺的规则完善，又进行了漏洞填补，进而具有一定的可操作性和可诉性。

例如，新《公司法》第106条规定了股东大会选举董事、监事可以实行累积投票制。《条例草案》第15条第2款进一步明确了差额的累积投票选举制度，否定了现实生活中等额选举的旧做法，明确要求董事或者监事的候选人数应当多于应选出人数，并以所得选票代表表决权较多者当选。对于违反该条款的行为，第96条授权中国证监会责令该上市公司改正，给予警告，单处或者并处30万元以上60万元以下的罚款；对直接负责的主管人员和其他责任人员给予警告，并处以3万元以上30万元以下的罚款。问题在于，倘若上市公司接受罚款以后仍然拒不改正，并非股东的董事、监事候选人可否依据《公司法》第22条提起股东会决议撤销之诉，依然语焉不详。

建议立法者结合我国上市公司监管的新情况和新问题，彻底告别“立法宜粗不宜细”的立法思维模式，进一步树立“立法宜细不宜粗”的新理念，尽量将上市公司监管实践中已经看准、能够看准的法律关系作出清晰、严谨、全面的界定。立法者必须清晰地向国内外投资者传递出鼓励什么、禁止什么、允许什么，限制什么的立法信息。行政法规的旺盛生命力深深植根于可操作性，而可操作性的核心内容在于可诉性，既包括民事诉讼层面的可诉性，也包括行政诉讼层面的可诉性。可诉性强调在上市公司及其股东、高管、监管机构和中介机构等公司各方利益相关者围绕出现纠纷时，法官可以援引相应的法律条款为当事人解决纠纷提供快捷、高效、低成本的救济通道。上市公司监管条例既然在公司各方当事人发生纠纷时能够做到滴水不漏，也能够帮助各方当事人将制度设计缺陷导致的纠纷消灭在萌芽状态。

为了增强我国资本市场的国际竞争力，《条例草案》应当尽可能地体现国际化色彩，从而成为对国际投资者友好的立法文件。在移植与借鉴国际先进立法经验方面，《条例草案》应当坚持兼收并蓄、择善而从的立法思路，彻底扭转公司法继承欧陆法系，而证券法继承英美法

系的印象。在借鉴国际经验时,倡导忠实移植,反对东施效颦。当然,对发达国家公司法经验的吸收借鉴应当从中国国情出发,避免照抄照搬。例如,我国的投资者、中介机构、公司高管、监管者和法官的业务素质参差不齐,这就决定了公司法应当比发达国家公司法更具有可操作性,从而在一定程度上避免行政自由裁量权和司法自由裁量权的滥用;我国不少投资者的法律意识和知识有限,这就决定了《条例草案》应当包含适度的倡导性和指引性规范,立法用语应当尽量朴实易懂。但从中国国情出发不应当被解释为迁就和保护落后。

从立法语言上看,立法者在法律条款能够缩写、也能够扩写的情况下,应当尽量采取扩写式的写作思路。从公司法律规范的逻辑构成看,既要从正面揭示行为规则的内涵和程序,也要从反面明确违反行为规则的法律效果(有效、无效、可撤销、民事责任、行政处罚、刑事责任)。遗憾的是,《条例草案》对违反许多规则的民事法律责任及其救济方式规定不明确,许多冠以"应当"的法律条款究竟是倡导性规范,还是强制性规范不明确;如果是强制性规范,是导致民事行为无效和行政处罚双重效果的效力规范,还是仅导致行政处罚、民事行为自身有效的训示性规范,也语焉不详,亟待进一步完善。

从规范构成角度看,《条例草案》还应妥善处理实体法律规范与程序法律规范的相互关系。要在强化实体法律规范的基础上,进一步丰富和发展程序法律规范,避免将本应由《条例草案》解决的问题留待部门规章或者司法解释解决。当然,《条例草案》实在无法进一步细化的,也可预先为日后的部门规章与司法解释预留"制度接口"。建议《条例草案》在附则中增加定义条款。

总体而言,《条例草案》很好地总结了中国资本市场和上市公司诞生以来的成功经验与失败教训,合理地借鉴了域外成功的立法例、判例与学说,对于上市公司的监管体系和监管程序作出了基本规定,基本上解决了我国上市公司监管方面存在的关键问题,是一部兴利除弊兼顾的行政法规草案。但仍需在完善公司治理、弘扬股权文化、尊重公司自治、鼓励市场自律、打造法治监管、强化社会责任等方面更加有所作为。

第二节 进一步完善上市公司治理的制度设计

公司治理泛指管理层对股东和利益相关者负责的一系列理念、制度安排和商业实践。公司治理乃公司命运之所系。公司的治理水平的高低直接关系到股东的投资价值,关系到公司的竞争力,更关系到民族经济的竞争力。贝克·麦肯锡公司2002年6月公布的一项调查结果表明,倘若两家公司的财务业绩指相同、但公司治理水平良莠不齐,国际机构投资者愿意支付更多的溢价购买公司治理水平高的公司的股票。此种溢价在美国和西欧为10%~12%,在东南亚和拉美为20%~22%,在非洲和东欧为30%~35%。可见,公司良治具有商业价值。

但是,公司治理乃全球化难题。美国的安然、世通等公司治理丑闻不仅暴露出上市公司管理层"小鬼当家"的内部人控制问题(如某些CEO的狂妄、过于自信和贪婪),也凸现了审计委员会(Audit Committee)、律师(Attorney)和会计师(Accountant)的诚信问题。我国公司治理水平普遍不高,国际公认的诚实性、透明性、问责性原则在公司治理实践中难以落实。就上市公司而言,我国的公司治理问题主要表现为公司治理有其名无其实、有其形而无其神:(1)一股独霸下的内部人控制;(2)公司高管激励机制与约束机制同时疲软,勤勉尽责意识淡薄;(3)信息披露不透明;(4)中小股东权益保护存在制度缺陷;(5)上市公司缺乏独立性;(6)上市公司内控机制不健全,治理的集中色彩过重,而民主化色彩较为脆弱等。

国有企业建立现代企业制度的核心和难点问题是完善公司治理。有些国有企业虽已改制为上市公司,但公司治理机制仍与高度集中的全民企业治理没有根本区别,距公司良治甚远。上市公司不仅要有公司治理之形和名,更要有公司治理之实和神。不仅国有控股公司存在公司治理问题,民营公司和家族公司也存在公司治理问题。

虽然中美公司治理实践中都存在着内部人控制问题,但内部人控制问题的成因不同。美国的内部人控制问题主要源于股权结构的高度分散,"山中无老虎,猴子称大王"。而我国的内部人控制问题主要源于股权结构的高度集中,一股独大的股权结构致使我国的内部人控制具有“狐假虎威”的特色。无论是股权结构的高度分散,还是股权结构的高度集中,都会滋生内部人控制现象。即使我国上市公司的股权分置改革顺利完成,全面进入全流通时代,也会出现美国式的内部人控制现象。因此,正视、疏导和化解内部人控制现象,化消极因素为积极因素,是我国公司治理的长期课题。

公司良治既是一种理念,也是一种制度安排,更是一种商业实践。没有公司良治理论的正确指导,就不会有一流的公司治理制度。有了一流的公司治理制度,未必就能催生出一流的公司治理实践。中航油的公司治理失败案例就值得引起人们关注。尽管该公司设置了独立董事,建立了完善的风险控制委员会,并手执一本印制精美的《风险控制手册》,但仍未能使该公司摆脱指数期货交易带来的六亿美元的巨大财产损失。在理念、制度与实践之间,完善的公司治理立法对于落实公司良治理念、鼓励公司良治实践具有承上启下的核心作用。因此,优化公司治理自然成为《公司法》修改的重中之重。

《条例草稿》在总则中提出了完善上市公司法人治理结构的基本原则,要求上市公司应当完善股东大会、董事会、监事会制度,形成权力机构、决策机构、监督机构以及经理层之间权责分明、各司其职、有效制衡、科学决策、协调运作的法人治理结构,并设专章对上市公司的章程、组织机构、内控制度和股权激励作出了明确规定。除了第 2 章,第 3 章、第 4 章和第 7 章也有关于公司治理的内容。公司良治的核心特征包括但不限于公司治理的透明度、问责性、民主性、尊重股东价值、股东平等、公司社会责任等方面。因此,公司治理的完善也应当着眼于这一点。

建议进一步提高上市公司的透明性。抓住了信息披露,就等于抓住了保护股东权益的牛鼻子,抓住了证券监管工作的关键。《条例草案》第 67 条规定,“上市公司及其董事、监事、高级管理人员、股东、实际控制人、收购人和其他信息披露义务人,应当按照法律、行政法规和中国证监会的规定及时履行信息披露义务,保证信息披露内容真实、准确、完整”。遗憾的是,该条规定没有强调上市公司信息披露的及时性、公平性与有效性。建议《条例草案》同时强调上市公司信息披露的六个本质属性。要积极稳妥地推进信息披露的简明化运动。要充分尊重股东的知情权。建议《条例草案》允许持股比例达到 1%、持股时间达到180天以上的股东前往公司查询会计账簿和原始凭证。强化公司及其高管的信息披露义务,完善信息披露工作保密机制,打击泄露或内幕交易行为,完善上市公司重大事件的报告、传递、审核、披露程序。《条例草案》第74条虽然要求"通过委托或者信托等方式持有或者实际支配上市公司股份表决权的投资者,应当按照本条例第六十七条的规定及时披露其所拥有的上市公司权益及控制权变化等情况",但是该条并未规定违反该义务的法律责任,更未规定证券登记结算公司的信托登记制度和信托登记信息公开查询制度。建议补充以上立法漏洞。

建议进一步提高上市公司治理的问责性。问责性包括三个方面的内容:(1)公司治理机构及其组成人员的职责清晰。(2)违反职责的后果明晰。(3)追究责任的通道畅通。权利可以放弃,但义务不能放弃。董事、监事、高级管理人员的职责不因转授权的事实而豁免责任承担。《条例草案》第18条第1款规定:"《公司法》规定的董事会职权应当由董事会集体行使,不得授权他人行使,并不得以公司章程、股东大会决议等方式加以变更或者剥夺。"这既强调了董事会职权的不可让渡性,有助于强调董事会决策的民主性。该条第2款同时规定,"公司章程规定的董事会其他职权应当由董事会集体行使,必要时,董事会可以授权董事会成员在会议闭会期间行使部分职权,但授权内容必须明确、具体。公司章程中应当对授权原则和授权内容作出具体规定"。按照这一态度,法定职权不得转授权,但章定职权可以转授权。但鉴于章程条款体现了广大股东的利益与意志,章程之所以赋予董事会决策权乃由于广大股东对董事会成员的集体决策的信任,因此,公司章程规定的董事会职权也应由董事会集体行使。董事会的召集既包括现场会议,也包括网络会议、通讯投票等多种议决方式。如果的确需要将董事会的职权授权董事长或者董事会成员在会议闭会期间行使,也要获得公司章程的事先授权。要通过立法手段遏制董事长滥用转授权、一手遮天、凌驾于董事会之上的不正常现象。监管机关应当通过修改《上市公司章程指引》,督促和指导上市公司进一步厘清股东会与董事会、董事长、经理层的决策界限,调整与完善监事会与独立董事之间的职权边界,既要避免决策权的冲突,也要避免权力真空问题。

建议进一步提高上市公司治理的民主性。公司制度是舶来品，是市场经济社会的产物。因此，现代公司治理强调公司治理的民主制衡，重视建立民主决策与集中执行有机结合的公司治理架构。但由于我国的封建历史较长、封建文化影响较深，目前的公司治理存在民主决策不够、集中执行风险较高的问题。有鉴于此，《条例草案》第3条规定，“上市公司应当完善股东大会、董事会、监事会制度，形成权力机构、决策机构、监督机构以及经理层之间权责分明、各司其职、有效制衡、科学决策、协调运作的法人治理结构”。这一规定值得称道。建议《条例草案》根据《公司法》的规定，进一步细化有关股东大会、董事会、监事会职权的规定，形成股东会负责宏观决策、董事会负责中观决策、经理负责微观决策、监事会负责监督董事会和经理层、独立董事负责监督执行董事和经理层的分权制衡结构。为进一步发挥独立董事的应有作用，建议改革独立董事定价制度，吸纳潜在法律风险和知识成本等定价因素；建立独立董事秘书制度，上市公司应当为每位独立董事配备工作秘书；明确规定上市公司应当为独立董事履行职责提供办公场所和必要的工作条件；建议在不影响独立董事独立性的基础上（例如，在不超过持股比例1%的前提下），对独立董事实行低度的股权激励计划。

《上市公司监管条例》要通过监管者的他律监管（行政监管）与自律监管（如交易所监管），推动公司治理向公司良治的目标大步迈进。既要从组织架构上注重公司治理，更要从理念上重视公司治理，从外生法律规则和内生法律规则两方面完善制度设计。要教育上市公司高管切实意识到，公司的重大决策要恪守“程序严谨、内容合法”的八字方针，避免决策的内容和程序存在瑕疵。尤其要克服传统封建文化（尤其是高度集权的治理文化）对现代公司治理的影响。

在完善上市公司治理的同时，也要完善上市公司的母公司的治理。“上梁不正下梁歪”，母公司治理水平低下，也会制约上市公司的治理水平的提高。鉴于我国许多上市公司的母公司是传统全民所有制企业，而非现代公司，建议国资委和有关部门积极推动大型国有集团企业的公司制改革。既要教育市场主体树立创新、务实、成本的商业思维，也要教育市场主体树立严谨、合规、风险的法律思维。要把竞争机制引入股东大会和董事会，要鼓励控制权交易和上市公司并购尤其是敌意收购,进一步遏制目标公司董事会图谋私利、鱼肉股东利益的反收购措施。

当然,公司治理既要靠好制度,也要靠好人。但好制度比好人更重要。有了好制度,好人好当,好人不容易堕落;有了好制度,好人就不会干坏事;有了好制度,品德中等的人乃至于坏人也会见贤思齐,争做好人;有了好制度,坏人干坏事很难得逞,即使坏人偶尔得逞,最终也要承担惨痛的法律制裁。此处的“好制度”既包括立法者为公司及其法律关系主体制定的外生法律规则,也包括公司依据公司自治原则制定的内生法律规则(如公司章程、股东会议事规则、董事会议事规则、监事会议事规则以及具体的规章制度)。

第六章　新公司法框架下的独立董事制度研究

新《公司法》第 123 条要求:“上市公司设立独立董事,具体办法由国务院规定”。当然,中国证监会应当在公司大法确认独立董事制度的基础上,根据立法者的授权进一步完善独立董事的任免机制、资格保障机制、责任追究机制、利益激励机制、作用发挥机制和法定人数比例,并妥善处理好独立董事制度与监事会制度之间的相互关系,避免叠床架屋,预防监督资源的不必要浪费。本章仅就独立董事制度的完善发表几点粗浅看法。

第一节　英美国家建立独立董事制度的历史背景

“独立董事”一词源于美国的“independent directors”,在英国被称为非执行董事(non-executive directors)。美国公司法中的董事分为内部董事(inside director)与外部董事(outside director)。若采两分法,外部董事与独立董事可互换使用。如采三分法,董事可分为内部董事(inside director)、有关联关系的外部董事(affiliated outside director)与无关联关系的外部董事(unaffiliated outside director),即独立董事。内部董事指兼任公司高管人员的董事;有关联关系的外部董事(灰色董事),指与公司存在实质性利害关系(如公司已退休高管人员、高管人员的亲朋好友、公司律师、供应商的总裁)的外部董事;独立董事指不在上市公司担任董事之外的其他职务,并与公司、内部人及大股东间不存在可能妨碍其独立作出客观判断的利害关系(尤其是直接或者间接的财产利益关系)的董事。独立董事不兼任公司高管职务,属外部董事范畴;又不与公司存在实质利害关系,故不同于关联董事。

美国传统公司治理结构中并不存在独立董事制度。最早引入独立董事制度的联邦公司立法为 1940 年《投资公司法》。至于投资公司之外的公司,尤其是上市公司的董事会在 20 世纪 70 年代前基本由内部董事控制。偶尔设立的外部董事往往由公司总裁的亲朋好友担任。结果,外部董事往往对公司总裁言听计从,唯唯诺诺,扮演着花瓶角色。

其实,早有学者批评美国各州立法者和法院偏袒公司经营者,未能妥善保护公司的股东、债权人和社会公众免遭公司管理层的无能、疏忽、失信乃至反社会行为的侵害,猛烈抨击各州立法者和法院竞相放松公司经营者管制、向最低点竞争的公司立法行为(race to the bottom)。[①] 为更好保护中小股东利益,制约狂放不羁的公司管理层,开阔公司董事会决策视野,推出独立董事制度可谓水到渠成。

美国20世纪70年代初的"水门事件"暴露出来的公司丑闻,如在国内政治选举中的非法捐款、在国际贸易中向外国官员行贿等,引起美国广大中小投资者对董事会监督职责的怀疑,也促使美国证监会强制要求所有上市公司设立由独立董事组成的审计委员会,以审查财务报告、控制公司内部违法行为。此前,美国证监会已经通过个案协商方式推展独立董事制度。例如,美国证监会在与被处罚上市公司达成的多件调解书中要求违规公司设立独立董事,或将原属内部人把持的重权移交独立董事。此后,纽约证券交易所、全美证券商协会、美国证券交易所也纷纷要求上市公司的董事会多数成员为独立董事。[②] 美国密歇根州的《公司法》更是率先确立了独立董事制度。

近年来,民间组织要求独立董事在董事会中占据主导地位的呼声日益强烈。例如,美国法学会1992年发表的《公司治理原则:分析与建议》积极倡导独立董事制度。其中的第3A.01条建议每个大型公共持股公司的大多数董事由那些与公司高管人员(senior executives)缺乏重要关系的人士组成。这必将对美国《模范商事公司法》和各州公司法的修改产生重要影响。美国全国公司董事协会1996年发表的

---

① William L. Cary, Federalism and Corporate Law: Reflections Upon Delaware, 83 *Yale L. J.* 663, 664, 666 (1974); Charles W. Murdock, Delaware: The Race to the Bottom—Is an End in Sight?, 9 *Loy. U. Chi. L. J.* 643 (1978).

② 参见R. W. 汉密尔顿:《公司法》(第4版),中国人民大学出版社2001年版,第341页。

《董事职业化研究报告》呼吁独立董事在董事会中占据实质性多数席位,[①]并对越来越多的上市公司中只有公司总裁一名内部董事表示赞赏。美国企业圆桌会议 1997 年发表的《公司治理声明》也要求独立董事在董事会中占据实质多数。[②] 美国加利福尼亚公务员退休基金(CalPERS)更明确主张,最理想的董事会中应只有一名公司总裁(CEO)作为内部董事。[③]

但美国建立独立董事制度并非一帆风顺。当美国法学会推出公司治理研究项目《公司治理原则:分析与建议》、要求确立独立董事制度时,就曾引起轩然大波。反对者认为,独立董事制度并非对现行法律的重述,而是对公司法的彻底改写;主张缩小董事会监督管理层经营活动的职权;认为赋予董事会监督权,将会破坏董事会与管理层紧密合作的建设性角色;指责该研究结果忽视了经济学的作用以及公司利益最大化的优点;认为既然公司受制于市场并服从消费者和股东的要求,就没有必要出台该研究项目;甚至批评该项目的研究者不懂公司经营的实际状况以及独立董事的应有角色等。[④] 尽管如此,独立董事制度仍然受到广泛赞誉,美国法学会亦于 1992 年批准了《公司治理原则:分析与建议》。

在实践中,美国独立董事在董事会结构中的比重日渐增加。在目前上市公司董事会席位中,独立董事席位大约为 2/3。[⑤] 据美国学者 1997 年对标准普尔 500 家公司的调查统计,111 家公司(占被调查公司总数的 23%)中的内部董事只有 1 名;159 家公司(占被调查公司总数的 33%)中的内部董事只有 2 名;113 家公司(占被调查公司总数的 23%)中的内部董事只有 3 名;58 家公司(占被调查公司总数的 12%)

---

① National Association of Corporate Boards, Report of NACD Blue Ribbon Commission on Director Professionalism 9(1996).

② The Business Roundatable, Statement on Corporate Governance 10(1997).

③ Adam Bryant, Calpers Draws a Blueprint for its Concept of An Ideal Board, N.Y. TIMES, June 17, 1997, at D5.

④ James D. Cox, Thomas Lee Hazen and F. Hodge O'Neal, Corpotations, Volume 1, Aspen Publishers, Inc., 2002, Sec. 9.3.

⑤ 参见 R.W. 汉密尔顿:《公司法》(第 4 版),中国人民大学出版社 2001 年版,第 342 页。

中的内部董事只有 4 名;25 家公司(占被调查公司总数的 5%)中的内部董事有 5 名;18 家公司(占被调查公司总数的 4%)中的内部董事有 6 名或 6 名以上。换言之,74 家公司(占被调查公司总数的 15%)中的内部董事比例为 10% 以下;182 家公司(占被调查公司总数的 38%)中的内部董事比例为 11% ~22%;124 家公司(占被调查公司总数的 26%)中的内部董事比例为 21% ~30%;71 家公司(占被调查公司总数的 15%)中的内部董事比例为 31% ~40%;24 家公司(占被调查公司总数的 5%)中的内部董事比例为 41% ~50%;4 家公司(占被调查公司总数的 1%)中的内部董事比例为 51% ~60%;5 家公司(占被调查公司总数的 1%)中的内部董事比例为 61% 以上。①

独立董事的作用亦日益彰显。20 世纪 90 年代,大量经营效益滑坡的公司的总裁被独立董事们掌控的董事会扫地出门。据美国一些学者对 266 家公司在 1970 年、1976 年和 1980 年董事会的结构和公司业绩的调查研究证明,公司董事会的独立性与公司业绩存在正比例关系。② 到了 20 世纪 90 年代,更有学者发现强有力证据,认为公司经营绩效与独立董事的独立程度成正比。③ 当然,也有学者认为董事会结构与公司经营绩效之间的关系并不确定。④

英国非执行董事制度的建立也如火如荼。英国建立独立董事制度的直接导火索是 1990 年冬、1991 年春广大投资者高度怀疑英国公司财务信息披露的真实性以及董事会对公司管理层的有效控制。波力派克(Polly Peck)、埃克斯科(Exco)和克劳罗尔(Coloroll)等公司巨头的崩溃均为例证。于是,在 1991 年 5 月成立了由凯德博雷(Adrian Cadbury)勋爵为主席、由金融报告理事会、伦敦证券交易所和会计师

---

① Sanjai Bhagat & Bernard Black, The Uncertain Relationship Between Board Composition and Firm Performance, 54 *Bus. Law*. 921 (1999).

② Barry D. Baysinger & Henry N. Butler, Revolution Versus Evolution in Corporation Law: The ALI's Project and the Independent Director, 557,572 (1984).

③ Ira M. Millstein & Paul W. MacAvoy, The Active Board of Directors and Performance of Large Publicly Traded Corporations, 98 *Colum. L. Rev.* 1283, 1299-1315 (1998).

④ Sanjai Bhagat & Bernard Black, The Uncertain Relationship Between Board Composition and Firm Performance, 54 *Bus. Law*. 921 (1999).

协会组成的专门委员会,并于1992年底发表了著名的《凯德博雷报告》(全称为“凯德博雷委员会有关公司治理财务方面的报告”)。该报告要求每个公司的董事会都要设立具有一定才干和数量的非执行董事,并使其观点得以影响公司的经营决策。《凯德博雷报告》出台后的执行效果较好。就非执行董事数量而言,上市公司和其他公司巨头纷纷设立非执行董事,以致出现了非执行董事供不应求的局面。就非执行董事的专业而言,律师、会计师和行政人员是非执行董事的主要成员。伦敦证券交易所也要求上市公司在年报中披露其贯彻《凯德博雷报告》的情况或未予遵守的原因。当然,非执行董事制度的实施也有美中不足:律师、会计师和行政人员作为非执行董事未必能对公司的经营决策进行有效监督,并提出切中要害的挑战意见;约1/3的受访非执行董事认为其从管理层获得的信息有限;大多数非执行董事由董事会主席个人出面邀请,而非由规范化的董事会和提名委员会举荐;风险与报酬不成正比,致使不少非执行董事在就职前往往犹豫再三。[①] 当前,英国非执行董事制度仍在不断完善之中。

独立董事制度还移植到法国和日本等国,大有蓬勃扩张之势。《OECD公司治理原则》第5条第5项也要求董事会对公司事务作出客观判断时应独立于管理层,并明确要求董事会设立足够数量的非执行董事对有可能产生冲突的事项(如财务报告、提名、高管人员与董事薪酬)作出独立判断。独立董事制度对于提高公司决策的科学性、效益性、安全性,强化公司竞争力,预防公司内部控制人鱼肉公司和股东利益,强化公司内部民主机制,维护小股东和其他公司利害关系人的利益发挥了积极作用。当然,英美法系的独立董事制度并非完美无瑕。进一步完善独立董事制度也是英美法系面临的重要课题。

---

① John Shaw, *The Cadbury Report: Two Years Later*. See, Comparative Corporate Governance, Edited by Klaus J. Hopt & Eddy Wymeersch, Watlter de Gruyter & Co., 1997, p. 26, 31.

第二节　中国证监会强力引进的独立董事制度试点评析

我国上市公司多由国有企业转制而来，流通性不强的国家股、国有法人股控股现象普遍，致使大股东或者母公司得以控制董事会和经理层，董事会与经理层互相兼任，重叠程度过高。据证监会资料显示，2000年，上市公司80%以上的董事会中"内部人"董事比例达到60%。"内部人"相对控制着80%以上的上市公司。[①] 内部人控制现象，不仅导致公司经营者游离于广大中小股东的监督之外，而且导致公司经营者及大股东肆无忌惮地蚕食上市公司。独立董事制度是根治内部人控制、遏制一股独大(霸)的一剂良药，有利于维护中小股东利益和其他利益相关者利益，充实董事会知识结构，提高董事会决策质量。

我国1993年《公司法》虽确定了股东大会、董事会、监事会和经理构成的公司治理结构，但并未规定独立董事制度。1997年中国证监会发布的《上市公司章程指引》允许上市公司根据需要设立独立董事。该态度仅是许可和鼓励而已，而非强制。据世界银行研究报告，1999年时，我国上市公司仅有54名独立董事，占全部董事的3.1%。[②] 国家经贸委与中国证监会1999年联合发布的《关于进一步促进境外上市公司规范运作和深化改革的意见》率先在海外上市公司强制推行独立董事制度，明确要求境外上市公司董事会换届时，外部董事应占董事会人数的1/2以上，并应有2名以上的独立董事。可惜，这一硬性要求只适用于境外上市公司，而不适用于境内上市公司。在总结经验的基础上，中国证监会2001年8月公布了《关于在上市公司建立独立董事制度的指导意见》(以下简称《指导意见》)，开始在上市公司全面推开独立董事制度。同年，中国证监会要求基金管理公司建立独立董事制度。2002年1月中国证监会与国家经贸委发布的《上市公司治理

---

①　参见李东平：《三大问题困扰独董制度实践》，载《证券时报》，2003年3月23日。

②　参见斯道延·坦尼夫、张春霖、路·百瑞福特：《中国的公司治理与企业改革》，中国财政经济出版社2002年版，第76页。

准则》更在第三章专节规定独立董事制度。

可见,在监事会制度无法发挥应有监督职能、《公司法》又不能很快修改的情况下,中国证监会被迫以行政规章的方式,借助行政权力在上市公司强力推行独立董事制度。移植独立董事制度之善意得到了越来越多人士的肯定,但由于缺乏《公司法》的明确规定而使该制度在实践中面临着诸多挑战和尴尬。治本之策乃在于完善公司法,将独立董事制度作为重要组成部分纳入单层制治理结构,从而与双层制并肩而立,供公司任意选择。应当指出,《公司法》对于独立董事制度的适用范围应采取分类原则。申言之,强制上市公司全面推行独立董事,而且独立董事要在董事会中占据多数席位;鼓励非上市股份公司推行独立董事,独立董事是否在董事会中占据多数席位由公司章程规定;允许有限责任公司自由决定是否设立独立董事。

我国独立董事制度正在上市公司与基金管理公司中顺利推展,独立董事作用日趋明显。但由于立法滞后和市场环境、传统文化障碍等配套措施的原因,实践中出现了独立董事花瓶化、荣誉化、顾问化等问题。除《公司法》应全面引入独立董事制度外,尚应强调两点:(1) 世界上只有更好的公司监督机制,没有最完美的公司监督机制。独立董事制度更非万能。没有理由苛求独立董事制度"包治"公司"百病"。不仅英美法系的独立董事制度未能根绝公司治理丑闻,就连作为双层制样板的德国监事会制度也未能彻底消除德国的公司治理弊端。[①] (2) 独立董事制度作为世界范围内的新生制度,有一个发展与完善的过程,不可能十全十美。英美法系建立独立董事制度为时不久,至今仍存在诸多问题。例如,美国安然公司与世通公司均有独立董事,但独立董事并未有效遏制管理层的贪婪、狂妄和欺诈行为。独立董事制度作用的发挥需要一段时间。我国独立董事制度仍处初创阶段,不仅《公司法》尚未明文认同,其他配套制度和市场环境尚付阙如。我国郑百文公司早在 1995 年就率先设置了独立董事,但未能阻止郑百文的虚假陈述行为。但不能据此全盘否定甚至妖魔化独立董事制度。我们面临的任务是完善、而非压抑和排斥独立董事制度。

---

① *Comparative Corporate Governance*, Edited by Klaus J. Hopt & Eddy Wymeersch, Watlter de Gruyter & Co. ,1997, p. 12,13.

第三节 新《公司法》应否规定独立董事制度的争论

中国证监会在上市公司强力移植独立董事制度之善意得到了越来越多人士的肯定,但由于缺乏《公司法》明确规定而使该制度在实践中面临着诸多挑战和尴尬。“花瓶董事”、“橡皮图章”之类的指责不绝于耳。

作为治本之策,国务院法制办 2004 年 12 月 28 日提交全国人大常委会的《公司法修改送审稿》在第 151 条至第 154 条对独立董事制度做了详细规定。第 151 条规定:“上市公司董事会成员应当有 1/3 以上的独立董事。独立董事由具有法律、经济、财会等方面专业知识、社会信用良好的人士担任。与公司或者控股股东、实际控制人有利害关系、可能妨碍对公司事务进行独立客观判断的,不得担任独立董事。独立董事在任期内应当保证有一定的时间在公司了解情况,公司应当为独立董事开展工作提供必要条件。”

《公司法修改送审稿》第 152 条规定:“上市公司董事会应当设立审计委员会和薪酬委员会,并且委员会成员应当有 1/2 以上的独立董事。上市公司可以在其董事会中设立其他专门委员会。上市公司章程应当对专门委员会的组成、职责等作出规定。”

《公司法修改送审稿》第 153 条规定:“独立董事除依照本法规定行使股份有限公司董事的职权外,还行使下列职权:(1) 对公司关联交易、聘用或者解聘会计师事务所等重大事项进行审核并发表独立意见,上述事项经 1/2 以上独立董事同意后方可提交董事会讨论;(2) 就上市公司董事、高级管理人员的提名、任免、报酬、考核事项以及其认为可能损害中小股东权益的事项发表独立意见。独立董事就前款规定事项发表的独立意见应当作出记录,并经独立董事书面签字确认。股东有权查阅独立董事发表的独立意见。”

《公司法修改送审稿》第 154 条规定:“独立董事在任期内辞职导致独立董事成员低于法定人数的,在改选的独立董事就任前,独立董事仍应当按照法律、行政法规和公司章程的规定,履行职务。董事会应当在两个月内召开股东大会改选独立董事,逾期不召开股东大会的,独立董事可以不再履行职务。”

在全国人大常委会审议《公司法修改送审稿》的过程中，有些常委会委员、全国人大代表和地方、部门、企业、专家提出，公司监事会的职能和董事会中设立的专门委员会的监督职能有交叉，法律不宜强制要求所有上市公司都必须设两套监督机构。财经委员会建议对修订草案规定的上市公司设监事会、独立董事等多层监督关系加以梳理，避免监督层次过多，职责不清，影响监督效果和公司决策、运行的效率。法律委员会经同国务院法制办研究认为，从实践看，我国公司的监事会制度和独立董事制度都还需要进一步完善，以有效发挥监督作用。从国外规定看，有些国家实行独立董事制度，有些国家实行监事会制度，都没有强制规定公司必须设立两套监督机构。考虑到本法已经明确规定股份有限公司都要设立监事会，对在上市公司中推行独立董事制度的问题，宜只作上市公司可以设立独立董事的原则性规定，为实践中进一步探索留下空间。据此，法律委员会建议，将修订草案有关规定修改为："上市公司可以设立独立董事，具体办法由国务院证券监督管理机构规定。"

《公司法修改二审稿》则扭转了《公司法修改送审稿》的态度，改为规定"上市公司可以设立独立董事"。这意味着上市公司可以设立独立董事，也可以不设独立董事。立法者之所以在《公司法修改二审稿》中对《公司法修改送审稿》的高涨热情降温，并非偶然。主要源于两个原因：(1) 上市公司中的独立董事制度究竟在实践中能够发挥多大作用，立法者并不确信，不敢轻易对独立董事寄予厚望，更不敢强制推行。(2) 立法者试图通过对独立董事制度采取任意选择的方式，实现单层制与双层制公司治理机构由公司自由选择的立法理想。对于这两点顾虑，笔者亦持理解态度。问题在于，立法者并未明确授权公司自由选择单层制与双层制，不能不说是一大缺憾。

峰回路转。在全国人大常委会三读审议时，有些常委会委员提出，迄今为止，所有的上市公司都已按照规定设立了独立董事，设立独立董事，对于维护公众投资者的合法权益具有积极作用，这项制度应当继续实行并加以完善。有的建议将上述规定中的"可以"设立独立董事修改为"应当"设立独立董事。有的建议删去上述规定中的"可以"二字。法律委员会经研究，建议将这一条修改为："上市公司设立独立董事，具体办法由国务院规定。"

为突出独立董事制度的强制性色彩，最终出台的新《公司法》第123条也采纳了这一建议："上市公司设立独立董事，具体办法由国务院规定。"立法者虽然在原则上要求各类上市公司推行独立董事制度，但同时删除了国务院《公司法修改送审稿》第151条至第154条有关独立董事的相关具体内容。这意味着，上市公司既要设立监事会，也要设立独立董事。因此，上市公司设立独立董事制度是公司大法的根本要求，而非中国证监会部门规章的要求。为规范和推进上市公司的独立董事制度建设，目前国务院正在根据《公司法》的授权，积极酝酿出台《上市公司独立董事条例》。

第四节　独立董事制度与监事会的关系

独立董事制度最早发端于美国。但美国与英国公司法均确立单层制的公司治理结构。换言之，公司机关中仅有股东大会和董事会，无监事会之设。独立董事实际上行使了双层制中监事会的职能。而在德国、荷兰等国公司法确定的双层制下，公司由董事会负责经营管理，但要接受监事会的监督，董事也由监事会任命。双层制与单层制的共同点在于实现经营职能与监督职能的分开。如果说单层制在董事会内部实行了独立董事监督职能与内部董事经营的分开，双层制则在董事会外部另设上位机构行使监督之责。

美国建立独立董事制度的初衷在于，彻底转变了除股东大会和股东代表诉讼无人挑战董事会权威的局面，在董事会内部强行嵌入监督机制。如果说德国的监事会是董事会的外在监督机制，而美国的独立董事则是董事会的内在监督机制。结构虽有不同，功能却无二致。换言之，美国承认了公司法上传统的董事会作为一元化的公司经营机关存在着制度设计上的瑕疵。美国公司法上倘若存在监事会制度，其是否还要建立独立董事制度，则是未解之谜。

我国新《公司法》确定了股东大会、董事会、监事会和经理构成的公司治理结构。看似双层制，实与双层制不同。原因在于，监事会与董事会均为平行的公司机关，同时对股东大会负责；监事会既不握有重大决策权，也无董事任免权。当然，监事会还是被赋予了法定的监督之责。立法者在制定1993年《公司法》时，没有把独立董事制度考虑进去,也就不会为独立董事预留法定监督权限。如此一来,在上市公司推行独立董事时,似乎存在独立董事与监事会权限的碰撞。

在未来新《公司法》当中如何处理独立董事制度与监事会制度的关系,值得研究。对此,主要存在四个备选答案:(1) 引进单层制及其配套的独立董事制度,废除现行公司治理结构模式和监事会制度;(2) 进一步改良监事会制度,排除单层制和独立董事制度;(3) 独立董事制度与监事会制度并存。此即我国当前上市公司治理机构的现状。(4) 授权公司在其章程中选择单层制或者双层制。如果选择前者,公司不设监事会,但须全面移植英美法系的董事会制度和独立董事制度,彻底改造我国公司法框架下的董事会制度;如果选择后者,须全面移植德国的董事会制度和监事会制度,尤其要彻底改造我国公司法框架下的董事会制度和监事会制度,监事会应为董事会的上位机关。

笔者持第四种观点。换言之,我国新《公司法》应授权公司在其章程中自由选择单层制或者双层制。选择单层制的公司经过一段时间的磨合,既可继续坚持单层制,也可更弦易辙,改采双层制;反之亦然。因为,唯有公司自己,而非立法者,才最清楚哪种公司治理结构模式适合本公司的实际情况。实际上,单层制与双层制都诞生于市场经济国家,都有其独特的法律、历史、经济、文化和社会背景,很难简单地认定孰优孰劣。立法者的天职是给公司及其股东提供更多可资选择的法律路径,而非堵塞和限制公司及其股东的自治。而且,经过中国证监会和上市公司的惨淡经营,独立董事制度已经开始浮出水面,并且得到了广大投资者和经营者的感情和理性上的认同。全面抛弃独立董事制度,与全面抛弃监事会制度都不应当是立法者的明智选择。

在这方面,《欧盟第5号公司法指令草案》和法国1966年《股份公司法》的起草者也曾面临单层制与双层制孰优孰劣的困惑。他们对这一立法难题的解决思路颇值得借鉴。《欧盟第5号公司法指令草案》(修改稿)的起草者曾指出,"就公司管理机构而言,目前在欧共体范围内存在着两套不同的法律制度。其中一种制度规定了单层制公司机关体系,另一种制度规定了双层制公司机关体系,即经营机关负责经营管理公司的业务,另外一个机关负责监督经营机关。在实践中,即使是在单层制公司机关内部也进行事实上的职能分离,即执行成员负责公司的经营管理;非执行成员只负责监督公司的经营管理。在这两套法律制度之下,都有必要严格区分负有上述职责之一的人员的责任。全面推广这种严格区别将会有助于推动来自不同成员国的股东或者股东集团设立公司,并进而推动欧共体范围内公司之间的相互融合。虽然强制性地全面推广双层制,从近期看是不切实际的,但是该制度至少应当作为所有股份公司都能自愿选择的一种模式。当然,只要赋予单层制某些法律特征,以使其作用与双层制的作用相协调,就可以继续保留单层制。"可见,虽然起草者对双层制格外青睐,但从实际角度着眼,允许单层制的存在,并要求单层制具有与双层制相同的法律特征,即经营职能与监督职能的分开。而在单层制国家,单层制已经行之甚久,改采双层制绝非易事。可见,《欧盟第 5 号公司法指令草案》(修改稿)采取折中主义态度是妥当的。

无独有偶。《法国股份公司法》自 1966 年也允许公司选择单层制或者双层制模式。截至 1990 年,只有 7.6% 的法国股份公司选择了双层制模式。截至 1995 年,158 000 家股份公司中有 155 000 家股份公司选择了单层制,而仅有 3 000 家公司选择了双层制,这 3 000 家股份公司中的一些公司有很强的竞争力。一些股份公司则在单层制或者双层制模式之间不断变换选择。法国绝大多数股份公司之所以青睐岁月悠久的单层制,主要源于法律传统的力量和多年来法国人对单层制的法律与实务经验的积累。[①]

从授权公司选择制的思路出发,我国立法者除了建立健全单层制中的独立董事制度外,也要完善双层制中的监事会制度。中国证监会之所以不遗余力地在上市公司和基金管理公司中强力推行独立董事,实乃由于目前上市公司和基金管理公司的监事会监督乏力所致。如果监事会在实践中能够切实有效地行使其法定职责,确实没有必要设立独立董事。为弥补现行立法及实务中监事会制度的瑕疵,应参照德国的双层制模式,将监事会确定为董事会的上位机关,监事会有权任免董事会的成员;要改进监事会的监督手段,扩充监督职权,规定董事会有义务定期向监事会报告工作;还要引进外部监事。

---

① *Comparative Corporate Governance*, Edited by Klaus J. Hopt & Eddy Wymeersch, Watlter de Gruyter & Co. ,1997, p. 12,13.

在《公司法》修改之前，至少在上市公司与基金管理公司存在着独立董事与监事会并存的现象。如何确保二者间的各司其职与通力合作，避免二者不必要的权力斗争，是确保公司效率和股东利益的重要问题。笔者认为，监事会与独立董事均为公司机关或其成员，不应存在凌驾于公司和股东利益之上的特别利益，均对公司和全体股东利益负责，两者在公司治理结构中不应存在本质性利害冲突。但美国公司中独立董事的职权是在没有监事会的制度环境下设计出来的，而我国公司已经存在着监事会，这就决定了我国独立董事的出现不能也不应取代监事会，更不可能享有美国独立董事所享有的那么多权限。

应当承认，独立董事与监事会在职权范围上既存在交叉与重叠，也存在不少差异。例如，独立董事的监督对象包括公司内部人（包括董事和经理层）和控制股东，而监事会监督对象包括独立董事在内的全体董事（含董事长）、董事会秘书、经理、财务总监等高管人员。原则上说，法律和行政规章明确赋予一方的职权只能归属该方，对方不得行使；独立董事根据中国证监会行政规章、监事会根据《公司法》享有相同职权的，应以《公司法》规定为准。具体说来，各类公司（含上市公司）的监事会仍应当依法围绕公司经营的合法性、妥当性对董事（含独立董事）和经理行使《公司法》规定的监督职责。独立董事的主要权限应当限定于《公司法》载明的董事会职权中的关键部分，如向董事会提议聘用或解聘会计师事务所；向董事会提请召开临时股东大会，提议召开董事会；聘请独立财务顾问，从而对董事会提交股东大会讨论的事项出具独立财务顾问报告。因此，只要独立董事在《公司法》规定的董事会权限范围内运作，不侵占监事会的权限范围，就不会存在独立董事与监事会发生职权撞车的问题。倘若独立董事与监事会监督意见向左，均应向股东大会据实披露，由股东大会最后定夺；小股东倘若认为股东大会决议存在瑕疵，可向法院提起股东大会决议撤销之诉或无效确认之诉。

要从根本上避免独立董事与监事会制度叠床架屋，减少监督资源的不必要浪费（如独立董事与监事的薪酬、重复聘请中介机构的费用），应从制度上革除当前独立董事与监事会并存的格局，授权公司自由选择独立董事制度或监事会制度。

第五节 寻求良好的独立董事与内部董事的构成比例

独立董事的能力和品德不管如何优秀,但孤掌难鸣。单个或者少数独立董事很难在董事会中产生支配性影响。美国独立董事制度有效的主要原因在于独立董事在董事会中占据优势地位。我国新《公司法》亦未触及独立董事的最低比例。因此,独立董事在董事会构成结构中的比例问题值得探讨。

公司董事会以其独立董事的构成比例为准分为七种模式:(1) 全部由内部董事组成的董事会。(2) 内部董事占绝对多数、独立董事占绝对少数的董事会(30%以下)。(3) 内部董事占简单多数、独立董事占相对少数(30%~40%)的董事会。(4) 内部董事与独立董事(40%~50%)平分秋色的董事会。(5) 内部董事占相对少数、独立董事占简单多数(50%~60%)的董事会。(6) 内部董事占绝对少数、独立董事占绝对多数(60%以上)的董事会;(7) 全部由外部董事组成的董事会。这类董事会目前还比较少见。

从前述美国学者1997年对标准普尔500家公司的调查统计分析,被调查公司中属于第一种模式和第七种模式的没有,属于第六种模式的约占被调查公司总数的94%,属于第五种模式的约占被调查公司总数的5%,属于第四种模式的约占被调查公司总数的1%,而属于第二种与第三种的总共只占1%的比例。

哪种董事会模式最为理想?独立董事的比例是否越高越好?美国公司法学者柏格特与布莱克的研究成果表明,并非独立董事数量越多,公司经营绩效就越好。反而有证据表明,独立董事占绝大多数的公司的绩效反而逊于其他公司;内部董事占简单多数的公司与独立董事占简单多数的董事会的公司在绩效上旗鼓相当。他们认为,如果一家公司董事会中有适度的少量内部董事(如11人董事会中有3名至5名),则公司的经营绩效会更好。[①] 鉴于这两位学者的研究在美国学

---

① Sanjai Bhagat & Bernard Black, The Uncertain Relationship Between Board Composition and Firm Performance, 54 *Bus. Law.* 921 (1999).

界具有较大的影响力,有必要对这一研究结论作两点说明。

首先,柏格特与布莱克有关独立董事占绝大多数的公司的绩效反而逊于其他公司的结论,并不能确切地说明这些公司绩效竞争力之薄弱的根源在于独立董事占了绝对多数。公司的经营绩效取决于劳动、资本、管理、市场、法律等多种因素,独立董事再重要,也仅是良好公司治理的一个环节而已。将公司绩效之不彰归咎于独立董事的绝大多数,难以服人。即便就独立董事制度自身而言,独立董事的作用能否全面发挥出来,亦取决于董事的独立性、业务素质、激励机制与约束机制等诸多因素,与董事人数不存在一一对应的正相关或负相关关系。而且,独立董事占绝大多数是公司绩效不彰的原因抑或结果,也有待进一步研究。难怪柏格特与布莱克也反复强调,"不问独立董事的能力背景,一味追求独立董事占绝对多数的观点无济于事,除非独立董事们具有很高的素质,比如对本公司所属产业情况了如指掌"。[①] 言外之意,如果独立董事的素质过硬,真正了解公司经营之道,独立董事占绝大多数未必就不好。

其次,柏格特与布莱克承认,"没有研究数据表明,美国公司董事会应当改弦易辙,退回到 20 世纪 60 年代内部董事一手遮天的董事会结构"。一言以蔽之,他们的核心观点是,"公司有权尝试独立董事占绝大多数的董事会结构"。他们举例说明,"如果 11 人董事会中包含有 6 名独立董事、4 名内部董事和 1 名有关联关系的外部董事,可能比有 9 名独立董事和 2 名内部董事,更能使公司受益"。[②]

我国独立董事制度尚在建立与完善中,尚无独立董事数量与公司绩效相互关系的实证研究。笔者认为,美国的经验与实证研究可资参考。最重要的是,独立董事与内部董事各有优劣。独立董事在利益关系上的超脱与独立使其在参与董事会决策时能做到一身正气,不会为追求私利而恶意损害公司和股东利益。但独立董事投入公司的工作时间有限,缺乏对公司真实情况和最佳决策方向的深刻认识,欠缺公司经营的必要知识与经验;又因其与公司经营绩效间不存在实质性利

---

① Sanjai Bhagat & Bernard Black, The Uncertain Relationship Between Board Composition and Firm Performance, 54 *Bus. Law*. 921 (1999).

② Id.

益关系，其履行董事职责的利益驱动力自然弱于内部董事或外部关联董事。因此，独立董事有可能演变为“麻木董事”。内部董事在利益关系上陷得太深，极易在追逐自己利益的同时损害公司与股东利益。此即代理人的道德风险问题。但其对本公司具体情况了如指掌，在本公司决策方面的专业经验远非独立董事所能比拟。因此，最佳董事会结构应是内外董事（包括独立董事与关联董事）并存、德能互补、好人与能人为伍的结构。

第一种模式和第七种模式处于董事会结构模式中的两极，有失偏颇。前一模式过于封闭，既排斥了外部人对内部人的合理制衡，又阻挡了外部人超然而独到的见解。此类董事会难以避免保守封闭、夜郎自大、内部人相互勾结侵害公司与股东利益的缺陷。后一模式虽具开放性与动态性，但囿于清一色外部董事的固有缺点（如远离经营层的信息、对公司了解不深、利益驱动不足），很难成为董事会理想模式。

在我国引入独立董事制度之前，绝大多数上市公司的董事会属第一模式。中国证监会《指导意见》要求上市公司在 2002 年 6 月 30 日前，董事会成员中应当至少包括两名独立董事，即采第二模式。《指导意见》要求上市公司在 2003 年 6 月 30 日前董事会成员中应当至少包括 1/3 独立董事，即属第三种模式。无论是两名，还是 1/3，都略显人数单薄。第四种模式、第五种模式、第六种模式和第七种模式在我国尚未出现。

鉴于我国独立董事既要监督与制衡内部控制人，也要监督与制衡控制股东，为使独立董事的声音不被内部董事和关联董事吞没，独立董事应在董事会中占据多数席位，本章前述的第二、三、四种模式均不可采。这样，既可充分发挥独立董事的规模优势和聪明才智，也可用够用足内部董事的有益资源，特别是信息优势和利益驱动机制。需强调的是，如果独立董事不在董事会中占据多数席位，独立董事控制的专门委员会再多、独立董事对专门委员会的控制力度再大，仍然无法制止内部董事或关联董事的一意孤行。因为，专门委员会对董事会负责，专门委员会提案要提交董事会审查决定。至于独立董事在董事会中占据简单多数（第五种模式），还是绝对多数（第六种模式），都应尊重公司与股东自治以及市场的自由选择。这恰恰是柏格特与布莱克的核心研究结论。

第六节　完善独立董事的能力建设机制

个体独立董事资格之优劣关系到整个独立董事制度能否发挥其应有作用。大体而言，独立董事既应具备普通董事的任职资格，也应具备其他特殊资格（包括利害关系上的独立性和超脱性，以及过硬的业务能力）。

独立性是独立董事的价值所在，也是独立董事有悖于内部董事与外部关联董事的关键所在。独立董事的权利与利益均以其独立性为前提。与公司和大股东存在千丝万缕利害关系的人士虽可担任内部董事或外部关联董事，但不得担任独立董事。《公司法》应当采取枚举法与概括法相结合的原则，从严界定独立董事的消极资格。要进一步拓宽中国证监会《指导意见》中有关非独立性的外延。凡在5年内受雇于公司或者其关联公司（包括母公司、子公司和姊妹公司），在5年内与该公司发生过商业往来或财产关系，在5年内与该公司主要客户和供应商有隶属关系的人员，在5年内本人或其同事为公司或关联公司提供财务、法律、咨询等服务的人员，在5年内与公司捐赠的机构或者个人不存在雇佣关系或其他利害关系，在5年内作为公司大中型股东（1%持股比例以上）及其雇员，以及上述人员的近亲属（包括直系亲属与旁系亲属）和其他利害关系人（如合伙人、前夫、前妻、监护人、被监护人和同居者），均应被排斥于独立董事范围之外。易言之，凡与任职公司或其大中型股东、高管人员存在财产（包括股权、债权、物权）、亲属、雇佣、交易等利害关系的人士（包括社交密切、存在私人感情的好友、同学、同乡等）均不得担任独立董事。受儒家文化和其他文化的影响，我国传统社会注重人际关系。整个社会就是一张由形形色色的利害关系编织而成的巨网。利害关系之普遍多样与盘根错节，无疑加大了甄别独立董事独立性的难度。缺乏独立性或形式上具备但实质上不具备独立性的人士当选为独立董事的现象在所难免。因此，有必要鼓励中小股东随时凭借证据挑战独立董事，尤其是处于利害关系灰色边缘的独立董事的独立性，鼓励股东提起独立董事更换之诉。

独立董事与内部董事和其他关联董事朝夕相处，年深月久后既容易培育独立董事与其他内部董事和关联董事的私人感情，也容易形成董事会成员间的利益共同体，从而严重腐蚀董事的独立性。有鉴于此，必须从严限制独立董事的任职期限（如3年一届），且不允许连任。一些意志薄弱、利欲熏心的独立董事有可能在任期届满前就丧失或抛弃自己的独立性。这些独立董事应在自己丧失独立性时应当履行信息披露义务，并主动辞职，其他董事或股东也有权要求其辞职。

仅有独立性还不够。独立董事还应当具备至少足以与非独立董事相匹配，甚至更强的业务能力，包括担任独立董事所必需的专业知识和工作经验。这种专业知识和工作经验囊括企业管理、法律、财务、工程技术和其他专业技术。在美国，担任独立董事的人士囊括其他上市公司的总裁、退休的公司总裁、大学校长、退休的政府公务员、成功的个体商人、独立的投资者等。前两类人士最受欢迎，因其对经营管理大公司的复杂性有清醒认识，所提建议也十分中肯、详细、实用。美中不足的是，这两类人士对同行的相互同情，有可能演变为偏袒、放纵公司经理任意行使自由裁量权，对公司经理的高额薪酬往往采取听之任之的态度。根据"一仆不侍二主"的原则和反不正当竞争的精神，在职公司经理不能担任同行公司的独立董事，但可担任其他行业公司的独立董事。在职公司经理要深入了解其他行业的公司的具体情况也非易事，更何况在职公司经理还要倾注主要精力经营管理本公司。又鉴于我国尚无成熟的经理人才市场，在职公司经理很难成为独立董事的主体。除在职公司经理外，学者、律师、会计师和非营利组织的代表均可成为独立董事。

从知识结构上看，独立董事集体的专业知识应当搭配合理，不宜高度重叠，且能囊括公司管理、财务、法律、营销等内容。独立董事不宜全部由法学家担任，也不宜全部由经济学家或者任何一类专业人士担任。鉴于上市公司独立董事的业务素质事关千万投资者的切身利益，立法者有必要干预独立董事的业务知识结构，对于业务知识构成规定一个硬性比例。

为确保董事会的运作效率，《公司法》应要求大型股份公司董事会下设若干专门委员会。为发挥独立董事的监督优势，避免独立董事沦为稻草人，具有监督职能的审计、提名、薪酬与考核、诉讼等专门委员会应全部由独立董事组成，主席由独立董事担任。当然，这些委员会设在单层制中的董事会下面是妥当的，在双层制下应设在监事会下面。至于董事会下设的具有经营决策职能的投资委员会、战略委员会,理应吸收内部董事和外部关联董事参加,但其构成比例略低于独立董事。美国学者克莱恩认为,内部董事参与投资委员会的程度与公司经营绩效成正比。①《上市公司治理准则》第 52 条要求独立董事在审计委员会、提名委员会、薪酬与考核委员会中占多数并担任召集人,而未要求独立董事在战略委员会中占多数。该态度可解释为,战略委员会的成员可以全部或主要由内部董事构成。建议《公司法》授权公司董事会决定战略委员会、投资委员会等专门委员会的主要成员是独立董事还是内部董事。关键是要充分发挥内部董事在参与公司长期发展战略和重大投资决策方面的建设性作用。

为充分发挥独立董事作用,《指导意见》要求上市公司赋予独立董事六项特别职权:(1) 重大关联交易审核(包括认可与否定)建议权;(2) 向董事会提议聘用或解聘会计师事务所;(3) 向董事会提请召开临时股东大会;(4) 提议召开董事会;(5) 独立聘请外部审计机构和咨询机构;(6) 在股东大会召开前公开向股东征集投票权。但上述权利不属于单个独立董事的权利,而以取得全体独立董事多数同意为前提。这些职权是在假定独立董事少于内部董事、且不设专门委员会的框架下享有的;倘若独立董事多于内部董事,且设有专门委员会,这些职权应当分别由专门委员会、独立董事或董事会行使。如,(1)、(2)由审计委员会行使,(3)、(4)和(5)可由任一专门委员会行使,(6)应由各独立董事分别行使。

为培育独立董事市场,加强独立董事自律,有必要设立董事协会。为提高独立董事的业务素质,应加强董事业务培训,马来西亚的董事强制培训制度值得我国参考。

第七节　完善独立董事的选拔机制

据南开大学公司治理研究中心对 2001 年上市公司独立董事的统计显示,在上市公司独立董事提名中,董事会提名达到 87.36%,大股

---

① April Klein, Firm Performance and Board Committee Structure, 41 *J.L. & Econ.* 277(1998).

东或实际控制人提名的占据15.06%,董事会专门委员会提名的有1.7%,上级主管部门推荐的0.57%,公开招聘占1.99%,其他途径有7.1%。[1]

《指导意见》第4条授权上市公司董事会、监事会、单独或者合并持有上市公司已发行股份1%以上的股东提出独立董事候选人,并经股东大会选举决定。因此,1%以上的股东虽可提出独立董事候选人,但由于控制股东控制股东大会的选举结果,仍然改变不了控制股东控制独立董事人选的命运。既然独立董事由控制股东"一手提拔",而非中小股东的自主选择,则要求独立董事代表中小股东利益,监督和挑战董事会和内部控制人似乎有"缘木求鱼"之嫌。

为预防控制股东和内部人左右独立董事人选,可考虑以下方案:(1)进一步降低股东提名独立董事候选人的持股比例(如0.5%)。(2)将独立董事提名权限定为中小股东的权利。大股东将提名权让渡给中小股东后仍享有表决权。法理依据在于,既然独立董事的重要职责是关怀中小股东,中小股东理应享有提名权。在这种情况下,独立董事既有提名权,也有表决权。(3)大股东享有对独立董事的提名权,但在选举独立董事时要回避表决。法理依据在于,独立董事的重要职责在于监督大股东。大股东既然与独立董事之选任存在利害关系,当然应回避表决。(4)公司公开招聘独立董事候选人,鼓励适格人士参加独立董事竞选。凡具备独立董事资格的人均可毛遂自荐。(5)独立董事协会建立独立董事数据库,并主动向各个公司推荐独立董事候选人。独立董事协会负责制定独立董事任职资格,组织全国性独立董事资格考试。(6)鼓励猎头公司向各个公司推荐独立董事候选人。

第八节　明确独立董事的问责机制

独立董事固然具有独立性,但不是断线的风筝,必须对公司与股东利益负责,并关怀其他利害关系人的利益。中国证监会《指导意见》

---

① 参见李东平:《三大问题困扰独董制度实践》,载《证券时报》,2003年3月23日。

要求独立董事维护公司整体利益，尤其关注中小股东的合法权益不受损害。这意味着，独立董事维护的是公司利益（不完全等同于大股东利益）；大中小三类股东的利益都蕴含于公司利益中，不允许大股东利益凌驾于中小股东利益之上。公司利益也不等同于大股东利益与中小股东利益的简单相加，或者股东近期利益与股东长远利益的简单相加。现代公司法认为，公司利益既蕴含股东利益，也蕴含其他利害关系人利益，如消费者利益、职工利益、债权人利益、供应商利益、环境利益、公司所在社区利益等。独立董事既应追求股东利益最大化，也应关心其他利害关系人的利益。这才是独立董事对公司利益负责的全面含义。独立董事仅对中小股东利益或仅对股东利益负责的观点有失偏颇。当然，股东利益是公司利益的核心。独立董事不得剥夺股东权利以强化其他利害关系人的不法、不当利益。

独立董事与非独立董事一样，对公司和全体股东负有诚信义务（含忠实义务与勤勉义务）。违反该义务的，独立董事要对公司、甚至股东承担民事赔偿责任。独立董事毕竟不同于公司顾问或其他名誉职务。独立董事既握有参与公司重大经营决策、对其他董事和经理层进行监督的权力，也肩负沉重的法律义务。独立董事的独立性不是独立董事逃避责任的护身符。在一定程度上，独立性只会加重、而非减轻独立董事所负的义务，尤其是忠实义务。因此，笔者主张，在衡量独立董事与非独立董事是否违反忠实义务的时候，不应适用不同标准。

独立董事也要严格履行勤勉义务。而判断独立董事是否履行注意义务的标准是，以普通谨慎的独立董事在同类公司、同类职务、同类相关情形中所应具有的注意、知识和经验程度作为衡量标准；但若某独立董事的知识经验和资格明显高于此种客观标准，应以该董事是否诚实地贡献出了他实际拥有的全部能力作为衡量标准。独立董事客观上投入公司的时间有限，且不在公司担任其他职务。这一事实可能构成法院在个案中判断独立董事是否免责或减责的正当理由。换言之，内部董事既是公司董事，又是公司高级雇员，理应承担比独立董事更重的勤勉义务。为帮助法院准确衡量独立董事是否违反勤勉义务，独立董事协会可制定自律性的《独立董事最佳行为准则》。如果独立董事自觉无力履行勤勉义务，与其到头来承担违反勤勉义务的责任，不如拒绝担任公司高管为妥。

实践中，不少上市公司的独立董事由忙忙碌碌的名人担任。名人做独立董事不仅给公司带来知名度、公关和知识资源，也给名人带来财产收益。问题是，同时兼任多家公司的独立董事应否在每家公司投入足够精力与时间履行董事义务？回答是肯定的。投入与独立董事职务相匹配的足够精力与时间是独立董事的义务。没有投入足够精力与时间履行董事义务的独立董事是否应承担赔偿责任，应从忠实义务与勤勉义务两个角度分别予以考虑，然后定其责任承担。独立董事由于过错给多家公司造成损害时，应向多家公司承担赔偿责任。

《公司法》导入经营判断规则有利于减轻或免除善意、勤勉、谨慎的独立董事的赔偿责任，鼓励其积极进取精神。独立董事可购买董事责任保险，以减轻赔偿责任，公司也可提供部分保险费补贴。作为被保险人的独立董事屡屡因能力不济导致保险公司向公司或者股东支付赔偿金，迟早会被独立董事市场淘汰。因为，保险公司会不断提高该董事的保险费，直至该独立董事望而却步，上市公司也将不堪忍受无德无才独立董事的保险费补贴。可见，责任保险市场有助于准确甄别并及时淘汰滥竽充数的独立董事。

第九节　独立董事的利益激励机制

要充分发挥独立董事作用，尚须善待独立董事。通常情况下，将人力资本甚至股权资本投入公司的内部董事具有精心治理公司的动力。而独立董事在利益驱动不足的情况下容易滋生懈怠心理，很难全身心投入公司的经营管理大业。调动独立董事为公司经营献计献力的动力仅仅有良心和菩萨心肠是不够的。独立董事违反对公司的忠实义务和勤勉义务，要承担责任。独立董事分文不取，既不符合按劳取酬的分配原则、权利与义务相一致的理念，更难以获得独立承担民事赔偿责任的经济能力。在实践中，声称自己从某上市公司未领分文的某独立董事陆某被中国证监会罚款后，不少独立董事应声辞职。这一现象值得深思。

美国20世纪初的独立董事报酬也很微薄。随着独立董事群体的壮大，独立董事的报酬已有明显提高。据柏格特、凯里与艾尔森对1 724 家美国公司的统计，每位董事的平均年薪由1992 年的16 300 美元上升到1996年的18 300美元；大公司董事的平均年薪由1992年的23 700美元上升到1996年的26 700美元。78%的被调查公司还向董事们提供出席董事会及其委员会会议的津贴。董事每次参会的平均津贴由1992年的700美元上升到1996年的900美元；在此期间，大公司董事每次参会的津贴稳定在1 000美元左右；在此期间，被调查公司平均每年举行董事会会议7.2次（大公司平均8.1次，小公司6.5次）。[①] 这些统计数字是针对董事群体的，而非限于独立董事。但由于独立董事是董事中的主体部分，上述统计数字对研究独立董事的薪酬也有一定助益。许多公司为吸引独立董事，还推出股权和股票期权激励机制。有些公司向独立董事提供退休养老福利计划。尽管许多股东权保护团体抱怨独立董事福利过于丰厚，但不少公司认为，这对于提升独立董事素质具有积极作用。

根据中国证监会《指导意见》第7条第5项之规定，上市公司应当给予独立董事适当的津贴；津贴标准由董事会制订预案，股东大会审议通过，并在公司年报中披露。如何确定独立董事报酬是个令人棘手的问题。就独立董事而言，要价过高会吓跑上市公司，要价过低又担心降低自己的身份。就公司而言，目前也无成熟的报酬确定方案。结果是，相当一批独立董事从上市公司取得的报酬大大低于内部董事，甚至仅有象征意义；有的独立董事从上市公司分文不取。据调查，独立董事薪酬最高的是宝钢股份的独立董事，年薪达到20万元；而绝大多数独立董事的薪酬集中在年薪3～5万元。由于各地经济发达程度不同，各公司独立董事薪酬也有较大区别。[②] 我国《公司法》可规定独立董事薪酬结构（包括固定现金年薪、股份薪酬与股份期权），也可授权公司章程酌定。但立法必须确保独立董事不能成为类似于内部董事的利益中人。至于独立董事薪酬的具体数额，立法者无权干预，应委诸独立董事市场确定。

独立董事可否持有任职公司股份？柏格特、凯里与艾尔森的研究

---

① Sanjai Bhagat, Dennis C. Carey & Charles M. Elson, Director Ownership, Corporate Performance, and Management Turnover, 54 *Bus. Law*. 885 (1999).

② 参见李东平：《三大问题困扰独董制度实践》，载《证券时报》，2003年3月23日。

成果表明,独立董事持股比例较多时,就容易快速更换公司的 CEO。[①]柏格特与布莱克的研究成果也表明,独立董事持有本公司的股份越多,公司的经营绩效越高。他们建议美国公司的独立董事获得更多的激励机制。[②] 这一研究结论值得我国新《公司法》参考。但立法者也面临两难问题:禁止独立董事持股时,立法者担心其缺乏参与公司治理的积极性、主动性与创造性;允许独立董事持股时,立法者又担心其丧失独立性。关键是控制独立董事的持股上限。根据《指导意见》第 3 条第 2 项,直接或间接持有上市公司已发行股份 1% 以上或者是上市公司前 10 名股东中的自然人股东及其直系亲属不得担任独立董事。依反对解释,只要独立董事的持股比例不超过 1%,或者尚未达到上市公司前 10 名股东的程度,就不构成公司的大股东,自然具有担任独立董事的资格。因此,独立董事可有限度地持有任职公司股份。

第十节 独立董事的角色定位

独立董事要恪尽普通董事的应尽职责,既要发挥参与决策的职责,也要发挥监督职责,还要发挥顾问和咨询职责。在监督者与顾问之间,前者是第一位的,后者是第二位的。作为监督者,独立董事有义务确保公司经营行为合乎法律、行政法规和公司章程的规定;作为顾问,独立董事应为提升公司业绩献计献策。前一角色使内部董事和其他高管人员对独立董事心存敬畏,后一角色使内部董事和其他高管人员满怀感激。因此,监督者与顾问角色之间并不必然发生矛盾。独立董事不应只满足于监督角色,公司有理由期待独立董事的专业知识和经验为公司创造财富;独立董事也不应只满足于顾问角色,因为公司完全可以聘用各类一流顾问,顾问角色并非我国引进独立董事制度的初衷。

独立董事制度是新生事物。独立董事与其他董事共谋公司大业

---

① Sanjai Bhagat, Dennis C. Carey & Charles M. Elson, Director Ownership, Corporate Performance, and Management Turnover, 54 *Bus. Law*. 885 (1999).

② Sanjai Bhagat & Bernard Black, The Uncertain Relationship Between Board Composition and Firm Performance, 54 *Bus. Law*. 921 (1999).

必然存在磨合期。面对非独立董事的冷待、排挤和封杀，独立董事要挺起腰杆，凭着高尚人格与过硬素质履行职责。独立董事被内部人收买，或对内部人侵害公司和股东利益的行为充耳不闻、随波逐流的，要对公司和股东承担民事责任。为确保独立董事对全体股东利益负责，《公司法》应确认独立董事对广大股东的报告和说明义务，打通独立董事与广大股东间的信息沟通渠道。

独立董事市场也会存在“劣币驱逐良币”的现象。假定一些独立董事刚正不阿，勇于行使监督者职责，敢于对抗大股东和内部董事的违法或不妥行为，而其他独立董事见风使舵，阿谀奉承大股东和内部董事。因此，勇敢、正直的独立董事有可能被懦弱、圆滑的独立董事所取代。但笔者认为，独立董事宁可辞职或被股东大会罢免，也不应屈服于大股东和内部董事。懦弱、圆滑的独立董事虽可苟且偷安于一时，终究难逃对公司和股东承担民事赔偿责任的风险。据调查，我国“目前所有敢于公开对董事会或大股东发表反对意见的独立董事，几乎在事后都选择了辞职”。[①] 独立董事应具有刚正气节。

此外，为强化独立董事的行业自律，建议成立独立董事协会。为了方便独立董事开展工作，建议建立独立董事秘书制度。

---

① 李东平:《三大问题困扰独董制度实践》，载《证券时报》，2003 年 3 月 23 日。

第七章　完善会计师事务所民事侵权责任制度

近年来，随着会计师事务所数量的增加和业务的扩大，会计师执业质量的良莠不齐以及会计师服务市场的不规范竞争环境，委托人之外的利害关系人以会计师事务所为被告提起的民事侵权诉讼日益增加。但囿于立法条件的局限性，法官往往面临裁判依据不足的问题。因此，最高人民法院有必要尽快出台司法解释，以完善会计师事务所民事侵权责任制度。本章仅就司法解释起草中的相关问题作一初探。

第一节　当前的裁判依据

1993 年《注册会计师法》第 42 条规定了会计师事务所的民事责任："会计师事务所违反本法规定，给委托人、其他利害关系人造成损失的，应当承担赔偿责任"。该条规定过简，未能明确归责原则和赔偿内容，可诉性较弱。财政部 1998 年 1 月 14 日出台的部门规章《违反注册会计师法处罚暂行办法》，仅规定了会计师事务所的行政处罚，而未触及其民事责任。

1993 年《公司法》并未规定会计师事务所的民事责任。在公司法修改过程中，有些全国人大常委会委员和地方、部门、企业提出，中介机构出具虚假的验资证明、评估报告等材料，使公司债权人对公司资本的真实情况产生误解，给债权人造成损失的，中介机构还应当承担相应的赔偿责任。于是，最终出台的新《公司法》第 208 条第 3 款增加了规定："承担资产评估、验资或者验证的机构因其出具的评估结果、验资或者验证证明不实，给债权人造成损失的，除能够证明自己没有过错的外，在其评估或者证明不实的金额范围内承担赔偿责任。"

1998 年《证券法》有两个条文涉及注册会计师等"专业机构和人员"的民事责任。其中，第 161 条规定："为证券的发行、上市或者证券交易活动出具审计报告、资产评估报告或者法律意见书等文件的专业机构和人员，必须按照执业规则规定的工作程序出具报告，对其所出具报告的真实性、准确性和完整性进行核查和验证，并就其负责的部分承担连带责任”；第 202 条规定：“为证券的发行、上市或者证券交易活动出具审计报告、资产评估报告或者法律意见书等文件的专业机构，就其所应负责的内容弄虚作假的，没收违法所得，并处以违法所得一倍以上五倍以下的罚款，并由有关主管部门责令该机构停业，吊销直接责任人员的资格证书。造成损失的，承担连带赔偿责任。构成犯罪的，依法追究刑事责任”。遗憾的是，前述两条规定存在着条款重复、粗疏、难以操作的问题，而且亦未明确专业机构的归责原则。

有鉴于此，2005 年《证券法》第 173 条将其统一调整为：“证券服务机构为证券的发行、上市、交易等证券业务活动制作、出具审计报告、资产评估报告、财务顾问报告、资信评级报告或者法律意见书等文件，应当勤勉尽责，对所依据的文件资料内容的真实性、准确性、完整性进行核查和验证。其制作、出具的文件有虚假记载、误导性陈述或者重大遗漏，给他人造成损失的，应当与发行人、上市公司承担连带赔偿责任，但是能够证明自己没有过错的除外。”与 1998 年《证券法》相比，条文更加精炼、严谨。

最高人民法院出台的若干司法解释与司法批复也值得关注。由四川省德阳东方贸易公司验资法律纠纷而引发的最高人民法院法函〔1996〕56 号成了注册会计师出具虚假验资报告而承担民事责任的第一项司法批复。在该案中，某会计师事务所为德阳市东方企业贸易公司出具虚假验资证明，并在证明上明确承诺：“以上货币资金及固定资产业经逐项验证属实，如有虚假，由我单位负责承担证明金额内的赔偿责任。”最高人民法院认为，经审理判定德阳市东方企业贸易公司承担债务后，所清偿债务不足部分由会计师事务所在其证明金额内承担赔偿责任。即使会计师事务所出具的虚假验资证明无特别注明，给委托人、其他利害关系人造成损失的，根据《注册会计师法》第 42 条的规定，亦应当依法承担赔偿责任。最高人民法院还分别于 1997 年和 1998 年发布了两项司法解释（法释〔1997〕10 号和法释〔1998〕3 号）。以上三个司法批复为验资报告的使用人运用《注册会计师法》第 42 条向会计师事务所索赔提供了裁判依据，并激活了一系列验资诉讼案件。遗憾的是，三个司法批复涉及的范围过于狭窄，只触及了注册会计师的虚假验资责任,而未涉及注册会计师其他执业行为产生的民事责任。

最高人民法院于2003年1月9日发布的《关于审理证券市场因虚假陈述引发的民事赔偿案件的若干规定》对证券市场虚假陈述导致的民事赔偿案件的认定、受理范围、诉讼程序、归责原则和举证责任、损失认定作出了较为具体明确的规定。但该司法解释只能覆盖会计师事务所在证券的发行、上市或者证券交易活动中的民事责任,对于其他领域的执业行为则鞭长莫及。为提高会计师服务的公信力,构建和谐的会计师服务市场,公正地解决会计师事务所与其利害关系人之间的利益冲突,抓紧出台一部系统全面的会计师事务所民事侵权责任的司法解释迫在眉睫。

第二节 认定会计师事务所民事侵权责任的法理基础

会计师事务所提供专业服务时会引发会计师事务所与委托人之间的委托合同关系。倘若会计师事务所违反了自己作为受托人肩负的约定义务(如未按约定时间提交审计报告导致委托人承受不利后果),应对委托人承担违约责任。会计师事务所提供专业服务时还会引发第二种法律关系,会计师事务所的瑕疵专业服务有可能给合理信赖其专业服务报告的第三人(以下简称“利害关系人”)造成损害。基于公平正义之理念,会计师事务所应当对自己的专业服务给利害关系人造成的损失负责。问题在于,会计师事务所基于何种法律关系对利害关系人承担责任。

对此,存在契约责任说与侵权责任说之争。以德国为代表的大陆法系普遍将注册会计师、律师、医生等专业人士的责任(专家责任)界定为契约责任。例如,作为通说的“附保护第三人效力契约[①]”理论认为,特定契约一经成立,不但在当事人间发生权利义务关系,同时依据诚实信用原则,债务人对于与债务人具有特殊关系的其他利害关系人亦有照顾、保护之义务。按照这一观点,尽管注册会计师事务所与

---

① 关于该理论的相关论述参见王泽鉴:《民法学说与判例研究(第2册)》(修订版),中国政法大学出版社2005年版,第28—48页。

利害关系人之间没有直接订立契约,但信赖注册会计师专业服务报告的利害关系人可基于保护义务之违反追究会计师事务所的赔偿责任。英美法系则持侵权责任说,认为利害关系人对注册会计师的执业活动存在某种依赖,因此注册会计师在开展执业活动时应尽到"合理注意(reasonable care)"。因此,违反合理注意义务、作出虚假陈述的注册会计师对遭受损害的利害关系人承担侵权责任。

其实,不管是契约责任说,还是侵权责任说,在追究会计师事务所对利害关系人民事责任方面有异曲同工之妙。但笔者更倾向于侵权责任说。因为,基于合同相对性理论,会计师事务所与利害关系人并非合同的双方当事人,会计师事务所向利害关系人承担违约责任的合同理论基础不足。而运用侵权责任理论则可以回避合同相对性理论的缺陷。问题在于,会计师事务所违反了何种保护利害关系人的法律义务呢?

笔者认为,会计师事务所的侵权责任源于其作为受托人的信托义务之违反。继受英美信托制度的我国2001年《信托法》也为该法理提供了法律框架。具体说来,会计师事务所、委托人与利害关系人之间存在着三角式信托法律关系。其中,委托人立于信托关系中委托人(但不简单等同于委托合同中的委托人)的地位,而会计师事务所立于受托人地位,利害关系人则立于受益人地位。虽然委托人向会计师事务所支付服务费用,但会计师事务所不仅向委托人履行委托合同约定的义务,更向利害关系人履行《信托法》规定的信托义务。此处的"利害关系人"一词应作扩张解释,既包括普通债权人,也包括因信赖会计师事务所的审计报告而成为公司股东的投资者。

之所以将利害关系人视为受益人,将会计师事务所视为信托法律关系中的受托人,主要是鉴于会计师事务所专业服务报告的终端用户与其说是委托人,不如说是委托人的潜在交易伙伴,包括但不限于潜在的投资者、债权人、供应商、消费者和社会公众等。例如,银行可能基于对会计师事务所出具的审计报告的信赖而向委托人发放贷款,投资者也有可能基于此种信赖而购买委托人发行的股票等。委托人的潜在交易伙伴在决定是否与委托人建立民商事法律关系时,急需了解有关委托人的资产、财务信息。企业为图谋私利最大化,往往对其潜在的交易伙伴报喜不报忧。对于潜在的交易伙伴而言,要想从企业那里取得真实、客观、准确的资产与财务信息，无异于与虎谋皮。于是，潜在交易伙伴有正当理由期待独立、客观、专业、公正的会计师事务所代表广大不特定潜在交易伙伴发现委托人企业的真实、客观、准确信息。而企业为了树立自己在潜在交易伙伴心目中的诚信度，也会出于市场竞争压力或法律强制而被迫出资聘请会计师事务所出具专业服务报告，进而主动扮演了出资者、委托人的角色。

从理论上而言，会计师事务所应当成为潜在交易伙伴发现委托人企业的真实、客观、准确信息的成本最低（源于免费使用）和效率最高（源于服务专业客观）的一种市场途径。可以说，会计师行业出现和存在的正当性本身就源于作为受益人的广大社会公众对会计师事务所的信赖和信任。当然，在信息占有的强弱对比格局中，委托人处于强势地位，利害关系人处于弱势地位，而会计师事务所则介于其间。但被利益蒙住双眼的委托人往往不能对利害关系人及时披露真相。因而，与利害关系人相比，作为信息占有强者的会计师事务所更应为信赖自己及其专业服务的利害关系人忠实而准确地提供真实、客观、专业的服务报告。

长期以来，许多会计师事务所仅将委托人视为自己的唯一"上帝"和客户，淡忘了自己对委托人背后的债权人和利害关系人的信托义务。一些会计师事务所为取得委托人授予的商业机会和服务费用，不惜以误导甚至欺诈利害关系人为代价。这恰恰是会计师事务所财务造假现象得以产生的重要根源。其实，委托人向会计师事务所付酬的现象只能说明双方当事人之间委托合同关系的建立，而不能否定利害关系人与会计师事务所之间的信托关系。会计师事务所既要依据委托合同履行对委托人的约定义务，也要依据信托关系履行对利害关系人（受益人）的信托义务。

我国《信托法》第25条将受托人的信托义务（fiduciary duty）概括为："受托人应当遵守信托文件的规定，为受益人的最大利益处理信托事务。受托人管理信托股权，必须恪尽职守，履行诚实、信用、谨慎、有效管理的义务。"其中，"为受益人的最大利益处理信托事务"是指引受托人行为的北极星，确保受托人的行为不偏离信托行为的根本航线；"诚实、信用"强调受托人行为端正，不存在品德瑕疵；"恪尽职守、谨慎、有效管理"强调受托人的管理水平和技能。作为受托人的会计师事务所承人之信，受人之托，就应诚实守信、勤勉尽责，自觉履行对利害关系人（受益人）的信托义务，增进和维护受益人的利益。

倘若会计师事务所违反了对利害关系人的信托义务，即构成侵权行为。倘若会计师事务所故意出具虚假专业服务报告，进而误导利害关系人，造成利害关系人的损失，固然构成侵权行为；倘若会计师事务所出于过失而出具不实专业服务报告，进而误导利害关系人，造成利害关系人的损失，也构成侵权行为。因此，笔者主张会计师事务所侵权责任的理论基础恰恰在于受托人信托义务之违反。

第三节　会计师事务所承担侵权责任的主观归责原则

会计师事务所依侵权法原理对利害关系人承担民事责任。因此，利害关系人要追究会计师事务所的民事责任，必须满足三个要件：(1) 会计师事务所出具了不实的专业服务报告；(2) 利害关系人遭受了财产损失；(3) 二者之间存在因果关系。因此，倘若会计师事务所能够证明利害关系人在使用不实的专业服务报告时存在故意和重大过失，即可对利害关系人免责。但利害关系人没有义务证明自己对不实的专业服务报告存在合理信赖。换言之，倘若会计师事务所不能证明利害关系人在使用不实的专业服务报告时存在故意和重大过失，依然不能免责。这有利于维护利害关系人的信赖利益，对于会计师事务所而言亦不过苛。

接踵而至的难题是，如何确定会计师事务所承担侵权责任的主观归责原则。在一定意义上，确定公平、合理的归责原则堪称构建会计师事务所侵权责任制度的基础。通说认为，我国侵权行为归责原则包括过错责任原则、无过错责任原则和公平责任原则三种基本形态[①]。其中，过错责任原则是市民社会和市场经济社会的基本归责原则，无过错责任原则和公平责任原则只是法律在特殊场合下为合理分配损害、风险、义务与责任而确定的例外归责原则。会计师事务所对利害

---

① 法学界对侵权行为的归责原则意见分歧，存在“一元论”、“二元论”、“三元论”与“四元论”之争。本书采通说。

关系人承担侵权责任时,究竟遵循过错责任原则,抑或严格责任原则、公平责任原则,值得探讨。

笔者认为,会计师事务所对利害关系人承担侵权责任时,不应遵循严格责任原则和公平责任原则,而应遵循过错责任原则。换言之,会计师事务所对其出具的不实专业服务报告有过错的,对受害的利害关系人承担侵权责任;无过错的,不对受害的利害关系人承担侵权责任。

理由之一是,过错责任原则符合会计师行业的自身特点和发展规律。会计师事务所出具的专业服务报告虽然具有专业性和公信力,但毕竟不是对委托人真实情况的保证书,更不是承诺对未来相关虚假信息给利害关系人造成损失承担保险赔偿责任的保险合同。会计师事务所的主要义务是遵照执业准则(如审计准则和公认会计准则),对委托人的相关信息(如财务报表)进行评估、审计和验证,并保持应有的执业谨慎。会计师事务所既然并非保证人或保险人,法律当然不宜责令其在自己无过错时出具的不实专业服务报告,承担保证人或者保险人的责任。

理由之二是,过错责任原则有利于鼓励会计师事务所放心大胆地秉承法律要求和执业操守提供专业服务,有利于准确地追究执业时存在过错的会计师事务所的民事责任。责令会计师事务所对利害关系人承担严格的无过失责任甚或公平责任,都将产生两败俱伤的不利后果。例如,面临沉重的法律风险,专业精英有可能望而却步,现有的会计专业人士也有可能纷纷逃离会计师行业。① 专业精英的匮乏只会恶化会计师事务所的专业服务水准,降低专业服务信息的供给数量和质量,最终损害利害关系人的知情权、选择权和根本利益,不利于维护市场交易安全。

至于会计师事务所的主观过错除囊括重大过失外,是否包括轻过失在内?笔者持肯定态度。这是由于,会计师事务所的执业行为往往是有偿的,既然是有偿的专业服务,会计师事务所就应在其执业时展

① 一个具有可比性的类似例证是,出于对我国某些司法机关滥用《刑法》第306条追究辩护人刑事责任的顾虑,不少优秀律师人才有意避开刑事诉讼业务,转向民商法业务。

现出专业人士应有的勤勉、审慎和注意，自觉消除轻过失的萌芽。

确立过错责任原则并不意味着在诉讼程序中应当拘泥于“谁主张、谁举证”的传统证据规则。作为不特定社会公众的利害关系人与专业性的会计师事务所相比，在信息占有方面往往处于相对弱势地位。由利害关系人举证会计师事务所出具瑕疵专业服务报告时存在主观上的过错，势必比登天还难。因此，在诉讼程序中落实过错责任原则时应当采取过错推定的证据规则。

主流市场经济国家和地区对于会计师事务所的民事侵权责任也往往确立过错推定规则。美国 1933 年《证券法》第 11 条规定，当招股说明书或其他发行文件中包含的财务信息出现虚假或重大疏漏，导致发行文件引人误解时，对财务信息发表无保留意见的注册会计师对投资者遭受的损失承担赔偿责任，除非其能够证明已经履行了“谨慎注意”。我国台湾地区“证券交易法”曾采用结果责任原则，规定公开说明书记载之主要内容如果有虚伪或隐匿之情事，包括注册会计师在内的有关责任人就应当与公司负连带责任。注册会计师即使已尽合理调查义务，没有过失，也要承担民事赔偿责任。但自 1988 年开始，我国台湾地区“证券交易法”借鉴美国立法例增订第 32 条，改采过错推定规则。会计师等专门职业人员如能证明已经合理调查，并有正当理由确信其签证或意见为真实者，亦免负赔偿责任。

从功能上看，过错推定规则介于典型的过错责任原则与典型的严格责任原则之间。但严格说来，过错推定规则并非与过错责任原则、严格责任原则、公平原则比肩而立的第四种归责原则，而仅是过错责任原则项下的举证责任转换形态而已。过错推定规则从本质上看，仍属于过错责任原则。因为，倘若侵权人能够证明自己主观上并无过错，依然可以免责。这种举证责任配置形式不同于“谁主张、谁举证”的过错责任举证规则，对会计师事务所课以较重的举证责任，因而有利于在信息占有方面处于相对弱势地位的利害关系人。

前已述及，《注册会计师法》第 42 条并未明确注册会计师的民事责任归责原则。但该法第 21 条要求注册会计师在执行审计业务时遵照执行准则、规则确定的工作程序出具报告，并随后使用“明知”和“应当知道”等语词列举注册会计师被禁止的某些执业行为。从此种表述可推测，立法者仅否定“违反本法规定”的执业过错行为。因此，可将注册会计师根据《注册会计师法》承担的责任解释为过错责任原则。只不过立法语言较为含蓄而已。

针对 1998 年《证券法》的局限性,2003 年最高人民法院《关于审理证券市场因虚假陈述引发的民事赔偿案件的若干规定》第 24 条明确规定:“专业中介机构及其直接负责人违反证券法第一百六十一条和第二百零二条的规定虚假陈述,给投资人造成损失的,就其负有责任的部分承担赔偿责任。但有证据证明无过错的,应予免责。”此即过错责任原则和过错推定规则。

2005 年《公司法》第 208 条第 3 款更加明确地将会计师事务所的归责原则界定为过错责任原则与过错推定规则。换言之,在追究会计师事务所的民事责任时,人民法院有权推定承担资产评估、验资或者验证的机构在出具不实的评估结果、验资或者验证证明时主观上存在过错(包括故意或者过失),但会计师事务所有权通过反证推翻法院的这一推定。既然法院有权推定会计师事务所主观上存在过错的事实,原告债权人就没有义务就此过错以及自己遭受的损失与此过错间的因果关系承担举证责任。这种举证责任倒置或者转换的立法技术可以形象化地称为“有罪推定”技术,既降低了债权人的举证责任负担,也提供了诚信会计师事务所免责的绿色通道。

倘若会计师事务所举证证明自己在出具专业服务报告时并不存在过错,但利害关系人对其证据的真实性、合法性或关联性依然存疑,人民法院该作何种选择,值得探讨。笔者认为,法官虽然长于法律规则和法律关系的逻辑分析,精于对公平正义价值的诠释,但在缺乏会计师专业知识背景的情况下,并不擅长就技术化、专业化的执业细节对会计师事务所的主观过错作出判断。借鉴医疗事故鉴定制度的经验,笔者认为我国应当建立会计师事务所的过错鉴定制度,允许人民法院就其难以判断的会计师事务所过错问题委托由法律、会计等专业人士组成的过错鉴定委员会作出鉴定结论。鉴定对象主要限于会计师事务所执业过程中存在的技术性、专业性瑕疵。公正权威的过错鉴定机构依据职业准则、诚实信用原则、商事习惯和法定程序作出的鉴定结论对于法官裁判具有积极的辅助和参考作用。过错鉴定机制不仅可以弥补法官会计专业知识之不足,亦可舒缓法官裁判时面临的法律风险、政治与社会压力,可谓一举两得。当然,鉴定结论的公平公正取决于过错鉴定委员会组成人员的适格性与代表性、鉴定过程的透明度以及利害关系人对鉴定结论的有效监督。

在落实会计师事务所的过错责任原则时,应否进一步挖掘“过错”二字的含义,区分会计师事务所在主观上的故意与过失？回答是肯定的。在侵权法理论体系中,故意指行为人明知其行为的后果或其行为违反了某种义务而故意为之的一种主观心理状态;过失指行为人虽然并非故意但按其情节应注意且能注意而不注意,或者对构成侵权的事实虽然预见其可能发生,但确信不会发生的心理状态。[①] 具体而言,倘若会计师事务所出具不实专业服务报告时存在过失导致利害关系人损失,应承担与其过失相适应的民事责任。此种责任可称为按份责任。倘若会计师事务所出具不实专业服务报告时,明知自己违反法律、法规、职业道德或执业准则的行为会对利害关系人造成损害后果的,应与委托人一起对利害关系人承担连带民事责任。这是由于,会计师事务所与委托人恶意串通、联手欺诈利害关系人的行为在性质上更加恶劣,在伦理上更具有可非难性、可谴责性,在法律上更具有可制裁性。因此,对故意出具虚假专业服务报告的会计师事务所追究连带责任有助于强化会计师行业的自我约束机制,提高其失信成本。遗憾的是,我国现行立法和司法解释并未作此区分,亟待进一步明确和细化。

第四节　会计师事务所与其他相关主体之间的民事责任分担

(一) 会计师事务所与执业会计师之间的责任分担

利害关系人作为受害人究竟应当追究事务所的责任,还是应当追究执业会计师的责任,值得探讨。《注册会计师法》第 16 条规定:“注册会计师承办业务,由其所在的会计师事务所统一受理并与受托人签订委托合同。会计师事务所对本所注册会计师按照前款规定承办的业务,承担民事责任。”1998 年《证券法》第 161 条提及的责任主体是

---

① 参见史尚宽:《债法总论》,中国政法大学出版社 2000 年版,第 110—116 页。

“专业机构和人员”，第 202 条提及的责任主体仅为“专业机构”，而无“人员”。2005 年《公司法》和 2005 年《证券法》亦仅提及“机构”，而未提及“人员”。

笔者认为，由于执业会计师与事务所之间存在雇佣关系，会计师事务所本应对其执业会计师履行监督之责；违反此种监督义务，会计师事务所应当为执业会计师给利害关系人造成的损害先行承担替代赔偿责任。但是，会计师事务所在承担责任之后是否有权向有过错的执业会计师行使追偿权，《注册会计师法》语焉不详。笔者认为，为确保会计师执业时遵守诚实守信、勤勉尽责的法律和商业伦理要求，应当允许会计师事务所在承担责任后向有过错的执业会计师行使追偿权。

那么，利害关系人可否直接追究执业会计师的民事责任，或者同时追究执业会计师与事务所的连带赔偿责任？《注册会计师法》对此未予涉及。笔者认为，既然执业会计师的执业行为存在过错，利害关系人当然有权对该执业会计师提起诉讼，也可同时对执业会计师与事务所提起连带赔偿责任之诉。这有利于维护利害关系人的债权，尊重利害关系人的选择权。在执业会计师直接对利害关系人承担责任的情况下，还可以降低事务所对执业会计师行使追偿权的成本。在这方面，最高人民法院 2003 年 12 月发布的《关于审理人身损害赔偿案件适用法律若干问题的解释》第 9 条第 1 款之规定颇值玩味：“雇员在从事雇佣活动中致人损害的，雇主应当承担赔偿责任；雇员因故意或者重大过失致人损害的，应当与雇主承担连带赔偿责任。雇主承担连带赔偿责任的，可以向雇员追偿。”尽管该司法解释只适用于人身损害赔偿案件，但对于会计师事务所的民事侵权案件也有借鉴意义和启发价值。

（二）会计师事务所与投资者之间的责任分担

会计师事务所与投资者之间的责任分担取决于事务所的组织形式。会计师事务所为有限责任公司或者股份有限公司的，投资者作为有限责任股东不对事务所的民事责任负责；会计师事务所为普通合伙企业的，投资者作为普通合伙人依据《合伙企业法》对普通合伙企业的一般规定对事务所的民事责任承担无限连带责任；会计师事务所为有限责任合伙企业（特殊的普通合伙企业）的，投资者作为普通合伙人依据2006年修订后的《合伙企业法》第57条和第58条之规定，对事务所的民事责任承担责任。

《合伙企业法》第57条规定："一个合伙人或者数个合伙人在执业活动中因故意或者重大过失造成合伙企业债务的，应当承担无限责任或者无限连带责任，其他合伙人以其在合伙企业中的财产份额为限承担责任。合伙人在执业活动中非因故意或者重大过失造成的合伙企业债务以及合伙企业的其他债务，由全体合伙人承担无限连带责任。"换言之，立法者在区分事务所债务不同性质的基础上，作出了不同的制度设计：(1) 就合伙人执业过错造成的合伙企业债务而言，事务所合伙人是否对事务所债务承担无限责任或者无限连带责任取决于该合伙人是否对发生的事务所债务的形成存在过错。此种过错既包括故意，也包括重大过失；既包括合伙人自身的执业行为，也包括合伙人对其负有监督之责的执业会计师疏于或者怠于监督的过错。(2) 就非因合伙人执业过错造成的合伙企业债务而言，由全体合伙人承担无限连带责任。

但是，就第一类事务所债务而言，合伙人、合伙制事务所对外承担责任的上述制度安排并不能取代合伙人与合伙人之间、合伙人与合伙制事务所之间的内部责任分配规则。因此，《合伙企业法》第58条规定："合伙人执业活动中因故意或者重大过失造成的合伙企业债务，以合伙企业财产对外承担责任后，该合伙人应当按照合伙协议的约定对给合伙企业造成的损失承担赔偿责任。"这就尊重了合伙人之间的契约自由，填补了合伙企业代人受过的财产损失。

(三) 会计师事务所与委托人或者其他信息提供者之间的责任分担

会计师事务所提供的专业服务瑕疵有可能源于委托人及其他信息提供者的过错。但此种因果关系只发生会计师事务所对后者的追偿权。人民法院不能将利害关系人起诉委托人及其他信息提供者作为起诉会计师事务所的前置程序或必要前提。因此，利害关系人可以仅追究会计师事务所的民事责任；也可基于其与委托人之间的债权债务关系，直接追究委托人的民事责任；还可基于其对委托人瑕疵出资或抽逃出资股东的代位权，追究此类股东的补充清偿责任。利害关系人也可在起诉委托人和瑕疵出资或抽逃出资股东的同时起诉会计师事务所。但是,为了尊重原告利害关系人的自由处分行为,法院不宜依职权追加委托人、瑕疵出资或抽逃出资的股东为共同被告。

第五节 会计师事务所承担民事责任的最高限额问题

从全球范围看,尽管会计师的民事责任日益扩张,但立法者和法院也为会计师的民事责任承担提供了防御性保护措施。在美国安然公司的系列丑闻发生之前,许多国家的会计师们成功地通过各种责任上限和时效立法等方式限制自身的民事赔偿责任。① 其中,责任上限既可表现为特定金额,也可表现为可以确定最高赔偿金额的公式或表述。

由于我国现行立法并未规定特定赔偿金额上限,司法解释不宜突破立法限制,创设此种法律规则。但《公司法》第 208 条第 3 款要求承担资产评估、验资或者验证的机构"在其评估或者证明不实的金额范围内承担赔偿责任"。这实际上间接规定了会计师事务所的责任限额,司法解释可以据此予以细化。首先,会计师事务所的民事赔偿最高限额应当控制在评估或者证明不实的金额范围内,而非收费金额范围之内,不管债权人数量之多寡和债权金额之大小。其次,为确保债权人公平受偿起见,建议建立债权催告制度。具体来说,人民法院在受理利害关系人以会计师事务所为被告提起的民事诉讼之后,应当立即发布公告,催告其他利害关系人向人民法院申报债权,然后按其债权比例在会计师事务所的最高责任限额内获得公平清偿。这不仅可以适度限制会计师事务所的民事责任和执业风险,又可以落实债权人之间的平等对待原则。

本章对以上问题的探讨既适用于会计师事务所,也适用于资产评

---

① 有关美国情况,参见 *Bily v. Arthur Young & Company*, 834 PACIFIC REPORTER, SECOND SERIES 745(California Supreme Court 1992)。《德国商法典》第 323 条规定,过失审计师的责任限额是 100 万马克,审计上市公司的责任限额是 400 万马克。《法国商法典》第 225—242 条规定,诉讼时效期限为从发现损害行为之日起 3 年。

估事务所、审计师事务所等专业服务机构。鉴于会计师事务所与资产评估事务所、审计师事务所等专业服务机构的执业行为既有个性，也有共性，为节约司法解释起草成本，建议最高人民法院参酌《公司法》第208条的写法，将承担资产评估、验资或者验证的机构统统纳入司法解释的调整范围。当然，司法解释也可针对不同业务的特殊性作出特别规定。

第八章 积极推进股权分置改革的法学思考

2005年4月29日，证监会发布《关于上市公司股权分置改革试点有关问题的通知》，宣布启动股权分置改革试点工作。经过一年多的改革，截至2006年年底，中国证券市场已有93%的公司完成或者进入改革程序。证监会主席尚福林于2006年年底作出明确判断："我国资本市场股权分置改革基本完成，目前正在发生着转折性的变化，正在进入一个新的发展阶段"。[①] 股权分置改革的基本完成，为我国证券市场建立全面的市场化机制奠定了基础。作为中国证券市场规模最大、程度最深、影响最为深远的制度性嬗变，股权分置改革大大推进了中国证券市场的市场化进程，使得在中国的资本市场上，企业能够成为真正的企业，市场能够成为真正的市场，股民能够成为真正的股民。从这个意义上说，股权分置改革是中国证券市场发展史上的一次划时代革命。

然而，回首股改历程，中国股权分置改革走过的道路并不平坦，股改的进程始终伴随着疑虑、争论甚至强烈的反对，股改的进程也异常艰难。仔细分析，对于这样一次关乎中国证券市场的兴衰成败、关乎中国经济的和谐发展的重要改革，其法律问题从一开始便没有受到应有的重视。本质上讲，股权分置改革本身是一次利益再分配的过程，涉及流通股股东、非流通股股东、上市公司和上市公司管理层等方方面面的利益关系。法律是利益平衡与协调的最终手段，但是，从股权分置改革动议的提出到改革政策的制定，再到具体改革方案的实施，无一不弥漫着经济学的思维方式和话语霸权，严重缺乏法学分析和法律考量。[②] 毋庸置疑，这种状况是造成本次改革举步维艰的重要原因

---

① 王璐：《股改顺利完成 中国股市走进新时代》，载《上海证券报》，2007年1月15日第4版。

② 参见谈萧：《上市公司治理与监管专题研究》，法律出版社2006年版，第174页。

之一。即使在股改已取得决定性胜利的今天,我们依然发现,对股权分置改革中涉及的一些法律问题至今仍存在较大分歧,而股改对价的履行仍需要规范。因此,对股权分置改革中存在的一些法律问题进行深入研究和探讨仍有积极的理论和现实意义。

第一节　推进上市公司股权分置改革的历史背景

一、股权分置历史溯源

按照中国证监会、国资委、财政部、中国人民银行和商务部于2005年8月23日联合发布的《关于上市公司股权分置改革的指导意见》中的解释,股权分置是指A股市场的上市公司股份按能否在证券交易所上市交易被区分为非流通股和流通股,这是我国经济体制转轨过程中形成的特殊问题。也就是说,股权分置是指在中国证券市场上由于特殊的历史原因及特殊的发展演变而导致的,在A股市场上上市公司内部,普遍存在着两种不同性质的股份——非流通股(国有股和法人股)和流通股(主要是社会公众股),其中非流通股不能在证券交易所上市交易。

以股权主体来区分股票并享有不同权利(国有股和法人股不能上市流通),是我国证券市场的独特现象。[①] 20世纪90年代初期,我国企业改革在经历了承包制和租赁制的实验后,开始转向对股份制的探讨,并相继在上海和深圳两地建立证券交易所。但是,股份制改革从一开始就面临着"股份制是私有化,将导致国有资产流失"的政治偏见和国有产权的清晰化尚未解决、流动后其收益归属难以确立等技术性难题。为回避这些难题,尽快把资本市场组建起来,改革者们"摸着石头过河",探索性地提出了"国有存量股份不动,增量股份募集转让"的股权分置暂行模式[②],其特点是:(1) 在增量发行的股票上,既没有

---

① 参见周正庆主编:《证券知识读本》,中国金融出版社1998年版,第221页。

② 参见刘纪鹏:《股权分置改革的路径之争》,载《证券市场周刊》,2005年9月12日。

采用海外流行的公募,也没有采用私募形式,而是创造了定向募集的概念,即增量发行的股票向企业内部职工和社会企业法人募集。这是因为企业职工是国有企业的主人,而当时的企业法人要么是全民企业、要么是集体企业,都具有公有性质,在观念上更容易被人们接受。(2)把股份分为国家股、法人股、个人股和外资股四种形式。[①](3)定向募集的法人股开始探索在法人股市场进行交易和转让,进行公有制法人之间股票流通的试点。(4)组建深沪交易所,进行公开募集的自然人股份交易转让的试验。这是中国人在借鉴西方规范的基础上,探索符合自己国情的股份制之路迈出的第一步,也可以说是我国股份制建立之初的股权分置阶段。[②]

随着1992年10月中国证监会的成立,A股股票开始较大规模地在沪深交易所发行、上市。在证券发行的审核制度上,2000年以前我国一直实行的是计划管理的额度制,对每年证券发行和上市进行总量控制,而能够获得发行额度的绝大部分都是国有企业。由于前述原因,证监会在审批企业上市的过程中,在批文或者企业的招股说明书和上市公告书中,几乎都提到了"公司的国有股、国有法人股和法人股暂不流通"。1994年国家国有资产管理局、国家经济体制改革委员会联合颁布的《股份有限公司国有股权管理暂行办法》进一步强化了国有股不流通的"潜规则",该办法第27条规定,国有持股单位不得以任何理由、任何方式同意单方面缩小国有股权比例。[③] 也就是说,改革之前股权分置现象已在中国客观存在了15年。

---

① 在我国,最早将股票按照所有权进行分类是在1991年公布的《深圳市股票发行与交易管理暂行办法》,该办法将股票分为国家股、法人股、个人股和特种股。1992年5月15日颁布的《股份制企业试点办法》和《股份有限公司规范意见》保留了国家股、法人股、个人股的叫法,把特种股修改为外资股,并沿用至今。个人股包括社会公众股和内部职工股,其中内部职工股于1993年经国务院正式发文明确规定停止审批和发行。参见周正庆主编:《证券知识读本》,中国金融出版社1998年7月第1版,第19页。

② 参见刘纪鹏:《股权分置改革的路径之争》,载《证券市场周刊》,2005年9月12日。

③ 参见谈萧:《上市公司治理与监管专题研究》,法律出版社2006年版,第177页。

二、股权分置产生的原因

股权分置是我国证券市场在特定条件下形成的历史遗留问题，这一问题的产生有着深刻的历史根源，是特定的历史条件造成了我国证券市场股权分置的独特现象。

在证券市场设立之初，股份制等同于私有化的认识在人们的意识中根深蒂固，人们对市场经济的认识、对股份制和证券市场的认识还相当肤浅。尤其是受到旧有的意识形态的约束，很多人把资产的流动等同于流失，把股份制等同于私有化。因此，受意识形态和落后观念的束缚，证券市场采取股权分置形式是当时历史条件下的必然产物，是中国证券市场得以建立、存在和发展的必要制度前提。

在证券市场其后的发展过程中，股权分置的弊端逐渐显现，但在当时的条件下，国有股和法人股的上市流通仍然面临着特殊困难。(1) 我国的上市公司大部分是由国有企业改制而来，因此在股权结构中，国有股和法人股占有很大的比例。以在上海证券交易所上市的公司为例，截至 1997 年底，国有股总额为 399.57 亿股，占沪市发行总股本的 37.61%；法人股总额为 257.92 亿股，占发行总股本的 24.28%。[①] 国有股和法人股的数量非常巨大，如果简单地允许国有股和法人股大量上市流通，相当于股市扩容数倍，市场根本无力承受。(2) 我国国有资产管理体制尚处于改革阶段，国有股运作的股权代表和操作制度尚未完全建立，在这种情况下，国有股匆匆上市，很有可能导致国有资产的大量流失。(3) 上市公司的行业涉及面广，其中有些行业，如重点原材料产业、公用事业、高科技产业等，属于关系国民经济命脉的重要行业，国有股和法人股暂不上市流通有利于保持国有经济的主导作用，保证国家对关键行业的控股地位。[②] 在此背景下，股权分置状态一直延续至今。

① 数据来源：周正庆主编：《证券知识读本》，中国金融出版社 1998 年版，第 221 页。

② 参见周正庆主编：《证券知识读本》，中国金融出版社 1998 年版，第 221—222 页。

三、对股权分置的评价

从上述分析可以看出,股权分置现象是我国特定历史条件下的产物,其产生根植于当时特殊的历史环境。为了争取最大多数的人支持证券市场发展,很有必要采取法人股暂不上市流通的做法,这是在特定历史条件下作出的一种必要妥协,其着眼点也是要在发展中解决问题。这一制度的实行大大降低了国有企业在内地及香港市场上市所遇到的思维观念及利益分配方面的阻力,具有相当的历史价值,没有这样一个具有中国特色的制度创新,中国证券市场的起步可能会晚很多年。①

股权分置的积极效应不仅在于为改革扫清政治障碍,而且也有巨大的经济意义。② 十几年来,证券市场为国民经济建设筹集了大量资金,对推动国有企业改革、建立现代企业制度、促进经济结构的调整、支持国民经济的增长等都发挥了十分重要的作用。截至 2003 年 6 月底,我国境内上市公司已达 1 250 家,总市值约 4.16 万亿元;1991 年至 2003 年 6 月底,证券市场境内筹资总额已超过 7 000 亿元,为推进传统产业升级换代、促进生产力的迅速提高开辟了直接融资渠道。③

笔者认为,客观地分析和评价股权分置产生的历史背景和积极作用不仅是对历史的尊重,也有助于问题的解决。那种要求清算历史倒账,抛开历史空谈现在的看法是背离历史和不负责任的。可以这样认为,股权分置是当时社会历史条件下的一种必然,从某种意义上说,它催生了中国资本市场,在制度层面上推动了中国市场经济的改革。④

---

① 参见肖耿:《股权分置的制度经济学分析》,载《南方周末》,2006 年 3 月 9 日 第 6 版。

② 参见吴建斌:《我国上市公司股权分置改革评析》,载《南京大学法律评论》2005 年秋季号,第 53 页。

③ 参见周正庆:《中国证券市场回顾与展望》,载《中国证券报》,2003 年 8 月 13 日第 7 版。

④ 参见吴晓求:《股权流动性分裂的八大危害——析中国资本市场为什么必须进行全流通变革》,载《中国证券报》,2004 年 1 月 5 日第 16 版。

四、股权分置的弊端

在承认股权分置存在的历史必然性的同时,更要看到这一制度的弊端。随着中国资本市场的市场化和国际化,股权分置越来越成为中国证券市场向深度发展最根本的制约因素,成为此后中国证券市场发展的最大障碍。“这种障碍是中国资本市场发展一道绕不开的坎。”①

1. 扭曲资本市场定价机制,制约资源配置功能的有效发挥

2/3 的法人股不能上市流通,意味着上市公司的大股东对上市公司具有不可动摇的控制权。在股权分置的制度安排下,上市公司的控股股东以小博大,占有了大量经济资源,在一级市场以高溢价发行流通股。同时,由于流通股股份供给量有限,在二级市场成为供不应求的稀缺资源,其价格被一步步炒高,致使证券市场的定价功能无法正常发挥,股票价格也难以反映上市公司的内在价值,价格围绕价值波动规律的作用发挥也因此受到极大的限制。二级市场在一定意义上成为一个缺乏理性的投机市场。

进一步分析,股权分置还制约着证券市场资源配置功能的发挥。于理论上讲,证券市场的资金会通过投资者的理性选择自发流向高回报的优秀企业或者行业,但在中国的证券市场上,由于2/3 的国有股、法人股不能流通,导致庞大的国有资产无法通过资本市场途径转移到盈利能力更高的企业或者行业中去。也就是说,市场流动性的欠缺和过度投机也伤害了中国股市的市场资源配置机制。②

2. 制约公司治理结构的形成和运行

公司治理(corporate governance)泛指公司管理层对股东和利益相关者负责的一系列的制度安排和商业实践。公司治理的实质价值在于通过合理分配公司的权力资源,不断完善公司管理运营与监督控制的权力配置,促使其良性运转,以实现公司的经营目标并最终实现股

---

① 参见吴晓求:《股权流动性分裂的八大危害——析中国资本市场为什么必须进行全流通变革》,载《中国证券报》,2004 年 1 月 5 日第 16 版。

② 参见王文宇:《行政给付下的补偿协商——论中国的股权分置改革》,中国与世界公司法改革国际峰会,中国政法大学民商经济法学院主办,2006 年。

东利益的最大化。[①] 公司治理乃公司命运之所系,公司治理水平的高低直接关系到股东的投资价值,关系到公司的竞争力,更关系到民族经济的竞争力。由于我国上市公司股权比例严重失调,股权高度集中于大股东手中,严重影响了公司治理结构的运行和优化。而公司治理结构的优化运行恰恰是股东利益得以实现的保障。

我国上市公司特殊的股权结构导致上市公司治理产生严重缺陷。一方面,非流通股股东"一股独大",实质上控制了整个上市公司,滥用资本多数决原则不断作出损害上市公司和流通股股东的决策。另一方面,由于上市公司中流通股股东持股数量相对较少,且股份高度分散,很难在公司的经营决策中体现自己的意志。股权分置人为地割裂了公司内部的股权结构,造成上市公司治理水平低下,成为我国证券市场上大股东肆意侵害中、小股东和上市公司利益的制度温床,严重影响了证券市场的健康发展。

3. 违背公司法股东平等原则

所谓股东平等原则,是指在基于股东资格而发生的公司与股东之间以及股东与股东之间的法律关系中,所有股东均按其所持股份的性质、内容和数额享受平等待遇,并且免受不合理的不平等待遇。股东平等原则作为公司法的基本精神之一,要求对所有拥有同量同质股份的股东一视同仁,允许其享有同样的权利、获取同样的利益。[②] 原《公司法》第 130 条规定:"股份的发行,实行公开、公平、公正的原则,必须同股同权,同股同利。同次发行的股票,每股的发行条件和价格应当相同。任何单位或者个人所认购的股份,每股应当支付相同价额。"同股同权和同股同利就是股东平等原则的具体体现。

但在股权分置制度下,同次发行中的国家股、法人股是按照资产评估价格确认认购数量和认购价格,而社会公众股则是按溢价发行的价格认购股份。加之国有股和法人股等非流通股不能在证券交易所上市交易,这两类股票被分割在一级市场,人为地切断了股票一级市场和二级市场之间的天然联系,使得股票发行无法遵循市场化的定价

---

① 参见赵旭东主编:《公司法学》,高等教育出版社 2003 年版,第 324 页。

② 参见孔令政:《股权分置改革零距离,公司法中的"公"与"私"》,载《公司法评论》2005 年第 4 辑,第 45 页。

机制。非流通股与流通股尽管属于同次发行的股票,但发行价格和条件却大不相同。在股票发行之初,非流通股股东即已背弃了《公司法》第130条“同股同价”这一“同股同权”的前提,嗣后又利用割裂的股权结构,进行大幅度的财富转移。[①] 这种“不同股不同价不同权”的现象,与公司法确定的基本原则严重背离。

4. 导致非流通股股东和流通股股东的利益冲突

流通股与非流通股的长期法定分割导致上市公司在收入分配问题上面临大股东与小股东之间的明显及长期的利益冲突。[②] 当大多数股份都是非流通股时,流通股股东根本无力影响公司的经营,其股票投资的主要利润只能通过二级市场上股票价格的上涨实现,但这需要公司的经营能力、竞争能力和获利能力的改善。而非流通股股东由于不能通过二级市场股票的涨跌获利,他们所关心的则是如何利用股权分置的制度缺陷获取股票发行的高额溢价,以此实现公司资产的快速增长并从中获得更大的利益。两类股东在利益取向上存在明显的差异和冲突。

股权分置损害了上市公司的利益机制,使上市公司非流通股股东与流股股东之间的利益关系处于完全不协调甚至对立的状态,导致上市公司控股股东的管理行为严重扭曲,甚至成为上市公司疯狂追求高溢价股权融资的制度基础。[③]

实践证明,国家股的守株待兔,导致了不同主体的同种股份的市场价格不同,同股同权、同股同利的原则无法实现,对国有资产流动、重组和保值增值形成了法律障碍,既不利于国有资产在不同产业公司间的灵活调整和优化配置,不利于国家股利用溢价转让的机遇实现盈利增值,也不利于平抑股价、稳定股市。[④] 因此,流通股与非流通股的

---

① 参见罗培新:《公司法的合同解释》,北京大学出版社2004年版,第243、249页。

② 参见肖耿:《股权分置的制度经济学分析》,载《南方周末》,2006年3月9日第6版。

③ 参见赵兴:《股权分置改革中“对价”问题的法律分析》,载中外民商裁判网 www.zwmscp.com,2006年12月10日登录。

④ 参见刘俊海:《股份有限公司股东权的保护》,法律出版社2004年版,第559页。

股权割裂是中国证券市场的先天性制度缺陷。它严重影响了投资者的市场预期机制,是阻碍中国资本市场发展的最大障碍。①

第二节 股改对价的基础——股权分置法律关系分析

鉴于股权分置的种种弊端已经严重影响并阻碍了中国证券市场的健康发展,解决股权分置问题已经势在必行。2005 年 4 月 29 日,证监会发布《关于上市公司股权分置改革试点有关问题的通知》,自此拉开了中国证券市场股权分置改革的序幕。②

本次股权分置改革的核心是非流通股股东依法取得流通权并向流通股股东合理支付对价。本章内容将主要围绕"对价"这一股改核心,就股权分置改革的若干重要问题展开讨论。

一、股改对价问题的提出

股权分置改革中"对价"一词以正式文件形式出现,始于《关于上市公司股权分置改革的指导意见》第 8 条的规定,"非流通股股东与流通股股东之间以对价方式平衡股东利益,是股权分置改革的有益尝试,要在改革实践中不断加以完善"。

随着股权分置改革的全面推进,有关非流通股股东向流通股股东支付对价的相关问题成为股权分置改革中备受关注也最为争议的焦点。对对价的不同理解和定性,不仅决定着不同的定价方式,也直接决定着上市公司股改方案的成败。

二、对价的概念及内涵

对价又称约因(consideration),是英美契约法中的一个概念,是

---

① 参见吴晓求:《股权流动性分裂的八大危害——析中国资本市场为什么必须进行全流通变革》,载《中国证券报》,2004 年 1 月 5 日第 16 版。

② 实际上,如何解决股权分置问题已经酝酿多年。2001 年国有股减持失败后,中国证券市场经历了长达 4 年的熊市,其间有关股权分置问题的争论不断,最终促成了本次股权分置改革的进行。限于篇幅,有关本次股权分置改革的具体背景和理论演进未在本章中详细论述。

“指一方之行为,或容忍或所为之诺言,乃换取对方诺言之代价,此项诺言既有对价关系,自属有效。换言之,有价值之约因乃由契约当事人各方,为迫使对方实现其行为或履行其诺言而作出许诺之行为或牺牲;或只为购买或换取对方许诺而支付之代价而言。”[①]通俗地讲,所谓对价是指根据协议已经履行或将要履行义务的当事人由此得到某种利益,或者接受义务履行的当事人为此而遭受某种损失的事实要素;它是对履行义务当事人一方的某种回报。故从法律意义上可将对价理解为“对应的代价”,即合同一方对应于另一方的义务履行而付出的代价。

本质上看,对价关系是一种互相交换的允诺关系,某人作出允诺是为了换取另外一个人的应允,它体现了合同一方对另一方履行义务的回报,反映了合同当事人之间的利益平衡。[②] 对价是英美法系中除盖印合同以外各类合同有效成立的必备要素,无对价的合同是得不到法律保护的。英美各国法律认为,“没有对价的许诺只是一件礼物;而为对价所作出的许诺则已构成一项合同”。[③] 根据英联邦各国法律,一项有效的对价必须符合以下一般规则:(1) 对价必须具有真实价值,但无须充分等价;(2) 不充分的对价可能构成对价不真实或欺诈的证据;(3) 过去完成的对价不成其为对价;(4) 对价必须合法;(5) 对价必须由接受许诺的当事人作出。对价的形式多样,可以是金钱、行为、不作为,或者对前述事项的允诺等。[④]

---

① 美国法律整编契约法第二次汇编中对契约的定义为:“契约乃为一个允诺或一组之允诺。违反此一允诺时,法律给予救济;或其对允诺之履行,法律在某些情况下视之为一项义务。”原文为:A contract is a promise, or set of promises, for breach of which the law gives a remedy, or the performance of which the law in some way recognizes as a duty. 参见杨桢:《英美契约法论》,北京大学出版社 2003 年版,第 1 页、第 65 页。

② 参见王升义:《股权分置改革中“对价”的法律解读》,载《证券市场导报》2005 年第 12 期。

③ 参见杨桢:《英美契约法论》,北京大学出版社 2003 年版,第 65 页。

④ 参见于丹翎:《美国合同法(英文版)》,高等教育出版社 2006 年版,第 40 页。其原文为:Consideration may take many forms, it can either be monetary, an act, or a forbearance to act, or a promise to do one of the above.

对价制度虽然是英美法系的制度，但大陆法系同样可以借鉴和运用，《法国民法典》就将约因作为契约成立的法定条件，其第1131条规定："无约因之债或者基于错误约因或不法约因之债，不发生法律效力。"我国《合同法》上并没有"对价"概念，但《民法通则》第4条规定，"民事活动应当遵循自愿、公平、等价有偿、诚实信用的原则"，其中"等价有偿"（双方当事人互为对待给付）就是对价理论的立法体现。此外，我国《合同法》是从合同当事人法律地位平等、权利义务对等的角度来调整英美法上的"对价"关系，即在合同关系中，当事人取得一定权利须履行相应义务，履行一定义务须得到相应权利。这种法律制度安排上的差异主要取决于历史传统、法律渊源的不同，但二者却可殊途同归。

股权分置改革中采用"对价"概念，既符合我国法上当事人权利义务对等的要求，也体现了英美法上以"对价"平衡当事人利益关系的实质。当然，由于法律制度和法律文化的差异，对股权分置改革中借用的"对价"概念，不能生搬硬套英美法理论进行解释。

三、股改对价的基础——股权分置的合同法解释

就本次股权分置改革中的对价问题而言，厘清股权分置及股权分置改革的法律关系是正确理解股权分置改革的本质，尤其是对价含义的法理基础。

1. 股权分置的法律关系

"人是生而自由的，但却无往不在枷锁中"[①]，卢梭的箴言揭示了无论是自然人还是法人，无时无刻不处在各种法律关系之中，也即无时无刻不处于所谓的"枷锁"之中。法律关系是法律规范在调整人们之间的社会关系过程中所形成的一种特殊的社会关系，即法律上的权利义务关系。[②] 各类主体为了满足自身的需要，必然从事社会交往，相互之间发生各种社会关系。为了使社会关系的确立和发展符合国家的要求，国家需要运用各种法律来调整社会关系，从而使受法律调整

---

① 〔法〕卢梭：《社会契约论》，何兆武译，商务印书馆1996年版，第8页。

② 参见王利明：《民法总则研究》，中国人民大学出版社2003年版，第172页。

的社会关系获得了法律关系的性质。拉伦茨认为,法律关系是“人与人之间的法律纽带”。[①] 股票分置改革的背后,仍然反映的是当事人之间以一定的权利义务为内容的社会关系。

市场过程需要法律规则维护。现在世界上绝大多数国家都实行市场经济,各国市场经济运行中有一个明显的共性,那就是:以法律为规范,以合同为中介。[②] 可以说,契约[③]本身构成了广阔的市场,市场化就是契约化。正因如此,人们才将现代社会称为“契约社会”,将现代经济称为“契约经济”。[④]

具体到公司亦是如此。公司“契约关系”理论(nexus of contract theory)认为,公司只不过是一系列合约的安排。该理论认为,企业是各种要素的集合,朝着共同的生产或者服务目标而努力。公司的集合因素包括雇员、管理者、股权、债权人(包括长期客户、债券持有人,甚至包括企业侵权的债权人),他们自愿结合起来自行安排各种交易,他们共同受到一种复杂的契约关系链条的拘束。[⑤] 它们(指合约)包括文字的和口头的、显性的和隐性的、明示的和默示的各种合约。[⑥] 公司的存在就是为了满足合约各方各自的预期。科斯在其《企业的性质》中认为,企业是一种具有某种共同目标的成员之间的合同关系,企业

---

① 〔德〕迪特尔·梅迪库斯:《德国民法总论》,邵建东译,法律出版社 2000 年版,第 122 页。

② 参见钱弘道:《经济分析法学》,法律出版社 2003 年版,第 28 页。

③ 关于“合同”与“契约”概念的关系,许多国外学者认为契约是双方的法律行为,合同是共同行为。在我国古代“合同”与“契约”语义也不相同,合同仅是契约形式之一种。新中国成立后,在立法上“合同”与“契约”一度曾经并用,但二者语义并无区别。70 年代以后,“合同”的概念在我国得到广泛应用,“契约”的提法则很少采用,通常只在学术研究中使用。参见王利明:《合同法研究》(第一卷),中国人民大学出版社 2002 年版,第 18—20 页。由于引用原因,本书中“合同”与“契约”均有出现,若无特殊注明,本书所称“合同”与“契约”二者同义。

④ 参见王利明:《合同法研究》(第 1 卷),中国人民大学出版社 2002 年版,前言。

⑤ 参见施天涛:《公司法论》,法律出版社 2005 年版,第 21 页。

⑥ Jensen & Meckling, Theory of the Firm: Managerial Behavior, Agency Costs and Ownership Structure, 3 *J. FIN. ECON.* 305, 360(1976).

仅是一种法律虚构，其实质体现为成员的合同关系上。[①] 而法国传统公司法理论更将公司的性质解释为合同。

“社会的一个内容就是其公民拥有达成自愿协议以实现其私人目标的权力。”[②]在我国上市公司实践中，国有股东往往在上市公司招股说明书中承诺其所持股份暂不流通，从而暂时放弃股权转让自由。广大公众投资者基于对这一点承诺的信赖而作出投资决策，就形成了与非流通股股东的合同关系：非流通股股东暂时放弃股权转让自由，而流通股股东以高于净资产价值的溢价购买股份，并与非流通股股东为伍。[③] 从法律性质和法律关系上分析，上市公司非流通股股东与流通股股东之间构成平等的民事主体之间的合同关系，其实质是建立在双方意思自治基础上的合意。

2. 股权分置的合同法解释

股份公司的募集设立在发起人股东与流通股股东之间建立起合同法律关系。在股份公司募集设立过程中，发起人公布招股说明书即是向不特定的社会公众发出要约邀请(《合同法》第15条第1款规定：“要约邀请是希望他人向自己发出要约的意思表示。寄送的价目表、拍卖公告、招标公告、招股说明书、商业广告等为要约邀请。商业广告的内容符合要约规定的，视为要约。”)，公众申购新股即为要约，而发起人公布中签号、收取股款的行为应视为承诺(《合同法》第22条规定，承诺可以根据交易习惯作出)。自发起人收取股款之日起，流通股股东与发起人完成缔约过程，合同成立并生效。上市公司股东之间通过民事法律行为所形成的合同法律关系，相当于由流通股股东与发起人共同达成了一份“持股合同”，招股说明书等相关文件均为持股合同的法定内容。全体股东自持股合同生效之日起开始持续履行合同。

“契约之功能在协助个人于规划未来事业或商业事务时，以保护

---

① 参见〔美〕科斯：《企业的性质》，载《企业、市场与法律》，上海三联书店1991年版，第7页。转引自孙宪忠主编：《民法总论》，社会科学文献出版社2004年版，第132页。

② 王利明：《合同法研究》(第1卷)，中国人民大学出版社2002年版，前言。

③ 参见钱弘道：《经济分析法学》，法律出版社2003年版，第466页。

其预期利益（protecting their expectations）。”[①]发起人通过招股说明书向社会公众作出了在国家出台相关政策前其股份暂不上市的承诺，它已经构成了投资者在成为流通股股东之前的心理预期，直接决定着他们以相当高的市盈率购买股票。正是基于这一承诺，投资者以数倍于股票面值和远高于国有股、法人股折股价（或认股价）的公开发行价认购股份，成为流通股股东。由此在国有股、法人股股东与流通股股东之间形成以下合同法律关系：国有股、法人股股东以较低的折股价（或认股价）取得股份，在国家出台相关政策前其股份暂不上市，但与流通股股东同等行使包括表决权、利润分配权等在内的股东权；流通股股东则以较高的公开发行价认购股份，其股份上市，但股票发行溢价列入公司资本公积金，由全体股东享有。此时，承诺股份暂不（申请）上市和承诺高价认股、股票发行溢价分摊，分别构成国有股、法人股股东与流通股股东的对价。这样，股权分置作为持股合同中的一项重要内容或者重大条款，构成了股权分置的合同法律关系的实质内容。这种承诺对流通股股东来讲是一种合同上的“期待利益”。

针对非流通股股东与流通股股东之间是否存在非流通股暂不上市的约定，有学者认为“非流通股股东从来就没有承诺持股不上市”。[②] 对此说法，笔者不敢苟同。尽管在法律层面，确实没有限制国有股、法人股股东所持股份流通的明确规定，但这部分股份的限制流通却是一个不争的事实。对此，有学者形象地比喻国家股和法人股不流通是一种“隐性契约”。[③] 退一步讲，即使在招股说明书中并非所有

---

① 杨桢：《英美契约法论》，北京大学出版社2003年版，第65页。

② 郑鈜在其《股权分置需要正本清源——对〈关于上市公司股权分置改革试点有关问题的通知〉的法学解读》中认为：除了《公司法》第147条明确规定：“发起人持有的本公司股份，自公司成立之日起三年内不得转让”之外，在通用的公司公开招股说明书的范本中，通常进行的提示是“根据国家现有法律、法规规定，本公司发起人股暂不上市流通”，其含义只是暂时不上市流通，并不意味着永远不上市流通。因此，非流通股股份从来就没有承诺过永久不上市流通。参见郑鈜：《股权分置需要正本清源——对〈关于上市公司股权分置改革试点有关问题的通知〉的法学解读》，载《经济观察报》，2005年6月4日。

③ 参见孙成刚：《流通股股东损失应得到赔偿》，载《中国证券报》2003年10月23日第11版。

的非流通股股东都作出过其股份暂不上市的承诺，也不影响该条款在发起人股东与流通股股东之间的合同关系中存在，具体理由如下：

大陆法系学者认为，合同内容是由要素、常素、偶素构成的。所谓要素，是指构成某种法律行为所必须具备的意思内容，就合同而言，要素实际上指的是合同中的必要条款；常素是指行为人从事某种法律行为通常所应有的、内容完全等同的意思要素，就合同条款而言，常素就是根据交易合同判断某一类合同所应当共同具备的条款；所谓偶素，是指依法律行为性质并非必须具有，仅依行为人特殊意志而确定的意思要素，在合同中通常指当事人的特约条款和附加条款。若合同内容缺乏要素，则合同不能成立。但在合同成立以后，如果合同的常素、偶素不确定或者不清楚，并不影响合同成立和生效，在此情况下，可以通过法律的推定规则以及合同的解释规则来加以推定或解释。这其中，常素“谓通常为契约之内容，除非当事人有反对之约定外，当然为契约之一部。”[①]例如，我国《合同法》第 62 条第(四)项规定：“履行期限不明确的，债务人可以随时履行，债权人也可以随时要求履行，但应当给对方必要的准备时间。”即履行期限条款属于常素，其效果表现在，如果在合同中当事人没有约定该条款，也没有在合同中特别约定加以排除，则法律上将通过推定的规则填补这些条款。[②] 而在上市公司股份发行行为中，国有股、法人股股份暂不流通是当时特定历史条件下形成的常素，只要当事人没有特别约定排除此内容，则应当推定发起人股东与流通股股东之间的合同内容中包含国有股、法人股股份暂不流通这一条款。

第三节　股改对价的本质

一、股权分置改革——合同变更的原因

按照证监会《上市公司股权分置改革管理办法》的界定，上市公司股权分置改革是“通过非流通股股东和流通股股东之间的利益平衡协

---

① 史尚宽：《债法总论》，中国政法大学出版社 2000 年版，第 15 页。

② 参见王利明：《合同法研究》(第 1 卷)，中国人民大学出版社 2002 年版，第 351页。

商机制，消除 A 股市场股份转让制度性差异的过程”。

对此，有学者进一步解释：“股权分置改革是由上市公司的其所持股份不在证券市场流通的发起人股东或经受让取得相当于发起人地位的股东，单独或联合提出允许其所持股份分期或分批上市流通，且由其向流通股份的持有股东给予一定补偿的合同草案，交由流通股股东集体表决接受的民事行为”。[①]

可见，本次股权分置改革的实质就是在证监会的主导下，通过一系列的安排和变更，改变上市公司一部分股份能够上市交易、一部分股份不能上市交易的不合理状况，使我国证券市场制度建设趋于完善。

正是本次证监会主导下的股权分置改革，将导致原 A 股市场国有股、法人股股份暂不流通的状态发生改变。

二、情势变更——合同变更的根据

股权分置改革要求上市公司的所有股票均能上市流通，这一政策上的变化导致当事人不能继续履行原持股合同，也无法向政府请求救济。股权分置改革的结果是，非流通股股东因其股票可以上市流通而受益，流通股股东则因原流通股的流通市值下降而遭受损失，这会造成当事人之间的利益失衡，对流通股股东来讲明显有失公平。此时，出于公平考虑，应当根据“情势变更原则”，允许合同当事人变更合同。

所谓情势变更原则（changed circumstances），是指在合同有效成立之后，非因当事人双方的过错而发生情势变更，致使合同不能履行或如果履行会显失公平，因此，根据诚实信用原则，当事人可以请求变更或解除合同。[②] 大陆法认为，合同一旦有效成立，当事人就必须按照“契约必须严守”的原则履行合同。但在合同订立后，却有可能因当事人在订约时无法预见的客观情况的变化导致合同不能履行或履行过于艰难，而当事人对于情势变更的发生又没有过错，在此情况下，强迫

① 甘培忠：《股权分置改革中非流通股股东的意见不一致问题》，载正义网 www.jcrb.com，2006 年 10 月 3 日登录。

② 参见梁慧星：《中国民法经济法诸问题》，法律出版社 1989 年版，第 200 页。

当事人继续履行合同或承担违约责任，确实有悖于诚实信用原则，所以适用情势变更原则。[①] 在英美法中，情势变更是指在合同成立后，在履行中遇到了不可预料的障碍或情况，导致合同不能履行或履行艰难时，法院或当事人采取的一种衡平措施。[②] 诚实信用原则要求合同当事人应以诚实守信、善意的方法行使权利并履行义务，但由于客观世界的复杂性，当有特殊情况出现导致当事人之间利益失衡时，出于平衡当事人之间的利益关系考虑，应当在符合一定条件的情况下允许当事人变更或解除合同。所以，情势变更旨在平衡当事人双方的利益或根据诚实信用原则，调整当事人之间的利益关系。

情势变更原则的适用条件有如下几项：(1) 有情势变更的客观事实；(2) 情势变更须发生在合同成立并生效以后，履行完毕之前；(3) 情势变更是当事人所不可预见的；(4) 情势变更的发生不可归责于双方当事人（不可归责于当事人的事由可分为三种，即不可抗力、意外事件和其他事件）；(5) 情势变更使履行原合同显失公平。[③]

情势变更原则的效力表现为当事人可以变更合同，从而使合同在公平基础上得到履行。如果采用变更的方式不能消除显失公平的后果，或者合同继续履行已经不可能，或者当事人一方认为合同的变更有悖于订约目的时，可以解除合同，以彻底消除显失公平现象。从鼓励交易的目的出发，如果变更合同能够消除情势变更所导致的不公平的后果，则应采取变更方式，而不宜解除合同。[④]

因此，笔者认为，出于诚实信用及公平角度考虑，对于因股权分置改革导致的非流通股股东与流通股股东之间的利益失衡，应当允许双方当事人协议变更合同，在准许非流通股股东放弃非流通股暂不上市

---

① 参见王利明：《合同法研究》（第 2 卷），中国人民大学出版社 2003 年版，第 19 页。

② See *Liebrich v. Tyler Stste Bank & Trust Co*, Court of Civil Appeals of Texas, 1936, 100S. W. 2d. 152.；转引自王利明：《合同法研究》（第 2 卷），中国人民大学出版社 2003 年版，第 19 页。

③ 参见崔建远主编：《合同法》（第 3 版），法律出版社 2003 年版，第 93 页。

④ 参见王利明：《合同法研究》（第 2 卷），中国人民大学出版社 2003 年版，第 18—33 页；参见崔建远主编：《合同法》（第 3 版），法律出版社 2003 年版，第 92—94 页。

流通承诺的同时,由非流通股股东对流通股股东给予公平合理的经济补偿。《合同法》第 77 条规定:“当事人协商一致,可以变更合同”。这里的协商一致,实际上是订立一个新合同,仍需经过要约、承诺程序。其要约是变更合同的要约,须包含变更原合同这一点。这里的承诺,是对该要约的同意。未经合同当事人协商一致,任何一方均不得擅自变更合同,否则应当承担相应的违约责任。由于非流通股股东要改变合同,放弃当初非流通股暂不上市流通的承诺,就必须与合同另一方——流通股股东协商一致。非流通股股东要变更当初“暂不上市流通”的承诺,须得到流通股股东的同意,非流通股股东为获得流通股股东同意合同变更所支付的代价就是对价。

三、股权分置改革中对价的本质

(一) 股权分置改革中对价的几个认识误区

有关对本次股权分置改革中非流通股股东向流通股股东支付对价本质的认识,理论界存在着很大的差异,主要有以下几种观点:

1. “补偿说”

“补偿说”包括“认股差价补偿说”和“合同变更损失补偿说”。

“认股差价补偿说”认为,“补偿”是对社会公众股股东与国有股、法人股股东认股差价的补偿。① 一方面,尽管历史上我国证券溢价发行的价格偏高,但超出股票面值和发起人股每股净资产的溢价发行是国际惯例。况且,公司公开发行时非流通股股东以较低的折股价(或认股价)取得股份,在很大程度上是由于他们对公司无形资产的贡献和承担了更多的风险。因此,要求非流通股股东向流通股股东“补偿”其认股差价,并无令人信服的理由;另一方面,补偿认股差价也缺乏可操作性,因为公司股东(包括非流通股股东和流通股股东)经常处于变更之中,补偿主体、补偿形式、补偿标准等难以界定。

“合同变更损失补偿说”认为,支付对价是因合同变更导致非流通股未来上市流通给流通股股东造成损失的补偿。(1) 非流通股实现流通后并不意味着全部会进入二级市场交易,只有在非流通股进入二

---

① 参见张卫星:《历史追溯调整技术上并非不可能》、《历史追溯调整有充足的法律支持》,载《第一财经日报》,2005 年 3 月 31 日。

级市场实际交易时才会对股票价格产生影响,也只有此时才会使原流通股股东利益受损。对于一项未来才会发生的损失,岂能现在就要求非流通股股东给予补偿?(2)流通股股东进入二级市场参与证券交易是其自主的投资行为,基于《证券法》的有关规定,除因发行人、上市公司等欺诈导致的损失外,股票交易的投资风险与损失由投资者自行负责。因此,要求"补偿"投资者在证券交易中所受的损失缺乏法律依据。

2. "买卖流通权说"

该说认为,对价是用于购买所谓"流通权"或"流通权价值"的代价。股权分置改革首批试点的4家上市公司均持此观点。其实,所谓"流通权"是一个误解。(1)可转让性为股份的本质属性[①],股份的流通权和转让权是法律赋予股东的固有权利。1993年《公司法》第143条明确规定:"股东持有的股份可以依法转让。"(2)法律上并无"流通权"的概念,流通股股东也并不拥有非流通股的流通权,不可能从自己固有的权利中拿出一个"流通权"转让给非流通股股东。(3)即便将所谓"流通权"狭义地理解为在证券交易所挂牌交易(即上市)的权利(权力),根据我国证券市场成立至今的法律规定,该权利(权力)也应从两个层面来理解,一是上市申请权,为民事权利,由公司享有;二是上市核准权,在2005年10月《证券法》、《公司法》修订之前为行政权力,在此之后为证券交易所的自律监管权利,分别由国务院证券监管部门、证券交易所行使。但无论是上市申请权,还是上市核准权,均不能通过股东之间协商支付对价而取得或转让。

3. "赠与说"[②]

"赠与说"认为,支付对价是非流通股股东单方法律行为,是非流通股股东对流通股股东的赠与,接受赠与方不能以非流通股股东支付对价低而提起诉讼。(如《关于浙江杭州鑫富药业股份有限公司股权分置改革的法律意见书》中持此观点)"赠与说"显然很难自圆其说。

---

① 参见江平主编:《新编公司法教程》(第2版),法律出版社2003年版,第194页。

② 参见周代春、李敏、张韶华:《股权分置改革"对价"的法律分析》,载《上海证券报》,2005年6月8日第8版。

(1) 赠与合同是单务合同,受赠人并无对待给付义务,仅赠与人负有交付赠与财产的义务。[①] 如将对价理解为赠与,则无法解释国有股、法人股股东向社会公众股股东支付对价的原因,也就不能反映公司股东之间法律关系的实质。(2)《合同法》第 186 条第 1 款规定:"赠与人在赠与财产的权利转移之前可以撤销赠与。"如果对价是一种赠与,则有关对价的承诺没有任何法律约束力,国有股、法人股股东可以随时撤销,这与股权分置改革的要求是背道而驰的。(3) 大多数非流通股都是国有资产,国有资产岂能由非流通股股东随意赠与流通股股东。

4. "让利说"

"让利说"认为,对价是非流通股股东对流通股股东的让利,即非流通股股东让与流通股股东一部分利益。让利说源自"国不与民争利"和"让利于民"的理念,想当然地认为股权分置改革要对流通股股东让利。但事实上,非流通股股东对流通股股东支付对价是一种合同上的义务。"让利说"的弊端在于容易给非流通股股东造成一种误导,认为在股权分置改革过程中让利与否全在于自己的决断,而非自己的义务。

(二) 股权分置改革中对价的本质

笔者认为,对本次股权分置改革中的对价本质的合理解释应当是:由于非流通股股东改变此前所持股份"暂不上市流通"的承诺,为获得流通股股东对原非流通股上市流通的容忍,即为获得流通股股东放弃对因同意该变更而可能遭受损失的请求权的允诺而为的对待给付。在股权分置改革中,非流通股股东改变此前所作的股份暂不上市承诺,实际上是对原合同约定的变更,而这一变更正是合同双方(非流通股股东与流通股股东)争议与协商的焦点和关键。

一方面,合同变更导致非流通股未来上市流通会给流通股股东造成损失。股市的核心关系就是股市的供给和需求之间的关系,股市的供给就是股票的数量和质量,股市的需求就是进入股市的资金。[②] 假定股权分置改革不改变上市公司的总市值,受供求关系的影响,股票

---

① 参见崔建远主编:《合同法》(第 3 版),法律出版社 2003 年版,第 357 页。

② 参见林义相:《以制度创新保护流通股东合法权益》,载《中国证券报》,2003 年 11 月 6 日第 13 版。

实现全流通后的价格必定低于改革前的流通股股价，但又高于改革前的非流通股股价。如果流通股股东和非流通股股东的持股数量保持不变，原流通股的流通市值必然下降，而原非流通股的市值必然上升，且流通股股东流通市值下降的金额等于非流通股股东市值上升的金额，由此形成财富的转移。换言之，在股权分置改革之前流通股价格由于非流通股股东持有股份不流通的承诺，股票价格往往高于公司的基本价值，股权分置改革之后，流通股的价格向下回落造成流通股股东一定的损失，非流通股股东所持股份可流通之后，股价必然因市场化定价而上涨。当然，影响股票价格的因素是多样的，非流通股可流通后也并不意味着所有的股份都会全部上市交易。

另一方面，合同变更导致流通股股东所受到的损失是一种未来才会发生的损失，并非当前可以确切计算并已经实际发生的损失，因此流通股股东要求非流通股股东补偿其损失并无法律依据。但是，合同的变更意味着流通股股东因此放弃对因同意该变更而可能遭受损失的请求权。所以，非流通股股东唯有通过一定的财务或者法律安排（如支付一定量的股票或者货币、对所持股份的转让作出限制等），才能换取流通股股东放弃对因同意该变更而可能遭受损失的请求权的允诺。上述财务或者法律安排、放弃请求权的允诺分别构成国有股、法人股股东与流通股股东的对价。基于此，对价的支付应当体现合同法的对等要求，而且对价应以流通股股东的利益不受损失为限，但不具有弥补流通股股东因自身买卖股票操作所造成的损失的作用。

第四节　股改对价的确定原则

本次股权分置改革之前，国务院曾于 2001 年在证券市场推行国有股减持方案，尽管该方案最终以失败告终，但其教训却值得本次股权分置改革尤其是股改对价确定所吸取。

一、国有股减持及其教训

（一）国有股减持回顾

为完善社会保障体制，开拓社会保障资金新的筹资渠道，支持国有企业的改革和发展，国务院于 2001 年 6 月 12 日颁布了《减持国有股筹集社会保障资金管理暂行办法》。从《减持国有股筹集社会保障资金管理暂行办法》的立法宗旨看,目的只有一个,就是筹集社会保障资金,至于改善上市公司股权结构和公司治理结构则未包含其内。[①]

《减持国有股筹集社会保障资金管理暂行办法》第5条规定:"国有股减持主要采取国有股存量发行的方式。凡国家拥有股份的股份有限公司(包括在境外上市的公司)向公共投资者首次发行和增发股票时,均应按融资额的10%出售国有股;股份有限公司设立未满三年的,拟出售国有股通过划拨方式转由全国社会保障基金理事会持有,并由其委托该公司在公开募股时一次或分次出售。国有股存量出售收入,全部上缴全国社会保障基金。"

同时,该办法第14条还授权部际联席会议根据社会保障资金的需要和证券市场的发展状况,在采取国有股存量发行的同时,选择少量上市公司进行国有股配售及定向回购等方式的试点。

6月26日,江苏索普、沧州化工、韶钢松山公布增发计划,上市公司减持国有股方案正式启动。6月14日,上证综指最高冲至2 245.43点;之后,两市股指大幅下挫,10月22日,上证综指最低探至1 514.86点。

10月23日,中国证监会宣布停止首次发行和增发股票时出售国有股。

从2001年6月国有股减持方案推出到10月暂停,中国证券市场经历了大波大澜,损失惨重。[②] 在此后的几年里,中国证券市场经历了

---

① 参见刘俊海:《股份有限公司股东权的保护》,法律出版社2004年版,第559页。

② 参见李振宁:《全流通改制应让利于民》,载《中国证券报》,2003年11月27日第10版。

一段艰难的熊市,进入十几年来最困难的时期。[①]

(二) 国有股减持的教训

反思国有股减持失败的原因,对于股权分置改革的顺利进行不无意义。总体来讲,国有股减持的失败主要在于:

1. 减持目的有误

本次为了筹集社会保障资金进行的国有股减持,尽管也是为了社会公共利益,但其直接目的仍在于通过证券市场筹集资金,客观上造成了与民争利的局面,从而严重损害了流通股股东的利益,挫伤了他们的信心。这是方案最终失败的根源,也是造成几年熊市的主要原因。

2. 违背了股东平等原则

国有股和法人股同样是不流通股,而前者却可以依靠强大的政府权力在减持上得以优先考虑,其潜在逻辑便是国有股股东利益优先于非国有股股东利益,带有明显的计划经济时代的痕迹,是对公司法股东平等原则的背弃。该方案也进一步恶化了原本不公平的股东利益格局。

3. 缺乏对流通股股东利益的保护

以评估价确认的国有股股份却要以二级市场价格减持,严重损害了流通股股东的利益,必然要受到市场的唾弃。

4. 错误的定价机制

国有股减持从本质上说是一种行政命令式的“政策性”减持,采用“政府定价”和“专家定价”,而不是基于当事人各方平等协商的“市场定价”,在实践中难以得到流通股股东的认同。

---

① 有资料显示,国有股减持失败后的两年中,沪深两市流通股市值缩水达6 000 亿元以上,90%以上的投资者亏损,平均亏幅超过 30%,2002 年股市交易额只相当于 2000 年的 46%,而实际参与交易的客户已不到 30%,保证金约只剩下40%;而证券业则全面陷入生存困境,2002 年券商出现全行业性亏损;上市公司融资越来越难;同时,股市在国民经济中的作用日渐式微,股市占总融资额的比重已由 2001 年的 7.5%降至 2002 年的 4%,再降至 2003 年的 1.6%,而股票融资占 GDP 的比重也由 2000 年的 2.27%逐年下滑至 2002 年、2003 年的 1.3%和0.92%。数据资料来自赵维、闻召林:《一盘亟待打破僵局的棋——近期理论界及市场人士对全流通问题的思考》,载《中国证券报》,2003 年 10 月 20 日第 1 版。

可以说，国有股减持失败的关键就在于有关部门仍用计划经济的思维模式管理证券市场、设计国有股减持方案，忽视了市场中供需双方的平等地位，未能让市场主体自觉主动地按市场原则进行公平交易，也未能创造出一个充分市场化的交易平台。

二、股改对价的确定原则

显然，本次股权分置改革充分吸取了国有股减持的失败教训，《国务院关于推进资本市场改革开放和稳定发展的若干意见》中明确指出："积极稳妥解决股权分置问题……在解决这一问题时要尊重市场规律，有利于市场的稳定和发展，切实保护投资者特别是公众投资者的合法权益"。这是股权分置改革应遵循的基本原则。

合同法的灵魂在于契约自由和公平、平等的精神。对价作为流通股股东与非流通股股东之间的博弈，其确定原则直接决定着双方当事人尤其是流通股股东的权利。考虑到对价的确定来自于非流通股股东与流通股股东之间的协商，本次股权分置改革中对价的确定应遵循以下几个基本原则：

（一）公开、公平、公正原则

"公开、公平、公正"的原则是贯穿证券市场运行过程的基本原则①，也是妥善解决各方在实现股权分置改革过程中利益调整问题的准绳。《上市公司股权分置改革管理办法》第 3 条规定："上市公司股权分置改革遵循公开、公平、公正的原则，由 A 股市场相关股东在平等协商、诚信互谅、自主决策的基础上进行。"

公开原则是市场经济的基本准则，它要求有关股权分置改革的信息特别是有关对价的原则、形成办法、幅度等信息应当依法如实披露、充分披露、持续披露，让流通股股东在充分了解真实情况的基础上自行作出判断。唯有让流通股股东在充分了解并掌握对价的方法和程序的基础上，才能让流通股股东放心，才能恢复投资者的信心，从而平稳地解决股权分置问题。

---

① 参见周正庆主编：《证券知识读本》，中国金融出版社 1998 年版，第 434 页。

公平是指证券市场的参与者在法律地位上平等，在市场中机会平等。[①] 我国《民法通则》第4条也规定，民事活动应当遵循公平原则。公平原则要求在股权分置改革过程中平等地对待和处理非流通股股东和流通股股东的正当权益，不仅应当保障流通股股东的利益不受或者尽量少受改革的伤害，也要求在改革过程中同样尊重非流通股股东的利益，最终确定的对价应当充分而对等。

对价的确定不仅要求公平地对待各方权益，还要求公正地解决各方的利益冲突。公正的原则要求正当、合理地处理好股权分置改革过程中各市场主体的利益分配。贯彻公正原则的基本要求是，股权分置改革参与主体的合法权益同样受法律保护，违法行为同样受法律制裁。

（二）合同自由原则

契约自由是市场经济的前提，也是合同法的灵魂。合同本质上就是当事人通过自由协商，决定其相互间权利义务关系，并根据其意志调整他们相互间的关系。[②]《民法通则》第4条规定："民事活动应当遵循自愿、公平、等价有偿、诚实信用的原则。"《合同法》第4条也规定："当事人依法享有自愿订立合同的权利，任何单位和个人不得非法干预。"因此，流通股股东究竟应当获得多少对价、对价方式如何，应当由流通股股东与非流通股股东自由磨合。在对价方案的设计和磋商过程中，非流通股股东之间应当在自愿、合意的基础上充分协商，提出对价方案，非流通股股东与流通股股东之间更应当遵守合同自由原则，在双方意思表示真实的基础上达成一致。

当然，合同自由也包含着"条约必须遵守"或者"契约神圣"的观念。当事人的合意一旦达成，便应当像一把法锁拘束当事人，任何一方违反合同都应当承担责任。[③]《合同法》第8条规定："依法成立的合同，对当事人具有法律约束力。当事人应当按照约定履行自己的义

---

① 参见《证券法释义》编写组：《中华人民共和国证券法释义》，中国法制出版社2005年版，第7页。

② 参见王利明：《合同法研究》（第1卷），中国人民大学出版社2002年版，第141页。

③ 同上。

务,不得擅自变更或者解除合同。依法成立的合同,受法律保护。"合同一旦达成,非流通股股东与流通股股东均应遵守允诺、恪守信用,严格履行在股权分置改革中作出的承诺。

（三）保护流通股股东利益原则

保护投资者的合法权益不受侵害,这是资本市场的立法准绳,更是证券法的立法宗旨。[①] 保护投资者合法权益,首先要保护中小股东的合法权益;99%以上的中小投资者都是流通股股东,要保护中小投资者的合法权益,首先要保护流通股股东的合法权益。[②] 这不仅是因为中小投资者是证券市场的基础,没有中小投资者的参与,资本市场就成了无源之水、无本之木,更重要的是,中小投资者一直是资本市场的弱势群体。旗帜鲜明地向弱者倾斜原则是现代法治文明与和谐社会的重要标志。向弱者适度倾斜的原则不是社会的情感宣泄,而是国家的理性选择;不是法治历史长河中的昙花一现,而是现代法治文明的永久胎记;不是民粹主义的简单道白,而是和谐社会的必然选择。[③] 向弱者适度倾斜,其目的在于使已经向强者倾斜的天平回归平衡,帮助弱者获得公正待遇,这不仅不违反平等原则,恰恰是坚持、捍卫和发展了平等原则,并最终贯彻了公平原则。[④] 历史和实践也一再证明,证券市场要发展,必须取信于投资者,必须切实保护投资者的合法权益。[⑤] 解决股权分置,首要的就是要恢复和维护流通股股东的合法权益。流通股股东在中国股市中代表了市场化的新生力量和希望,保护他们的合法权利,就是保护市场的发展,也是社会和国家的整体利益

---

① 新修订的《证券法》第1条:"为了规范证券发行和交易行为,保护投资者的合法权益,维护社会经济秩序和社会公共利益,促进社会主义市场经济的发展,制定本法。"

② 参见林义相:《以制度创新保护流通股股东合法权益》,载《中国证券报》第13版,2003年11月6日。

③ 参见刘俊海:《创新法律制度,构建和谐社会》。载中国社会科学院法学研究所主办:《完善社会法治、构建和谐社会论文集》,中国社会法论坛2006年,第21—22页。

④ 同上,第22页。

⑤ 参见《证券法释义》编写组:《中华人民共和国证券法释义》,中国法制出版社2005年版,第3页。

和长远利益所在,这与维护其他利益团体的合法权益并不冲突和矛盾。[①] 因此,保护投资者尤其是流通股持有者的利益,是贯穿于股权分置改革之始终的原则,对价方式的选择无疑要服从这一原则。

(四) 有利于市场稳定原则

在市场稳定发展中解决股权分置问题,既是股权分置改革成功的基础,也是股权分置改革所要考虑的政策目标之一。从一定意义上讲,证券市场就是信心市场。证券市场必须在稳定中求发展,市场如果不稳定,说明改革不被市场参与者普遍认可,也就失去了继续进行改革的基础。因此,对价方式的选择,必须从稳定市场出发,防止市场操纵,抑制投机。《国务院关于推进资本市场改革开放和稳定发展的若干意见》也将“有利于市场的稳定和发展”作为原则提出。

第五节 股改对价的确定程序

一、股改对价确定的基本程序

根据《关于上市公司股权分置改革的指导意见》,股权分置改革方案实行分散决策、分类表决政策。对价方案由非流通股股东和保荐机构制定,经上市公司董事会决议后,提交股东大会表决。

按照《关于上市公司股权分置改革试点有关问题的通知》及《上市公司股权分置改革管理办法》的规定,“相关股东会议投票表决改革方案,须经参加表决的股东所持表决权的三分之二以上通过,并经参

① 参见华生:《中国股市的经济学思考》,经济科学出版社 2004 年版,第 239 页。

加表决的流通股股东所持表决权的三分之二以上通过”。[①] 由此在股权分置改革中确立了流通股与非流通股分类表决机制。

二、类别股东表决机制法理分析

由于类别股东表决制度涉及复杂的法律问题，我国现行法律又没有明确规定，这一制度自公布之日起便在学界引起轩然大波。2005年7月26日，《金陵晚报》在对著名经济学家吴敬琏教授的专访中称：“吴敬琏表示，证监会已经把股权分置改革的决定权交给流通股股东了。流通股股东处于优势地位，当然他们可要求更多的补偿。但这样的结果对于非流通股股东和流通股股东是不公正的……现在这个权利是不对等的。现在的方案能否通过，权利完全在流通股股东手里，这是证监会交给他们的权利。”[②]笔者认为，在股权分置改革中采取类别股东分类表决机制是现实而且合理的。

（一）类别股东表决制度的域外经验

类别股东表决的前提是存在类别股份。所谓类别股，是指在公司的股权设置中，存在两个以上不同种类、不同权利的股份。这些股份因认购时间和价格不同、认购者身份各异、交易场所有别，而在流通性、价格、权利及义务上有所区别。[③]

---

① 《关于上市公司股权分置改革试点有关问题的通知》第3条规定：“临时股东大会就董事会提交的股权分置改革方案做出决议，必须经参加表决的股东所持表决权的三分之二以上通过，并经参加表决的流通股股东所持表决权的三分之二以上通过。”《上市公司股权分置改革管理办法》第5条规定：“公司股权分置改革动议，原则上应当由全体非流通股股东一致同意提出；未能达成一致意见的，也可以由单独或者合并持有公司三分之二以上非流通股份的股东提出。非流通股股东提出改革动议，应以书面形式委托公司董事会召集A股市场相关股东举行会议（以下简称相关股东会议），审议上市公司股权分置改革方案（以下简称改革方案）。相关股东会议的召开、表决和信息披露等事宜，参照执行上市公司股东大会的有关规定，并由相关股东对改革方案进行分类表决。”第16条规定：“相关股东会议投票表决改革方案，须经参加表决的股东所持表决权的三分之二以上通过，并经参加表决的流通股股东所持表决权的三分之二以上通过。”

② 参见赵旭东主编：《公司法评论》2005年第4辑，第43—44页。

③ 参见罗培新：《公司法的合同解释》，北京大学出版社2004年版，第243页。

许多国家和地区的公司法都确立了类别股东表决制度,规定当公司某项决议可能给某类股东带来损害时,除经股东大会决议外,还必须事先经该类别股东大会决议通过,这就是所谓的类别股东表决制度。[①]《美国模范公司法》(MBCA)中有团体投票(class voting)的概念,即依照法律或公司章程享有投票表决权的全部股东,依照其所持股票的种类的不同而形成不同的投票团体(voting group),即同一种类股票的所有持有人形成一个投票团体。在股东会议上对某一事项进行投票表决时,各投票团体在投票计数时分别计算。[②] 这是对股东权利保护的重要措施之一。针对某些股东提出的可能不可接受的修改方案,股东享有就此修改方案进行分类投票的权利。在大多数州,需要进行团体投票的方案要想获得通过,必须是方案在每一投票团体以及全体股东作为一个整体进行投票并都获得通过。[③] 日本公司法和韩国商法上称为类别股东表决而召开的会议为种类股东大会。《日本公司法典》第322条:"在发行种类股份公司实施下列行为的场合,存在对某一种类的股份的种类股东造成损害之虞时,该行为无以该种类股份的股东为成员的种类股东大会的决议,不发生效力。"[④]韩国公司法理论认为,公司发行数种股份时,根据不同的事案,各种类股东所持的利害关系就会不同。这时,数量上占优势种类的股东会控制股东大会决议,数量上占劣势的股东因此而受损害。因此,商法就股东大会的特别决议事项中存在这种危险可能性的事案,除股东大会决议以外,还要求有可能受损害种类股东们的决议。[⑤]

通过对美国、日本和韩国相关规定的考察,我们可以看出:类别股东表决的法理基础在于不同类别股份在权利内容的设置上存在差别,这就决定了公司在按照章程规定或在章程无规定而依照董事会或股

---

① 参见谈萧:《股权分置改革中若干法律问题探析》,载《证券市场导报》2005年第12期。

② 参见薛波主编:《元照英美法词典》,法律出版社2003年版,第233页。

③ See Robert W. Hamilton, *The Law of Corporations*, Fourth Edition, 1996, pp. 536-537. 中国人民大学出版社,民商法精要系列影印注释本,刘俊海、徐海燕注。

④ 《日本公司法典》,崔延花译,中国政法大学出版社2006年版,第153页。

⑤ 参见〔韩〕李哲松:《韩国公司法》,吴日焕译,中国政法大学出版社2000年版,第434页。

东大会决议时，存在给某一类别股东权益造成损害的可能，因此，在股东表决时就必须考虑不同类别股东合法权益的保护。[①] 类别股东表决制度纠正了在股份平等之下，资本多数决原则造成的股东之间事实上的不公正，从而维护了股东权利的实质平等。[②]

（二）我国类别股东表决制度的实践

我国《公司法》中虽然没有关于类别股东表决制度的规定，但在实践中，部门规章层级的法律文件对类别股东表决制度作出规定却是早有先例。我国 1994 年 8 月发布的《到境外上市公司章程必备条款》第 83 条规定，拟出席会议的股东所代表的在该会议上有表决权的股份数，达到在该会议上有表决权的该类别股份总数 1/2 以上的，公司可以召开类别股东大会。2002 年 7 月，证监会发布的《关于上市公司增发新股有关条件的通知》第 5 条规定："增发新股的股份数量超过公司股份总数 20% 的，其增发提案还须获得出席股东大会的流通股（社会公众股）股东所持表决权的半数以上通过。"2004 年 12 月，证监会发布《上市公司股东大会网络投票工作指引（试行）》，提出："今后上市公司增发新股、发行可转债或配股、重大资产重组等需要流通股股东单独表决通过的，除现场会议投票外，上市公司还必须向股东提供股东大会网络投票系统"。由此可见，类别股东分类表决在我国证券市场上早有先例。

从法理上看，证监会有关类别股东分类表决的规定并不存在违反《公司法》、《证券法》的原则和精神的问题。（1）这两部法律都没有禁止流通股股东单独表决。对法律的漏洞进行弥补和完善，是各国立法、司法的通例。（2）我国事实上已经形成流通股和非流通股两种不同权益的类别股。在此情况下，建立社会公众股股东单独表决机制并不违反同股同权、同股同利原则。（3）纵观世界各国公司法，均强调

---

① 参见谈萧：《上市公司治理与监管专题研究》，法律出版社 2006 年版，第 185—186 页。

② 参见赵旭东主编：《公司法评论》2005 年第 4 辑，第 45 页。

股东平等和对少数股东提供特殊保护原则。[①]

本次股权分置改革再次引入类别股东分类表决制度，在制度上为流通股股东提供了充分表达意愿的平台，是保护流通股股东权益的具体体现。该制度通过为纠正资本多数决原则导致的实质不公平而对中小股东给予倾斜保护，从而维护了股东之间的实质平等。该制度有助于恢复股权平等原则的真意，提升在经济实力、持股比例、表决力和信息占有等方面处于弱势群体的流通股股东的地位，从制度上可以有效预防资本多数决的传统公司法原则与“一股独大”的股权现实结构导致的资本多数决滥用现象，从而避免股东大会演变为“大股东会”。[②]

但随之而来的一个问题是，股东大会作为上市公司的权力机构，如何能够决定非流通股股东与流通股股东之间的对价问题？有观点认为，股权分置改革涉及的只是流通股股东与非流通股股东之间的关系，上市公司在这里从法律上说是第三方，由作为上市公司决策机构的股东大会主导，存在“法理上的困惑”。[③] 的确，根据合同法原理，合同的订立和变更应当由当事人协商一致决定，但是，如果为了变更合同而在股东间展开一对一的谈判，将会在实践中产生一个突出问题，即一亿三千八百万股民与二千五百多家上市公司的非流通股东需缔结数以千万计甚至更多的合同关系，其结果可能导致股东之间无法达成协议或者协商的成本极高。因此，采用股东协商会议并实行 2/3 多数决（相关股东会议投票表决改革方案，须经参加表决的股东所持表决权的 2/3 以上通过）是切合实际的选择。而且，由于两类股东的利益共熔于上市公司一炉，股东之间的利益结构的调整既是公司整体存在和运行的基础，也是公司管理股东权益的必要事项的内容，为降低

---

① 参见郭锋：《公众股股东权益与类别股表决——在发展与规范：中国证券市场法律论坛（2004）上的演讲》，载法大民商经济法律网 www. ccelaws. com/int/artpage/4/art_6239. htm，2007 年 1 月 8 日登录。

② 参见刘俊海：《类别股东表决制度构筑七大工程》，载《上海证券报》，2004 年 12 月 14 日。

③ 覃旭、亚枫：《法律界的声音：股权分置改革之法理困惑》，载《21 世纪经济报道》，2005 年 7 月 21 日。

改革方案达成的成本，利用股东大会的决策机制也属情理之中的事情。[①] 股权分置改革本身涉及股东利益结构的调整，运用公司股东大会的机制决策问题既在于公司承载了全体股东的共同利益，又在于只有采取集体投票的方式才是可行的选择。

（三）完善我国类别股东表决制度的思考

实行类别股东表决不仅仅是为了解决股权分置问题，实施类别股东投票表决机制的出发点也并不仅在于此。"只要证券市场存在，就会有股东滥用控制权事件的发生，就会有大股东与中小股东不同利益群体的争夺，这同样存在于国外全流通的证券市场中，从而类别股东投票表决机制也就有其存在的必要性。"[②]

当然，确立类别股东表决制度并不是要削弱控股股东正常的决策权力，而是要为少数股东的权利保护提供机制。同时，如果无限制地将本不属于类别表决的事项统统进行类别表决，无形中就扩大了少数股东的权利，这样有时会造成公司决策效率的缓慢。[③] 此外，为防止极少数类别股东滥用权利，危害公司正常的经营管理决策，还应对参加分类表决的类别股东出席人数作出最低限度的限制。为规范并进一步发挥该制度的积极作用，建议我国《公司法》应对类别股东表决制度作出相应规定。

1.《公司法》中应确认如优先股与普通股等不同类别股份的存在。

2. 根据公司章程的规定，公司在发生诸如增发、发行可转债、重大资产重组、分立、合并等规定事项时，可实行股东分类表决，即议案除经全体股东大会表决通过外，还需经参加表决的有特别利害关系的社会公众股股东所持表决权的半数以上通过，方可实施或提出申请。

3. 社会公众股股东在对前述事项进行表决时，出席股东大会的

---

① 甘培忠:《股权分置改革中非流通股股东的意见不一致问题》，载正义网 www. jcrb. com，2006 年 10 月 3 日登录。

② 郭锋:《公众股股东权益与类别股表决——在发展与规范：中国证券市场法律论坛（2004）上的演讲》，载法大民商经济法律网 www. ccelaws. com/int/artpage/4/art_6239. htm，2007 年 1 月 8 日登录。

③ 同上注。

公众股股东所持股份,不得少于流通股总数的 10%。

如此类别股东表决制度便可与累积投票制度、股东代表诉讼制度等共同构筑起中小股东的权利保护体系。

三、共同法律行为——多数决的法律基础

针对类别股东表决机制还有人提出疑问:股东会议两个 2/3 多数决是否剥夺了未参加股东会投票以及在股东会上投了反对票的流通股股东的权利?对此,有学者认为:"上述合同是当事人人数众多的特殊合同,而股权分置改革又是特定历史条件造成的特殊问题,不仅涉及公司全体股东的个体利益,也影响到他们的共同利益,为平衡利益关系,应对单个股东的权利作适当限制,避免因少数人在合同变更协商中的不合作而损害大多数人的利益,故以五部委《指导意见》和证监会《管理办法》等特别规定的形式,肯定股改中相关股东会议 2/3 多数决,并不违背法律的基本精神。"笔者对此观点持赞同意见。

此外,笔者认为,对此问题还可以用共同法律行为理论解释。共同法律行为,又称为协议行为,是基于两个或两个以上共同的意思表示一致而成立的法律行为,例如,设立公司章程的行为、合伙合同。共同法律行为的特点在于:一方面,在实施共同法律行为时,当事人所追求的利益是共同的;另一方面,在实施共同法律行为时,共同的意思表示的达成需要遵循一定的程序,例如,订立章程要遵守一些订立章程的规则、程序,不宜完全适用《合同法》的规定,根据合伙合同或法人的章程,一旦决议以规定的方式作出,对未对决议投赞成票的人也具有约束力。[①] 流通股股东具有共同的利益基础,其意思表示不是相互为之,而是与非流通股股东进行磋商,因此应适用共同法律行为规则,生效决议对未参加投票或者未对决议投赞成票的股东也具有约束力。

实践证明,类别股东表决机制对于本次股权分置改革的顺利推进功不可没。这不仅表现在截至目前已有绝大多数上市公司两类股东通过该机制达成协议完成股改,还表现在股改过程中先后有清华同方、金丰投资、三爱富等上市公司的股改方案因遭到流通股股东的否

---

① 参见王利明:《民法总则研究》,中国人民大学出版社 2003 年版,第 515 页。

决而宣告失败。类别股东表决机制为流通股股东维护权利提供了重要的制度保障。

四、对证监会试行公司重大事项社会公众股股东表决制度的评价

(一) 主要内容

中国证监会2004年12月7日发布的《关于加强社会公众股股东权益保护的若干规定》第1条明确要求上市公司试行公司重大事项社会公众股股东表决制度。该规定指出,在股权分置情形下,作为一项过渡性措施,上市公司应建立和完善社会公众股股东对重大事项的表决制度。下列事项按照法律、行政法规和公司章程规定,经全体股东大会表决通过,并经参加表决的社会公众股股东所持表决权的半数以上通过,方可实施或提出申请:(1) 上市公司向社会公众增发新股(含发行境外上市外资股或其他股份性质的权证)、发行可转换公司债券、向原有股东配售股份(但具有实际控制权的股东在会议召开前承诺全额现金认购的除外);(2) 上市公司重大资产重组,购买的资产总价较所购买资产经审计的账面净值溢价达到或超过20%的;(3) 股东以其持有的上市公司股权偿还其所欠该公司的债务;(4) 对上市公司有重大影响的附属企业到境外上市;(5) 在上市公司发展中对社会公众股股东利益有重大影响的相关事项。

(二) 必要性与正当性

笔者在2004年初参加中国证监会在深圳举行的社会公众股股东单独表决制度专家论证会时,曾对此基本持肯定态度。认为,该制度的核心思想是在继续尊重股东大会制度中的资本多数决原则之外,建立社会公众股股东单独表决制度,凸现社会公众股股东的话语权和表决权,赋予了公众股股东对股东大会决议的否决权。主要原因是这一政策举措对于证券市场法治和证券市场的发展都具有一定的意义。

1. 社会公众股股东单独表决制度的建立健全是一项维权工程

该制度有助于恢复股权平等原则的真意,提升在经济实力、持股比例、表决力和信息占有等方面处于弱势群体的流通股股东的地位,从制度上可以有效预防资本多数决的传统公司法原则与“一股独大”的股权现实结构导致的资本多数决滥用现象,从而避免股东大会演变

为“大股东会”。这不但充分体现了对社会公众股股东共益权的关怀，也体现了对社会公众股股东自益权的维护。

2. 社会公众股股东单独表决制度的建立健全是一项规范工程

该制度有利于规范股东大会运作程序和非流通股股东的表决力行为和控制行为。无论是银山化工流通股股东单独表决制度导致的股东大会风波，还是招行发行可转换公司债券引发的类别股东表决制度的热烈讨论，都说明了我国当前上市公司股东大会运作制度的缺陷急待弥补，股东大会的运作事务亟须规范。

3. 社会公众股股东单独表决制度的建立健全是一项发展工程

证券市场是一个信心市场。实践证明，证券市场只有规范，才能持续健康发展。该制度的建立有利于增强各类投资者（尤其是机构投资者和散户投资者）的投资信心，从而推动证券投资基金业乃至整个证券市场的可持续发展，因而是一个长期利好的制度。

4. 社会公众股股东单独表决制度的建立健全是一项稳定工程

该制度有利于平衡社会公众股股东与非流通股股东之间的利益冲突，有助于稳定投资者信心。需要指出的是，该制度仅是资本多数决原则的纠偏机制和补充机制，因而既不是完全剥夺流通股股东的表决权，也不同于利害关系股东回避表决制度。这就有助于避免矫枉过正，有助于预防诸如日本上市公司股东大会运作实践中存在的捣乱股东（总会屋）的消极现象。

5. 社会公众股股东单独表决制度的建立健全是一项诚信工程

该制度有助于引入社会公众股股东对上市公司管理层和控制股股东、非流通股股东的监督和制衡力度，有助于提高上市公司管理层和控制股股东、非流通股股东的诚信度。

6. 社会公众股股东单独表决制度的建立健全是一项形象工程

该制度是中国证监会在面临资本多数决原则失灵、被滥用的情况下迫不得已而推出的一项制度创新，有助于改善中国证监会保护中小股东合法权益的形象，有助于打造服务型证监会的品牌。

7. 社会公众股股东单独表决制度的建立健全是一项教育工程

该制度有助于提高广大中小股东和机构投资者的投资维权意识和维权知识，有助于鼓励他们积极踊跃地参与股东大会；也有助于增强该制度对有滥用表决力之嫌的控制股股东、非流通股股东和内部控制人的威慑作用。

（三）合法性基础

但是，《行政许可法》的出台促使人们关注中国证监会建立社会公众股股东单独表决制度的合法性问题。笔者认为，社会公众股股东单独表决制度的建立符合公司法的精神，是对公司法基本原则的继承、创新和发展。

1. 该制度符合公司法中的股东平等原则

当前社会公众股股东和非流通股股东恰恰在股权取得的价款、再融资和分红等方面存在着完全不相同的待遇。只有凸现社会公众股股东的表决力，才能实现社会公众股股东和非流通股股东之间的实质平等，弘扬公司法中股东平等原则的主流价值观。

2. 该制度的建立也是多年来我国证券市场法律制度建设的经验积累

1993 年发布的《到香港上市公司章程必备条款》、1994 年 8 月 27 日发布的《到境外上市公司章程必备条款》中均提出了类别股东的概念；2002 年 7 月，中国证监会发布的《关于上市公司增发新股有关条件的通知》更是明确提出了社会公众股股东表决票单独计票的要求。因此，社会公众股股东单独表决制度的建立并非空穴来风，而是制度建设的长期积累。

3. 该制度的建立是政府干预证券市场的重要方式

中国证监会秉承公司法保护股东权的理念，正确运用行政指导手段，强力导入社会公众股股东单独表决制度，是政府干预证券市场的职能创新。

4. 该制度的建立是一些上市公司多年来的成功经验和失败教训的沉淀

万科等上市公司推行的类别股东单独表决制度对于实现公司利益和全体股东利益最大化，平衡股东之间的利益冲突起了积极作用。这些成功经验有必要上升为规范化的法律文件。

（四）改革前瞻

从长远看，笔者认为，应当在《公司法》中建立统一的、涵盖各类特别股东的类别股东表决制度。但从近期看，仅针对社会公众股股东（俗称“流通股股东”）建立单独表决制度也具有相当的可行性和必要性。当然,“类别股东”是一个永恒的概念,而“流通股股东”则是一个与“非流通股股东”相对的历史概念,将来必然随着非流通股的全流通而退出历史舞台。而“社会公众股股东”虽回避了股份的流通性问题,但仍是一个具有特别含义的、阶段性概念。鉴于统一的类别股东表决制度宜在《公司法》修改中予以解决,证监会规定的类别股东单独表决制度的适用范围窄一些是稳妥、务实的。

社会公众股股东单独表决制度既源于类别股东表决制度,又不同于传统的类别股东制度。社会公众股股东单独表决制度的主要内容可以概括为:“一次开会、一次表决、分别计票、一个决议”;而传统的类别股东制度的主要内容则可以概括为:“两次开会、两次表决、两次计票、两个决议”。笔者倾向于将社会公众股股东单独表决制度纳入类别股东制度的范畴,尽量与传统的类别股东制度接轨。实际上,《到境外上市公司章程必备条款》也强调类别股东会议的分别召集程序。

社会公众股股东单独表决的事项范围一定要审慎确定。中国证监会《关于加强社会公众股股东权益保护的若干规定》第 1 条除了列举四大事项之外,尚设立了兜底条款——“在上市公司发展中对社会公众股股东利益有重大影响的相关事项”。笔者认为,兜底条款中的事项应当同时满足以下三项要求:(1) 公司股东大会能够决定的事项,不包括股东私法自治的事项。例如,股权分置改革的对价问题和流通股股东股权无偿出让的问题,均属于股东处置自己股份的问题,应当遵循股东自治原则,不适合由股东大会作出决议,当然也不是由社会公众股股东单独表决的事项。(2) 非流通股股东与社会公众股股东存在利益冲突的事项。如果两个股东群体在某一股东大会决议事项上不存在利益冲突,当然不宜由社会公众股股东单独表决。(3) 限制或者剥夺社会公众股股东利益的事项。如果某股东大会决议根本不可能损害社会公众股股东的利益,也谈不到由社会公众股股东单独表决的问题。

当然,上市公司的股权分置改革方案虽不由“股东大会”通过,而是由“相关股东会议”通过。“股东大会”与“相关股东会议”虽然都由股东与会,但二者的性质和外延有所不同。“股东大会”是站在公司利益的立场、对公司重大决策享有最高决策权的机构,而“相关股东会议”则是站在股东个体利益的立场、对股东与股东之间的利益博弈与利益协调享有决策权的机构。此外,“股东大会”的组成人员为全体股东,任何股东都可参加股东大会;而“相关股东会议”的组成人员则为参加股权分置改革的特定股东,至于股权分置改革之外的公司股东(如N股市场的股东)则无权参加相关股东会议。

建议对社会公众股股东单独表决的决议要件的比例区分两种情况分别作出规定:对于普通股东大会决议固然需要出席股东大会的社会公众股股东所持有或者代表的股份的1/2以上通过;而对于特别股东大会决议则需要出席股东大会的社会公众股股东所持有或者代表的股份的2/3或者3/4以上通过。

建议完善社会公众股股东单独表决的配套制度,重点完善与健全网上表决制度、独立董事制度、委托投票制度、表决权征集制度、股东质询权制度、股东大会辩论制度、利害关系股东回避表决制度等。同时,强调股东大会的召集程序要严谨,面向社会公众股股东的股东大会召集通知应当具有合理的具体性和可预期性,而且应当体现多次公告的精神;更要强调股东大会决议的内容合法。

建议完善对社会公众股股东单独表决的司法救济措施。对于召集程序和表决程序存在瑕疵的、由社会公众股股东单独表决的股东大会决议,社会公众股股东有权向法院提起股东大会决议撤销之诉;对于股东大会决议内容有瑕疵的、由社会公众股股东单独表决的股东大会决议,社会公众股股东有权向法院提起股东大会决议无效确认之诉。

第六节　股改对价的形式及其履行

一、股改对价的形式

《上市公司股权分置改革管理办法》没有对对价的形式作出统一安排,而是在尊重市场规律的基础上,坚持市场化原则,按照“统一组织、分散决策”的方式,由当事人协商确定。实践表明,这种处理方式充分尊重了当事人的意思自治,符合合同自由原则,是务实而有效的。从股改的方案来看,非流通股股东向流通股股东支付对价的形式大致有以下几种:

(一) 派现

派现方式包括非流通股股东向流通股股东支付现金和非流通股股东把上市公司现金分红转付给流通股股东两种形式。派现方式对于流通股股东而言,得到的是一种实实在在的实惠。这种方式也不会改变股权分置改革前后股东的持股比例,不会对股票二级市场价格产生太大影响。因此,派现方式主要适用于第一大股东不愿放弃股权,且资金实力较强、股价较低的上市公司。但由于派现对非流通股股东或者上市公司现金压力较大,在实践中更多的是作为组合方案中的辅助手段出现。

需要注意的是,派现的资金应当源于非流通股股东自己的腰包,而不应当由上市公司买单。即使是非流通股股东把上市公司现金分红转付给流通股股东,转付的这部分现金也必须是根据股东大会通过的分红方案中本应分配给非流通股股东的部分。如非流通股股东要给流通股股东做一件 1 斤重的羊毛衫,却要从流通股股东身上剪掉 10 斤羊毛,那就荒谬绝伦了。[①] 此外,非流通股股东应保证其用以支付对价的现金来源合法。非流通股股份性质为国有法人股的,向流通股股东支付现金还应获得国有资产监督管理部门的批准。

(二) 送股

送股包括非流通股股东直接将其持有的非流通股支付给流通股股东和以上市公司资本公积金向全体股东转增股本,非流通股股东将其在本次转增股本过程中获得的非流通股全部或部分赠送给流通股股东作为对价两种方式。送股方案实施的结果是大股东持股比例降低。该方案因简便易行、适用面广、容易被接受,成为股权分置改革方案中使用最多的对价支付方式。以上市公司资本公积金转增股本方式送股的,还可使流通股成为含权股,在一定程度上降低了流通股股东的持股成本,而对"填权"效应的预期可以使该上市公司股票在二级市场上交投更为活跃。

当然,非流通股股东向流通股股东送股顺利实施的前提是其持有的股票无权属争议和(或)权利瑕疵,可自由处置。若存在全部或部分

---

① 参见刘俊海:《新公司法的制度创新:立法争点与解释难点》,法律出版社 2006 年版,第 467 页。

权利瑕疵的，非流通股股东应确保该权利瑕疵对公司股权分置改革不构成障碍。此外，上市公司的非流通股股份性质为国有法人股或存在其他按照现行法律、法规和规范性文件需要获得相关部门批准后方可处分的情形，则非流通股股东在实施送股前应获得相应的批准。

（三）缩股

缩股是指股权分置改革中，上市公司的非流通股股东均按同一比例缩小其所持股份，从而取得缩股后其所持股份的流通权。缩股的实质在于非流通股股东以单方缩小其持有的股份为对价，取得缩股后剩余股份的流通权。缩股后，被缩股份将被注销，上市公司的注册资本相应减少。[①] 与送股相同的是，二者都是对股权比例的调整。

从目前的法律规定来看，采用缩股方案应当履行以下程序：(1) 因缩股方案涉及非流通股股东部分股份的放弃，因此应由所有非流通股股东签订一致同意参加改革、采用缩股方案的协议。(2) 按照有关规定，非流通股股份处置需要经过有关部门批准的，还应报请有关部门获得批准。(3) 上市公司应当按《公司法》等法律法规的规定履行相应的法律程序。

1993 年《公司法》第 186 条规定："公司需要减少注册资本时，必须编制资产负债表及财产清单。公司应当自作出减少注册资本决议之日起十日内通知债权人，并于三十日内在报纸上至少公告三次。债权人自接到通知书之日起三十日内，未接到通知书的自第一次公告之日起九十日内，有权要求公司清偿债务或提供相应担保。公司减少资本后的注册资本不得低于法定的最低限额。"第 149 条规定："公司不得收购本公司的股票，但为减少公司资本而注销股份或者与持有本公司股票的其他公司合并时除外。公司依照前款规定收购本公司的股票后，必须在十日内注销该部分股份，依照法律、行政法规办理变更登记，并公告。公司不得接受本公司的作为抵押权的标的。"按该规定，上市公司应在规定的期限内办理股份注销和注册资本减少变更登记，并予以公告。

缩股方案的优势在于总股本的减少会导致上市公司出现每股净

---

① 参见邱永红：《股权分置改革中的若干法律问题研究》，载中国民商法律网 www.civillaw.com.cn，2006 年 5 月 3 日登录。

资产和每股收益增加的财务效应。但是,缩股方案涉及公司注册资本的减少,需要履行一系列变更手续和相应的会计科目调整,法律程序较为复杂,周期相对较长。同时,注册资本的减少不利于对公司债权人利益的保护,债权人的权利在相当程度上增加了缩股方案能否顺利实施的不确定性。

(四)权证

根据《上海证券交易所权证管理暂行办法》和《深圳证券交易所权证管理暂行办法》,权证是指标的证券发行人或其以外的第三人(以下简称发行人)发行的,约定持有人在规定期间内或特定到期日,有权按约定价格向发行人购买或出售标的的证券,或以现金结算方式收取结算差价的有价证券。权证的本质是一种契约,是存在于权证发行人与权证持有人之间的契约。[①] 权证根据权利的行使方向可以分为认购权证和认沽权证,认购权证是指持有人有权利在某段期间内以预先约定的价格向发行人购买特定数量的标的证券,认沽权证是指持有人有权利在某段期间内以预先约定的价格向发行人出售特定数量的标的证券。权证表明持有人有权利而无义务。[②]

武钢股份的股改方案最终确定为每 10 股送 2.5 股股份,2.5 份认沽权证和 2.5 份认购权证,认购权证行权价格为每股 2.90 元,认沽权证行权价格为每股 3.13 元,存续期均为 12 个月。即使在 12 个月的行权期内股票市价低于 3.13 元,流通股股东也可以要求公司以 3.13 元购买其持有的股票;若价格高于 2.90 元,权证持有者则可以用 2.90 元的低价买入标的股票。这种做法既锁定了流通股股东的预期损失,又提供了一个潜在的盈利机会,大大增强了流通股股东对投资前景的信心,有利于股权分置改革的推进。[③] 因权证的发行条件较高,仅长江电力、宝钢股份、万科 A 等大盘股公司发行。

(五)资产重组

资产重组可以在一定程度上改善上市公司质量。《关于上市公司

① 参见赵旭东主编:《公司法评论》2005 年第 4 辑,第 50 页。

② 参见周正庆主编:《证券知识读本》,中国金融出版社 1998 年版,第 21 页。

③ 参见赵旭东主编:《公司法评论》2005 年第 4 辑,第 53 页。

股权分置改革的指导意见》第 11 条"妥善处理存在特殊情况的上市公司股权分置改革问题"中指出:"对于绩差公司,鼓励以注入优质资产、承担债务等作为对价解决股权分置问题"。《上市公司股权分置改革管理办法》第 26 条规定:"股权分置改革与公司资产重组结合,重组方通过注入优质资产、承担债务等方式,以实现公司盈利能力或者财务状况改善作为对价安排的,其资产重组程序与股权分置改革程序应当遵循本办法和中国证监会的相关规定。"

(六) 作出特别承诺

在很多上市公司的股权分置改革方案中,非流通股股东在同意支付对价的同时,除根据《上市公司股权分置改革管理办法》作出承诺履行法定义务以外,出于争取流通股股东对方案的支持或者维护公众投资者信心的目的,也作出了一些补充的特别承诺。[①] 例如,华海药业控股股东承诺 3 年内不在每股 20 元的价格以下减持股份,上港集箱控股股东上海国际港务(集团)公司承诺将在上港集箱股东大会上提议,公司今后每年的利润分配比例不低于当年实现的可分配利润的 50%,以及其他公司非流通股股东提出的较长时间内维持持股比例或控股地位的承诺、对减持股份条件的承诺、预期公司股价能够维持在一定价位、保证公司能够实现利润,否则追加支付的承诺,等等。作为单方民事法律行为的非流通股股东的承诺,从成立时(非流通股股东出具正式的承诺函之日)起就具有法律约束力。[②] 非流通股股东非依法律规定或者取得流通股股东同意,不得擅自变更或者解除其承诺,否则即构成违约。

此外,还有预设社会公众股股份出售权的,即控股股东承诺在一定条件下,全体社会公众股股东可在一定时期内以固定价格将所持股份出售给大股东(如农产品),其本质上类似于控股股东向社会公众股股东支付认沽权证,社会公众股股东可以行使认沽权,只不过因未采用权证形式,其不行权时不能获得权证情形下出售权证取得的权证本

---

① 参见谈萧:《上市公司治理与监管专题研究》,法律出版社 2006 年版,第 190—191 页。

② 参见邱永红:《股权分置改革中的若干法律问题研究》,载中国民商法律网 www. civillaw. com. cn,2006 年 5 月 3 日登录。

身的价款。对价方案的多样化不仅有利于非流通股股东与流通股股东之间的利益均衡,也为投资者提供了更多的市场机会。

二、股改对价的履行

随着股权分置改革渐入尾声,与股权分置改革对价履行相关的问题日益受到市场的关注。总体而言,对股权分置改革中对价履行的监管以及对流通股股东利益的保护,有赖于不同法律部门之间的配合。

由于股改方案体现了公司中两类股东之间的合同关系,一旦非流通股股东未能履行约定的义务、支付足额的对价或者履行所作出的承诺,即应承担相应的违约责任。[①]《合同法》第107条规定:"当事人一方不履行合同义务或者履行合同义务不符合约定的,应当承担继续履行、采取补救措施或者赔偿损失等违约责任。"此时应允许持有一定数额以上股份的流通股股东,代表全体该种股东起诉,要求违约的非流通股股东继续履行合同义务(如现金补差、追加支付),或者补偿流通股股东因非流通股股东违约而遭受的损失。[②]

同时,上市公司公告的《股权分置改革说明书》及相关法律文件可以视为该公司的临时报告,临时报告中存在虚假陈述的,一经认定,根据《证券法》和最高人民法院《关于审理证券市场因虚假陈述引发的民事赔偿案件的若干规定》,权益受损的投资者可以依法提起证券民事赔偿之诉,请求虚假陈述的行为人承担相应的民事责任。所以,如果出现非流通股股东违反承诺的行为,流通股股东可以从对自己最有利的角度出发,选择违约责任之诉或者侵权赔偿之诉(如构成虚假陈述的)维护自己的合法权利。

此外,对于上市公司股权分置改革方案中非流通股股东所作出的特别承诺,由于这些承诺涉及社会公众利益,不能仅仅理解为完全属于合同法调整的私法自治范畴,还应当利用公法手段加以监管和控制,在出现问题后应当有相应的法律救济措施。例如,要求证券交易所和中央证券登记结算有限责任公司对这些股份加以锁定,限制其买

---

① 参见汤欣:《未雨绸缪细化股改中非流通股股东承诺》,载《中国证券报》,2005年9月5日第11版。

② 同上注。

卖，如果发生提前买卖或违约情况时，可以参考内幕交易中归入权制度加以处理。[①]

证券侵权行为在情节严重的情况下，往往还构成犯罪，此时行为人除了要向受害人承担民事责任外，同时也应承担刑事责任。对于那些明知对价不实、承诺不可能获得履行，仍然以虚假的对价和承诺骗取限制流通股份上市流通权的行为人，包括非流通股股东及相关中介机构及其执业人员，如果造成流通股股东重大损失的，可以考虑以刑法上的诈骗罪罪名追究其刑事责任。[②]

第七节　妥善解决股权分置改革中涉及外资股东的难点法律问题

当前，我国上市公司的股权分置改革正在如火如荼地进行之中。对于不涉及外资股东的上市公司而言，股权分置改革的推行较为顺利。但不少上市公司存在着外资股东，既包括非流通股股东中的外资股东，也包括A股市场之外的境外流通股股东（包括B股、H股、N股、L股、S股市场的流通股股东）。非流通股股东中的一些外资股东对于股权分置改革持有观望甚至抵触情绪，认为其没有义务向A股市场中流通股股东给付对价。按照这种观点，存在外资股东的上市公司的股权分置改革只能搁浅。与此同时，A股市场之外的一些境外流通股股东（包括B股、H股、N股、L股、S股市场的流通股东）认为自己也有权要求A股市场中的非流通股股东给付对价。这种观点无疑加大了非流通股股东的经济负担，从而有可能阻碍股权分置改革的顺利进行。有必要从法理上正视并回答这两类难点法律问题。

《公司法》本来不存在流通股与非流通股的分类。但在我国上市公司实践中，发起人股东（非流通股股东）往往在上市公司《招股说明书》中向社会公众投资者承诺其所持股份暂不流通，从而暂时放弃股

---

① 参见谈萧：《上市公司治理与监管专题研究》，法律出版社2006年版，第191页。

② 参见汤欣：《未雨绸缪细化股改中非流通股股东承诺》，载《中国证券报》，2005年9月5日第11版。

权转让自由。此类《招股说明书》的这一承诺内容明确而具体,对于广大公众投资者购买股票的决策产生了重要影响,可以视为要约,而非要约邀请。A股市场中的公众投资者基于对这一要约的信赖而作出投资承诺,就形成了其与非流通股股东之间的合同关系。非流通股股东的弃权行为意味着其丧失了在证券集中交易市场用脚投票的机会利益,而对于非流通股股东意味着搭便车的好处。因为大股东无法随时通过股市交易逃离公司,因而被迫与公司同舟共济;为了追求自身利益,非流通股股东也要顾及公司利益(包括流通股股东的利益)。因此,作为非流通股股东暂时放弃股权转让自由的对价,流通股股东愿意以高于净资产价值的溢价购买股份,并与非流通股股东为伍。

如今,非流通股股东要想重获股权转让自由,就必须变更其与非流通股股东之间的合同关系。而要变更合同,又必须经过流通股股东的同意,并对其支付适当的对价;未经流通股股东同意擅自变更合同的行为乃是违约行为。因此,运用合同法理论基本上可以解释股权分置改革的法律性质。

既然股权分置改革的法律依据在于A股市场中非流通股股东与流通股股东之间的合同关系,而非流通股股东中既包括内资法人股东也包括外资法人股东(外商投资企业),因此A股市场中非流通股股东中的外商投资企业也应当履行向A股市场中流通股股东给付对价的义务。这就充分体现了股东平等原则和国民待遇原则,不构成对外商投资企业股东的歧视。为了谋求非流通股股东与流通股股东、内资股东与外资股东的利益多赢格局,中国证监会应当正面教育外资非流通股股东在股权分置改革方案中保持应有的高风亮节,自觉、及时、足额地履行对流通股股东所负的对价给付义务。

我国沪深两地上市的公司中有不少公司含有外资流通股东。此次上市公司推行股权分置改革之际,A股市场中的流通股股东固然可从非流通股东中获得对价补偿,但是A股市场之外的流通股股东(例如B股、H股、N股、L股、S股的股东)是否有权要求非流通股股东给付对价,值得研究。笔者认为,外资流通股股东无权要求非流通股股东中给付对价补偿,理由有四:

1. 从侵权法角度看

A股市场中的非流通股股东获得其在A股市场的流通资格,并未损害外资股东的合法权益，不属于侵权行为，因而无需承担侵权行为之债。股权分置改革的实质是A股市场中的非流通股股东获得其在A股市场的流通资格，而非在B股市场、H股市场、N股市场、L股市场、S股市场的流通资格。因此，股权分置改革的法律关系当事人仅限于A股市场中的非流通股股东与流通股股东，与A股市场之外的市场主体，包括同一家上市公司的B股、H股、N股、L股、S股的股东无关。

2. 从合同法角度看

A股市场中的非流通股股东与A股流通股股东之外的其他股东并不存在合同关系。在我国上市公司实践中，非流通股东往往在面向A股流通股股东的上市公司《招股说明书》中承诺其所持股份暂不流通，而未向B股、H股、N股、L股、S股市场的流通股股东作出此种承诺。因此，A股市场中的非流通股股东与A股市场之外的市场主体并不存在合同关系，因而非流通股股东取得在A股市场中的流通资格无需获得外资股东的同意，更无需向其支付对价。

3. A股市场中的非流通股股东只向A股流通股股东给付对价并不违反股东平等原则

所谓股东平等原则，指在基于股东资格而发生的公司与股东之间的法律关系中，所有股东均按其所持股份的性质、内容和数额享受平等待遇，并且免受不合理的不平等待遇。公司在面对其各类股东时应当一碗水端平。但是，股权分置改革的法律关系是A股市场中非流通股股东与流通股股东之间的法律关系，而不是公司与各类股东之间的法律关系，也不存在上市公司对各类股东厚此薄彼的问题。

此外，A股流通股股东从非流通股股东获得对价不构成不当得利。A股流通股股东取得股份时支付的对价往往高于A股市场外的外资股东，意味着前者对公司的股权资本贡献要大于后者。但后者通过向公司行使股权（如分红和取得转让溢价）而取得的财产利益往往大于前者。从公平的角度对二者相比，吃亏的主体显然是是A股流通股股东，而非A股市场之外的外资股东。

第九章　证券市场执法体制研究

国务院《关于推进资本市场改革开放和稳定发展的若干意见》明确提出，要“树立与时俱进的监管理念，建立健全与资本市场发展阶段相适应的监管方式，完善监管手段，提高监管效率。进一步充实监管力量，整合监管资源，培养一支政治素质和专业素质过硬的监管队伍。通过实施有效的市场监管，努力提高市场的公正性、透明度和效率，降低市场系统风险，保障市场参与者的合法权益”。针对我国证券市场的现状，建立证监会与其他金融监管机构、司法机关之间信息共享、快捷高效的联动执法机制是推动证券市场持续、健康发展的重要途径。

第一节　证券犯罪及执法合作

证券违法是一种具有社会危害性、有过错的违反证券法律法规的行为，严重的证券违法行为即为证券犯罪。关于证券犯罪的概念，理论界存在不同的争议，有广义和狭义之说。广义说认为，凡是与证券有关联的犯罪均为证券犯罪，既包括在证券的发行、交易活动中发生的直接危害证券管理秩序的犯罪，如内幕交易、操纵市场等犯罪，也包括相关的间接危害证券管理秩序的证券犯罪，如发生在证券领域中的诈骗、贿赂、挪用公款等犯罪。狭义说认为，证券犯罪仅指前述广义说中的直接危害证券管理秩序的犯罪，而不包括相关的间接危害证券管理秩序的证券犯罪。多数学者赞同狭义说。因为发生在证券领域中的侵吞、盗窃、挪用、贿赂等犯罪行为，通常可以直接适用现行刑法中的相应条款处罚，如果人为地扩大解释或重复规定，会造成立法和司法上的歧义、混乱。本书也是在狭义说的基础上探讨证券犯罪执法合作的相关问题。

一、我国证券犯罪的特点及发展趋势

（一）我国证券犯罪的特点

证券犯罪作为市场经济的特殊产物，在我国属于晚近出现的新类型犯罪。尽管证券犯罪作为一种犯罪类型出现的时间并不很长，但其社会危害性却日趋严重，数量也呈不断攀升之势。总体来讲，我国证券犯罪主要呈现如下特点：

1. 社会危害性大

证券犯罪不仅仅是侵犯了证券市场的管理秩序，而且证券犯罪往往侵害了公众投资者的合法权益，其所造成的直接损害是十分巨大的，间接的、潜在的损害更是无法估量。从近年来查处的证券犯罪案件来看，涉案金额动辄几千万、上亿、几十亿，甚至上百亿元。如操纵"中科创业"证券交易价格案涉案金额五十多亿元，鞍山证券案动用国家再贷款额达 40 亿元，而德隆系列案的涉案金额竟高达 570 亿元。同时，由于证券犯罪往往涉及投资者、经营者、监管机构等，加上证券市场交易的连锁性，因此，该类犯罪行为往往不仅仅侵害了证券市场的正常秩序，而且还直接侵害了广大投资者的利益，还极有可能引发股价大幅度波动，甚至引发金融风险。

2. 犯罪方法、手段的智能化、专业化

与传统的刑事案件相比，证券犯罪的专业化、智能化特点更为明显。证券业具有极强的专业性和技术性，其业务的每一个环节和形式都非常专业化、技术化。不具备证券知识、不熟悉证券业务的人，很难从事证券犯罪活动。与之相对应的，证券犯罪涉及的法律、法规也多与证券发行、交易、财务制度等相关，这些法律、法规十分繁杂，在理解和运用上存在一定的难度。

3. 具有较强的隐蔽性

犯罪人大多文化程度较高且具有较高的智力和证券方面的专业知识，作案前往往有计划、有准备，作案时总是利用现代高科技手段和先进通讯工具，作案后不易留下以人的感官就可以发现的犯罪痕迹。这种隐蔽性，导致对证券犯罪的举报难、取证难、调查难。而且，由于证券发行、交易过程中电子化程度高，使得犯罪分子基本上能够进行"无纸化"作业，基本上不留下任何线索。

4. 发案时间滞后,地域跨度很大

证券犯罪隐蔽性强的特点决定了犯罪行为从作案到暴露往往会经历较长的潜伏期。而且,证券犯罪一般是持续性犯罪,犯罪持续时间很长。以操纵证券交易价格案为例,犯罪人从建仓、拉升、振仓和平仓,到罪行暴露被有关部门调查,通常需要经历数年时间。从目前已经查处的证券案件来看,证券犯罪的持续时间基本上都在半年以上,有的案件持续时间达到七八年之久,相对于建立时间仅仅十余年的我国证券市场而言,其犯罪行为持续时间不可谓不长。同时,证券市场是全国性的开放市场,决定了证券犯罪的地域跨度很大。从已经查办的案件看,证券犯罪往往是跨省作案,会波及国内很多省市。以"德隆"案为例,德隆集团从1997年开始操纵市场,到2004年其控制下的股票全线崩盘,历时8年之久,涉及国内20多个省、自治区、直辖市,影响范围非常广泛。

5. 受害范围面大量广,涉众性强

证券犯罪不同于其他的刑事案件,其受害人往往是不直接、不具体、不确定的。(1) 由于证券投资者的分散性,使得证券违法犯罪行为发生后,很难统计实际的受害者。(2) 证券交易采用交易所竞价方式,交易双方是在互不见面的情况下完成交易的,因而即使有人实施证券犯罪,交易相对方也很难确定。(3) 许多证券犯罪,比如内幕交易行为,侵害的法益往往针对不特定的公众投资者,而不是仅仅针对个体的投资者。

证券犯罪的上述特点决定了证券犯罪的预防和查处重任应当由专业化强、能在全国范围内统一协调指挥的机构承担。

(二) 我国证券犯罪的发展趋势

随着证券市场的发展以及有关部门对证券犯罪打击力度的不断加大,近期我国证券犯罪发展又呈现出新的趋势:

1. 证券犯罪态势居高不下,与其他多种犯罪形式相互交织

随着我国证券法制建设的逐步完善,尽管打击证券犯罪已经取得相当的成效,但由于种种原因,整个证券犯罪态势仍然有增无减,各种证券犯罪形式越来越复杂。同时,证券犯罪往往伴随着非法经营、挪用资金、贪污、偷逃税款、洗钱等其他类型的犯罪。

2. 犯罪行为方式更加趋向预谋性、计划性、隐蔽性

随着新《证券法》、《刑法修正案(六)》等法律法规的先后出台,以

及司法机关打击证券犯罪的力度不断加大，证券犯罪由早期的明目张胆逐渐转为有预谋、有计划的行为方式，其隐蔽性越来越强，尤其是借助于互联网技术实施犯罪行为，其行为过程迅速而短暂，作案证据又可在极短的时间内销毁甚至不留痕迹，犯罪行为变得更加隐蔽。

3. 犯罪手段更加趋向智能化、专业化、复杂化

进入21世纪以来，互联网技术取得迅猛发展，网上交易已成为证券交易的主流形式，越来越多的犯罪人利用网络等现代科技手段实施犯罪。加之证券活动本身具有较强的专业性，因此，证券犯罪的犯罪手段向更加智能化、专业化和复杂化方向发展。

4. 证券犯罪的社会危害性更加严重

随着我国证券市场在国民经济中的地位和作用的不断增强，证券市场对于整个国民经济、社会稳定以及百姓生活的影响越来越大。证券犯罪的蔓延，不但会给国家带来巨额的经济损失，而且进一步恶化很有可能会造成社会信用危机，严重打击投资者的信心，对于证券市场的稳定甚至整个国民经济的稳定带来严重的负面影响，其社会危害性不容低估。

以上趋势对司法机关和行政执法机关的执法、司法合作机制提出了严峻的挑战。“治奸宄，用重典”，只有保持和加大对于证券犯罪的高压打击态势，才能遏制以上证券犯罪趋势，构建证券市场的诚信体系和法律秩序。

二、我国证券犯罪执法合作的历史背景和基本内涵

为适应打击证券犯罪的实践需求，我国公安机关和证券监管部门等机构相互配合，逐步形成了证券犯罪执法合作体制。

（一）我国证券犯罪执法合作的历史背景

毋庸置疑，证券市场在社会主义市场经济体系中的地位和作用日益提高。但是，在证券市场一派繁荣的背后，各种证券违法犯罪现象也层出不穷，而且涉案数额越来越大，已经严重危害到国家的金融秩序乃至经济秩序，具有极大的社会危害性。面对证券犯罪的暗流汹涌，打击证券犯罪已经成为我国政府着力解决的问题之一。

为应对国内证券市场大案层出的局面，证监会先后于1999年成立稽查一局，2002年成立稽查二局。然而，一再被揭露的证券犯罪案

件，不断暴露出国内证券市场的风险和投机性，在这种情况下，查处证券犯罪仅仅依靠证监会有限的监管手段和力量是远远不够的。为此，建立证券犯罪执法合作机制逐渐成为有关部门的共识。

由于证券市场和证券产品的特殊性，证券犯罪执法合作对于打击证券犯罪的意义尤显重要。证券市场作为证券发行和交易的场所，与一般商品市场相比，具有以下一些明显的特征：

1．证券市场的交易对象是特殊的金融商品

与一般商品市场的交易对象是各种实物商品不同，证券市场的交易对象是股票、债券、基金等金融商品，投资者购买证券的主要目的是为了获得股息、利息以及买卖证券的差价收入等。

2．证券市场参与主体比较复杂

由于证券交易活动具有广泛性和交易品种具有特殊性，证券市场的参与主体通常比较广泛，包括发行人、投资者、中介机构以及监管机构等各类组织和个人。

3．证券市场具有较强的投机性

证券市场上的证券价格决定机制比较复杂，证券价格不但受到发行人的资产、盈利能力的影响，还受到政治、经济甚至投资者心理等因素的影响。证券市场的供求关系变动频繁，因此证券的市场价格也随之不断上下波动，证券市场也表现出较强的投机性。

4．信息在证券市场具有特殊意义

证券产品的虚拟性、价值确定过程的特殊性以及价格的预期性和波动性都表明证券产品是一种特殊的产品，加上证券交易过程中普遍使用的信用手段和集中交易方式，使得证券市场成为一个特殊的市场，具有特别强烈的信息决定性，很容易出现信息不对称和内幕交易价格操纵等阻碍市场机制运行的情况，信息尤其是内幕信息在证券市场中具有极其特殊而又重要的意义。

由于证券市场和证券产品的特点以及证券市场在我国产生的时间不长，且涉及面广、专业性强，证券犯罪专业化、智能化特点突出，但这方面的执法和司法实践并无太多经验可循，大多数执法部门往往对证券市场及有关法规、交易规则缺乏深入的了解，因此，公安机关在立案、侦查证券违法犯罪案件，法院在审判有关证券的刑事、民事、经济及行政等案件，政府有关职能部门在处理涉及证券违法违规案件及纠纷时，在证据的取得、行为的定性、处理处罚决定的执行等方面都需要证券监管部门的配合。

同时，证券监管部门的行政监管也迫切需要司法机关和其他政府部门的密切配合。国务院《关于整顿和规范市场经济秩序的决定》明确指出，查处证券期货经营机构的违法违规经营活动，取缔非法证券期货机构和非法变相从事证券期货业务的活动，打击和制止操纵证券市场、内幕交易等行为，规范中介机构的行为，严肃查处中介机构出具虚假资信证明、虚假评估等不法行为，这是今后5年我国整顿和规范市场经济秩序的主要任务之一。随着集中统一的证券监管体系的逐步确立，证券监管部门不断加大市场监管和稽查工作的力度，但由于各种原因使证券监管系统的稽查权限不足，稽查手段有限，威慑力不强，独立办案客观上存在一定的困难，在案件查处工作中迫切需要加强与司法及地方政府职能部门的协调配合。比如侦查手段的运用、强制措施的采取、证据的取得、司法程序的进行等，都需要包括公安机关在内的其他部门的协作配合。

为此，经国家有关部门批准，公安部证券犯罪侦查局于2002年7月开始筹备。2003年该机构正式成立并进驻证监会，同时向北京、大连、上海、武汉、成都和深圳六地派驻直属分局。这是在国家公安系统组织层级中，首次设置从公安部到各省公安厅、市公安局之外的公安部业务局直属机构。至此，在交易所、证监会之外，公安部门拉起了面向证券市场的第三层法网，也直接开启了公安机关与证券监管机关的执法合作历程。这种机制的建立和运行对于弥补证监会侦查力量和手段的不足、充分利用公安机关的力量来打击证券犯罪无疑是有重大意义的。

（二）我国证券犯罪执法合作的基本内涵

证券犯罪执法合作，就是在查处和打击证券犯罪时各个行政部门之间的执法合作活动。广义的证券犯罪执法合作，既包括横向的合作，也包括纵向的合作。横向的合作是指证券监管机构与公安机关或者其他行政执法机构的合作；纵向的合作是指国家证券监管机构与地方证券监管机构之间的合作。本书所讨论的证券犯罪的执法合作是指横向的执法合作,而且主要是针对证券监管机构[①]和公安机关在查处和打击证券犯罪方面的合作。

随着公安部证券犯罪侦查局入驻证监会,公安部门与证券监管部门之间的合作不断深化,证券犯罪执法合作的内涵也在打击证券犯罪的实践中逐渐得到充实和发展。

组建于2003年的公安部证券犯罪侦查局是一个专门针对证券犯罪的调查机构,其人员的组织关系都在公安部,薪酬也由公安部统一发放,由证监会负责提供相应的办公场所,同时与之进行业务上的合作。公安部证券犯罪侦查局与证监会原有的稽查局不同,这个部门从组织结构上属于公安部,因此拥有公安部门专有的侦查、搜查、查封、冻结银行账户等权力。公安部证券犯罪侦查局挂牌以来,已直接经手了很多有社会影响力的大案。如大连证券专案,湖北蓝田股份有限公司提供虚假财会报告案、银广夏提供虚假财务报告案、亿安科技、东方趋势、浙江证券操纵股票交易价格案,等等。

就具体的职能与权限而言,证券犯罪侦查局与证监会既有的稽查局相比有很大不同。按照有关法规,公安部门可以拥有专门的侦察、搜查、留滞、盘问、执行逮捕等权力。在公安部下发的关于成立证券犯罪侦查局的文件中明文规定,证券犯罪侦查局可"对重大案件视情提前介入",而且在平时也要"对辖区内证券、期货犯罪活动进行调研"。证券犯罪侦查局的未雨绸缪,为案发后的"兵贵神速"提供了效率保证。而直属侦查分局的设立,表明司法权限介入证券监管的方式开始向地方渗透,并逐步开始了证券犯罪侦查局在全国的布局。

2005年,最高人民法院、最高人民检察院、公安部《关于公安部证券犯罪侦查局直属分局办理证券期货领域刑事诉讼程序若干问题的通知》(公通字〔2005〕11号)规定,公安部在北京、大连、上海、武汉、深

---

① 1992年以前,我国证券市场没有集中统一的管理,主要由中国人民银行主管,其他政府机构和上海、深圳两地政府参与管理。1992年10月,国务院决定成立中国证监会,统一监管全国证券市场。1997年金融工作会议决定对证券监管体制进行改革,完善监管体系,实行垂直领导,加强对全国证券、期货业的统一监管。1998年3月,国务院证券委员会撤消,其职能并入中国证监会,同年10月,中国证监会被正式确认为证券监管机关。1998年12月,《证券法》以法律的形式明确了中国证监会的法律地位。

圳、成都设立的证券犯罪侦查局直属分局(以下简称直属分局),直接承办证券期货领域重、特大刑事案件,行使《刑事诉讼法》赋予公安机关的刑事侦查权。该通知规定直属分局管辖以下案件:欺诈发行股票、债券案件;上市公司提供虚假财会报告案件;内幕交易、泄露内幕信息案件;操纵证券、期货交易价格案件;公安部交办的其他经济犯罪案件。该通知为证券犯罪侦查部门的管辖范围以及刑事诉讼程序的适用提供了直接依据。

随着证券期货市场的不断发展,涉及证券期货的违法犯罪行为及纠纷将呈越来越多的趋势,使得越来越多的证券期货违法犯罪案件需要涉及侦查、起诉、调解、审判、执行等司法工作,这必然对证券监管机关与公安、法院、检察院等部门的科学、合理、高效、规范的合作机制提出了更高的要求,以便于妥善地处理打击证券犯罪中遇到的案件移送、证据取得、行为定性、处理处罚决定的执行等方面的实际问题。

随着《刑法修正案(六)》颁布施行,增加了上市公司董事、监事、高级管理人员违背忠实义务损害上市公司利益的犯罪,修改了包括操纵证券、期货交易市场罪,公司企业不按照规定披露信息罪等条款,这次对金融犯罪条款最集中的修订,反映了惩治金融犯罪,建立和谐金融秩序的客观要求。与此同时,也进一步加强了证监会系统与公安系统的执法协作。

为进一步规范公安机关对经济犯罪案件的办理工作,保障办案质量,依法有效地打击破坏社会主义市场经济秩序犯罪活动,维护社会主义市场经济秩序,保护公民、法人和其他组织的合法权益,公安部于2005年12月31日颁发了《公安机关办理经济犯罪案件的若干规定》,自2006年6月1日起正式施行。其中第四章确立了办案协作制度。依照刑事诉讼法规定,明确了“谁办案,谁负责”原则:主办地公安机关对案件的管辖、定性、证据认定以及所采取的侦查措施负责,取消了上级公安机关审核把关的程序;明确规定了函件协查的程序以及紧急协作的方法。

2006年3月2日,为保障打击证券期货违法犯罪工作的顺利进行,维护资本市场正常秩序,保护投资者合法权益,中国证监会、公安部共同发出了《关于在打击证券期货违法犯罪中加强执法协作的通知》(证监发〔2006〕17号),提出了“各级证券监管机关和公安机关要认真学习”,“积极开展执法协作,不断完善执法协作机制,提高打击证券期货违法犯罪的能力”,就此还专门出台了《关于证券公司执法协作工作流程的指导意见》,对公安部经济犯罪侦查局、公安机关专案组、中国证券监督管理委员会风险处置办公室、证监会专员办、现场工作组、清算组和托管组的各自职能作出了清晰的界定,并对案件受理、立案侦查、侦查终结等工作流程作了详尽的规定。

证券犯罪执法合作的不断深化,有力地促进了证监会系统与公安系统的高效合作,为净化证券市场环境,严厉惩治犯罪,有效遏制证券违法犯罪嚣张气焰,规范市场秩序起到了十分积极的作用。

第二节 我国现行证券犯罪执法合作情况分析

一、机构派驻工作模式

机构派驻工作模式是指公安机关派驻到证券监管机构从而在打击证券犯罪方面进行合作的模式。机构派驻工作模式是随着公安部证券犯罪侦查局的建立而产生的一种工作模式。

和目前各地公安部门向地方政府负责的制度安排不同的是:公安部证券犯罪侦查局实行垂直管理体制,各分局直接对公安部总局负责,分局的人事、财务及业务开展也均由公安部证券犯罪侦查局管辖。

公安部证券犯罪侦查局其实是在公安部经济犯罪侦查局证券犯罪侦查处的基础上扩编形成的。目前,在公安部内部实行的是证券犯罪侦查局和经济犯罪侦查局两块牌子、一套领导队伍的管理形式;而证券犯罪侦查分局在各地方则独立办公,在业务上和地方公安经济犯罪侦查部门是协调或者指导的关系。

对于公安部成立证券犯罪侦查局并设立直属机构的事项,2002 年 7 月,国家有关部门就已全部批复,之后公安部进行了相关准备工作。2003 年的国家公务员招考中,公安部为证券犯罪侦查局总局及分局补充了 50 人左右的经济、法律以及计算机专业出身的警官队伍。另外,公安部和地方公安部门也有沟通,请他们对待建的各地分局提供相关支援。据有关机构设置规定,建成后的证券犯罪侦查局及各地分局将主要从事涉及全国范围的证券期货违法犯罪案件的查处,全力维护金融资本市场秩序;在办案的同时,证券犯罪侦查局及各地分局将负担证券期货业犯罪的调研、信息收集等方面的工作。

在6个证券犯罪侦查分局中,上海与深圳为副局级建制。成立后,大连分局将分工管辖东北三省,北京分局管辖天津至陕、甘、宁与新疆之间的北部与西北十省市,武汉分局管辖湖南等中部三省,上海分局管辖江苏等东部五省市,成都分局管辖贵州等西南五省市,深圳分局则管辖福建等华南五省市。

目前,证券市场的监管形成了三重监管体系,交易所依据其规则在市场做第一线监管;在第二重机构证监会系统中,除派驻各地的证管办、直属办、特派办等三十多个派出机构以及各专业监管部,由稽查一局与稽查二局组成的稽查局是其核心力量,其中二局负责涉及内幕交易和操纵市场案件的调查,一局负责其余案件的调查;第三重监管专门机构是公安部证券犯罪侦查局和证监会,主要依据《证券法》和《行政处罚法》对证券市场违法违规案件进行行政执法,公安部门可依据《证券法》、《刑法》、《刑事诉讼法》履行法定职权,拥有法律赋予的专有执法手段,主要查处触及证券犯罪的案件。一开始公安部门多在事发后的调查中逐渐介入,如亿安科技、中科创等恶性证券市场犯罪案件。今后,在新的证券犯罪执法合作机制下,公安部门有可能增强介入的主动性。

公安部证券犯罪侦查局采用在各地直接派驻分局的垂直管理模式,由公安部总局直接领导各地分局,有几个层次的优势。目前上市公司股权结构复杂,资金链条长,办案经常会涉及跨地区取证调查及执行的情况,而由总局的垂直机构统一处理,可以避开各省市公安部门异地执法的协调问题。另外,有些上市企业管理层在地方人脉深厚,可能会出现地方公安部门不易查处的案件,在此情况下,总局直属机构的侦查则会摆脱某些被动因素。

二、公安机关与证券监管机关的协作内容与机制

客观地讲,目前公安机关与证券监管机关两个部门之间的合作机制正在国务院的重视和两个部门的积极努力配合下,出台了一系列法规和部门规章,合作机制正趋于完善。为了保障打击证券期货违法犯罪工作的顺利进行,维护资本市场的正常秩序,保护投资者的合法权益,国务院、公安部、证监会出台了关于证券犯罪执法合作的一系列法律法规和规范性文件,主要有:《行政执法机关移送涉嫌犯罪案件的规

定》(国务院令第310号),最高人民检察院、全国整顿和规范市场经济秩序领导小组办公室和公安部联合下发的《关于加强行政执法机关与公安机关、人民检察院工作联系的意见》,2006年3月2日中国证券监督管理委员会与公安部联合下文《关于在打击证券期货违法犯罪中加强执法协作的通知》,公安部起草的《关于证券公司执法协作工作流程的意见》(尚未施行)等。这些规范性文件详细规定了证券监管机关和公安机关在打击证券期货犯罪中加强执法协作的有关问题,是建立行政执法与刑事执法相衔接工作机制方面的较为成熟又具有可操作性的文件,基于证券监管机关与公安机关在加大对经济犯罪打击力度这一根本目标上的一致性,对合作机制作出了规范,体现了相互之间的支持和配合,对于推动依法行政、切实解决以罚代刑问题、促进市场经济秩序的建立和完善具有十分重要的意义。主要包括:

1. 公安机关对证券监管机关行政执法活动的保障

(1) 对阻碍证券监管人员进入相关工作场所进行检查、调查和依法行使查阅、复制、查询、冻结、查封、限制交易等职权,阻碍或拒不接受证券监管人员询问,涉嫌违反治安管理行为的,证券监管机关应当及时收集证据,制作《阻碍证券行政执法案件移送函》,向县级以上公安机关移送有关证据和材料,公安机关应当及时查处。(2) 对证券监管机关移送的阻碍证券行政执法的违反治安管理案件,公安机关应当及时受理、登记,并依法调查处理。属于违反治安管理行为的,给予治安管理处罚;不属于违反治安管理行为的,应当书面告知移送案件的证券监管机关;构成犯罪的,依法追究刑事责任。(3) 对隐藏、转移、变卖或者毁损证券监管机关依法扣押、查封、冻结的财物,伪造、隐匿、毁灭证据或者提供虚假证言、谎报案情,影响证券监管机关依法办案的,公安机关应当给予治安管理处罚。构成犯罪的,依法追究刑事责任。(4) 证券监管机关在日常监管和调查证券期货违法案件过程中,对可能涉嫌经济犯罪的线索,应当及时向公安机关通报,商请公安机关配合开展调查工作。公安机关可依照有关规定采取如下措施:对案件的查处进行会商;协助证券监管机关调查人员查阅、复制被调查对象的户籍、出入境信息等资料;对涉嫌经济犯罪的线索,依照《公安机关办理经济犯罪案件的若干规定》进行立案审查并开展相应的调查;依法可以采取其他措施。(5) 证券监管机关在依法履行职责时,需要对有关涉案人员采取口岸查控、报备等限制出境措施的，报经中国证监会同意后，按照公安部的有关规定办理。对需要继续限制出境的，应提前10个工作日办理。[①]

2. 涉嫌犯罪的证券期货案件的移送

（1）中国证监会对涉嫌犯罪的证券期货案件，应按《行政执法机关移送涉嫌犯罪案件的规定》的有关规定，及时向公安部移送，为方便工作衔接，中国证监会移送重大、复杂、疑难的涉嫌犯罪案件前，应与公安部就案件的认定和处理意见提前会商。（2）中国证监会向公安部移送涉嫌犯罪案件，应附下列材料：涉嫌犯罪案件移送书；涉嫌犯罪案件情况的调查报告；涉案物品清单及主要证据目录；有关的认定意见和鉴定结论；其他有关涉嫌犯罪的材料。（3）对中国证监会移送的案件，公安部应当依照《行政执法机关移送涉嫌犯罪案件的规定》受理并及时进行审查，依法决定立案的，应书面通知移送机关，相应退回案卷材料。（4）公安机关对证券监管机关移送的案件，立案侦查后认为没有犯罪事实或者犯罪情节显著轻微，不认为是犯罪的，以及其他依法不需要追究刑事责任的，应当撤销案件并及时向证券监管机关通报有关情况，退回有关案卷。（5）公安机关在侦查工作中发现的证券违法违规线索和案件，应当及时向证券监管机关移送。证券监管机关对公安机关移送的案件应当受理并及时审查。依法决定立案查处的，应当书面说明理由，并书面通知移送机关，退回相应案卷材料。

例如，在“德隆”案件中，中国证监会对德隆集团操纵二级市场股票价格的问题开展调查，2004年12月下旬，将德隆集团涉嫌证券交易价格犯罪的631册案卷移送公安部经侦局。根据经侦局指示，2004年12月30日，专案组接受了证监会移送的卷宗，并于次日立案侦查。[②]

3. 协助侦查

（1）公安机关在办理证券监管机关移送的证券犯罪案件过程中，需证券监管机关协助的，可以商请证券监管机关对侦查提供协助。商

---

① 详细内容参见中国证监会2005年6月20日文件：《关于做好限制高风险证券公司涉嫌犯罪人员出境工作的通知》（机密），以及公安部2005年4月28日《关于协助限制有关人员出境工作问题的函》（公证券〔2005〕050号）

② 根据“打击证券犯罪执法合作”课题组刘俊海教授等2007年4月武汉调研材料整理。

请证券监管机关协助侦查,由公安部有关部门统一向中国证监会有关部门发函联系。(2) 中国证监会有关部门收到公安部门协助侦查的来函后,应当积极配合,根据案情需要,可依法采取下列措施:商请有关部门或指定派出机构专业人员协助侦查;需要出具专业认定意见的,作出或提请有关部门或机构认定;协助侦查人员查阅、复制有关专业资料;依法可以采取的其他措施。

4. 建立两个部门之间的情报信息交流机制和工作联系会商机制

证券监管机关与公安机关之间应建立情报信息交流机制和工作联系会商机制,及时通报情报信息、市场动态和双方在执法中发现的问题,会商重要案件和其他重要事项。在国务院办公厅下发的《打击经济犯罪协调会商机制工作方案》中[①],对于协调会商机制的性质和目的、主要任务、成员单位和职责、工作规则等作出了明确而具体的规定。

(1) 协调会商机制的性质。属于各部门在防范和打击经济犯罪工作中加强协调和配合的载体,目的是在正常的司法制度和工作程序基础上增强合力,逐步形成完整的监督、防范、侦破体系,建立预防和打击经济犯罪部门间协作长效机制。

(2) 协调会商机制的主要任务。一是对预防和打击经济犯罪工作的重大问题、重要事项、重点案件进行会商,建立信息灵通、反应迅速、协调有效、打击有力的协作机制,使各部门能够协调行动、形成工作合力;二是及时沟通各部门间关于预防、打击经济犯罪工作的重大问题、重点案件的有关信息,研究解决预防和打击经济犯罪中遇到的法律、政策问题,全面提升预防、打击经济犯罪工作的主动性和工作效

---

① 有的地方建立了联席会议制度。比如广东省出台了《关于加强证券期货执法工作协调配和若干问题的意见》,其中有建立联席会议制度的内容,广东省公安厅、中国证监会广州证管办均属于成员单位。其他成员单位包括:省法院、检察院、工商局、财政厅、审计厅、国家及地方税务局、人民银行广州分行、财政部驻广东财政监察专员办事处、审计署驻广州特派员办事处等。再如,北京市出台了《北京市处置非法集资和非法证券经营活动工作制度》,其中有成立北京市打击非法集资和非法证券经营活动工作协调小组的内容。北京市公安局、北京市证监局都是成员单位。其他单位有:市委宣传部、市委政法委、市高级法院、市检察院、市发改委、市监察局、市建委、市商务局、市国资委、市商务局、市工商局、市园林绿化局、市政府法制办、人民银行营业管理部、北京银监局、北京保监局等相关单位。

率；三是提高对经济领域重大、突发经济违法犯罪案件中的应急处理能力和水平，及时有效地控制涉案人员和资金，获取相关证据，为依法打击经济违法犯罪活动创造条件；四是与日常协作结合起来，建立预防和打击经济犯罪部门间协作长效机制。

（3）协调会机制的主要成员单位和职责。成员单位主要有：公安部、监察部、审计署、中国人民银行、国家税务总局、国家工商总局、中国银行业监督管理委员会、中国证券监督管理委员会及最高人民检察院。可根据实际工作需要，增加相关单位。

各成员单位遵照现有的职责分工履行预防和打击经济犯罪的职能，在协调会商机制下，公安部门的主要职责是：负责对成员单位通报的重大经济犯罪线索部署开展调查，对可能潜逃的涉案人员或可能向境外转移的涉案资金落实控制措施；向成员单位通报在侦查经济犯罪案件中发现的行政执法和经济管理方面的制度缺陷和管理漏洞等问题；做好协调会商机制有关日常工作。中国证券监督管理委员会的主要职责是：通报证券期货案件的总体情况和重大案件查处进程，提出需要协商的重大问题、重要事项和重点案件，研究打击证券期货违法犯罪活动的防范、监督、查处机制，不断提高对各类重大、突发案件的综合处理能力。①

---

① 其他部门还包括：监察部负责对在监察工作中发现的涉嫌经济犯罪案件线索，与公安、检察机关进行沟通会商，及时移送公安、检察机关查处，并依法做好相应的工作。审计署负责对在审计工作中发现的涉嫌经济犯罪案件线索与司法机关沟通会商，及时移送司法机关查处，并协助司法机关做好查办案件工作。中国人民银行负责涉嫌洗钱案件的资金监测、行政调查工作；配合公安机关及有关部门防范和打击涉及现金管理、外汇管理、黄金市场管理、反假币、银行卡管理等方面的违法犯罪活动。国家税务总局负责组织涉税违法案件的查处，对涉嫌犯罪的及时移送司法机关，并配合司法机关做好涉税违法案件查办工作。国家工商总局负责协调预防和打击经济犯罪工作中涉及公平交易、市场监管、企业和个体工商户登记注册管理的有关工作；参与加强对投资领域资金活动的监测、对经济犯罪活动频发领域和区域的管理等工作。中国银行业监督管理委员会通报银行业金融机构违法案件的总体情况和重大案件查处进程，提出需要协商的重大问题、重要事项和重点案件，研究打击贷款等违法犯罪活动的防范、监督、查处机制，不断提高对各类重大、突发案件的综合处理能力。最高人民检察院审查批捕、起诉经济犯罪案件；查办经济犯罪涉及的职务犯罪案件；履行诉讼监督职能；研究有关法律适用问题。

（4）协调会商机制工作规则。

① 成员单位负责人会议。遵照国务院领导同志的指示，或根据预防和打击经济犯罪工作的需要，由国务院副秘书长召集，成员单位有关负责人参加。会议的主要任务是：通报经济领域重大经济违法犯罪情况和相关重要信息；研究解决预防、打击经济犯罪工作中的重大问题；完善预防和打击经济犯罪的监督、防范、侦破体系。参加会商的各成员单位负责人要相对固定。

② 成员单位业务部门负责人会议。原则上每季度召开一次成员单位业务部门司局级负责人会议，由公安部业务主管部门负责人召集，成员单位业务部门有关司局级负责人参加，会后将会议情况报告国务院副秘书长。会议的主要任务是：通报办案过程中发现的行政执法和经济管理方面的制度缺陷和管理漏洞等问题，研究完善相关措施的建议；通报新发布实施的有关重大经济改革政策规定、国内外经济犯罪动向，分析研判可能出现的影响国家经济安全的违法犯罪活动；对重大情况信息进行协商和研判，探索建立信息共享机制；研究制定重大案件防控工作预案，确保遇有紧急情况可直接启动预案，做好人员和资金的控制工作；研究建立和完善预防和打击经济犯罪的监督、防范、侦破体系的具体措施。

根据预防和打击经济犯罪工作需要，经有关成员单位业务部门提议，可由公安部业务主管部门或相关成员单位业务部门负责人主持召开临时会议，全体成员单位有关业务部门司局级负责人参加。根据具体工作需要，也可以召开部分相关成员单位业务部门负责人和相关地方政府主管部门负责人会议，针对具体事项进行商讨、沟通和研究，提出工作建议。会议的主要任务是：及时沟通和传递涉嫌经济犯罪的苗头性信息和案件线索，强化案件初始阶段的防控工作，部署、提出有关工作建议，向党中央、国务院领导同志报告；协调、督办党中央、国务院领导同志交办案件的侦办工作，明确各部门职责分工，掌握案件侦办工作进展情况，及时协调解决办案中遇到的突出问题。参加会商的各成员单位业务部门司局级负责人要相对固定，并作为成员单位处理经济领域重大、突发经济违法犯罪案件的第一联系人。

③ 协调会商机制办公室。协调会商机制下设办公室，设在公安部经济犯罪侦查局。主要职责是：负责筹备协调会商机制成员单位负

责人会议和业务部门司局级负责人会议的召开，编写《会议纪要》，印发给有关成员单位，并督促落实会议作出的各项决定；编写《打击经济犯罪协调会商机制重要信息》，反映各成员单位在工作中发现的影响或者可能影响经济安全和社会稳定的信息、重大经济犯罪案件和线索，分析、研判伴随经济社会发展变化和重大经济改革政策出台可能出现的经济犯罪活动，并提出有关对策建议。各成员单位均应确定一名处级联络员。

④ 派驻联络员。为实现专门会商与日常工作的有机结合，经协商一致，公安机关业务主管部门可以向有关监管部门和经济部门派驻联络员，并与派驻单位共同研究确定联络员的具体职责。首批联络员由公安部业务主管部门向中国人民银行、审计署、国家税务总局派驻。根据工作需要，并经协商一致，公安部业务主管部门可陆续向其他有关部门派驻联络员。联络员受公安部业务主管部门领导，接受驻在单位业务指导。主要职责是：参与驻在单位行政执法过程中对疑难案件的研究，协调对重点案件进行查处，与驻在单位行政执法和监管、稽查部门研究防范经济犯罪案件或线索，并及时将调查情况向驻在单位反馈；对驻在单位发现的重大经济犯罪线索，可能发生涉案人员潜逃或涉案资金向境外转移等紧急情况的，立即向公安部业务主管部门报告，部署有关地方公安机关开展调查，落实对有关人员和资金的控制措施；通过驻在单位协调下属机构向地方公安机关移送案件或线索以及协调地方公安机关及时受理和查处驻在单位下属机构移送的案件或线索；向驻在单位及时通报公安机关办理经济犯罪案件中掌握的重点企业和个人的有关情况，以便驻在单位对其加强审计、稽查、监管、查处工作；双方商定的其他职责。

事实证明，打击证券犯罪的协调会商机制已经发挥了很好的作用。例如，在对“德隆”案件的查处过程中，国务院多次组织公安部、证监会、人民银行等有关部门开会进行研究，要求证监会对德隆集团是否存在操纵股票交易价格的问题进行稽查，要求公安部经侦局认真查处“德隆”案件涉及的证券犯罪问题。公安部门在办案的同时，“积极配合证监会、人民银行开展稽查和企业重组工作”。[①] 再如 2006 年，证

① 根据课题组 2007 年 4 月在湖北省武汉市公安局经侦处调研资料。

券监管系统与公安、工商、人行、银监会、司法部门及地方人民政府密切配合,对上百起涉嫌从事非法证券活动的公司进行了调查,对涉嫌构成犯罪的近50家公司,及时移送公安机关。[①]

⑤ 建立专门的协调机构。2007年2月12日,国务院下发《关于同意建立整治非法证券活动协调小组工作制度的批复》,同意建立由证监会牵头的整治非法证券活动协调小组工作制度。[②] 批复列举了协调小组的主要职责,包括:贯彻落实国务院关于整治非法证券活动的决定和部署,组织制订整治非法证券活动的有关规章,提出完善相关法律、法规的意见和建议,提供政策解释,保证及时有效地查处案件;根据相关单位的要求,组织对涉嫌非法证券活动进行性质认定,并由有关部门依法作出认定结论;指导、配合各省、自治区、直辖市及计划单列市人民政府建立整治非法证券活动协调机制,指导、督促地方人民政府和有关部门按照整治非法证券活动工作要求,做好相关工作;组织指导整治非法证券活动宣传和投资者教育;协调解决整治非法证券活动工作中出现的问题,并加强有关部门、各地区间信息沟通与交流;完成国务院交办的其他事项。

三、现行合作机制面临的困境及存在的问题

近些年来,国家在打击证券犯罪方面做出了很大努力,并且通过加强证券立法(如1997年《刑法》和1999年施行的《证券法》都对有关证券犯罪进行了相关规定)等一系列方式,不断加大对证券犯罪的打击力度。尤其是打击证券犯罪执法合作体制建立以来,打击证券犯罪工作取得明显成效,一大批证券犯罪案件被查处,相关责任人也受到了法律的制裁。但是,我们仍然不得不面对这样的事实:证券市场中的犯罪屡有发生,而实际查处的数量却很有限。尤其是在操纵证券交易价格罪、内幕交易罪、泄露内幕信息罪、编造并传播证券交易虚假信息罪、诱骗投资者买卖证券罪、非法信用交易罪等证券犯罪方面收效甚微。

即便如此,为什么还有大量的证券犯罪不能及时有效地受到制裁

---

① http://www.cjis.cn/cjis/homepage/about/jiaoyu/9.doc,2007年6月24日访问。

② 按照国务院的批复,这个协调小组不刻制印章,不正式行文。

呢？现行合作机制又需要在哪些方面予以改进呢？从现行合作机制面临的外部环境和内部问题分析，至少有如下几个方面需要关注和反思：

(一) 现行合作机制面临的困境

现行执法合作机制面临的困境主要有以下几个问题：

1. 现行《刑法》、《证券法》关于证券犯罪的规定缺乏基本的可操作性

如《刑法》中规定构成证券犯罪为结果犯，需“造成重大损失”、“情节严重”等才构成犯罪，而什么样的情况属于重大损失、情节严重却不明确。尽管2001年4月最高人民检察院和公安部公布了《经济犯罪案件追诉标准的规定》，但其对证券犯罪案件的立案标准仍有很多地方不明确，如规定中的“异常波动”、“恶劣影响”仍无法操作。特别是有关内幕交易和操纵价格案件的立案标准与证券市场实际相距甚远，使证券犯罪的黑数大量增加。

2. 不少经侦人员侧重于涉税、妨害对公司企业的管理秩序、破坏市场秩序和其他金融犯罪方面，而对证券犯罪的危害性以及打击证券犯罪的重要性和紧迫性认识不足

查处证券犯罪的司法成本较高，处理起来有难度，可能导致司法机关在受理证券犯罪案件时有所顾虑，不愿意介入。

3. 我国侦查程序的启动条件不利于对证券犯罪的有效追诉，使得公安机关对于证券犯罪的受理在很大程度上不得不依赖监管部门的移送

由于立案在我国是一个独立的诉讼阶段，是侦查程序得以启动的前提，因此，立案条件就不仅能决定刑事案件是否成立，也决定着侦查程序能否顺利启动。按照现行法的要求，立案需要具备两个条件：

(1) 犯罪事实条件。这是立案必须具备的首要条件。即立案首先要求有犯罪事实。所谓有犯罪事实，是指客观上存在着某种危害社会的犯罪行为。它包含以下两方面的意思：一是要立案追究的，必须是依照刑法规定构成犯罪的行为。根据刑法的规定，犯罪行为是指触犯刑律的、应当受到刑罚处罚的危害社会的行为。立案应当而且只能对犯罪行为进行，如果不是犯罪行为，就不能立案。当然，由于立案是追究犯罪的开始，案件尚未进行侦查或审理，所以，此时所说的有犯罪

事实,是指发现有某种危害社会的而又触犯了刑律的犯罪行为发生。至于整个犯罪的过程、犯罪的具体情节、犯罪人是谁等,并不要求在立案时全部查清。这些问题应当通过立案后的进一步侦查活动来解决。二是要有一定的证据材料证明犯罪事实确已发生。也就是说,要立案追究的犯罪行为,必须是有证据证明的客观存在的事实。然而,在立案阶段,不必要也不可能掌握证实犯罪事实和犯罪嫌疑人的全部证据,只要掌握了足以证明犯罪事实已经发生的一定证据材料就可以了。

(2) 法律条件。这是立案必须具备的另一个条件。即立案要求需要追究刑事责任。所谓需要追究刑事责任,是指依法应当追究犯罪行为人的刑事责任,也就是说,只有犯罪事实存在并不能作出立案的决定,同时必须是这种犯罪事实依法应当追究行为人刑事责任的时候,才能决定立案。

很明显,现行法关于"立案条件"的设置并不利于确保对犯罪的有效追诉。因为,依《刑事诉讼法》的规定,只有经审查后确定有犯罪事实发生,且应追究刑事责任的,方能立案,然后才能侦查。但问题在于,在没有经过侦查的情况下,侦查机关如何才能发现报案、控告、举报的材料是否有犯罪事实、是否需要追究刑事责任呢?我们知道,在办案人员最初接受案件线索时,"事实"通常是模糊的,有的侦查人员对犯罪嫌疑人的情况很可能一无所知。在这种情况下,要求侦查人员来判断"是否有犯罪事实以及是否应追究刑事责任"显然是勉为其难。显然,现行的立案条件明显过高,在案发之初没有经过侦查的情况下通常根本无法达到。如果侦查机关严格遵守此标准决定是否启动侦查程序,不仅会造成不"破"难"立"这一尴尬局面,也必然影响对犯罪的有效追诉。因为在作出立案决定前,侦查机关不能采取侦查措施,即不能进行专门的调查工作和采取强制措施的。在司法实践中,即使某地公安机关受理了此案,也往往会因"初查权"的限制,而无法发现存在的犯罪事实,从而以不立案处理。

4. 现行的侦查管辖也不利于对证券犯罪的有效追诉

《公安机关办理刑事案件程序规定》对地域管辖和级别管辖已作了比较明确的规定。由于证券犯罪一般来说案情都比较重大,因此按照规定的要求,主要由犯罪地或犯罪嫌疑人居住地的地(市)级以上公安机关管辖,或由公安机关协商,或由上级指定管辖。然而,由于证券市场是全国性的市场,行为人在某个地方实施的犯罪行为,比如,用大量资金自买自卖操纵股票价格或编造传播虚假信息,其受害人就可能遍布全国各地,就会出现有被害人却无地方报案的情况。更有甚者,一般行为人都在多个地方开户,然后进行非法交易,于是犯罪地就有多个,由最初受理的公安机关管辖,跨地区侦查存在较大难度。由各地公安机关协商解决也好,由共同的上级(一般是公安部)指定也好,又势必影响办案效率。同时,案件移送到检察院、法院时,可能又会因管辖问题而不予受理,使公安机关处于两难境地。另外,《刑事诉讼法》和《公安机关办理刑事案件程序规定》对职能管辖的规定,也会从某些方面对公安机关查处证券犯罪产生消极影响。尽管按照有关规定,"公安机关侦查的刑事案件涉及人民检察院管辖的案件时,应当将属于人民检察院管辖的刑事案件移送人民检察院。涉嫌主罪属于公安机关管辖的,由公安机关为主侦查;涉嫌主罪属于人民检察院管辖的,公安机关予以配合。"但是,对于证券犯罪中伴随着的国家工作人员贪污、受贿、渎职等犯罪,应该如何区分主罪和次罪,却缺乏最基本的可操作规则。如"大庆联谊"一案中,从市委副书记、市人大常委会主任,到国税局领导,共有 39 名党政干部和企业领导人被追究政纪、法律责任;在"红光实业"案件中,也涉及成都市国资局、某个市长秘书等。这些案件后来都是由纪委牵头成立专案组调查,接着再由检察机关立案调查,这显然也会对公安机关查处证券犯罪产生消极影响。

5. 执法成本高而违法成本低

现在监管部门之间还没有建立信息共享、快捷高效的执法机制,例如证监会行政执法阶段的材料还不能作为公安机关的证据,公安机关完成证据转换还得重新调查,时间和精力都耗费过多。当初有关部门之所以这样安排,是考虑到一般行政机关的取证标准比公安机关的要宽松,但实际上,这个问题可以通过严格行政机关取证的法律程序,提高取证的质量来解决,如果能够做到两个部门之间的无缝证据转化,执法成本将大大降低。在执法成本高的同时,我国证券市场违法成本却很低。修改之后的《证券法》第 202 条规定,对内幕交易者,没收违法所得,并处以违法所得 1 倍以上、5 倍以下的罚款;没有违法所得或者违法所得不足3万元的，处以3万元以上60万元以下的罚款。该规定显见的缺陷是：其一，对内幕交易的民事罚款以“违法所得”为基准，而并不包括“避免损失”，处罚力度大大弱化；其二，对没有“违法所得”情形的行政罚款最高额只有60万元，只是美国最高额250万美元的1/33。违规成本过低，缺乏应有的威慑力，导致大量的内幕人铤而走险。

6. 现行的“衔接机制”尚处于建立和健全阶段

衔接运作不规范，信息不畅、知情迟缓，使得公安经侦部门对证券犯罪的立案侦查更多的还是依赖于证券监管机关的移送，而证券监管机关却存在着一定程度的消极移交问题。

大多数的证券犯罪行为，外界很难了解，一般人员基本上无从了解，即使是证券业内人士，很多时候也无从了解，因此，公安经侦部门通常是没有办法主动介入案件，“案源”十分少，更不用说扩大案件来源。也就是说，当前公安侦查的证券犯罪案件，基本上都是由证券监管部门移交的。如果证券监督机构不移交，公安经侦部门就基本上处于“失业”状态，即行政执法部门对于可能涉及刑事犯罪的案件不能做到及时移送或根本不予移送，会造成打击不力。移送不及时的原因有多种，“以罚代刑”仍然是当前行政执法的突出问题。有的行政执法机关受地方保护主义或部门保护主义的影响，存在有法不依、执法不严的现象，甚至受利益驱动，把一些应向司法机关移送的涉嫌犯罪案件不移送或者“以罚代刑”；有的行政执法部门刑事法律意识不强，刑事法律水平不高，没能及时认识到行政执法案件已涉嫌构成刑事犯罪，只是一罚了之；有的行政执法机关与司法机关对案件的定性、证据的收集和固定在认识上存在分歧，造成移送难和处理难；有的出于个人私情、私利，故意不移送或不及时移送；怕处罚“过重”会引起证券市场的恐慌，打击广大投资者的信心，目的是为保护这片稚嫩的证券市场。但是无论何种形式的不及时移送或不移送，其结果都是造成对该类经济犯罪案件打击不力。在司法实践中，实际上有相当一部分行为的表现已经符合刑事犯罪的典型特征了，具有明显的相似性，按道理说，就应该有理由启动刑事司法程序。但是，事实上却没有证据显示这些案件已经或正在受到刑事司法调查和审理。

7. 尽管证券监管部门与公安经侦部门都是执法机关，但是，证券监管机构收集和固定的证据材料却不可以作为证据使用

在程序上，只能由公安经侦部门的侦查员重新取证，这也不利于实现对证券犯罪案件的有效追诉。行政执法机关在执法过程中发现存在涉嫌犯罪需移送司法机关处理的刑事案件，司法机关应当如何对待行政执法机关收集、调取的证据，行政执法机关获取的证据材料是否具有刑事证据的诉讼效力，争议很大。在实践中通常的做法是：司法机关对这些证据往往依据《刑事诉讼法》第43条的规定："审判人员、检察人员、侦查人员必须依照法定程序，收集能够证实犯罪嫌疑人、被告人有罪或者无罪、犯罪情节轻重的各种证据……"第45条的规定："人民法院、人民检察院和公安机关有权向有关单位和个人收集、调取证据。有关单位和个人应当如实提供证据……"处理经过程序上的转换，以保证这些证据的刑事诉讼效力（如对一些证人证言，重新由司法机关进行询问后，方作为刑事诉讼证据使用）。即认为：我国法律只承认公检法机关才有收集、调取刑事证据的权力，除此之外，任何机关都不具备这个权力。

以"德隆"案件这个典型的证券类案件为例，证监会执法系统从全国调取大量长期从事证券一线监管，对市场的专业判断和职业敏感性较高的专业人员，集中调查了三个多月，调取了大量的证据资料。而且证监会的稽查人员在证据调取上的程序是较为规范的。但是移交公安机关后，在上述观念的主导下，司法机关还必须对先行收集的证据材料重新或部分返工，这样一是浪费了诉讼资源，增加了讼累；二是可能使犯罪分子有充分的时间潜逃、串供，逃避法律制裁。三是由于时间的推移，部分证据可能被自然损毁或是被人为破坏，导致无法证明犯罪。如此，司法人员往往要面对行政执法卷宗中证据充实而刑事卷宗中却缺乏证据的尴尬局面。

8. 地方保护主义严重，有些地方政府深度干预查办证券犯罪案件

由于我国证券市场一直是由政府主导，政府直接管市场，像关心自己的孩子一样关心证券市场，在对证券违法犯罪行为进行惩戒时可能会考虑对市场和社会的影响。上市公司也可能是当地重要的经济支柱，轻易动不得。

（二）现行合作机制存在的具体问题

1. 合作机制的法律基础不高

目前，打击证券犯罪合作机制建立的法律基础是国务院的法规，或者是各部门会签的文件，法律约束力有限，普遍适用性不强。实践中，各地方打击证券犯罪合作机制的协调机构不仅名称不统一，而且参加成员单位都各具特色，比如广东省出台了《关于加强证券期货执法工作协调配合若干问题的意见》，其中有建立联席会议制度的内容，广东省公安厅、中国证监会广州证管办均属于成员单位。其他成员单位包括：广东省法院、检察院、工商局、财政厅、审计厅、国家及地方税务局、人民银行广州分行、财政部驻广东财政监察专员办事处、审计署驻广州特派员办事处等。再如，北京市出台了《北京市处置非法集资和非法证券经营活动工作制度》，其中有成立北京市打击非法集资和非法证券经营活动工作协调小组的内容。北京市公安局、北京市证监局都是成员单位。其他单位有：市委宣传部、市委政法委、市高级法院、市检察院、市发改委、市监察局、市建委、市商务局、市国资委、市商务局、市工商局、市园林绿化局、市政府法制办、人民银行营业管理部、北京银监局、北京保监局等相关单位。这也是合作机制的法律基础不高的表现。

2. 经侦队伍尚处于建设之初，专业力量不足

经侦队伍专业经验缺乏，难以适应打击证券犯罪的现实需要。证券犯罪具有较强的专业性和隐蔽性，本身就难以查证。而自公安部成立经济犯罪侦查局之后，尽管全国各地的经侦队伍已经相继组建。但是，目前这支年轻的队伍人员还非常有限，也缺乏侦查证券犯罪案件的经验，在许多情况下只能依靠“外人”，涉及复杂的证券方面的知识的，就请证券监管机构的专家把关；涉及有关财务会计知识的，就请有关会计师事务所等部门帮忙；涉及计算机方面的知识的，就请有关市局网监处的同事协助，等等。不仅如此，侦查装备也显得较为落后，几乎没有在证券犯罪多发的单位、区域部位布建情报信息网络、隐蔽力量网络，对日益增多的各种经济犯罪的查处，已颇感力不从心，对证券犯罪的查处就更加困难，进而造成了这样一个被动的局面——公安机关在大多情况下只能依靠证券监管部门查清楚后移交过来。以至于在股市上不管犯罪嫌疑人如何兴风作浪，公安机关也束手无策，就如

前几年的“亿安科技”操纵股票交易价格那样。

3. 证券犯罪侦查的物力和财力投入不足

物力投入是指一定时期内经侦部门用于侦查犯罪案件所需的物资。它主要包括刑事技术装备、办公场所以及装备所需的相关费用。财力投入是指在一定时期内经侦部门用于侦查案件所需要的费用，既包括警力保障费用，也包括侦查经济犯罪案件所需的交通费、通讯费及其他相关费用。证券犯罪案件大多跨区域性强，办案周期长，经费支出大。在一些地区，巨额的办案经费，侦查成本与办案效益之间关系的不协调，使侦查部门对案件望而生畏。特别需要指出的是，当前基层经侦部门多多少少承担着一定的罚没任务，这注定要影响对证券犯罪的打击力度。

4. 证券监管机构发现和查处违法犯罪的能力有限

证券犯罪的复杂性和隐蔽性要求证券监督管理机构必须坚强有力，这是成功查处证券犯罪的前提条件和重要保证。坚强有力，主要体现在其执法权力方面。没有权力的监督管理机构，只是一头“没有牙齿的老虎”。国际证监会组织发布的《证券监管的目标与原则》第8.3条规定，“证券监管机构应当具备全面的调查和执法的权力，包括：(1) 监管和调查权，即监管机构有权从涉嫌有关行为的人士或掌握与调查有关的信息的人士那里获取数据、信息、文件、陈述和记录；(2) 发布命令及/或采取其他使维护其监管和调查权的行为的权力；(3) 进行行政处罚和从法院及/或法庭获取命令的权力；(4) 进行刑事诉讼或将案件移交其他部门进行刑事诉讼的权力；(5) 命令暂停某种证券交易或采取其他适当措施的权力；(6) 在将要实施执法手段时，进行执法调解或接受被处罚人保证的权力。”同时，英国、美国、澳大利亚等国家和我国香港地区的立法也赋予了其证券监管机构具有充分而广泛的执法权力。

与美国 SEC 等证券监管机构的执法权力内容相比较，中国证监会的执法权力范围和种类过少，不具备 SEC 等境外发达证券市场证券监管部门普遍所具有的以下权限：一是强制传唤涉案人员，当事人有意躲避即为违法的权限；二是申请搜查令的权限；三是直接起诉权；四是向法院申请强制令、破产令、清算令、执行令等权限。由于存在上述执法权力不足问题，以至于大大限制了证券监管机构发现违法犯罪的能力。尤其是,证监会的调查权限也远不能适应执法工作需要,必然会严重影响查处证券违法违规案件的效率。不久前宣判的中科创业案,就充分暴露出由于证监会调查权有限所带来的问题。在此案的处理中,最终不得不依赖于公安部门的介入,并重新成立调查组。在部门协调过程中,浪费了宝贵的时机。同时,也由于公安、检察机关缺乏证券知识,难以迅速对证券犯罪作出判断,致使吕梁、朱焕良等主犯、庄家纷纷外逃,酿成了"中国股市第一案"开庭时主角缺席的遗憾。按照《证券法》第180条的规定,证监会依法履行职责,有权进入涉嫌违法行为发生场所调查取证;询问当事人和与被调查事件有关的单位和个人,要求其对与被调查事件有关的事项作出说明;查阅、复制与被调查事件有关的财产权登记、通讯记录资料;查阅、复制当事人和与被调查事件有关的单位和个人的证券交易记录,登记过户记录,财务会计资料及其他相关文件和资料,对可能被转移、隐匿或者毁损的文件和资料,可以予以封存,以及查询当事人和与被调查事件有关的单位和个人资金账户、证券账户和银行账户,对有证据证明有转移或者隐匿违法资金、证券迹象的,可以申请司法机关予以冻结。但是,证监会并不享有以下几项权力:调查、封存当事人和与被调查事件有关的机构、个人在银行及其他金融机构存款账号的权力;直接冻结被调查当事人从事证券交易的证券账号和资金账号的权力;要求银行暂停支付的权力;传唤当事人的权力,并规定不接受传唤应担负的相应法律责任。

第三节 证券犯罪执法合作的比较法研究

一、日本证券犯罪执法机制的状况及其对我国的启示

日本的《证券交易法》是在1948年以美国证券交易法为范本制定的,至今已经过多次修订。特别是1986年,当时的桥本龙太郎首相开始推行"金融大爆炸"的金融体系改革,证券法制的改革也不断进行。尤其是2006年3月10日,日本内阁会议通过了"部分修改证券交易法等的草案",该法案于2006年6月10日在第164次国会上成立。日本的《证券交易法》也改名为《金融商品交易法》。该法分阶段实施之后,于2007年9月全面实施。新法强化了对证券犯罪的处罚力度。

日本《证券交易法》实施以来,日本证券市场的监督与管理体制发生了深刻的变化,纷繁复杂的证券犯罪是促进体制不断变革的主要原因。迄今为止,日本已经通过不断修订法律和积极的实践活动,确立了对证券违法和犯罪行为进行处罚的制裁体系和执法合作体系,其中虽不乏和我国相一致之处,但有很多独特有效的制度和做法,值得我国借鉴。

《日本证券交易法》规定,对于违反交易法规和规则的行为,原则上由主管机构予以行政处罚,但对于情节严重的犯罪行为,可处以刑罚。这两种制裁手段对于追究违规违法者的责任和抑制违规违法行为所起的作用,相辅相成,缺一不可。

(一) 日本证券犯罪立法的概况

下面,首先考察一下日本证券犯罪立法的概况。

1. 证券交易方面的犯罪,包括行为犯在内,有很多种

在日本,同证券市场中的证券交易相关并事实上会产生问题的主要证券犯罪有四种:(1) 操纵市场犯罪(操纵股票交易价格犯罪);(2) 以变动市场价格为目的的散布谣言犯罪;(3) 内幕交易犯罪;(4) 填补损失犯罪。这四种证券犯罪中,操纵市场犯罪和以变动市场价格为目的的散布谣言犯罪,由于会直接给投资者造成损害,早已被定为恶性证券犯罪。从1948年《证券交易法》制定直到20世纪80年代后期,被查处的主要是操纵市场犯罪,受到了社会的关注。尽管如此,从《证券交易法》制定直到2003年的近55年中,被提起刑事诉讼的案件也只有10件。仅次于操纵市场犯罪的、以变动行情为目的的散布谣言犯罪,到20世纪80年代为止,被提起刑事诉讼的仅仅只有1件,以至于人们淡忘了这一罪名的存在。但到了90年代,由于短期内被查处了3件,这类案件又一下子引起了人们的注意①。

2. 内幕交易在商法学者中早就被作为可依据《证券交易法》相关规定进行刑事规制的行为了,但由于在日本人们把内幕交易作为犯罪的意识较弱,因此事实上很长时期内没有查处过,也没有成为社会性问题

欧洲许多国家把内幕交易作为犯罪的意识不如美国那么强,也没

---

① 参见〔日〕河本一郎、大武泰南:《证券交易法概论》,法律出版社2001年版,第34—40页。

有引起足够的重视。但到了20世纪80年代，以欧共体为中心的欧洲以及日本都出现了很强的把内幕交易规定为犯罪的趋势，加上1986年以美国为首的一部分国家指责日本的证券市场成了内幕交易的天堂，以及美国本身也被查处、报道了大规模的内幕交易事件，因而内幕交易问题引起了人们的广泛关注。其后不久的1987年秋天，塔太荷（公司名，音译）化学工业股内幕交易事件被逐渐查明。在这样的背景下，日本把内幕交易作为犯罪的立法工作得到快速进展，1988年《证券交易法》修订，将内幕交易明确规定为犯罪，并于1989年4月起施行。

3. 内幕交易问题告一段落后的20世纪90年代，一个向大客户给予大规模损失填补的问题暴露出来

此后，填补损失的做法在日本的证券行业中广泛蔓延，成为很坏的商业惯例。针对大型证券公司一连串的填补损失事件，政府特别是原大藏省开始着手解决填补损失问题，1991年10月修订《证券交易法》，把填补损失规定为犯罪，并于1992年1月起施行。日本在法律上把填补损失正式规定为新的证券犯罪，这在世界上是没有先例的，它引起了全世界的关注。

4. 2006年《证券交易法》最新修改——强化处罚

2006年，日本的《证券交易法》强化了对证券犯罪的处罚力度。具体表现如下：(1) 日本对于内幕交易的处罚规定原来是：处以3年以下有期徒刑、个人为300万日元以下、法人为3亿日元以下的罚金。2006年的《证券交易法》修改中改为处以5年以下有期徒刑、个人500万日元以下、法人为5亿日元以下的罚金①。(2) 对于不公平交易、谣言的传播、欺诈手段、操纵股价行为的处罚规定原来是：处以5年以下有期徒刑、个人300万日元以下、法人为5亿日元以的罚金。修订后改为处以10年以下有期徒刑，个人为1 000万日元以下、法人为7亿日元以下的罚金②。(3) 对于提供在重要事项中有虚假内容的有价证券报告书等的违法行为的处罚规定原来是：处以5年以下有期徒刑、个人为500万日元以下、法人为5亿日元以下的罚金。修订后改为处以10年以下有期徒刑，个人为1 000万日元以下、法人为7亿日元以

① 修改后的《证券交易法》第197条之2、第207条第1款第2项。

② 修改后的《证券交易法》第197条第1款、第207条第1款第1项。

下的罚金[①]。(4) 对于不提供有价证券的申报书等的处罚规定原来是:处以3年以下有期徒刑,个人为300万日元以下、法人为3亿日元以下的罚金。修改后改为处以5年以下的有期徒刑,个人为500万日元以下、法人为5亿日元以下的罚金[②]。

(二) 日本证券犯罪的执法情况

下面,我们详细地考察分析一下日本证券犯罪的执法情况。

1. 证券犯罪执法体制的扩大和加强

一连串的犯罪立法,使日本在20世纪90年代,对证券交易犯罪的执法体制有了根本性转变。被查处的最典型的刑事案件,是日本最大的四家证券公司的填补损失案。证券交易犯罪的对策,其关键问题不再是如何立法,而是如何掌握执法体制和加快执法速度。

过去,这方面的工作是由主管机关大藏省(相当于财政部)兼带着进行监督的,而大藏省由于同证券界多年来的紧密关系,其监督和执法有一定的局限性。为此,不少人提出应该创设一个像美国证券交易委员会那样的,独立于大藏省的中立的监督和执法机构,但大藏省方面对此极力反对。最后,在1992年诞生了一个妥协性的机构,即在大藏省内设立了一个"证券交易等监视委员会",全面负责对违反证券交易规则的行为进行监督、执法和刑事检举。

1990年代后期,随着证券界、银行界同大藏省之间的渎职案件的曝光,以及在一些信用合作社、住宅金融专业公司、大型城市银行倒闭后暴露出了金融犯罪问题,作为主管机关的大藏省遭到了人们更加严厉的批评和责问。在这样的历史背景下,有人提出了撤消"大一统"的大藏省的建议,而且,将财政、金融、国税三者完全分离的方案也被摆上了议事日程。最后,采取的是把金融部门分离出来的办法。1999年6月22日,在总理府中设立了金融监督厅,证券交易等监视委员会也迁入其中,由内阁总理大臣担任主管大臣。

为了处理金融机构的倒闭事宜,日本制定了《金融再生委员会法》,1998年12月15日起施行。依据该法组建的金融再生委员会下面也设有金融监督部门,但2001年省厅(部委)重组时,金融再生委员

---

① 修改后的《证券交易法》第197条第1款、第207条第1款第1项。
② 修改后的《证券交易法》第197条之2、第207条第1款第2项。

会同设在总理府下面的金融监督厅合并,仍由总理大臣主管。

证券交易等监视委员会虽然经历了一些周折,但它在调查和查处证券市场中的违法犯罪行为方面发挥了很大的作用,它所取得的实际成绩是有目共睹的,由该委员会查处的属于上述四种证券交易犯罪的案件平均每年3件。

日本证券交易等监视委员会查处案件后,认为触犯刑法的,即向检察机关提出刑事检举。检察机关就会全面召开调查,认为应该起诉的,就向法院提起诉讼。

2. 证券犯罪的执法情况

(1) 被查处的操纵市场犯罪案件。操纵市场犯罪的形态包括:① 假装买卖、交易;② 通谋买卖、交易;③ 实施变动操作;④ 实施稳定操作;⑤ 进行门市买卖有价证券的操作。其中最难以认定的是事实上进行了买卖的实施变动操作。该犯罪是事实上进行了造成某股票买进卖出非常频繁的假象,或进行了一连串使股票价格产生变动的买卖,但要划分它同一般允许的大量买卖股票之间的界限非常困难。

日本迄今为止查处的操纵市场犯罪案件主要有10件:① 协同饲料股票案件(1972年,第一件刑事检举案件);② 东京钟表制造股份公司股票案件(1973年);③ 日本热学工业股票案件(1975年);④ 日本锻工股票案件(1980年);⑤ 藤田观光股票案件(1990年);⑥ 日本优尼西斯(公司名,音译)股票案件(1990—1991年);⑦ 昭和化学工业股票案件(1997年);⑧ 休耐特(公司名,音译)股票案件(1997年);⑨ 阿伊卡(公司名,音译)股票案件(1999—2000年);⑩ 志村化工股票案件(2001年)。

这些案件具有以下特征:一是①②③这三个案件的直接原因是上市公司因经营状况不好而有组织地实施操作的;二是④⑤⑥⑦⑧⑨⑩这7个案件,是股票经纪人或其他第三人为了谋取不正当利益而实施操作的;三是在这些案件中,有一些有证券公司工作人员插手,但证券公司工作人员实际被立案的只有1件;四是作为自然人的被告人被判处徒刑的,只有第④个案件即日本锻工股票案件中的A被判处实刑,其他人都被判处缓刑。

(2) 被查处的以变动行情为目的的散布谣言犯罪案件。迄今为止被查处的有4件:① 日本稀有金属股票案件(1971年);② TSD股票案件(1992 年);③ 占卜师案件(1994 年);④ 东天红股票案件(2002 年)。

这些案件具有以下特征:一是①②这两个案件的直接原因是上市公司因经营状况不好,公司出面散布谣言;二是③④这两个案件,作为第三人的占卜师伙同股票经纪人散布谣言;三是在判刑方面,①②两个案件中的被告人被判处缓刑,案件③的被告人由简易法院判处罚金50 万日元。

(3) 被查处的内幕交易犯罪案件。迄今为止被查处的有 14 件:① 日新轮船股票案件(1990 年);② 马克罗斯(公司名,音译)股票案件(1991 年);③ 日本商事股票案件(包括第一手情报接受人案件,1993 年);④ 铃丹股票案件(1994 年);⑤ 新托姆(公司名,音译)通信机器设备公司股票案件(1994 年);⑥ 新日本国立股票案件(1995 年);⑦ 日本纺织工业股票案件(1995 年);⑧ 陶索克(公司名,音译)股票案件(1997 年);⑨ 日本 MIC 股票案件(1998 年);⑩ 大都工业股票案件(1998 年);⑪ 东亚钢铁制品公司股票案件(1998 年);⑫ 普来那斯(公司名,音译)股票案件(1999 年);⑬ 皮考伊(公司名,音译)股票案件(1999 年);⑭ 武藤工业股票案件(1999 年)。

这些案件具有下列特征:一是内幕交易的信息种类方面的特征。被查处的案件中,获得股价将要上涨的信息而买进股票的案件为 7 件,获得股价将要下跌的信息而抛出股票的案件也是 7 件,两者各占一半;二是内幕交易者地位方面的特征。被检举的人中,公司的董事长、总经理、专务董事、常务董事、增资配股企业的法律顾问、代理商一方的医生等在企业内社会地位高、能接近企业情报的人占绝大多数。虽然日本商事股票案件涉及不少普通工作人员,但那是例外;三是案件的处理方法和判决方面的特征。从 2000 年 7 月以前审理结束的 13 个案件的情况来看,其中大多是在简易法院起诉,按简易程序判处 50 万日元以下的罚金。性质恶劣或不认定为内幕交易的被起诉到了地方法院,被判处附带缓刑的短期徒刑和少量罚金。没有判处实刑也是一个特征。总体上,相对于案件的重大程度来说,所处的刑罚是比较轻的。

(4) 被查处的填补损失犯罪案件。迄今为止,被查处的有 5 件:① 千代田证券公司案件(1993—1994 年,第一件刑事检举案件);

② 野村证券公司案件(1996 年);③ 山一证券公司案件(1995 年);④ 大和证券公司案件(1997 年);⑤ 日兴证券公司案件(1995—1996 年)。

但自从日兴证券公司案件在 1997—1998 年 2 月被查处后,没有再出现填补损失犯罪被查处的案例,其原因究竟是证券公司加强了自我约束,还是犯罪手段更加巧妙了,或者是犯罪性不强,还不清楚。不过,由于在这些刑事案件中是客户获得了补偿,投资人不会提出损害赔偿问题。

这些案件具有以下特征:一是只对大客户或特定客户给予损失填补,而不对小客户给予填补。特别是除了案件①外,日本的四大证券公司都对专以参加股东大会阻止其他股东发表正当意见的团体的代表人物 K 给予了损失填补,此事在社会上引起了极大的反响。二是对实施了损失填补行为的证券公司,作出了长达几个月的停止相关业务的极重的行政处分。处以这么重的行政处罚是过去从未有过的。三是严厉地追究了证券公司最高领导人和主管大臣道义上的责任,野村证券公司董事长、总经理和日兴证券公司总经理都为此引咎辞职,大藏大臣也因此事及其他一连串的金融违规违法事件,承担监管不力责任而辞职。

以这一连串的填补损失案件为契机,日本证券公司的行业团体——日本证券协会于 1992 年 10 月,以 47 家综合性证券公司为对象,对是否存在填补损失的问题进行了行业内部自查,最后公布的结果是,有 18 家证券公司实施了 103 亿日元的损失填补①。

(三) 最新典型证券犯罪案例

1. “活力门”虚假陈述案

2007 年 3 月 16 日,东京地方法院以违反《证券交易法》中提交虚假有价证券报告书等为由,判处日本活力门公司前任总裁堀江贵文有期徒刑 2 年零 6 个月。

1996 年,还在东京大学就读的堀江贵文创建了活力门网站的前身。该网站发展迅速,2000 年在东京证券交易所创业板上市,迅速跻

① 参见〔日〕西原春夫:《日本刑事法的重要问题》,中国法律出版社、日本成文堂 2000 年版,第 54—57 页。

身日本三大门户网站行列。在企业管理上，堀江屡屡抛出大手笔。2004年，堀江计划收购一支棒球队，2005年还试图收购日本最大的传媒集团。虽然两次收购都以失败告终，但堀江却因此声名鹊起，为活力门公司争取到大量投资。前日本首相小泉纯一郎也拉拢堀江，让他参加2005年的国会选举，但却以失败告终。堀江成了家喻户晓的公众人物，众多日本年轻人把他看成自己的偶像。

根据判决，认定的事实是：活力门公司在2004年9月的合并决算中，活力门将出售给自己公司股票的所获收益列入公司经常收益，虚构利润，制订虚假有价证券报告书。此外，活力门及其子公司将公司股票分拆100倍，造势说票券供应短缺，蛊惑人心，哄抬股价，利用高价股票置换。另外，还同其关联企业“活力门市场公司（livedoor-marketing）”一起，发表收购子公司的虚假信息。2004年10月，活力门煞有其事地宣布子公司收购Money信息杂志社的出版社，而事实上，活力门早已掌控该出版社，故意隐瞒真相，散布虚假信息。

“活力门”虚假陈述案，一方面暴露了对日本证券交易监管的效率问题；另一方面，也凸显出日本相关监管部门权限设置不足。近年来日本的金融混业经营的形势发展很快，虽然日本的金融监管都是在金融厅之下，分为银行局、保险局和证券交易等监视委员会，但是各个监管部门之间，缺乏合作，对涉及新的相关领域的监督则力不从心。

2. 村上基金内幕交易案

2007年7月23日，东京地方法院对在日本放送股票内幕交易案中违反《证券交易法》的村上基金的前代表、村上世彰作出判决，判其2年有期徒刑和300万日元罚金，同时追缴约11.49亿日元的追征金。

如前所述，禁止内幕交易是1988年的证券交易法修改时才导入的。制定后，罚则也只是在有期徒刑6个月以下，处罚很轻，此后，逐渐加重。活力门事件发生时，对于内幕交易的处罚规定是：3年以下有期徒刑、300万日元以下的罚金。2006年的证券交易法修改中改为5年以下有期徒刑、500万日元以下（法人为5亿日元）的罚金。

可以说，本案例是日本导入内幕交易制度以来最严厉的判决。以往的判决中，即使是判定有罪，但是大多是被判缓期执行。

村上世彰原是经济产业省的官僚，因不满于日本的资本市场缺乏股东意识，而弃官设立基金投身股票市场，大力呼吁股东权益，成为

"提意见的股东",在日本金融界名声大噪。他的惯用手段就是悄然买进目标公司股权,然后向目标公司强力施压,要求改变经营方式或否决部分对股东不利的提案。他也为此一直被日本企业界批评"在创造市场新规则的同时,为日本社会染上了过于精明的利益色彩"。但村上世彰的出现,以及他倡导的"公司是股东的"的主张,象征了一个"股东作主"的新时代,为过去忽视股东权利,股东大会形同虚设的旧日本企业形态画上了句号。2005 年 2 月,活力门公司(Livedoor)对富士电视台控股的日本放送公司实施了著名的闪电并购,在二级市场上仅半个小时就购得日本放送公司 35% 的股票,最终迫使富士电视台以高价回购了日本放送公司的股票。

根据判决书,认定的事实如下:在这场闪电并购实施前夕,村上基金的代表村上世彰在 2004 年 11 月 8 日召开的会议上,从活力门公司前社长堀江贵文获得活力门将大量购买日本放送公司股票的内幕消息,他根据这些内幕信息,从 2004 年 11 月至 2005 年 1 月共计收购日本放送公司的股票 196 万股。村上基金在活力门公司 2005 年 2 月公布已经持有日本放送公司约 35% 的股份时,趁股票价格高企时,抛售了大部分所持有的股票,村上基金从中赚取了约 30.45 亿日元,而村上世彰本人也至少获得了约 1.5 亿日元的利润。

东京地方检察厅特别搜查部和证券交易委员会在调查活力门案件期间,注意到村上世彰的基金可能违反证券交易法。活力门事件的曝光让东京地方检察厅特别搜查部开始把注意力放到村上基金上。调查人员怀疑,村上世彰很有可能提前知道活力门公司并购日本放送公司一事,因此涉嫌从事内幕交易。

该判决有以下两点:

第一,辩护方指出:"活力门公司大量购买日本放送股票的方针并非作为公司的决定。而在开会时所提到的话,只不过是豪言壮语而已,因此,不是内幕信息。"对此,判决吸收 1999 年最高裁判所的判例之后,认为公司的决策并不限于董事会等的机关决定,社长或董事一致决定即可。

第二,辩护方指出:"2004 年 11 月初,没有足够证据表明活力门公司作出要大量购买日本放送公司股票的决定,活力门公司没有具备足够的资金筹措力来实现大量购买。"但是,东京地方法院考虑证券交易法等以及1999年6月最高裁判所的判决内容后认为："活力门公司的高管为了在2005年3月之前购买5%以上的日本放送公司的股票，作出了进行调查、准备、交涉等各种工作的决定。因此不能说其没有实现的可能性。从实际调查看，活力门公司在2004年9月15日后就开始进行购买大量股票的准备工作。从其财务状况、筹集资金能力等综合情况看，实现大量购买股票的决定可能性是较高的。"甚至指出"只要实现股票的大量取得的可能性不是零，就有可能成为内幕信息"。

这些论点为内幕交易提供了新的司法判断的框架。其对于内幕交易的认定是非常宽泛的，比1999年最高裁判所的判例的标准要低很多。作出如此严厉的判决，是因为法院认为基金是专业的机构投资者，具有较大的影响力，需要用比一般投资者更高的要求和标准来对待。

通过这两个案例，表明日本出现了对证券犯罪的处罚严厉化的倾向。

（四）日本证券犯罪对策及对我国的借鉴意义

日本在证券犯罪对策方面，一方面针对发生的违法和犯罪情况不断进行法律的修订，同时也设立了专门的机构进行预防和监督管理。

日本证券监督和管理机构的职能和设置也是一个不断发展的过程。在当初制定《证券交易法》时，在美国的影响下，设立了类似于美国的证券交易委员会（SEC）的机构，即证券交易等监视委员会，是证券行政的中枢机关，成立于1947年，是大藏省管辖下的独立的行政官厅。

日本在1950年对该委员会的权限进行了扩大，但是，由于1951年缔结了《旧金山和约》，日本恢复了自主性，作为其后果之一，行政机构需要进行相应的改革，该委员会被撤销。有关事项交给了大藏省理财局内的证券课（即后来的证券局）负责，同时设立了证券交易审议会，作为取代证券交易委员会的机构。该委员会在1998年设置金融监督厅时被废止，统一并入金融审议会。

为了强化消除20世纪80年代中期以后证券犯罪的影响，日本于1992年在大藏省内设立了证券交易等监视委员会，作为分管有关证券交易以及金融期货交易的监督机构，该委员会是为了保证证券交易和金融期货交易的公正性、确保投资者对市场的信心而设置的合议制的行政委员会。委员会下设事务局,事务局内又设有两个部门,分别是"对证券交易审查和检查"部门和"对犯罪行为进行调查"部门。证券交易等监视委员会行使职权具有相对的独立性,虽然只有3名委员,但是对具有违反规则的嫌疑人,可以采取签发传票、进行讯问等方式进行调查;证券交易等监视委员会的职员,经过法院批准后,还具有临时检查、搜查、没收等权限;证券交易等监视委员会认为行为人具有犯罪行为的,必须向检察机关告发。

相比而言,作为证券业的监督和管理机构,我国证券监督管理委员会的职能和权限还显得单薄,无法有效地进行证券犯罪的防治和调查工作。从某种意义上讲,中国证监会履行监管职责的唯一目标就是保护投资者的合法权益不受侵害,根据行政权职权与职责相一致的原则,赋予中国证监会监管的职责,同时就应当授予其相应的职权。旧《证券法》仅赋予中国证监会询问权,查阅、复制、封存相关文件和资料权,查询权和申请冻结违法资金、证券权等调查权力。由于缺乏必要的采取行政强制措施的权力,导致调查效率低下,取证困难,并且难以得到相关部门、单位的密切配合与大力支持,结案难度非常大。2006年1月1日实施的新《证券法》,虽然赋予了中国证监会更多的执法权力,如现场检查权,财产权登记、通讯记录的查阅、复制权,银行账户的查询权,冻结、查封权和限制证券交易权等项权能,但是同日本的证券交易等监视委员会所享有的能够采取签发传票、进行讯问以及获得许可后进行临时检查、搜查、没收等具有司法性质的准司法权相比,仍然具有很大的差距。

日本的证券犯罪防治和调查不但依靠证券交易等监视委员会的运作,而且是作为整个金融犯罪防范体系的一部分发挥作用,日本金融犯罪防治的主要机构现在是金融厅,历史上是大藏省和金融监督厅。

大藏省在1998年机构改革以前,负责对包括证券业在内的整个金融业的监管,对金融机构的经营进行限制、管理、监督和检查,既是金融体系中的政策制定者,又是政策执行者,还是政策实施的监管者,也是对金融犯罪进行处理和防治的主要力量。1998年,日本成立金融监督厅,在总理府直接管辖下运作,行使原大藏省享有的金融机构检查和监督职能。原大藏省的证券交易等监视委员会,也并入金融监督厅内。2000 年 1 月,在日本行政机构改革中,大藏省改名为“财务省”。2000 年 7 月,在金融监督厅的基础上成立金融厅,承接了原大藏省检查、监督和审批备案的全部职能。2001 年 1 月,金融厅升格为内阁府的内设机构,成为日本金融监管的最高机构,独立行使金融业的监管职能。

至此,日本形成了以金融审议会、金融厅、证券交易等监视委员会、日本银行(中央银行)等机构为主体的证券管理体制;同时辅以证券业协会、公司债券承兑协会、证券投资信托协会以及证券信息中心等团体的自律管理体制。这些机构的基本职能之一,就是对证券犯罪进行处理和防范。

这种证券犯罪防范和处理体制是长期历史经验的总结,是针对不同历史时期发生的事件进行不断修改而形成的,丰富了处理各种危机事件的应对性,对我国具有借鉴意义。但由于两个国家的金融体制差异之处颇多,我国无法照搬日本对证券犯罪的法律规定和防范体系,而对其制度方面进行分析和介绍,可为我国证券犯罪防治工作提供有益的启示,对我国正在进行的金融体制改革也具有十分重要的借鉴意义。

二、法国与美国的证券违法犯罪的调查与侦查机制

(一) 法国证券监管与犯罪侦查的简单介绍[①]

有必要对这两个国家的证券监管部门做一下介绍,美国的 SEC 已经为我国证券界和法律界的人士所熟知,在此不作赘述。法国的证券监管部门在 2001 年改革之前,分为 COB 和 CMF 两个,前者是行政性机构,后者是行业性机构,有点像我国以前证监委与证监会的关系。2001 年合并后成立了金融市场监管局(Autorité des marchés financiers)简称 AMF,具有对金融市场及其主体进行日常监管和对异常情况进行调查的职能。由于机构的变迁,如果仅仅对改革前或者改革后的情况作分析,则不能观其全貌,所以我们将改革前后的监管机构统称为法国证券监管部门,对其改革前后的状况都做一下简单的介

① http://www.amf-france.org/affiche_page.asp? urldoc = ControlesEnquetes.htm&lang = fr&Id_Tab = 0

绍，概述其调查权限，调查程序，在刑事侦查中的作用等。

法国的证券违法调查大致是这样的：如果在监管部门对金融市场和上市公司的日常监控中，发现了异常情况，或者接到有人举报，就可以启动调查；在接到外国金融监管机构的合作调查的请求时，也可以展开调查。

证券监管部门决定展开调查时，可以根据相关规则的规定，选定调查员，授权调查员展开调查。调查员的权限：可以要求被调查对象提供所有的资料，不论其载体，影音的、书面的，包括操作员所保存的电话通话记录，等等。他们可以传唤所有他们认为能够为调查提供有价值信息的人，听取其陈述。他们可以进入到任何从事职业用途的场所，被调查对象不能以职业秘密为由拒绝提供协助。

如果要进行更深入的调查，就需要取得法院的许可，由监管局秘书长向调查地大审法院的院长提出申请，并注明理由，获得大审法院院长的许可之后，可以到所有场合进行调查，并且可以查封所有资料。

调查结果体现为一个调查报告，提交给监管部门的委员会，该调查报告不公开。该调查报告也转达给被调查对象，被调查对象可以提出意见。但是如果该调查报告显示调查对象可能有刑事犯罪的嫌疑（如操纵市场、虚假陈述、内部交易等），则该报告不转达给被调查对象。如果委员会通过对材料的审查，认为有必要进行处罚，可将该报告转给处罚委员会，由处罚委员会来对材料进行审查。在紧急情况下，委员会可以决定一边启动处罚程序，一边决定暂停被调查对象的营业活动。

在报告表明被调查对象有金融犯罪嫌疑的时候，委员会立即将调查报告转送给大审法院检察官，唯有检察官有权进行刑事调查。在涉及刑事犯罪的时候，证券监管部门可以行使民事原告的权利。

（二）美国 SEC 人员构成状况的简单介绍①

首先应该指出的是，打击证券犯罪一直是美国国会的重要关注点，也是建立美国证监会的初衷。所以美国证监会从当初的设计到现

① Pierre-Henri Conac,《La régulation des marchés boursiers par la Commission des opérations de bourse (COB) et la Securities and exchange commission》, LGDJ, Paris. 2002.

状,都主要表现为打击证券违法的执法机构。

一个鲜明的例子是:在美国证监会的年度报告中,总是以其“执法分局”(Division of Enforcement)所进行的“调查和追诉”作为第一章。法国的情况则与此相反,无论是合并前的COB还是合并后的AMF,其年度报告都是将“调查和追诉”作为报告的最后一章。

在SEC中,执法分局的人数占到了整个证监会的1/3,如果算上各地派驻机构的人数,则执行分局的人数占到整个SEC的一半之多。在法国的证券监管部门中,从事调查与执法的人只占到25%,因此有不少法国学者对此进行了批评,认为应该向美国学习,加强调查人员的数量。

此外,在SEC中,法律界人士占很大比重,除了SEC的法规处有很多法律人士,其他部门也都遍布法律人士。法律界人士长期占到SEC工作人员的60%以上,70%的专员(Commissioner)以前都是律师或者是在证券法方面有丰富经验的人员。此外,SEC的主席至今为止只有2人不是法律界人士。以至于SEC曾有委员感叹说,SEC根本就是一个法律人士的机构。

众多法律人士的存在,自然大大增加了法律人士在SEC中的影响,这对于在执法过程中判断是否违法,在调查违法过程中掌握法律的尺度,以及要求法院进行处罚方面,自然就有更高的专业水准和权威性。但是法国的情况则不是如此,在法国的证券监管部门中,除了法律部有众多的法律人,其他各部门中的法律人士则不多,此外,很少有专业培训过的法律人被任命为法国证券监管部门的主席和执行主任的要职。

(三)美国和法国证券违法的调查方式

SEC和法国的证券监管部门进行的调查都可以分为正式(formal)和非正式(informal)两种,这两种调查中,证监部门具有不同的权力范围。

1. 非正式调查

所谓非正式调查,主要是指关于违法的情报来源于外部,非本监管机构的人或者机构。通常,这些外部情报主要来源于自律性机构、证券中介机构以及证券从业人员,当然也有一部分来源于那些自认为因为证券违法现象而受到利益侵害的人的举报。

为了提高自然人对证券违法现象的举报的积极性,美国证监会在1988年参照美国税务部门①的做法,促使美国国会通过了法律②,对于那些举报内幕交易并且帮助成功破案的举报人给予奖励。这个制度的作用毋庸置疑,因为就内幕交易而言,如果没有人进行举报和提供情报,通常很难被发现。在20世纪80年代,正是由于匿名举报,才使得职业证券投资人所进行的大规模的内幕交易得以被揭露。③ 但是值得注意的是,这种奖励举报制度在实践中也常常被滥用,那些为了得到奖金或者为了打击竞争对手的人,可能会不负责任地举报或者随意诬告。

欧洲有些学者认为,另一种反向奖励的机制,可以避免这种弊端。所谓反向奖励,实际上近似于一种立功减刑机制。对于那些已经参与了证券内幕交易的人,如果能主动检举告发别人,则可以少受处罚或者免予处罚。这种立功赎罪的机制,不会出现前述的奖励机制的弊端。自1996年起,这种制度在欧洲联盟内部惩治企业之间的反竞争的协议,已经开始实施。法国在2001年起也开始在竞争法领域开始实施这种反向奖励制度。

这种非正式的调查中,美国的证监会和法国的证券监管机构的权限有限,他们不能通过强制手段进行调查,但是他们可以要求证券公司,证券中介机构,交易所等提供资料和作证。我们可以看出这种非正式调查的效率主要取决于这些人的配合程度。事实上,这些机构及其工作人员还是很配合的,因为美国证监会具有禁止这些人在这些领域工作的权力,也就是说可以打破他们的饭碗。法国的证券监管机构没有这样大的权力,它没有吊销证券公司或者证券从业人员资格的权力。如果通过非正式调查的结果显示出存在证券违法,美国证监会或者法国证券监管机构可以决定直接进入处罚阶段而不必启动正式

---

① 美国在税务领域自1867年起就建立了举报奖励机制。

② 美国国会在惩治内幕交易方面建立了一个奖励机制(Bounty program),使得告发者最多可以得到法官对内幕交易者宣判的罚金10%的奖金[由1988年Insider Trading and Securities Fraud Enforcement Act修改之后的Securities Exchange Act第21条A(e)]。

③ *J. B. Steward-den of thieves*, Touchstone Books, 1992, p. 269.

调查。

2. 正式调查

在正式调查的框架内，SEC 和法国证券监管机构拥有很大的权力，但是不能忽视的是，在它们行使这些权力的时候，必须尊重被调查对象的辩护权，这一点美国比法国做得更好。

在正式调查中，SEC 和法国证券监管部门的调查人员拥有十分广泛的权力，为获得必要的资料与信息，他们可以要求被调查对象或者其他涉案机构或者个人提供资料，也可以组织对相关人士的询问会。这些调查人员尤其在进入资料或者信息所在地采集信息方面权力很大。例如进入证券公司、交易所等地进行现场的资料调取。然而，与我国国内通常的看法不一样的是，美国 SEC 调查人员的权力受到非常严格的司法监控，这一点比法国有过之而无不及。

SEC 的调查人员可以向任何人发出传票（subpoena①），要求所有人作证，或者提交任何文件。一般而言，职业秘密（privilege communication）不能成为对抗这种传票的理由。除极个别的情况，例如传票的受送达人是律师，或者正在进行刑事调查的事实不能向 SEC 披露。除了这种特殊情况之外，如果拒绝接受传票的传唤，有可能受到民事甚至刑事处罚。在要求作证的情况下，作证人被要求宣誓，作伪证（perjury）是要受到刑事处罚的。在要求提供书面资料的情况下，对资料进行毁灭或者篡改也会导致该行为人因为虚假陈述（false statement）而受到刑事处罚。此外，这两种情况下，行为人都可能因为妨碍司法而获罪。这些因为妨害调查程序而受处罚应该说是很有震慑力的，行为人可能并没有证券犯罪，但是因为违反这些程序上进行配合的义务就获罪了。这些措施使得 SEC 的调查往往能够迅速获得必要的资料。

就法国而言，其证券监督机构也拥有与 SEC 不相上下的权力，但这是经过了一个较为长期的过程才取得的。起初，法国证券监管机构

---

① 该传票分为两种，一种叫“作证传票”（subpoena ad test），要求传票受送达人即某一证人在法庭或审查人或者公断人前作证；另一种叫“提交书面文件传票”（subpoena duces tecum），要求受送达人出庭作证，并同时提交其掌握的与在审案件中的争议事实相关的特定文件、簿册、档案等书证的传票。

只能对上市公司提供的资料的准确性进行核实,后来可以要求特定的人提供特定的资料,从 1970 年开始,法国证券监管机构可以询问任何可能提供信息的人,1988 年开始,可以向特定人要求提交任何资料;从 1989 年开始,可以要求任何人提交任何资料。在 2001 年,法律授权法国证券监管机构,可以要求电信公司或者网络公司提供相关的电子数据资料,包括电话的录音、邮件等,都可以成为法国证券监管机构的有用资料。

与 SEC 相比,法国证券监管机构有着一项特别的权力,其工作人员甚至可以亲自进入到被调查对象的工作地点和私人住所搜取资料。从 1989 年开始,法国证券监管部门与法国的其他行政部门一样(例如税务部门、竞争委员会等),有搜查和扣押资料的权力。但是实践证明,美国 SEC 的传票事实上能起到同样的效果。

(四)对 SEC 和法国证券监管部门调查权力的限制

对于 SEC 和法国证券监管部门的权力的限制主要来自于对人权的保护,具体而言主要涉及被调查人员的个人自由以及对其辩护权的保护。在美国,涉及宪法第四修正案,在法国,则不仅仅涉及宪法,而且还涉及欧洲人权公约的规定。我们可以发现,尽管 SEC 和法国的证券监管部门拥有广泛的调查权力,但是调查都必须在尊重人权的框架之下进行。

在美国,如我们前面所述,SEC 发出的传票,如果遭到拒绝,则拒绝者有可能受到处罚,甚至刑事处罚。但是 SEC 受到拒绝之后,必须首先向区级法院提出申请,由法院向传票受送达人发出命令,要求传票受送达人配合 SEC 的调查,如果该受送达人依然拒绝,才有可能受到处罚。在法国,如果被调查人拒绝向证券监管部门提供资料,则有可能立即受到刑事处罚。但是在法国,为了保障被调查人的宪法权利和欧洲人权公约所规定的基本人权,前述的搜查必须得到法官的前置批准——证券监管部门的主席向巴黎大审法院提出申请,由该院长作出裁定。在搜查的过程中,必须有一名司法警察在场,而且该搜查必须受到批准该搜查的法官的监督。

在美国,如果 SEC 想要从第三方,例如说一家商业银行获得被调查对象的某些资料,它必须事先通知该被调查对象,以便后者能够提出反对意见。如果希望绕开这个通知义务,则 SEC 必须向联邦法官提出申请,得到后者的批准。如果 SEC 想要获得被调查对象的电话录音或者电子邮件的内容,也必须经过同样的程序——要么知会被调查人,要么得到联邦法官的批准。而在法国,证券监管部门进行这样的调查时不需要得到法官的批准。

在对调查对象的保护方面,美国应该说做得比法国更好,一方面,美国的对抗式的传统使嫌疑人有沉默权,而法国的纠问式的传统使得沉默权不如美国广泛,被告只有在开始刑事审判的时候,才具有沉默权。而面对警察的讯问和行政机关的调查人员,例如面对证券监管部门的调查,被调查对象则不具有沉默权。拒绝回答证券监管部门调查人员的问题,有可能以妨碍司法为由而受到处罚。

(五) 从证券监管部门的调查到刑事侦查

如果调查的结果表明违法事实具有了犯罪的性质,SEC 和法国证券监管部门都不能自己向法院提起诉讼。美国国会一直就拒绝给予 SEC 提起刑事诉讼的权力。在法国,证券监管部门从 1968 年开始就一直在要求刑事起诉的权力,议会曾经立法批准,但是后来宪法委员会以违宪为由拒绝了。

1. 向刑事侦查部门的移交

SEC 的调查如果发现了犯罪事实,SEC 的委员会(Commissioner Council)决定将犯罪事实转交给司法部,然后由司法部将该案情移送给有管辖权的联邦检察院(U.S. Attorney's office),检察官指导 FBI 进行刑事侦查。法国的证券监管部门也只能由其委员会决定将案件移交给检察官。

值得注意的是,在移交给检察院方面,SEC 和法国证券监管部门,基本上都拥有自由决定的权力。只是 SEC 从法律上就具有移交或者不移交的任意权利,相关法律条文只规定 SEC"可以移交"(May transmit)那些可能涉及刑事犯罪的材料。[1] 法国的证券监管机构在事实上也拥有这种移交与不移交的任意权力。因为尽管法国的刑事诉讼法典要求证监部门必须向检察机关移交涉及犯罪的材料和事实,但

① 《证券法》(Securities Act)的第 20 条(b),《证券交易法》(Securities Exchange Act)的第 21 条(d)(1),《投资顾问法》(Investment Adviser Act)的第 209 条(d),《投资公司法》(Investment Company Act)的第 42 条(d).

是由于这项义务没有规定不移交的处罚措施,以至于这项义务实际上没有强制力。这样,对于案件的移交,SEC 和法国的证券监管部门,前者在法律上,后者在事实上,都有了任意决定的权力。应该指出的是,鉴于证券违法犯罪的技术性,绝大部分的调查工作已经实际上由证券监管部门承担了,在大多数案件移交给检察机关的时候,已经调查清楚具有起诉的可能了。关于这一点,法国著名的商法学者 GUYON 教授指出,在证券犯罪方面,法国证券监管机构是真正的追诉机构,而检察机构不过是形式上的追诉部门。①

2. 移交后对刑事侦查的参与

在案件移交之后,SEC 和法国证券监管部门还可以参与到证券犯罪的调查中去,只是对于法国证券监管部门而言,参与的程度低了。而在美国,由于"辩诉交易"(plea bargaining)做法的存在,SEC 依然积极参与到刑事追诉中去。事实上,在美国,要想对证券违法犯罪进行刑事处罚也是很困难的,犯罪嫌疑人具有沉默权,其有罪指控必须得到完全证实,不存在任何合理疑点(beyond a reasonable doubt)。在这种情况下,自知终难幸免的犯罪嫌疑人可能接受有罪辩护,而控方则必须放弃对他的大部分指控。在实践中,在证券犯罪方面,联邦检察官很乐于进行辩诉交易,以获得犯罪嫌疑人的积极配合,从而让更多的、更重要的犯罪嫌疑人浮出水面。检察官可能要求接受辩诉交易的嫌疑人回答所有的问题,并且承诺出庭指证其以前的同犯,还可能要求该嫌疑人给同犯打电话,同时进行电话录音,或者携带隐形摄像头去与同犯会见,总之都是为了取得其他同犯的犯罪证据。但是值得注意的是,在证券犯罪领域,辩诉交易超出了单纯的刑事范畴,被控方往往在 SEC 的民事与行政处罚也纳入交易范围的时候,才会接受交易。在这种情况下,SEC 的调查人员可以接触到刑事犯罪侦查方面的材料。

---

① Yves Guyon, La Commission des opérations de bourse, p. 182, Les autorités administratives indépendantes, colloque organisé les 11 et 12 juin 1987 par le Centre d'Etudes et de Recherche sur l'Administration publique de l'Université de Paris I par MM. les Professeurs Claude-Albert Colliard et Gérard Timsit, P. U. F., Paris, coll. Les voies du droit, 1988, 319 pages.

在大陪审团(grand jury)[1]受理刑事指控,决定是否将犯罪嫌疑人交付审判之后,SEC依然可以参与到刑事程序中去。在比较复杂的案件中,可能需要SEC派出一名参与过调查的工作人员来帮助联邦检察官向大陪审团陈述事实,以获得大陪审团支持对嫌犯的审理。

在法国的情况有所区别,法国证券监管部门在将案件移交给检察官之后,就基本上不参与刑事调查了。一方面,辩诉交易在法国只有在极少数领域,例如海关、税务等领域的犯罪中有所适用,不可能出现如同美国的将民事处罚和行政处罚一起列入交易的情况;另一方面,尽管有时候法院可能会要求证券监管部门就某些案件提供专业方面的意见,但是一般来讲,当证券监管部门移交案件的时候,关于案件的定性等已经出具了意见。正如法国证券监管部门前主席Bézard指出:"证券监管部门决不满足于将它已经搜集到的初步材料移交给检察官,它还要根据现有的刑事法律对其进行定性,并且提出追诉的请求。"在这种背景下,案件移交之后,检察院或者法院再要求法国证券监管部门出具意见乃至参与刑事侦查的可能性就更小了。

(六)关于证券监管部门调查权力配置的总结

综上所述,无论是法国还是美国的证券监管部门都没有刑事侦查的权力,同时也不具备直接进行刑事起诉的权力。在他们的调查过程中,发现存在刑事犯罪情况的,都必须移交检察机构进行刑事侦查。检察机构是刑事侦查的指导机构,在美国,刑事侦查由FBI实施,而置于联邦检察官的监控之下。

在对这两个有代表性的西方国家的证券犯罪调查的机制作了介绍之后,我们再来讨论我国的证券监管部门的调查权或者侦查的配置,就有了一定的经验基础和理论基础。

是否应该授予市场监管机构侦查权?这个问题在目前是很值得商榷的。

我们首先应该注意,侦查权作为一种特殊的国家权力,是国家的有关机关和人员为实现侦查目的而依照法定的侦查程序,运用特定的

---

① 在美国刑事法庭审案期间由行政司法官选定并召集。其职责为受理刑事指控,听取控方提出的证据,决定是否将犯罪嫌疑人交付审判,而不是认定其是否有罪。

侦查措施实行侦查行为的权力。根据我国刑事诉讼法的规定,侦查是指“公安机关、人民检察院在办理案件过程中,依照法律进行的专门调查工作和有关的强制性措施”。有人可能认为,美国的 SEC 和法国的证券监管部门权力很大,而且可以直接提交检察官提起公诉,事实上它们已经具有了刑事侦查的权力。我们必须强调的是,进行专门调查工作和采取强制性措施属于侦查活动的两大组成部分。而无论是美国的 SEC 还是法国的证券监管部门,它们都没有直接采取强制措施的权力,它们所具有的不是真正的刑事侦查权。

此外,我们还应该对美国的 SEC 和法国的证券监管部门的调查权力的限制加以注意,这些基于人权保障的调查权力制约对于我国具有更重要的参考价值。侦查权的运用在整个侦查程序乃至刑事诉讼程序中都占有重要的地位。其运用的好坏直接关系到案件的结果,也牵涉到犯罪嫌疑人、被告人人权的保障。而与西方各国的侦查程序相比,我国的侦查活动完全由侦查机构自行实施,法院既不参与侦查活动,也无权对侦查行为实施授权和审查,可以说,中国的侦查活动完全是在中立的司法机构不参与的情况下进行的。由于这一原因,侦查阶段的所有专门调查和采取强制措施的活动都不按照开庭听审的方式进行,而是遵循行政活动的运作方式。而且,我国现行刑事诉讼法对有关强制性措施的规范过于简略和概括。侦查实践中,任何一个侦查主体,包括公安机关、监狱和军队保卫部门等,只要办案人员履行了对其内部规则确定的手续和过程,诸如公安局的某位分管局长提出申请并得以允许,就可以采取除逮捕以外的诸多强制性措施,包括侦查手段的采用和实施。

我国目前的情况是,侦查是发生违反法律程序的情况较为集中的诉讼阶段。主要表现为刑讯逼供、非法搜查和扣押、超期羁押、违法使用强制措施等诸多方面。上述现象的发生,原因是多方面的,但是审判前程序在整体构造上存在缺陷是主要原因。在中立司法机构不参与侦查活动的情况下,侦查实际已经演变为追诉者对被追诉者治罪的活动。侦查机构采取的任何强制措施和专门性调查活动,都按照方便侦查、有利于破案等功利性极强的原则进行。在目前中国的刑事侦查制度备受诟病、司法改革的呼声高涨的情况下,主张给予包括证券监管部门在内的其他行政执法机构以刑事侦查的权力,是不合时宜的。

第四节 证券犯罪执法合作的对策研究

基于前述分析,并适当借鉴发达国家证券监管和执法的先进经验,课题组就加强我国现行证券犯罪执法合作体制提出如下对策,并对《刑事诉讼法》修改提出立法建议。

一、加强证券犯罪执法合作的对策研究

(一) 尽快实现公安机关提前介入,实现公安机关介入的关口前移

从将来制度角度来看,应当尽快实现公安机关提前介入,实现公安机关介入的关口前移。就像病人进到医院里,是要去内科治疗还是外科治疗一样,现在我们选择的是在行政执法机构进行调查的时候,如果发现了有犯罪嫌疑,情节严重构成犯罪的,需要追究刑事责任的时候,移交公安机关启动刑事诉讼程序。有的时候对刑事执法机构来说,判断究竟是行政违法还是刑事犯罪,如果能够由公安机关从开始就全程参与,有可能这个判断会更加全面和客观。如果经过公安机关和刑事执法机构联动的合作执法机制建立起来,经过案件的初步调查,认为只是涉及轻微的行政违法,就由证券监管机构追究行政处罚的行政责任,如果是犯罪,公安机关接着去做。由于公安机关提前介入了,搜集到的证据,无论从真实性、合法性、关联性,都能得到进一步保障。因为公安机关有特定法律赋予的侦查权限。

(二) 适应证券犯罪难取证的特点,提高侦查机关查办证券犯罪的技术手段和方法

从智能犯罪的特点来看,除了利用智力外,一个重要特点就是能够迅速将现代科技转化为犯罪手段。对付这些智能型犯罪,如果侦查人员还是用传统的侦查方法和技术手段侦破,就会处于十分被动的地位,甚至案件会久侦不破。如,近年来多次发生在我国证券市场上的智能犯罪案件,作案人常常通过破译他人的密码,操纵他人的股票账户高买低卖,而自己对应着低买高卖来获利。对这类案件进行侦查,首先要求侦查人员具备证券交易的基本知识,同时,还必须善于利用现代电脑技术,及时监控、查获可疑的交易和非法操作。现代科技手

段日新月异，但它在给人类带来进步的同时，也会被心术不正者利用，而且，受直接利益的驱使，犯罪分子往往会更及时地使用现代科技手段来作奸犯科。这就要求我们侦查人员对此保持足够的警惕性和敏感性，善于发现智能犯在某一领域利用现代科技手段作案的蛛丝马迹，同时，也要善于及时将先进的科学技术转化为我们侦查破案的有效手段。当前，可用于侦查活动的科技手段很多，包括电脑技术、网络技术、DNA技术、测谎技术、现代摄影技术、现代人身识别技术、现代报警技术、现代分析测试技术等。对于现代侦查员来说，并不要求他能够直接操作或使用这些技术，但他必须懂得如何利用它们，懂得在什么情况下可通过哪种技术去解决什么问题，懂得在什么情况下应该聘请哪方面的专家协助侦查。

（三）加强公安机关与证券监管部门之间的协作，逐步建立健全打击证券犯罪的预警机制、防控机制、联合办案协作机制

近段时间以来，公安部与证券监管部门一直在推动建立执法快速反应机制，前不久，更是加大了力度，交易所、稽查局以及证监会各个业务部门基本上形成了互通情报、互相配合的有效机制。在人员配置上，目前证监会稽查局已经是整个证券监管系统中最强势的部门。同时，证券交易所已经建立重点交易账户的监控制度，并采取适时限制交易的措施等。这些都是针对当前市场交易不规范、涉嫌违规情况而采取的对应措施。公安机关与证监部门在现有密切合作的基础上，要进一步探索行政执法与刑事司法的有机衔接，适当将侦查工作前移，以获取最佳取证时机。

（四）适当扩充中国证监会的执法权力的范围和种类

随着证券市场开放程度的提高及高科技手段的运用，证券犯罪不仅数量日益增多，而且其复杂性和狡诈性日益增强，使监管机构对证券犯罪的认定和处理的难度增大。在这样一个大背景下，增强监管机构的执法权力就显得非常必要。如上所述，与SEC等境外证券监管机构的权力内容相比较，我国证券监管机构在很多方面的授权是不足的，监管权力范围和种类过少。因此，必须完善《证券法》和相关法律法规，必要时还可以考虑赋予证券监管机构即中国证监会准司法权，诸如强制传唤涉案人员，当事人有意躲避即为违法的权限；申请搜查令的权限；直接起诉权；向法院申请强制令、破产令、清算令、执行令等

权限,等等。在尽可能对现有行政、司法体制不作大的突破的前提下,还可以考虑赋予我国证券监管机构必要的强制性执法权力。只有这样,才可以有效地提高证券监管部门对证券市场监控成效。

（五）重新调整立案与侦查程序的关系

通过前面的分析,我们不难发现,将立案当成是侦查程序启动的前提,会严重影响对犯罪的有效追诉。如今,《刑事诉讼法》的再修改问题已被提到日程上来,在《刑事诉讼法》的再修改这一大背景之下,我们需要突破长期以来对“立案是侦查的前提”这一不恰当的认识,并必须承认,不仅立案之前需要进行必要的侦查,立案本身实际上也只是侦查的一个有机组成部分。换句话说,未来的刑事诉讼立法应当逐渐弱化立案程序的案件分流功能,取消其作为刑事诉讼的一个独立的程序阶段的地位,将之改造为侦查程序的前期工序,即只作为一种犯罪消息登记程序,用以获悉和记载犯罪消息,作为侦查程序发动的动力(信息)来源。具体而言,负责侦查的机关只要通过某种渠道——诸如有被害人或其他知情人的控告、报案以及有关机关自己发现了犯罪信息、案件线索等——获悉有犯罪发生或者可能发生,就可以展开初步侦查,并可以采取询问知情人,调取书证、物证,询问有关证人和被害人、搜查等侦查措施,紧急情况下还可以对现行犯和重大嫌疑人进行紧急拘捕。经初步侦查后,侦查机关如认为有犯罪事实存在,无论是否应对行为人追究刑事责任,均应进行正式侦查,并制作立案决定书。如认为犯罪事实不存在、行为尚不构成犯罪或依照刑法可以免除刑罚处罚的,应当停止侦查,并制作不立案决定书。不过,此时的立案程序已经不再是一个独立的诉讼阶段,即立案不再是侦查程序启动的前提,而是侦查的一个环节。这样,案件发生后,只要经初步侦查,发现有“犯罪事实”,侦查机关就可以立即作出立案决定,进而可以立即投入力量进行正式侦查,这显然要比现行的“立案条件”更有利于实现对犯罪的有效追诉。

（六）进一步加强法律执行的可操作性

为使打击证券犯罪的工作落到实处,必须加强法律执行的可操作性,尤其要着力做好两方面的工作:(1) 进一步明确犯罪数额、犯罪情节的标准。要在公安部、最高人民检察院现有经济犯罪案件追诉标准的基础上,通过调研,制定出更为科学合理的追诉标准。同时还要进一步完善行政处罚与刑事处罚的衔接，明确其界限，绝不能以罚代刑，降格处理，更不能不处理。（2）要发挥司法解释的作用。对证券犯罪法条中规定不明确、操作性不强、容易引起分歧意见的词句，借助司法解释特有的灵活、见效快的功能，随时根据形势发展作出相应解释。

（七）大力加强证券犯罪侦查机构和侦查队伍建设

由于证券犯罪所涉及的领域和手段具有高度的专业性和智能性，建立一支专业化、高素质的证券犯罪侦查队伍是证券犯罪侦查机关开展各项工作的重要保证。就目前而言，全国证券犯罪侦查队伍人数非常有限，而其中精通证券专业知识尤其是证券操作技巧的侦查人员更是极其匮乏，远远不能满足打击证券犯罪的需要。根据课题组在上海的调研，上海经侦总队负责证券犯罪支队总共才 27 人，很难适应打击证券犯罪的需要。上海尚且如此，更何况其他地区。因此，如果要彻底遏制证券犯罪的发展势头，应当在全国范围内建立起专门的证券犯罪侦查队伍。

借鉴外国经验，世界主要发达国家高度专业化的警察队伍已经成为专门对付高专业化、智能化犯罪的专门力量。因此，要大力加强证券犯罪侦查队伍建设，为打击证券犯罪提供保障。

1. 建立一支专业队伍

这支队伍应掌握证券、期货、银行、会计、审计、法律知识，并能够运用电脑、电信等现代化技术手段，素质良好、反应敏捷、经验丰富并能面对各种挑战的专门性的证券犯罪侦查队伍。一方面可以从大学招收一批金融、证券、会计、审计、工商、税务、计算机等专业的人才加入队伍，对他们进行公安业务培训后专业对口上岗；另一方面对侦查人员进行专业培训，邀请专家讲授金融、证券等方面的知识，并到证券交易所、上市公司、证券公司等单位实地学习证券业务，在实践中增长经验，尽快由证券业务的外行变成内行甚至专家。

2. 专业队伍与专业部门加强联系

证券犯罪侦查部门应当加强同证券交易所、证券公司等证券业务部门的联系。可以考虑由证券犯罪侦查部门在上述单位设立固定或流动的专门机构，加强侦查机关对证券信息的了解掌握，实时参与监管证券交易，发现异常情况及时予以监控。

3. 专业队伍加强与相关部门沟通

证券侦查部门应加强同人民银行、会计师事务所、审计师事务所的合作，互通信息；设立专家咨询机构，就业务中遇到的疑难问题及时获得解答和帮助。

（八）建立聘请专家协助侦查制度

由于智能犯罪活动的大量增加，其社会危害性日趋严重，迫切需要我们制定有效的对策。我们知道，在社会分工日益精细的时代，人不是全能的，特别是在面对智能化高、运用现代科技广的智能犯罪时，仅凭侦查员自身往往很难顺利完成揭露犯罪、证实犯罪的任务。在此类案件的侦破方面，必须重视培养适应现代形势需要的高素质侦查人员，并善于利用现代科技手段和专家的智慧来实施智能性的专业化侦查，从而达到有效揭露、证实智能犯罪的目的。因此，很重要的一个方面就是要聘请有关专家协助侦查。专家协助侦查的方式可以多种多样，可以是发表咨询性意见，也可以是直接由专家运用现代科技手段来证明犯罪事实，还可以是运用现代分析测试仪器作出鉴别、鉴定结论等等。

（九）多管齐下，广辟案源渠道

证券犯罪隐蔽性强、不易被发现，限制了司法机关的拳头作用。如何深挖案源、寻找犯罪线索是目前摆在司法机关面前的大事。因此，我们要加强日常法制宣传，通过新闻媒体等渠道，提高全社会尤其是投资者的法律意识，加强受害保护意识的培养，敢于并善于揭露证券犯罪。

除此之外，应当积极鼓励市场来监督。如美国法律规定，证监会可以将内幕交易民事罚款的10%奖励给举报者，以此构建强大的市场监督机制。有了奖金的激励，很多利益相关者，如律师会主动通过专业研究来判断是否存在违规交易嫌疑，进而积极举报；知道违规操作内情的人员也可能因为奖金巨大而主动揭发违规交易，从而从源头上遏制了内幕交易行为的泛滥。[①]

---

① 参见陈为：《监管内幕交易面临五大难题》，载《证券市场周刊》，2007年5月16日。

（十）探索行政执法人员收集的证据与刑事犯罪证据的转换方法

依据我国现有法律，刑事犯罪中的证据收集必须是法定的三类人员，而行政执法过程中固定下来的由行政执法人员收集的证据不能作为刑事犯罪证据使用，必须予以转换。我们认为，虽然行政机关与司法机关在调取证据的角度上存在差异，但是实践中不应局限地看待行政机关收集证据的行为。行政执法机关在行政执法过程中收集调取的证据虽然不是刑事证据，但诉讼程序是一个动态的过程。在刑事诉讼中，行政执法机关移送刑事案件的过程，以及司法机关向行政机关调取行政执法过程中收集的证据的过程，其实正是司法机关依法收集、调取刑事诉讼证据的过程。这时，司法机关是取证的主体，而行政执法机关只是被取证的对象。司法机关对向行政机关收集、调取的证明客观事实的证据，经审查认为具有客观性、真实性、关联性，即可转化为刑事证据使用。当然，基于行政诉讼与刑事诉讼职能的证明标准具有相似性，我们还可以考虑借鉴行政司法审查原理，引入或移植行政诉讼的程序规则和证据规则开展刑事诉讼活动，同时考虑涉及行政相对人的人身权，为了体现保障其合法权益的价值取向，在认定事实和证据上应适用“排除合理怀疑标准”，通过类似“疑罪从无”的标准来实现，从而建立行政执法与刑事司法证据通用的制度，对于严格依照行政执法程序收集到的证据，在刑事司法过程中可以视为侦查人员依法定程序收集的证据直接予以运用。

二、对《刑事诉讼法》的修改建议

（一）关于报案、控告与检举

建议改为：“任何单位和个人发现有犯罪事实或者犯罪嫌疑人，有权利也有义务向侦查机关报案、控告或检举。

报案、控告、举报可以用书面或者口头提出。接受口头报案、控告、举报的工作人员，应当写成笔录，经宣读无误后，由报案人、控告人、举报人签名或者盖章。

在接受控告、举报的时候，应当向控告人、举报人说明诬告应负的法律责任。但是，只要不是捏造事实，伪造证据，即使控告、举报的事实有出入，甚至是错告的，也不应追究控告人或举报人的责任。

报案人、控告人、举报人如果不愿公开自己的姓名和报案、控告、检举的行为，侦查机关应当为其保守秘密。”

（二）关于立案前的初查，对报案、控告、举报、自首材料的接受

建议改为：“侦查机关在接到报案、检举、控告、自首或发现其他案件线索后应进行登记，并立即开展初步侦查，进行包括勘验现场、询问证人和被害人、进行搜查、扣押、讯问犯罪嫌疑人等侦查行为，必要时可以对现行犯和重大嫌疑人进行拘捕。

对于不属于自己管辖的报案、检举、控告、自首，侦查机关应当在接受后移送有管辖权的机关处理并告知控告人。对于不属于自己管辖而又必须采取紧急措施的，应当先采取紧急措施，然后移送有管辖权的机关。”

（三）关于立案

建议改为：“经初步侦查后，侦查机关如认为有犯罪事实存在，无论是否应对行为人追究刑事责任，均应进行正式侦查，并制作立案决定书。

如认为犯罪事实不存在、行为尚不构成犯罪或依照刑法可以免除刑罚处罚的，应当停止侦查，并制作不立案决定书。”

（四）控告人或检举人对不立案的异议权

建议改为：“对于有控告人或举报人的案件，决定不予立案或需要将案件移交治安行政部门调查处理的，侦查机关应当在三日内将处理结果书面通知控告人或检举人。

对于侦查机关的不立案决定，控告人或检举人如果不服，有权自接到不立案决定书之日起的七日内向原作出不立案决定的机关提出立案申请。原决定机关应当将复查决定告知被害人。对原决定机关维持不立案决定的，控告人或检举人可以向原决定机关的同级人民检察院提出立案申请。人民检察院认为原决定机关不立案有错误的，可以向其提出继续侦查的通知。原侦查机关接到通知后，应当继续侦查。

人民检察院对控告人或检举人的申请进行审查后，认为原决定机关不立案决定没有错误的，应当将审查结果通知申请人。申请人如果不服，可以在三日内向上一级人民检察院申请复议。上一级人民检察院应当在七日内答复申请人。

对于人民检察院自行侦查的案件，不立案决定做出后，控告人或

检举人如果不服,有权自接到不立案决定书之日起七日内向上级人民检察院提出立案申请。

人民检察院对案件进行审查,可以要求被害人提供有关材料,进行必要的调查。"

第五节 证券犯罪执法合作的模式选择

基于前述章节对我国证券犯罪执法合作的对策研究,参考课题组在有关实务部门的调研情况,并适当借鉴国外经验,本章具体提出以下三种执法合作模式供有关部门参考。

一、海关缉私警察模式

尽管机构派驻模式使得公安机关与证券监管机关的执法合作上升到一个新的台阶,并取得了良好的效果,但当前机构派驻模式仍然存在诸多不足,难以完全满足打击证券犯罪的需要。作为深化公安机关与证券监管机关执法合作的发展方向,参照海关缉私警察模式建立证券犯罪侦查队伍垂直管理体系,是可选路径之一。

(一) 海关缉私警察队伍的组建背景及其发展状况

20 世纪 90 年代,我国走私犯罪活动一度十分猖獗,走私范围之广、规模之大和危害之烈已经达到前所未有的程度,对国民经济发展和社会稳定产生了严重的负面影响。但是,由于当时我国在查处走私案件中存在着"多头缉私"、海关作为缉私主管部门的权限及手段不足等体制性问题,造成相关部门在查办走私犯罪案件过程中面临调查难、取证难、案件移送难、打击力度有限等问题,许多案件最终只能作行政处罚结案,走私犯罪活动并没有得到强有力的打击和遏制。

针对这种情况,党中央、国务院决定组建由海关和公安双重垂直领导,以海关领导为主的海关缉私警察队伍,实行"联合缉私,统一处理,综合治理"的反走私斗争新体制。这是党中央、国务院对我国缉私体制进行的重大改革,充分表明了党和政府严厉打击走私犯罪的决心。

1999 年 1 月 5 日,海关总署走私犯罪侦查局挂牌成立,至当年 6 月底,全国各直属海关走私犯罪侦查分局相继成立。2002 年,经国务院批准，海关缉私警察增加查处走私、违规案件的行政执法职能，海关总署走私犯罪侦查局更名为海关总署缉私局，各侦查分（支）局也相继更名为所在海关缉私局（分局）。

海关缉私警察队伍的建立迅速扭转了1998年前后猖獗一时的走私局面，有效遏制了大规模走私势头。自组建以来，海关缉私警察队伍在打击走私违法犯罪、查缉非涉税物品走私方面取得了突出成绩，为确保国家海关税收工作顺利进行，整顿和规范市场经济秩序，维护国家经济安全，促进经济社会协调发展发挥了十分重要的作用。[①] 可以说，海关缉私警察队伍的建立，完全适应我国打击走私犯罪的需要，其成果是极其显著的。

（二）海关缉私警察模式的特点

考察我国海关缉私警察队伍的建制、职能及其运作模式，可以看出缉私警察队伍（海关模式）具有以下特点：

1. 海关缉私警察接受海关总署和公安部双重领导，以海关领导为主

从编制上看，海关总署缉私局既是海关总署的一个内设局，又是公安部的一个序列局。在中华人民共和国境内，缉私警察依法查缉涉税走私犯罪案件，对走私犯罪案件和走私犯罪嫌疑人依法进行侦查、拘留、逮捕和预审工作。

2. 海关缉私警察采用垂直领导方式

海关总署缉私局在广东分署设立广东分署缉私局，在全国41个直属海关分别设立各直属海关缉私局，在部分隶属海关还设有170个

---

① 根据公安部2007年3月27日新闻发布会公布的数据，1999年以来海关缉私警察已立案侦办各类走私犯罪案件10 415起，案值1 321.4亿元，涉嫌偷逃税522.8亿元；移送起诉6 596起，案值1 269.9亿元，涉嫌偷逃税531.5亿元；对27 089名走私犯罪嫌疑人采取强制措施，其中执行逮捕13 086人，向检察机关移送起诉15 061人。此外，2003年缉私警察开始履行行政执法职能以来，已立案调查各类行政违法案件14.3万起，案值536亿元。仅2006年，共立案侦查走私犯罪案件1 139起，案值135.5亿元；查获走私行为案件6 503起，案值17.7亿元；查获违规案件29 263起，案值200.4亿元。据统计，海关缉私警察成立以来，海关税收从1998年的879亿元，跃升至2006年的6 104.2亿元，为中央财政提供了有力的支持和保证。

隶属海关的缉私分局。广东分署缉私局、各直属海关缉私局同时列入所在地省级公安机关序列，为所在省(市)公安厅(局)走私犯罪侦查局。

缉私警察既是海关的一支专职缉私队伍，又是公安部门的一个警种。国家赋予缉私警察侦查、拘留、逮捕和预审职责，按照海关对缉私工作的统一部署和指挥开展工作，执行任务，从缉私体制和执法权力上解决原来存在的打击走私手段不足和刑事处罚软弱无力的状况。

3. 海关缉私警察具有刑事执法和行政执法双重职能

在缉私警察成立之初，根据国务院的规定，缉私警察是对走私犯罪案件进行侦查、拘留、逮捕、预审的专职刑警队伍。2003 年 1 月 1 日起，全国各级海关缉私警察在原有的刑事执法职能基础上增加了查处走私行为、违规行为案件的行政执法职能。除海关调查部门在调查稽查过程中发现的走私违规案件继续由其查办外，其余各类走私违法犯罪案件均交由海关缉私警察查办。缉私警察的职责范围涵盖了走私犯罪侦查、海上缉私、对走私违规案件的查处、缉私行动、国际执法合作等多项职能，涉及海关业务工作的方方面面，全面承担起海关的四项职能。

4. 相关法律法规为海关缉私警察履行职能提供法律保障

新修订的《海关法》确立了海关缉私的新体制，充实了海关的缉私权力。新《海关法》明确规定，国家在海关总署设立专门侦察走私犯罪的公安机构，配备专职缉私警察，负责对其管辖的走私犯罪案件的侦察、扣留、执行逮捕、预审。国家实行联合缉私、统一处理、综合治理的缉私体制。这一修订为海关缉私警察履行职能提供了法律保障。同时新《海关法》加大了对走私犯罪行为的惩罚力度，明确了违反海关监管规定和执法人员违反行为规则所应承担的法律责任，对于规范海关缉私警察的执法行为具有积极意义。

5. 海关缉私警察建立起人数众多、素质过硬、装备精良的专业缉私警察队伍

经过几年的发展，海关缉私警察队伍的组织机构和人员数量不断壮大。目前全国海关的缉私警察共有 9 000 多人，其中大专以上学历 8 315 人，占总人数的 91%，35 岁以下的有 4 683 人，占总人数的 51%，充分反映了海关缉私警察队伍具有学历高、年纪轻的特点。

为保证新组建的缉私警察队伍有良好的素质，海关总署和公安部提出了“统一规定、归口推荐、考核挑选、集体讨论、分级管理、把关进人、培训上岗”的进人原则，缉私警察从海关、公安、军队以及有关院校毕业生中选拔录用。缉私警察边组建边培训，边办案边出成果。轮流培训上岗，使每名缉私警察都能在短期内了解和熟悉与海关业务相关的业务知识以及公安、刑侦业务知识，掌握一定的法律知识和必备的技能。

在装备上，缉私警察除了拥有陆上武器装备，还装备有 212 艘缉私快艇，舰艇总吨位达到近两万吨。

（三）证券犯罪侦查部门采用海关缉私警察模式的必要性与可行性

对比走私犯罪的特点以及海关缉私警察的职能，我国证券犯罪侦查部门借鉴海关缉私警察队伍的经验和做法，建立起符合打击证券犯罪需要的证券犯罪侦查队伍是完全必要和可行的。

1. 从缉私警察队伍建立的背景看，当前证券犯罪的特点与走私犯罪存在诸多相似之处

缉私警察队伍建立前夕，我国走私犯罪活动十分猖獗，走私活动屡禁不止，不仅扰乱了市场秩序，而且严重地影响了国民经济的发展，影响到国家的长治久安。就当前证券犯罪而言，其对我国经济的冲击力和影响力也相当严重。目前，沪深两市股票总市值已超过 GDP 总量，股民人数已突破9 000 万人，证券犯罪与走私犯罪一样，对国民经济的影响相当严重。近年来证券犯罪的猖獗，打击力度的不足，建立专业化证券犯罪侦查队伍是当务之急。

2. 证券犯罪与走私犯罪同样具有专业性强的特点

走私犯罪作为一种国际性社会现象，其产生和发展是与关税制度、国家间商品差价、外汇管理以及贸易管制相联系的，具有专业性强和有组织犯罪的特点。而证券业务的专业性使得证券犯罪同样具有专业化、组织化的特点，这就必然要求打击证券犯罪建立起一支专业化、专门化的侦查队伍。

3. 依照海关缉私警察模式建立起证券犯罪侦查队伍是赋予证监会准司法权的需要

作为我国证券市场的监管部门，当前证监会主要是以实施行政监

管为主，其监管的权力和权威有限。考察海外成熟市场的做法，规范、成熟的证券市场往往是与其强有力的证券监管机构分不开的。以美国为例，美国证券交易委员会（SEC）拥有广泛而强大的权力和权威，具有证券监管中的准司法权。在我国依照海关缉私警察模式建立起证券犯罪侦查队伍可以极大地充实证监会的权力和权威，不仅可以彻底解决目前证券犯罪案件调查中存在的诸如公安机关提前介入存在障碍、证据转换困难等问题，而且可以消除当前公安机关与证券监管机关对案件的认识存在差异的问题。

4. 目前证券犯罪侦查机构派驻模式为证券犯罪侦查队伍依照海关模式建立专门队伍提供了可能

自2002年公安部证券犯罪侦查局派驻证监会以来，公安机关与证券监管机关的执法合作上升到一个新的台阶，并取得了良好的效果。由于公安部证券犯罪侦查局与证监会稽查局合署办公，两个部门在同一个楼里，因此，在信息沟通、案件移送方面取得了很好效果。但机构派驻仅限于公安部和证监会层面，无论是合作的深度和广度与海关缉私警察模式相比仍处于起步阶段，尚存在进一步深化合作的空间。当前证券犯罪侦查机构派驻模式为证券犯罪侦查队伍依照海关模式组建专门队伍奠定了基础。

此外，依照海关模式组建证券犯罪侦查队伍有利于及时查处证券案件，有利于统一办案尺度，有利于打破地方保护主义的阻碍，有利于解决证据转换问题，对于深入打击证券犯罪是完全必要而且可行的。

（四）依照海关缉私警察模式建立证券犯罪侦查队伍的基本构想

1. 建立起由证监部门和公安双重领导，以证监部门领导为主的证券犯罪侦查专门队伍

尽管目前公安部证券犯罪侦查局已经派驻证监会，极大地推动了公安机关和证券监管部门的执法合作。但如前所述，机构派驻模式仍然存在种种不足，不能完全适应打击证券犯罪的需要。对于证券发行和交易的监管以及证券违法行为的查处需要证监会、证券交易所和公安部门等多家单位参与，加之证券犯罪本身具有的复杂性和专业性，要求证监会、证券交易所和公安机关高度配合，实现资源共享和执法联动。因此，证券犯罪侦查部门以证监部门领导为主能够实现证券监管和执法部门的资源整合，充分发挥证监部门处于证券监管一线并具

备专业人员的优势，可以将当前的证券执法合作推向新的高度。

2. 在全国范围内建立起证券犯罪侦查队伍，采取垂直领导模式管理

公安部证券犯罪侦查局设立之初，采取了在各地直接设立直属分局的垂直管理模式。但是，在公安部体系内，证券犯罪侦查局和经济犯罪侦查局实际上是一套人马、两块牌子。随着打击经济犯罪的需要，目前各分局已发展为经济犯罪侦查分局，更大意义上成为公安部经济犯罪侦查局的下属单位。而经侦分局面对日益增多的各种经济犯罪的查处已经颇感力不从心，何况是面对日益复杂、严峻的证券犯罪发展趋势，其专门针对证券犯罪的人员、经费应对打击犯罪的需要时难免捉襟见肘。

为建立有效的证券犯罪侦查队伍，应在全国范围内建立证券犯罪侦查分局，实行垂直领导，其人员、编制、经费均由证券犯罪侦查局负责。这样就可以有效保证证券犯罪侦查力量，排除地方保护主义的干扰。

目前，我国证券监管部门即中国证监会采取在各地设立派出机构模式，各地证监局作为证监会的派出机构接受证监会的统一领导，其人员编制、经费等统一由证监会管理。这种模式对于树立证监会的权威，加强证券监管意义重大，也为今后证券犯罪侦查部门在各地设立专门的派出机构、采取垂直领导模式奠定了基础。

3. 赋予证券犯罪侦查部门刑事执法和行政执法双重职能

目前，在侵犯公民人身权利、侵犯财产、交通违法、治安案件等领域，公安机关集行政执法权和刑事执法权于一体，对于不同程度的违法行为或作出行政处罚，或启动刑事诉讼程序，可以及时、有效地承担起打击犯罪的需要。但是，在经济犯罪领域尤其是证券犯罪领域，行政执法和刑事执法的分立使得公安机关在办理相关案件时，更多的是在被动等待行政监管部门移送案件和线索，这样往往会错过了最佳的侦查时机。而目前打击证券犯罪过程中存在的证券监管部门和公安机关的证据标准不统一、立案标准不同、线索移交不及时等问题则严重迟滞了对证券违法犯罪行为的打击。因此，借鉴海关缉私警察部门的做法，应当赋予证券犯罪侦查部门刑事执法和行政执法双重职能。

4. 线索移交证券犯罪侦查部门，由证券犯罪侦查部门初查后甄别，再区分刑事违法和行政违法分别作出处理

证券犯罪所具有的隐蔽性强、被害人不明确等特点以及证券犯罪专业化、智能化、复杂化的发展趋势决定了证券犯罪的线索来源有限，大量案件来自于证券监管部门的案件移送。由于案件移送的滞后性使得公安机关立案后往往已经丧失了最佳的侦查时机，不利于证据的获得和固定。赋予证券犯罪侦查部门刑事执法和行政执法双重职能后，借鉴海关缉私警察的做法，应当将证券监管部门、交易所、纪检等部门获得的全部有关证券犯罪的线索在第一时间移交给证券犯罪侦查部门，由证券犯罪侦查部门初查后进行甄别，再区分刑事违法和行政违法分别作出处理。采用这种方式可以使侦查机关及时采取侦查措施、保全证据、控制犯罪嫌疑人、防止串供等，而这些都是及时查处证券犯罪的重要前提和保障。

5. 从法律层面为证券犯罪侦查部门行使职能提供保障

应当在《证券法》中对证券犯罪侦查部门的法律地位、职权、责任做出明确规定，为证券犯罪侦查部门行使职能提供法律保障，也便于证券犯罪侦查部门依法查处证券案件。

二、组建经济犯罪侦查总局模式

如果能够依照海关模式建立起一支证券犯罪侦查队伍，必然可以大大提高证券犯罪案件的查处力度，彻底遏制当前证券犯罪高发的势头。当然，由于经济犯罪领域内涉税案件、金融案件、洗钱犯罪等与走私案件和证券犯罪案件具有相似性，而且各种类型的经济犯罪往往相互交织，很难完全分开，从打击经济犯罪这一目标出发，可以在缉私警察队伍和证券犯罪侦查队伍的基础上，在全国范围内整合经济犯罪侦查力量，在公安部成立经济犯罪侦查总局（可以考虑定为副部级单位），统一领导全国范围内的经济犯罪侦查，在各地设立直属经侦分局，由经济犯罪侦查总局直接指挥，负责侦办辖区内的经济犯罪案件。其理由在于：(1) 这是打击经济犯罪、维护社会主义市场经济秩序的现实需要。经济犯罪与普通暴力犯罪相比具有专业性强、组织化程度高、涉案范围广、影响面大、对社会经济秩序冲击较大等特点，而且在实践中各种经济犯罪也往往相互交织，案件侦破和定罪量刑难度较

大。建立专业化的经济犯罪侦查总局不仅可以发挥专业化侦查力量的优势,而且对于排除地方保护主义的干扰意义重大。(2) 该模式符合我国现行行政管理体制的要求。在国务院部委之下成立专业化的国家局在我国不乏先例,于行政管理体制上并无障碍。目前我国国务院部委管理的国家局有 12 个,如国家文物局是国务院下设的统筹规划管理全国文物工作的政府职能部门,由文化部归口管理。国家外汇管理局为国务院的组成序列,由中国人民银行归口管理。[①] 因此,在公安部之下设立经济犯罪侦查总局负责全国范围内的经济犯罪侦查工作在体制上是可行的。(3) 该模式可以充分利用现有行政资源。该模式的最大优点在于其体制性变革仅限于公安部门,对现行行政管理体制的冲击最小,只需在现有构架下对经济犯罪侦查局扩充职权、充实编制、强化执法职能。而目前正在运行的派出分局则为实现经济犯罪侦查队伍的垂直管理奠定了坚实基础。

三、证监会向检察机关直接检举模式

根据对日本、美国、法国等国家的证券犯罪执法机制的考察和分析,结合我国的证券犯罪执法合作机制的现状和问题,课题组提出一个从长远的角度根本解决我国证券犯罪执法机制问题的方法,即:我国的证券监督机构在发现行为人具有犯罪行为时,直接向检察机关告发,由检察机关展开全面调查,决定是否起诉,而不必经过公安机关的调查的司法程序。具体有以下几个理由:(1) 虽然目前的证券犯罪执法合作机制中,公安机关与证券监督机关等其他机关的合作基本上是有成效的,并且这种合作机制正在得到强化,逐步走向成熟,但是,公安机关与检察机关的重复调查、资源浪费的根本问题无法得到解决。(2) 随着股权分置改革成功实施,我国的证券市场将进入一个高速发展的阶段,各种各样的问题都会出现,包括各种违法违规行为也会浮出水面。在复杂的证券犯罪案件大量增加的情况下,公安机关的资源和能力毕竟有限。(3) 我国正在积极推行司法改革,增强司法机关队伍的能力和素质,特别是法官和检察官的能力和素质。检察官的能力

---

① 资料来源:新华网 http://news3.xinhuanet.com/zhengfu/2003-04/01/content_809067.htm,2007 年 9 月 10 日登录。

和素质得到提高后,对于包括证券犯罪在内的复杂的金融犯罪的司法调查也将必然集中在检察机关中。(4) 随着股权分置改革成功实施,我国的证券市场将真正进入一个与国际证券市场同步发展的时期,包括证券犯罪的调查起诉在内的证券犯罪执法机制也要与国际规则接轨。世界大多数国家,如我们前面研究过的美国和法国,都是在证券监督机关认为有犯罪行为时,直接向检察机关告发,由检察机关展开司法调查。

基于上述理由,我们认为,我国经过一段过渡时期之后,必将进入由证券监督机关直接向检察机关告发的阶段。

在检察机关尚未培养出具备大量专业性强的检察官之前,作为过渡阶段,建议由公安机关的经济侦查部门的人员借调到检察机关。同时,为了提高证券监督机关的调查能力,一部分公安机关的经济侦查部门的人员可以先调入证券监督机关中,增强证券监督机关的对于证券犯罪的调查能力。

经过对日本证券犯罪执法合作机制进行研究,发现日本的证券交易等监视委员会的委员长和委员大都是由检察官调入后担任的。特别是证券交易等监视委员会委员长都是由做过地方检察厅长官的(即我国的省一级人民检察院检察长)资深的检察官担任。证券监督机关与检察机关的密切关系和合作关系可见一斑。

今后我国的证券监督机关与检察机关的合作关系和人员交流关系迫切需要加强。当前,虽然公安部与证监会在证券犯罪执法机制方面的关系非常紧密,但是,这是不够的,亦非长久之计。

通过对上述三种模式的分析,笔者认为:最有现实可行的是第一种模式,即依照海关缉私警察模式建立证券犯罪侦查队伍的模式。考虑到目前我国打击证券犯罪和防范市场风险的形势较为紧迫,为了能及时纠正这种现状,以达到在短期内有效遏制证券犯罪的严重态势,这种模式是具有现实可行性、最能收到效果的模式。其次是组建经济犯罪侦查总局模式,即所谓的大经侦的模式。这种模式强调的是建立一只专业化的队伍,保证侦查的高效性。

但我们认为,证监会向检察机关直接检举模式,是未来的必要形式,只是在目前我国的司法体制之下,尚不具备操作的可能性,这种模式的建立,有赖于目前司法体制改革与刑事诉讼构造的改变。这种模式不仅强调侦查的效率,还强调被调查对象人权的保护,是我们今后必然选择的模式。

第六节 小 结

证券犯罪作为一种社会现象,有其深刻的社会背景和时代特征,因此,打击证券犯罪和防范市场风险是一项涉及国际、国内经济、政治、金融、司法等各个方面且难度极大的工作。这既要加强公安机关职能部门以及证券监管机构职能部门的建设,更要大力加强公安机关和证券监管部门的横向联系和协调配合,构建规范、有效的合作机制,共同构筑完善的防范体系。

通过分析研究,笔者认为,现行的证券犯罪执法合作体制在打击证券犯罪、加强市场风险防范方面发挥了重要作用,也为今后进一步加强相关部门之间的执法合作奠定了坚实基础并积累了宝贵经验。但是,现行的合作机制仍然面临着来自外部法律法规以及执法合作机制内部在证据转换、公安机关提前介入等方面的制约,需要进行改革以便更好地应对打击证券犯罪和防范市场风险的需要。

为此,笔者认为:

当前我国证券犯罪执法合作机制主要面临的问题在于现行《刑法》、《证券法》关于证券犯罪的规定缺乏基本的可操作性;我国侦查程序的启动条件不利于对证券犯罪的有效追诉,使得公安机关对于证券犯罪的受理在很大程度上不得不依赖于监管部门的移送;现行的侦查管辖也不利于对证券犯罪的有效追诉;证券犯罪执法成本高而违法成本低;现行的"衔接机制"尚处建立和健全阶段,运作尚不规范,信息不畅、知情迟缓;地方保护主义严重,严重影响有关部门查办证券犯罪案件等。其中执法合作机制的法律基础不高、证据转换存在法律障碍、公安机关提前介入案件调查缺乏明确法律定位以及证券犯罪侦查的物力和财力投入不足等问题则是当前加强执法合作必须要着力解决的关键性问题。

针对上述问题,笔者认为,加强和完善证券犯罪执法合作,应当尽快实现公安机关提前介入,实现公安机关介入的关口前移;积极探索行政执法人员收集的证据与刑事犯罪证据的转换方法;重新调整立案与侦查程序的关系；适当扩充中国证监会的执法权力的范围和种类；进一步加强法律执行的可操作性；适应证券犯罪取证难的特点，提高侦查机关查办证券犯罪的技术手段和方法；尤其应当加强公安机关与证券监管部门之间的协作，逐步建立健全打击证券犯罪的预警机制、防控机制、联合办案协作机制；大力加强证券犯罪侦查机构和侦查队伍建设，并建立聘请专家协助侦查制度；多管齐下，广辟案源渠道，积极鼓励市场各方参与法律监督。

在修改相关法律法规的同时，积极探索证券犯罪执法合作机制的实现模式也是加强执法合作的重要路径。依照海关缉私警察模式建立证券犯罪侦查队伍、组建经济犯罪侦查局以及证监会向检察机关直接检举等三种模式，是当前我国进一步加强证券犯罪执法合作的可选模式，供相关部门参考。

随着证券市场的进一步发展，证券犯罪的手段将会更加隐蔽和狡猾，加强公安机关与证券监管部门的执法合作，在查处证券犯罪和防范市场风险方面意义重大并大有可为，相关部门还需做出不懈的努力。

第十章　完善证券市场法律责任的立法和执法协调

第一节　扭转重行(刑)轻民的思维定势

证券市场立法必须扭转重行(刑)轻民的传统思维定势,对于证券民事责任、证券行政责任与证券刑事责任予以同等关注。《证券法》的威严在于其应有的内容公平、条款细致、便于操作的法律责任制度。其中,民事责任制度的主旨在于修复被破坏的投资者与责任主体之间的民事法律关系,为遭受损失的投资者挽回损失,维护受害投资者的民事权利和微观个体利益[①];行政责任制度的主旨在于修复被破坏的监管者与违法者之间的行政法律关系,恢复应有的证券市场秩序,维护广大证券投资者的整体利益;刑事责任制度的主旨在于惩治严重破坏证券市场秩序、严重侵害投资者利益的犯罪行为。

民事责任、行政责任与刑事责任并非互相孤立、毫无联系。三者统一于维护投资者利益这根主线,只不过侧重点不同而已:民事责任发生于横向法律关系中的作为平等主体的投资者和其他市场主体之间;行政责任(行政处罚)发生于纵向法律关系中作为不平等主体的监管者和证券市场主体之间;刑事责任则是国家对证券市场主体犯罪行为最严厉的制裁。刑事责任的制裁与教育功能虽然不同于补偿功能,但有助于提高违法者的侵权违法犯罪成本,阻遏证券市场中的违法犯罪行为,最终惠及广大投资者。

但是,现行《证券法》在法律责任设计上表现出重行(刑)轻民的

---

① 当然,证券市场中的民事责任制度维护的利益不仅局限于投资者,尚包括其他利益受到侵害的证券市场主体。例如,向投资者承担连带赔偿责任的当事人可以根据连带债务理论,向其他被替代履行赔偿责任的当事人行使追偿权。但是,《证券法》提供的民事责任制度的重心应当在于修复被破坏的、投资者与其他责任主体之间的民事法律关系。

特点。换言之,立法者对于行政责任最为重视,对刑事责任也较为重视,但对民事责任则语焉不详。例如,《证券法》在第 11 章用 36 个条款规定了法律责任,涉及行政责任的条款有 36 个,涉及刑事责任的条款有 18 个,涉及民事责任的条款仅有 3 个。当然,《证券法》在其他章节也有一些关于民事责任的零散规定。这种现状的产生主要源于两大原因:一是我国重刑轻民的法律文化传统根深蒂固;二是立法者十分注重《证券法》的公法属性,而忽略了《证券法》的私法属性。笔者主张,《证券法》不宜纳入一般民法的范畴,也不宜纳入经济法或者行政法的范畴,而应当纳入商法的范畴。而商法与民法同属私法的范畴。换言之,《证券法》虽然在私法公法化的历史趋势面前,融入了不少公法规范(尤其是行政法律规范),但就其本质而言仍属私法,当以保护投资者的私权(尤其是知情权、受益权、选择权)为己任。仅仅由于《证券法》含有公法规范,就把更为重要的私法规范(含民事权利规范和民事责任规范)排斥于《证券法》的立法框架,实为不明智之举。

针对目前不断升温的证券民事诉讼"热",有人指出,证券民事诉讼制度应"备而不用",因为证券民事诉讼的社会成本高、时间长;相对于数量可能很多的诉讼,司法资源是有限的。殊不知,对投资者而言,最能确保其投资信心、恢复其遭受损失的法律责任是民事责任。只有民事责任才能直接弥补投资者所遭受的损害,无论是行政责任还是刑事责任都取代不了。如果直接遭受损害的投资者不能获得充分及时的赔偿,他们自然会对整个证券市场的游戏规则丧失信心。这对于我国证券市场的健康发展是非常不利的。如果说证券市场中的民事责任兼有填补损失和教育制裁的功能,则行政责任和刑事责任仅具有教育、制裁的功能。意识到行政责任和刑事责任在功能上的局限性,对于扭转"重行轻民"、"重刑轻民"的传统观念是十分必要的。难怪美国证券市场这么多年来,仍然坚持民事责任、行政责任和刑事责任并重,并坚决不放弃民事责任在规范证券市场中的作用。因此,民事责任在我国证券法律责任体系中处于核心地位,民事法律责任制度理应在我国证券法律责任制度中发挥基础性作用。

建议立法者在修改《证券法》时,把民事责任制度放在首要位置,至少放在与行政责任同等重要的位置。指导思想明确了,立法者关于法律责任的立法技术问题也就迎刃而解。当然,《证券法》不必重复即将出台的“民法典”就一般民事责任所作的一般法律规定，但应当就证券发行与交易活动中的特殊民事责任问题作出补充规定和特别规定。至于现行《证券法》关于刑事责任援引《刑法》的表述方式，则可予以坚持。

强调立法者重视民事责任，并不意味着行政责任和刑事责任的规范已经灿然大备、无需完善了。实际上，在频频发生的证券违规违法乃至犯罪大案中，无论是行政责任还是刑事责任，作为违法行为的惩罚制度，都显得苍白无力。例如，根据《刑法》第182条之规定，实施操纵证券交易价格罪的恶庄和操盘手不管筹集了多少亿元资金，不管操纵证券交易价格的手段如何狡猾，不管谋取了多少不正当利益，不管对证券市场秩序的破坏和对广大中小投资者的侵害程度如何之重，法定量刑幅度也仅仅是5年以下有期徒刑或者拘役，并处或者单处违法所得一倍以上5倍以下罚金。难怪有不少投资者在关注最近北京市第二中级人民法院审理的证券市场第一刑事大案——中科创业案之后，抱怨《刑法》第182条规定的刑事责任太轻了。

诚如马克思所言，如果按照奥日埃的说法，货币“来到世间，在一边脸上带着天生的血斑；资本来到世间，从头到脚，每个毛孔都滴着血和肮脏的东西”。[①] 他还引用《评论家季刊》的话说，“一旦有适当的利润，资本就胆大起来。如果有10%的利润，它就保证到处被使用；有20%的利润，它就活跃起来；有50%的利润，它就铤而走险；为了100%的利润，它就敢践踏人间一切法律；有300%的利润，它就敢犯任何罪行，甚至冒绞首的危险。”[②]马克思的这番话对于我国的某些证券市场主体同样是适用的。治奸宄，用重典。为预防证券市场主体你追我赶、乐此不疲地实施证券欺诈等违法违规行为，必须进一步提高行政责任和刑事责任的力度，包括法定量刑幅度。

---

① 马克思：《资本论》，第24章“所谓原始积累”。

② 《马克思恩格斯全集》第23卷。

第二节 司法、执法机关应当对证券民事、行政与刑事案件予以同等关注

不仅立法机关应当对证券民事责任、行政责任与刑事责任予以同等关注,司法、执法机关也应对证券民事案件、证券行政案件与证券刑事案件予以同等关注。在现行证券执法和司法实践中,司法、执法机关也往往表现出重视行政处罚、漠视民事纠纷解决的惯性思维。例如,据《中国证券报》2001 年 9 月 6 日报道,自 1999 年至 2001 年间中国证监会共立案 220 件,结案 192 件,对 92 个案件作了行政处罚,罚没款总额达 14.9 亿元。而与此同时,尤其是在 2002 年 1 月 15 日之前,法院系统对于上市公司股东根据《证券法》对虚假陈述民事赔偿案件、内幕交易纠纷案件和操纵市场交易纠纷案件一直采取消极回避的态度。例如,上海市某基层人民法院未经审理就以被告行为与原告损失不存在因果关系为由,驳回了红光公司小股东对虚假陈述人提起的民事诉讼。在这段时期,尽管投资者屡屡就某些证券民事纠纷(尤其是虚假陈述案件)提起诉讼,但屡屡被法院驳回诉讼请求。最高人民法院在其 2001 年 9 月的司法解释中更是要求各级人民法院对涉及证券类的民事纠纷案件暂不受理。"暂不受理"一语包含三层含义:一是应予受理;二是现在不受理;三是将来应予受理。问题在于,为何"现在不受理"?"将来"又何时"受理"?行政责任与民事责任在贯彻落实上的反差之大,由此可见一斑。

4 个月之后,最高人民法院于 2002 年 1 月 15 日出台了《关于受理证券市场因虚假陈述引发的民事侵权纠纷案件有关问题的通知》(以下简称《1.15 通知》),要求被授权的中级人民法院正式开始受理证券市场中因虚假陈述引发的民事侵权赔偿纠纷案件(以下简称虚假陈述民事赔偿案件)。《1.15 通知》就像呱呱落地的新生儿一样,尽管是个"丑小鸭",但带给了人们许多惊喜和憧憬。为进一步强化人民法院对中小股东的司法保护,建议人民法院根据公平与效率的主导思想,在法治的框架内进一步解放思想,打破传统计划经济体制下形成的思维方式,在股东权司法保护方面胆子更大一点,步子更快一点,早日把《1.15 通知》涉及的有关制度完善起来,进一步拓宽涉及中小股东合

法权益的受案范围。法院除了受理虚假陈述民事赔偿案件外，还应积极受理其他各类涉及股东权益的民事纠纷案件，包括但不限于内幕交易纠纷案件和操纵市场交易纠纷案件。不仅作为国家审判机关的人民法院应当十分重视对证券民事纠纷案件的受理和审判，作为民间机构的各地仲裁委员会，也应当重视对证券民事纠纷案件的受理和裁决。

为了维护自身利益和其他广大股东利益，投资者有权对公司经营者、中介机构、机构投资者的违法行为、违约行为和侵权行为，提起民事诉讼（含股东个体诉讼、股东代表诉讼、股东集体诉讼），获得民事损害赔偿和救济。

立法者固然应当在"民法典"和《证券法》中进一步充实证券民事责任的实体规范，在《民事诉讼法》中进一步充实证券民事责任的程序规范，为人民法院和仲裁机构创造良好的执法条件。问题在于，在立法修改、完善之前，人民法院能否以《证券法》缺乏有关证券民事责任的明确规定为由拒绝受理呢？

回答是否定的。民事案件与刑事案件判然有别，最主要的一点是现代刑法倡导罪刑法定，反对类推制度；而现代民商法则倡导私法自治，鼓励扩大民商法的适用范围。在许多市场经济发达国家，法官以法律没有规定为由拒绝受理民事诉讼案件是违法的。例如，《法国民法典》第4条明确规定："法官借口法律无规定、不明确或者不完备而拒绝审判者，以拒绝审判罪追诉之。"课题组也曾于2001年12月就此请教来访的德国民商法学家派佛尔教授，《德国民法典》中为何没有类似《法国民法典》的规定？答曰：此乃常识问题，不需在《德国民法典》专门作出规定。崇尚成文立法的大陆法系尚且如此，崇尚判例法和法官造法的英美法系的法院更是不必多谈。我国未来的"民法典"或者现行的《法官法》、《法院组织法》都应当采取这一立法态度。除了法理上和政策上的考量，法院也应积极参与到规范和培育证券市场的伟大事业中来，而不能袖手旁观、坐等立法体系灿然大备后才开始介入证券市场的规范工作。立法条件、司法条件和市场环境的改善与成熟是一个长期的过程，这一过程的展开离不开法院的积极参与。当然，在立法没有规定或者规定不明确的情况下，一审法院有可能会错判案件。但是，我国实行二审终审制，且有审判监督程序发挥纠偏作用，加之法官业务素养的提升、司法解释的高效化,我们有理由相信一审的错误判决能够最终避免和得到纠正。推而广之,在立法没有规定或者规定不明确的情况下,法院不仅应当积极受理股东权纠纷案件,而且还应当积极受理其他各类民商事案件。

既然《证券法》对证券民事责任规定不详,法官或者仲裁员就会面临寻找判案依据的难题。鉴于证券法为公司法的特别法、民法的特别法,应当根据特别法优先适用、一般法补充适用的原理,补充适用《公司法》、《民法通则》与《合同法》等民事法律、行政法规及司法解释。根据私法自治原则,投资者与他人缔结的合同、投资者所在公司的章程、证券交易所自律规章也应成为人民法院和仲裁机构的判案依据。如果人民法院和仲裁机构在判案时遇到《证券法》、《公司法》、《合同法》、《民法通则》规定不明确、判案依据不足的情况,应当援引证券市场中的商事习惯判案;缺乏商事习惯的,人民法院和仲裁机构应当援引法理判案。我国台湾地区"民法典"的第1条开宗明义规定:"民事,法律所未规定者,依习惯;无习惯者,依法理"。这一规定值得我们认真借鉴。这里所说的"法理",既包括国内外学者间的通说或多数说,也包括国内外学者间的新说和少数说。无论是援引旧说、新说,抑或通说、少数说,人民法院和仲裁机构均应在判决书和裁决书中详细阐明其采纳该说的具体理由,避免司法和仲裁专横。判决书和裁决书中只有以理服人,才能从根本上息讼宁人。

鉴于证券监管者目前对证券市场违规行为的行政处罚力度不够,违法后果与违法成本的比例不适当,必须强化行政责任对违规行为的处罚、遏制作用。投资者不仅有权提起证券民事诉讼和证券民事仲裁,也有权对行政机关(包括证券市场监管者,也包括作为侵权人的其他政府部门)的违法行政行为(含作为与不作为)提起行政诉讼,获得国家赔偿和救济。

虽然《证券法》在法律责任部分有18个条款反复提到"构成犯罪的,依法追究刑事责任",但从目前情况看,证券市场监管者对不少证券市场违法违规行为追究了行政责任,但司法机关对这些违法违规行为启动刑事诉讼程序的案件却屈指可数。根据最高人民法院副院长李国光在上海投资者保护国际研讨会上的介绍,修订后的1997年《刑法》,针对证券期货犯罪的新动向,增加了提供虚假财务报告罪、编造并传播证券期货交易虚假信息罪、诱骗投资者买卖证券期货合约罪、欺诈发行股票债券罪、内幕交易和泄露内幕信息罪、操纵证券期货交易价格罪等罪名，为人民法院惩处证券市场上的刑事犯罪提供了更为充分的法律依据。可惜，自刑法修订以来至2001年底，全国各级人民法院已经审结的涉及上述罪名的刑事犯罪案件仅有46起。[①] 这种现象应当尽快扭转。建议证券市场监管者与司法机关应当建立既严格分工又密切配合的快速反应机制，切实提高证券市场实践中刑事责任手段的使用频率。例如，当中国证监会及其派出机构对证券违法违规行为启动行政调查程序时，司法机关应当借助共享信息，同时快速启动刑事侦查程序，从而早日将实施证券犯罪行为的害群之马绳之以法。

第三节　民事责任、行政责任与刑事责任的协调

一、立法者应当对于证券民事责任、行政责任与刑事责任予以同等关注

《证券法》的威严在于其应有的内容公平、条款细致、便于操作的法律责任制度。其中，民事责任制度的主旨在于修复被破坏的投资者与责任主体之间的民事法律关系，填补投资者遭受的损失，维护受害投资者的民事权利和微观个体利益；[②]行政责任制度的主旨在于修复被破坏的监管者与违法者之间的行政法律关系，恢复应有的证券市场监管秩序，维护广大投资者的整体利益；刑事责任制度的主旨在于惩治严重破坏证券市场秩序、严重侵害投资者利益的犯罪行为。

民事责任、行政责任与刑事责任并非互相孤立，毫无联系。三者

---

① 参见华强：《高法副院长强调：完善证券侵权民事司法制度》，载《证券时报》，2002年6月24日第1版。

② 当然，证券市场中的民事责任制度维护的利益不仅局限于投资者，尚包括其他利益受到侵害的证券市场主体。例如，向投资者承担连带赔偿责任的当事人可以根据连带债务理论向其他被替代履行赔偿责任的当事人行使追偿权。但是，《证券法》提供的民事责任制度的重心应当在于修复被破坏的、投资者与其他责任主体之间的民事法律关系。

有机地统一于维护投资者利益这根主线，只不过侧重点不同而已：民事责任发生于横向法律关系中作为平等主体的投资者和其他市场主体之间；行政责任（行政处罚）发生于纵向法律关系中作为不平等主体的监管者和证券市场主体之间；刑事责任则是国家对证券市场主体犯罪行为最严厉的制裁。刑事责任的制裁与教育功能虽然不同于补偿功能，但有助于提高违法者的侵权违法犯罪成本，阻遏证券市场中的违法犯罪行为，最终惠及广大投资者。

但是，《证券法》在法律责任设计上表现出重行（刑）轻民的特点。换言之，立法者对于行政责任最为重视，对刑事责任也较为重视，但对民事责任则有些语焉不详。例如，1998 年《证券法》在第 11 章用 36 个条款规定了法律责任，涉及行政责任的条款有 36 个，涉及刑事责任的条款有 18 个，涉及民事责任的条款仅有 3 个。当然，《证券法》其他章节也有涉及民事责任的零散规定。这种现状主要源于两大原因：一是我国重刑轻民的法律文化传统根深蒂固；二是立法者十分注重《证券法》的公法属性，而淡忘了《证券法》的私法属性。笔者主张，《证券法》不宜纳入一般民法的范畴，也不宜纳入经济法或者行政法的范畴，而应当纳入商法的范畴。而商法与民法同属私法的范畴。换言之，《证券法》虽然在私法公法化的历史趋势面前，融入了不少公法规范（尤其是行政法律规范），但就其本质而言仍属私法，当以保护投资者的私权（尤其是知情权、受益权、选择权）为己任。仅仅由于《证券法》含有公法规范，就把更为重要的私法规范（含民事权利规范和民事责任规范）排斥于《证券法》的立法框架，实为不明智之举。

针对目前不断升温的证券民事诉讼“热”，有人提出证券民事诉讼制度应备而不用的观点。理由是，证券民事诉讼数量众多、司法资源有限、社会成本高、时间长。殊不知，民事责任的损失赔偿功能，行政责任与刑事责任无法取代。证券民事赔偿制度不仅有利于恢复其财产损失，而且有利于确保其对证券市场的信心。如果直接遭受损害的投资者遭受损害后不能获得充分及时的赔偿，他们自然会对整个证券市场的游戏规则丧失信心。如果说民事责任兼有填补损失和教育制裁的功能，则行政责任和刑事责任仅具有教育、制裁的功能。意识到行政责任和刑事责任在功能上的局限性，对于扭转“重刑轻民”、“重行轻民”的传统观念十分必要。难怪美国证券市场诞生发达这么多年来,仍然坚持民事责任、行政责任和刑事责任并重,并坚决不放弃民事责任在规范证券市场中的作用。因此,民事责任在我国证券法律责任体系中处于核心地位,民事法律责任制度理应在我国证券法律责任制度中发挥基础性作用。

2005 年《证券法》扩大了民事责任的范围,规定了操纵市场行为和内幕交易行为的民事责任,颇值肯定。建议立法者在进一步修改《证券法》时,仍应把民事责任制度放在首要位置上,至少放在与行政责任同等重要的位置上。《证券法》不必重复即将出台的《民法典》就一般民事责任所作的一般法律规定,但应当就证券发行与交易活动中的特殊民事责任问题作出补充规定和特别规定。至于现行《证券法》关于刑事责任援引《刑法》的表述方式,则可予以坚持。

强调立法者重视民事责任,并不意味着行政责任和刑事责任的规范已经灿然大备、无需完善了。实际上,在频频发生的证券违规违法乃至犯罪大案中,无论是行政责任还是刑事责任,作为违法行为的定价制度,都显得苍白无力,定价过低。例如,根据《刑法》第 182 条之规定,实施操纵证券交易价格罪的恶庄和操盘手不管筹集了多少亿元资金,不管操纵证券交易价格的手段如何狡猾,不管谋取了多少不法利润,不管对证券市场秩序的破坏和对广大中小投资者的侵害程度如何之重,法定量刑幅度也仅仅是五年以下有期徒刑或者拘役,并处或者单处违法所得一倍以上五倍以下罚金。难怪有不少投资者在关注我国证券市场第一刑事大案——中科创业案之后,抱怨《刑法》第 182 条规定的刑事责任太轻了。为预防证券市场主体你追我赶地实施证券违法违规行为,必须进一步提高行政责任和刑事责任的力度,包括法定量刑幅度。

二、证券民事责任、行政责任与刑事责任原则上应当并用

前已述及,三大法律责任的发生根据不同。违反证券民事法律规范的,产生民事责任;违反证券行政法律规范的,产生行政责任;违反证券刑事法律规范的,产生刑事责任。既然三大法律责任存在着不同的发生根据,当证券市场主体的某一行为同时违反民事法律规范、行政法律规范和刑事法律规范时,三大法律责任原则上并行不悖,分别适用。只有这样,才能充分发挥法律的补偿、制裁、教育、引导、保护

与规范这六大功能。

对此,《民法通则》、《行政处罚法》和《刑法》阐述得非常清楚。《民法通则》第110条规定:"对承担民事责任的公民、法人需要追究行政责任的,应当追究行政责任;构成犯罪的,对公民、法人的法定代表人应当依法追究刑事责任。"《行政处罚法》第7条规定:"公民、法人或者其他组织因违法受到行政处罚,其违法行为对他人造成损害的,应当依法承担民事责任。违法行为构成犯罪,应当依法追究刑事责任,不得以行政处罚代替刑事处罚。"《刑法》第36条第1款也规定:"由于犯罪行为而使被害人遭受经济损失的,对犯罪分子除依法给予刑事处罚外,并应根据情况判处赔偿经济损失。""打了不罚、罚了不打、罚了不赔、赔了不罚"以及"以行代民、以刑代民、以民代行、以刑代行、以民代刑、以行代刑"的想法和做法,都是非常错误的。

民事责任的发生不一定引发行政责任。证券监管者保护证券市场公正交易秩序与公平竞争秩序的实质是,要保护投资者和其他证券市场主体的意思自治原则和诚实信用原则不被滥用。但要明确,意思自治原则受到侵害,并不必然导致行政权的干预。在很多情况下,博大精深、体系严密的私法原则和制度,包括诚实信用原则、公序良俗原则、合同制度、代理制度、侵权制度和民事责任制度等,都足以被投资者自觉运用,从而铲除不法或不当的市场行为,理顺受害投资者与其他市场主体之间的利益关系,恢复市场正常秩序。

行政责任的发生不一定引发民事责任,或者证券民事关系的无效。有必要区分强行性行政法律规范中的效力性规定与训示性规定。证券市场主体的某一商事行为如果违反了前者,不仅导致相应的行政处罚,商事行为也归于无效;如违反了后者,虽承受相应的行政处罚,但商事行为依然有效。例如,1999年12月,最高人民法院《关于适用〈中华人民共和国合同法〉若干问题的解释(一)》第10条就正确地指出,"当事人超越经营范围订立合同,人民法院不因此认定合同无效。但违反国家限制经营、特许经营以及法律、行政法规禁止经营规定的除外"。而根据《公司登记管理条例》第73条之规定,超出经营范围的公司经营活动,要承受相应的行政法律责任(包括责令改正、罚款等)。

当证券市场主体的某一行为同时触犯民事法律规范和行政法律规范时,民事责任与行政责任同时发生。行政责任的发生不能代替民事责任。即使行政权介入的结果,导致了对不法市场主体的行政处罚,也不能代替受害投资者与不法市场主体之间私法关系的再调整。监管者不能以行政罚款代替民事赔偿。人民法院也不能以监管者应当追究违法市场主体的行政责任为由,驳回投资者提起的民事赔偿之诉。

三、民事赔偿金的优位原则

前面谈到,当证券市场主体的某一行为同时触犯民事规范、行政规范或者刑事规范时,民事责任、行政责任、刑事责任同时发生。倘若违法主体的财产状况非常脆弱或者严重恶化,使其无法同时支付民事赔偿金、罚款与罚金,何者享有优先权?

《证券法》第232条明确了民事赔偿金的优位原则:“违反本法规定,应当承担民事赔偿责任和缴纳罚款、罚金,其财产不足以同时支付时,先承担民事赔偿责任。”《刑法》第36条第2款也体现了这一精神:“承担民事赔偿责任的犯罪分子,同时被判处罚金,其财产不足以全部支付的,或者被判处没收财产的,应当先承担对被害人的民事赔偿责任。”

因此,当证券市场主体的某一行为同时触犯民事法律规范、行政法律规范或者刑事法律规范时,但其无力同时支付民事赔偿金、罚款与罚金时,必须优先满足受害投资者的民事赔偿请求权。即使违法主体已经缴纳罚款、罚金,并被解入国库,有关部门也应及时将其转移支付给享有民事赔偿请求权的投资者。

但是,民事赔偿金的优位原则在证券市场实践中被运用的情况并不多见。这主要由于,民事法律责任尚未发挥基础性的法律责任作用,人民法院审结的证券民事纠纷案件数量不多,获得胜诉判决的投资者为数不多,尚未达到与国家的罚款、罚金债权竞争有限资源的程度。随着大量虚假陈述案件的陆续审结,胜诉投资者在被告人不能自愿履行判决确定的赔偿金的情况下,只能请求被告所在地人民法院强制执行。如果被告人(如经济实力衰微的上市公司)被证券监管者予以重罚后,实在缺乏民事赔偿能力,胜诉投资者只好要求证券监管者将其征收的罚款转移支付给胜诉投资者。执行法院有权根据胜诉投资者的请求,向证券监管者发出协助执行通知书,要求其限期将已经征收的罚款支付给执行法院，再由执行法院转交申请执行的胜诉投资者。

不过，胜诉投资者并非唯一有权要求证券监管者转移支付罚款的权利团体。例如，当投资者就上市公司的虚假陈述行为提起诉讼，并获得胜诉判决后，可能发现上市公司还有其他债权人（如上市公司的银行债权人）在对上市公司主张权利。根据民事赔偿金优位原则，对上市公司享有债权的其他债权人，也有权要求证券监管者将其从上市公司征收的罚款转移支付给银行债权人。接踵而至的问题是，当证券监管者转移支付的罚款不足以同时满足胜诉投资者与被告人的债权人的权利请求时，何者优先呢？《公司法》第 187 条第 2 款确定了公司债权人的债权优先于公司股东剩余财产分配请求权的原则。[①] 笔者认为，该条所称的“公司债务”既包括公司对银行、供应商所负的债务，也包括公司对投资者的债务。投资者根据胜诉判决享有的权利是债权，而非基于股东资格的股东权（包括剩余财产分配请求权）。因此，胜诉投资者与上市公司的其他债权人立于同一受偿顺序。

四、证券民事责任、行政责任与刑事责任的竞合

当证券市场主体的某一行为同时违反民事法律规范、行政法律规范和刑事法律规范，触发三种法律责任、而且三种法律责任的内容重叠相斥时，就发生三种法律责任的竞合问题。这种情况主要发生在行政责任与刑事责任之间。其中，行政责任中的没收非法所得与刑事责任中的没收财产，行政责任中的罚款与刑事责任中的罚金，行政责任中的拘留与刑事责任中的有期徒刑或者拘役，就很容易在证券市场中发生竞合。依据通说，在适用法律责任时，“删去相迭部分，使重迭的法律责任只适用一次，做到一事不二罚”。[②]

例如，《刑法》第 180 条对于证券内幕交易罪规定了如下刑事处罚，“处五年以下有期徒刑或者拘役，并处或者单处违法所得一倍以上

---

① 该款规定：“公司财产在分别支付清算费用、职工的工资、社会保险费用和法定补偿金，缴纳所欠税款，清偿公司债务后的剩余财产，有限责任公司按照股东的出资比例分配，股份有限公司按照股东持有的股份比例分配。”

② 何山：《合同法概要》，中国标准出版社 1999 年版，第 143 页。

五倍以下罚金；情节特别严重的，处五年以上十年以下有期徒刑，并处违法所得一倍以上五倍以下罚金。单位犯前款罪的，对单位判处罚金，并对其直接负责的主管人员和其他直接责任人员，处五年以下有期徒刑或者拘役”。《证券法》第202条对于证券内幕交易行为规定了如下行政处罚，“责令依法处理非法持有的证券，没收违法所得，并处以违法所得一倍以上五倍以下的罚款”。《刑法》第180条规定的罚金与《证券法》第202条规定的罚款，即属责任竞合。如果实施证券内幕交易罪的信息知情人员已经被中国证监会处违法所得四倍罚款，当该当事人进入刑事诉讼程序后，人民法院判处罚金时，应当将中国证监会的罚款折抵罚金。如果实施证券内幕交易罪的信息知情人员已经被公安机关拘留的，当该当事人进入刑事诉讼程序后，人民法院判处有期徒刑或者拘役时，应当将公安机关的拘留折抵刑期。对于其他证券市场中的违法违规行为，发生责任竞合的，也类推如此。

再如，在被告人汪建中犯操纵证券市场罪的案件中，北京市第二中级人民法院除判处汪建中有期徒刑7年外，还判处罚金人民币125 757 599.50元。但判决书特别说明，该笔罚金已被中国证券监督管理委员会申请强制执行并上缴国库的罚款人民币54 626 119.99元予以折抵；至于余款，则于判决生效后3个月内缴纳。这说明，罚款与罚金原则上不重复课处。

第四节　证券民事责任中违约责任与侵权责任的竞合

我国《民法通则》将民事责任分为两种：一为违反合同的民事责任，即债务不履行责任（第111条至第116条）；二为侵权的民事责任（第117条至133条）。《合同法》第42条又在传统的违约责任与侵权责任之外，规定了缔约过错责任，包括合同不成立的缔约过错责任与合同无效的缔约过错责任。缔约过错责任既非违约责任，又非侵权责任。因此，证券市场中发生的民事责任案由大体上可以划分为违约责任、侵权责任与缔约过错责任三大类型。其中，违约责任与侵权责任比较容易发生竞合问题。

大陆法系学者对合同债务不履行与侵权行为的竞合有三种学说。(1) 法条竞合说（Gesetz Konkurrenz）。该说认为，债务不履行是侵权行为的特别形态,侵权行为是违反权利不可侵犯的一般义务,而债务不履行则是违反基于合同而产生的特别义务;在二者竞合时,依特别法优于普通法的原则,只能适用债务不履行之规定。(2) 请求权竞合说(Anspruchs Konkurrenz)。该说主张,当二者竞合时,应就各个规范予以判断,产生的两个请求权独立并存。该说又可细分为请求权自由竞合论与请求权相互影响论(Einwirkende Anspruchs Konkurrenz)。根据前者,债权人可择一行使,其中一个请求权若因目的达到而消灭时,则另一请求权随之消灭;若一个请求权因目的达到之外的原因而消灭,则另一请求权仍然存在;债权人也可以分别处分两个互相独立的请求权。根据后者,两个请求权可以互相作用,合同法可适用于侵权行为所产生的请求权,反之亦然。(3) 请求权规范竞合说(Anspruchs Normen Konkurrenz)。该说为拉伦兹(Larenz)教授所创,吉奥吉德(Georgiades)又将其进一步系统化。根据该说,在同一当事人间产生同一损害赔偿为内容的合同债务不履行与侵权行为之竞合时,仅产生一个统一的请求权;但该请求权兼具合同与侵权行为两种性质,其内容应综合运用各规范而决定;债权人有权主张对自己有利的法律效果,但依据立法目的,应适用某项规范者,不在此限。其中第三说远较前二说科学、可采。①

在《合同法》出台之前,学者们对于违约责任与侵权责任竞合制度也是聚讼纷纭,莫衷一是。我国《合同法》采取了请求权规范竞合说。根据《合同法》第 122 条之规定,因当事人一方的违约行为,侵害对方人身、财产权益的,受损害方有权选择依照《合同法》要求其承担违约责任,或者依照其他法律(侵权责任法)要求其承担侵权责任。

因此,证券市场主体发生债务不履行与侵权行为之竞合时,即证券市场主体的某行为同时具备债务不履行和侵权行为的构成要件且同以损害赔偿为给付内容时,仅产生一项统一的请求权,但此种请求权具有两个法律基础:一为合同关系,一为侵权行为法。在决定投资者请求权的内容时,应综合研究关于合同法律规范与侵权法律规范,除非依据立法目的只能运用某种法律规范,投资者可自由选择对自己

---

① 王泽鉴:《民法学说与判例研究(第 1 册)》,中国政法大学出版社 2005 年版,第 395—412 页。

有利的法律依据。若投资者以债务不履行为由追究证券市场主体的民事责任,人民法院应适用合同法理和规定追究被告人债务不履行的责任;若投资者以侵权行为为由追究被告人的民事责任,人民法院应适用侵权行为法追究被告人的侵权责任。

2002 年 1 月 15 日最高人民法院发出《关于受理证券市场因虚假陈述引发的民事侵权纠纷案件有关问题的通知》将证券市场因虚假陈述引发的民事纠纷案件通而称之为“民事侵权纠纷案件”,似乎意味着证券市场中的投资者由于市场主体的虚假陈述遭受损失时,只能提起民事侵权之诉。笔者认为,证券市场中的投资者由于市场主体的虚假陈述遭受损失时,要视其与被告人是否存在合同关系而定:倘若存在合同关系,受害投资者既可选择提起违约之诉,也可选择提起侵权之诉;倘若不存在合同关系,受害投资者只能提起侵权之诉。

第五节　法院审理证券市场虚假陈述案件涉及的程序与实体问题

一、程序问题

(一) 诉讼当事人的确定

为保护投资者的维权积极性,只要是遭受损害的投资者(即使仅持有一股)也有权提起民事诉讼。至于是否在立法中严格从程序上限制原告股东的持股比例,笔者持反对态度。因为,遭受损失的股东大多是小股东,本来持股比例就小,而且发达国家大多在股东行使共益权的诉讼中才有原告股东需具备一定的持股比例的规定,至于股东为行使自益权的诉讼没有必要强制要求原告股东需具备一定的持股比例。证券法上的虚假陈述案件与公司法上的股东共益权诉讼判然有别,要求提起诉讼的证券投资者满足连续持有某证券的最低期限,此要求也缺乏正当法律和法理依据。为降低诉讼成本,法院应当允许和鼓励代表人诉讼和集团诉讼。

作为被告的行为人,可以分为三类:(1)《证券法》第 63 条所指的发行人;承销的证券公司(承销商);发行人负有责任的董事、监事、经理;承销的证券公司的负有责任的董事、监事、经理。为充分贯彻信息披露制度,保护投资者的独立投资判断不被误导,人民法院对于这类主体应作扩张解释。例如,第一类被告中,除应当包括参与实施虚假陈述行为的发起人和控股股东(含母公司)外,尚应包括副经理、财务总监和董事会秘书等其他高级管理人员在内。(2)《证券法》第173条所指的为证券的发行、上市或者证券交易活动出具审计报告、资产评估报告或者法律意见书等文件的专业机构和人员,包括审计师事务所、会计师事务所、资产评估事务所和律师事务所及其从业人员。人民法院对于这类主体也应作扩张解释。例如,这类被告中应当包括公证处及其公证员在内。(3)《证券法》第78条所列的编造并传播虚假信息,严重影响证券交易的国家工作人员、新闻传播媒介从业人员和有关人员,以及在证券交易活动中作出虚假陈述或者信息误导的证券交易所、证券公司、证券登记结算机构、证券交易服务机构、社会中介机构及其从业人员,证券业协会、证券监督管理机构及其工作人员。作出虚假陈述或者信息误导的学者、政府官员、股评人士等均在其内。

(二)前置程序

《1.15通知》指出:"人民法院受理的虚假陈述民事赔偿案件,其虚假陈述行为,须经中国证券监督管理委员会及其派出机构调查并作出生效处罚决定。当事人依据查处结果作为提起民事诉讼事实依据的,人民法院方予依法受理"。该条起草的主观目的和动机都是善意的:一是减轻股东的举证责任,因为受中国证监会行政处罚的行为人必然是侵权行为或者违约行为的行为人,原告股东只要呈上中国证监会的行政处罚决定就可不必就被告的侵权或者违约事实再行举证;二是人员和能力有限的法院可以因此而减轻数以万计的股东权纠纷案件的工作负担,因为那些尚未被中国证监会处罚的案件,也不会进入民事诉讼程序。

但这种善良的愿望很容易被中小股东理解为:法院怕麻烦,不愿受理案件,尤其不愿"剃"那些难"剃"的"头",但中国证监会已经"剃"了一半的"头",则可以接过来"剃一剃"。中小股东的这种看法当然不无道理;但也不能代替理性的分析。(1)从法理上看,行政处罚源于行政法调整的不平等主体之间的行政关系,民事责任则源于民法调整的平等主体之间的民事关系。承担民事责任的行为未必就应接受行政处罚。(2)中国证监会由于人员编制、执法素质和执法程序的限制，一旦不能对数以千计的上市公司、证券承销公司、中介机构及其他责任人及时作出处罚，则无论法院与原告股东如何心急如焚，也无济于事。更为严重的是，在马拉松式的行政处罚程序中，侵害股东权益的行为人有充分的时间从容转移、挥霍或者隐匿其从股东身上搜刮的财产。这样，即使中小股东日后胜诉，也无法兑现判决“白条”。(3) 法院有权对违约或侵权事实作出最终的司法认定，因而不必仰赖于中国证监会的处罚决定。实际上，如果被处罚者不服中国证监会的行政处罚，并向人民法院提起行政诉讼，则人民法院的判决反而成了投资者起诉虚假陈述行为人的前置程序。

(三) 举证责任的分摊

最高人民法院 2001 年 12 月 21 日公布的《关于民事诉讼证据的若干规定》第 7 条有关当事人举证责任分摊的规定，人民法院在审理虚假陈述案件时应认真落实。该条指出，“在法律没有具体规定，依本规定及其他司法解释无法确定举证责任承担时，人民法院可以根据公平原则和诚实信用原则，综合当事人举证能力等因素确定举证责任的承担”。据此，人民法院在确定原告投资者与被告人的举证责任负担时，可以行使自由裁量权。

(四) 投资者滥诉的预防

为防止投资者滥诉，最重要的是，在实体内容上严格把握民事赔偿责任的构成要件，公平计算被告的赔偿范围，确保滥诉者得不到好处。既然“竹篮打水一场空”，其他准备滥用诉讼的股东也会好自为之。

至于公司经营者和中介机构的违法行为已被追究行政法律责任，不应成为法院拒绝受理以被处罚者为被告的民事诉讼案件的理由。

二、实体问题

人民法院审理证券市场虚假陈述民事赔偿案件，关键是查明被告人承担民事赔偿责任的构成要件，包括归责原则、被告的虚假陈述事实、原告投资者遭受损害的事实以及被告的虚假陈述事实与原告投资者遭受损害事实之间的因果关系。赔偿范围的确定、共同被告中的连带赔偿责任、被告的抗辩事由也应引起重视。

(一) 主观归责原则

《证券法》的第69、173条对于发行人、上市公司的控股股东、实际控制人的虚假陈述行为实行过错责任原则,对其他的虚假陈述行为人则一律采取过错推定原则。但是笔者主张,按照证券市场信息瑕疵担保理论,对于证券市场虚假陈述民事赔偿案件应当实行严格责任原则,而不能适用过错责任原则或者过错推定原则。这与追究违约责任原则和大多数侵权责任中的严格责任原则是一致的,有助于最大限度地督促信息披露人恪守诚实信用原则,在自愿或者被强制披露与证券市场活动有关的信息时更加审慎、客观、公正,承担起社会责任。

有必要提及美国证监会(SEC)的《10b-5规则》运用于司法实践时引发的主观归责问题。该规则是美国证监会(SEC)根据1934年《证券交易法》第10条第2项规定制定的反欺诈条款。美国最高法院在阿伦诉美国证监会一案中指出,除非能够证明在行为时存在主观恶意(Scienter)。"Scienter"可以解释为"故意的过错行为"(intentional wrongdoing),也可以解释为意图欺骗、利用或者欺诈他人的心理状态(mental state embracing intent to deceive, manipulate or defraud)。[①] 但是,有些法院判决则认为,无须证明被告主观上存在故意(willfully),只要能够证明被告主观上存在过失(recklesslly),就可以追究被告人的民事责任。[②] 更加有趣的是,美国最高法院在一个判例中指出,对于违反1933年《证券法》第17条第1项第2目和第3目之规定的行为,无须证明行为人存在主观恶意(Scienter)。而《10b-5规则》的相应条款的某些用语出自1933年《证券法》第17条第1项第2目和第3目。如此一来,基于1934年《证券交易法》的《10b-5规则》与1933年《证券法》第17条第1项第2目和第3目之规定的主观归责原则是不同的。[③] 可见,美国法院对于证券市场的虚假陈述行为并非采取绝对的过错责任原则,甚至在有些案件中不需要就行为人的主观恶意进行举证。对于我国《证券法》规定的虚假陈述行为人追究民事赔偿责任,应当贯彻严格责任原则,即使虚假陈述人能够证明自己没有过错(故意

---

① *Aaron v. SEC*, 446 U.S. 680(1980).

② *Sanders v. John Nuveen*, 554 F.2d 790(7th Cir. 1977).

③ David L. Ratner, *Securities Regulation*, 法律出版社1999年版,第138页。

或者过失）也不能摆脱和免除自己的民事赔偿责任。

（二）虚假陈述行为的界定

最高人民法院《1.15通知》第1条将虚假陈述界定为，"证券市场上证券信息披露义务人违反《中华人民共和国证券法》规定的信息披露义务，在提交或公布的信息披露文件中作出违背事实真相的陈述或记载"的行为。这里所说的"违背事实真相的陈述或记载"，就是指《证券法》第69条所指出的"发行人、上市公司公告招股说明书、公司债券募集办法、财务会计报告、上市报告文件、年度报告、中期报告、临时报告以及其他信息披露资料，存在虚假记载、误导性陈述或者有重大遗漏，致使投资者在证券交易中遭受损失的"行为。换言之，信息披露文件中的误导性陈述，信息披露文件中的重大遗漏均属最高人民法院《1.15通知》所称的"虚假陈述"。那种认为，"最高人民法院《1.15通知》所指的虚假陈述民事赔偿案件，仅指虚假记载案件，不包括误导性陈述案件和重大遗漏案件，或者不包括重大遗漏案件"的观点是错误的。

为贯彻信息披露制度的立法目的，人民法院应当对于《证券法》第69条所列举的信息披露文件作扩张解释。易言之，信息披露文件不限于该条提及的招股说明书、公司债券募集办法、财务会计报告、上市报告文件、年度报告、中期报告、临时报告，还包括中国证监会和证券交易所要求披露的其他文件，如季度报告以及业绩预告文件等。

认定某一信息披露行为是否构成"虚假记载、误导性陈述或者有重大遗漏"，关键要从一个具有普通智商和普通商业伦理观念的投资者的角度来看，被告人的信息披露行为是否同时符合全面性、真实性、最新性、易得性、易解性与合法性六大法律标准。这就坚持了认定虚假陈述行为的客观性标准。

人民法院还要考虑信息披露的信息是硬信息，还是软信息。硬信息，又称历史信息，是对已经发生的事实或者正在发生事实的陈述；软信息，又称预测信息，是对即将发生事实的预测。中国证监会于2000年底建立上市公司业绩预告制度，起初仅要求上市公司发布预亏公告，后来又发展到在2001年中报披露前要求上市公司对当年中期业绩同比是否出现大幅下降进行预告，最后发展到要求2001年年报必须将预告情况增加到预亏、预警和业绩大幅上升三种类型。可见，软信息的披露内容日渐丰富,外延不断延伸。对投资者而言,公司业绩盈亏的预测信息更具价值。因此,美国证监会在1979年修改了其信息披露制度,鼓励上市公司对企业业绩、财务数据的预测信息进行披露。可以说,建立和完善业绩预告制度是中国证监会强化市场监管、改善信息披露质量的有益尝试,是近年来我国证券市场借鉴国际惯例、与国际接轨的重大举措。

人民法院判断硬信息的虚假陈述与否,相对来说较为容易;但软信息的虚假陈述与否,相对来说较为困难。一方面,既然是预测,就如同天气预报,不可能完全保证业绩预告的内容百分之百地被后来的公司业绩所应验。例如,上市公司须在2月底之前发布预警公告,但由于此时年报的财务审计尚未结束,对利润的预测有时会有较大偏差。尤其是拥有多家分公司与子公司的上市公司,财务报表尚未合并,无法准确预测利润;如果涉及调账等问题,就更加难以预测准确的利润水平。另一方面,上市公司在进行业绩预告时也要恪守诚实信用的原则,不能由于是预测信息就可以信口雌黄,欺诈、误导投资者。上市公司因披露软信息的瑕疵而承担民事责任有两种情况:一种是为谋取本公司经营者或者第三人的不正当利益而恶意预测业绩,引诱投资者上钩并从中渔利,这在任何情况下都不能宽恕;另一种则是由于主观上虽无故意,但在业绩预告程序上存在重大过失,造成投资者投资损失,也应当承担责任。关键是上市公司在预测业绩时,是否尽到了证券市场中具有普通智商和普通观念的专业预测人士应当尽到的注意义务。

(三)投资者损失的界定

投资者有义务举证证明自己的经济损失。这种损失当然应当是客观存在的、可度量、可计算的财产利益。投资者的原始损失基本包括交易损失、利息损失、股票买卖佣金和税金。其中的“交易损失”,指股票买卖差价,即买入价与实际卖出价之差。如果投资者受虚假信息误导后买入了证券,却一直持仓在手,法院判决时原告尚持有股票,如何计算交易损失呢?借鉴美国1995年《证券民事诉讼改革法》(The Private Securities Litigation Reform Act of 1995)的经验,虚假信息被揭露并公布之日起90天内的平均收盘价视为原告股东的卖出价。该推定卖出价与买入价之差应当视为原告股东的损失。“买入行为”究竟指何时的买入行为?笔者认为,原告股东的买入行为应当仅限于虚假陈述被揭露或者被公众周知之前的买入行为；虚假陈述被揭露或者被公众周知之后的买入行为，即使导致投资者遭受损失，也不属于赔偿范围之列。

（四）因果关系的把握

鉴于广大中小投资者在信息占有上处于弱势地位，法院要求其证明自己遭受的损失与虚假陈述行为之间存在因果关系，实为苛刻。因此，也有必要导入美国证券法学界的主导理论“市场欺诈”（fraud on the market）法理。该法理的假设前提是，在有效市场中开展证券交易的投资者有权信赖自由市场力量确定的证券市场价格，而自由市场力量不受欺诈或者虚假陈述的影响。[①] 根据该法理，原告投资者只要能够证明虚假陈述行为和自己损失的存在，法院即可推定二者之间存在因果关系，但被告人有权举反证推翻。虽然，国内有人以我国证券市场并非有效市场为由抵制“市场欺诈”法理的引入，但笔者坚信该法理的引入有助于建立证券市场信息披露领域的诚信体系。而且，美国的证券市场并非绝对有效，中国证券市场也是以效率为导向的，否则中国证券市场也不会走到今天。更重要的是，“市场欺诈”法理的存在前提是一种假设，应然的假设与实然的存在不必一一对应。

如果作为被告的虚假陈述上市公司能够举证，该公司已在某年年报中对其当初的虚假财务数据进行了更正，有些投资者在其后才购入该公司股票；或者某上市公司虽未对其虚假信息进行更正，但该公司经营状况严重恶化已经有目共睹，成为证券市场的某种共识，有些投资者在这种情况下还继续购买该公司股票，在上述两种情况下，虚假信息与投资者股票投资损失之间则不存在因果关系。

在一因一果的案件中，因果关系认定较为简单。较为棘手、但较为常见的情形是，证券投资者损失的发生具有多因一果、多因多果、一因多果的特点。在多因一果、多因多果的情形下，存在着原因竞合现象。法院应当根据诸多共同起作用的不同原因的原因力的大小，确定与不同原因相对应的责任份额的分担。如果被告人提出多因一果、多因多果的抗辩事由，且能证明其虚假陈述行为在导致投资者损失方面

---

① 参见 R. W. 汉密尔顿：《公司法》（第 4 版），中国人民大学出版社 2001 年版，第 484 页。

的原因力大小，法院应予支持。

（五）赔偿金额

对于赔偿范围，应当坚持实际损失赔偿原则，既要赔偿直接损失，也要赔偿间接损失；[①]既要赔偿原始损失，也要赔偿派生损失（如律师费等）。至于赔偿额中是否应当扣除系统风险即大盘下降的损失，是一个很有争议的问题。主张扣除的观点认为，在存在系统风险、大盘行情不好的情况下，原告不管购买哪种股票都要赔钱。笔者认为，赔偿额中不应扣除系统风险的损失。因为，法院或者被告都不能推定原告在不受误导的情形下必然将其购股资金投资于股市大盘中的证券种类；而且，即使在大盘行情下跌的背景下，仍有一股飘红的可能性；如果原告不受虚假陈述的误导，完全有可能把资金投资于一枝独秀的绩优股、国债，甚至撤离股市。法院或者被告都不能推定原告在不受误导的情形下必然将其购股资金投资于股市大盘中行情下跌的证券种类。对于《合同法》中守约方减少损失的规则，也应当谨慎适用。

传统民法对民事损害赔偿贯彻实际损失赔偿原则，即填平原则。为鼓励成千上万的投资者自觉寻求自身经济利益的最大化，自觉运用民事责任手段严厉打击证券市场中的违法违规行为，建议立法者借鉴《消费者权益保护法》第 49 条之规定，在《证券法》中导入惩罚性赔偿责任，赋予受欺诈的投资者享有惩罚性赔偿请求权。培养一大批权利意识强、善于维权的聪明、成熟、理性的投资者，对我国证券市场早日步入法治轨道意义甚大。

（六）共同被告中的连带赔偿责任

被告原则上仅就自己的虚假陈述行为承担民事赔偿责任，即使投资者提起的诉讼中存在多名、乃至数十名共同被告，也是如此；除非法律规定了这些被告人之间的连带赔偿责任。关于虚假陈述案件中的连带赔偿责任，《证券法》规定了两类连带债务人：第 69 条规定“发行

---

① 证券民事侵权纠纷案件中的损害赔偿范围，包括间接损失在内。魏振瀛主编的全国高等学校法学专业核心课程教材《民法》（第 3 版）（北京大学出版社、高等教育出版社 2007 年版）第 724 页就明确指出：“对财产权利造成损害的赔偿，实际上就是赔偿直接损失和间接损失。”有人认为，侵权损害赔偿不包括间接损失。此种观点有刻舟求剑之嫌。

人、承销的证券公司的负有责任的董事、监事、经理应当承担连带赔偿责任”;第 173 条和第 201 条规定,为证券的发行、上市或者证券交易活动出具审计报告、资产评估报告或者法律意见书等文件的专业机构和人员就其负有责任的部分承担连带责任。根据连带之债法理,连带之债中的任何一名债务人向债权人(受害投资者)承担赔偿责任后,有权向其他被替代清偿债务的债务人追偿。

第六节　投资者应否起诉面临退市甚至破产境地的虚假陈述公司

证券市场中已经或者即将面临起诉的虚假陈述上市公司往往是可能面临退市甚至破产境地的 ST 族或者 PT 族公司。有些人提出,对于这些问题公司,关键是支持它们重组成功,不能因民事诉讼而将其逼上绝路。甚至有股民给媒体写信,呼吁媒体不要再鼓动投资者状告造假的上市公司,因为最终受害的不是直接责任人,而是上市公司和其他千千万万的投资者。再有,如果将来投资者胜诉,上市公司赔了钱,那钱不还是包括其他股东的股本?这些观点尽管有些道理,但基本是错误的。

诚然,资本规模庞大的上市公司是社会经济的重量级细胞。公司利益是股东利益与债权人、劳动者、消费者、地方社区利益等非股东利害关系人利益得以存在的基础。鉴于公司的存在与否具有微观和宏观上的双重意义,不仅关系到股东的利益,而且关系到债权人、公司职工、公司所在社区等一系列利害关系人的利益。因此,现代商法强调公司维持原则,注重维护公司的整体利益,对于公司破产采取非常谨慎的态度。即使进入破产程序的公司,也注重运用公司重整制度,尽可能避免有望起死回生的负债公司关门破产。通过公司与债权人之间的协商,允许公司在一定时日内调整经营战略、重组资产和债权债务,极有可能使濒临绝境的公司重振旗鼓,这对维护债权人和职工利益、维护交易安全和社会稳定都是有利的。

但是,维持一家困难上市公司的存在,不是不惜一切代价的无条件输血。不能因为它是一家上市公司,就像皇室家族的金枝玉叶一样,永远地被投资者和债权人“供起来”。上市公司的本质是营利法人。上市公司只有为投资者赚钱才具有存在价值。如果某困难公司百病缠身,屡屡造假,不仅会达到破产界限,而且在公司治理上也会落入“朽木不可雕”的境地,就应当严格按照法定条件和程序进入破产清算程序。

一些持有困难公司股份的投资者反对其他受害投资者对上市公司及其高管人员提起损害赔偿之诉的观点看似有理。因为,“羊毛出在羊身上”。上市公司赔了原告投资者,上市公司资产便会减少,那些没有起诉的股东就要吃亏了。其实,这种观点经不住推敲。

1. 上市公司的股权投资行为是一种商事行为,应当充分体现契约自由、行为自由的原则

作为上市公司股东享有一系列股东权利,包括自益权与共益权。股东自益权受到侵害时,受害股东有寻求法律救济的权利。当然,受害股东也有放弃这些权利的自由。但是,由于每位股东的法治观念、财力状况和投资理念不同,每位股东都有权自由作出选择(包括诉讼行为)。其他股东应予尊重,无权干预,更无权指责勇敢维权的股东。只有充分尊重多样性与多元化投资理念和维权理念的证券市场,才是成熟的市场。

2. 上市公司与股东是不同的法律主体,两者的财产法律边界非常清楚

公司的财产不是股东的财产,股东的财产也不是公司的财产,甲股东的财产不是乙股东的财产。因此,受害的甲股东有权依法向虚假陈述行为人(包括上市公司及其董事、监事和高管人员)索赔,此时买单的法律主体是被告人,而非乙股东,因为乙股东不是被告。乙股东当然不必向甲股东承担赔偿责任。如果乙股东同样受到虚假陈述误导,看到甲股东胜诉获赔金额不菲后,心生羡慕或者妒忌,自己也可依法提起损害赔偿之诉,以平衡心态。

3. 公司赔偿后,仍可追究公司高管等的赔偿责任

即使上市公司由于其董事、监事和高管人员的虚假陈述向原告股东进行了赔偿,也可根据《公司法》规定的董事、监事和高管人员的诚信义务,包括忠实义务和善管义务,追究董事、监事和高管人员对公司的赔偿责任。如果公司怠于或者拒绝对这些虚假陈述人提起诉讼,任何股东,包括乙股东均可以自己的名义为了公司的利益对董事、监事

和高管人员提起代表诉讼。而一旦董事、监事和高管人员对公司履行了赔偿责任,公司由于向股东承担先行赔付责任所遭受的财产损失就可消除。如此一来,不但提起直接诉讼的原告股东获得了赔偿,公司利益也未受影响,董事、监事和高管人员的义务与责任也得到了强化,公司治理得以完善,其他股东利益也将得以保障。

4. 全社会在尊重股东投资选择权的同时,还应鼓励广大投资者依法维权

为自己的权利而奋斗,就是为法律的尊严而奋斗,就是为证券市场法治而奋斗,就是为良好的公司治理而奋斗,就是为所有股东和其他利害关系人的利益而奋斗。这是我国股东群体真正走向成熟的标志,也是诚实信用原则融入证券市场的标志。股东投资的主要目的是为了赚钱,但不能妨碍其他股东赚钱或者行使自己的权利。股东为了维护自己的利益提起直接诉讼也好,为了维护公司利益提起代表诉讼也罢,都有助于强化上市公司的治理秩序,增进公司与股东的根本利益。现实生活中,有些股东不仅自己躺在权利上睡大觉,而且要求别的股东也躺在权利上睡大觉,并且希望趁其他股东熟睡之机独享股票投机利益。这与成熟股东、负责任股东的要求相比还有不少差距。

第七节　建立快速落实证券民事责任的争讼解决机制

健全、透明、公正、高效的证券民事救济制度是证券市场法治中不可或缺的重要内容。这种民事争讼制度既可给弱势群体(如中小投资者)一个明白,也可还强者(如上市公司、承销商、证券公司、中介机构和证券监管者)一个清白。对于投资者来说,在其遭遇不公正待遇,而且无法与争议对方妥善解决争端时,尤其有必要经过畅通的争讼解决途径讨回令其信服的"说法"。这也是发达国家政府证券法治中的一条重要经验。原因很简单,没有一个健全的游戏裁判规则,投资者就很难真正信任证券市场,也很难放心大胆地参与到证券市场中来。

根据《股票发行与交易管理暂行条例》第79条和第80条之规定,与股票的发行或者交易有关的争议,当事人可以按照协议的约定向仲裁机构申请调解;证券经营机构之间以及证券经营机构与证券交易场

所之间因股票的发行或者交易引起的争议，应当由证券委批准设立或者指定的仲裁机构调解。这两个条款对于调解与仲裁途径的规定，限制了调解机构和仲裁机构的范围，当然有其缺陷。《证券法》对于证券民事争讼解决途径只字未提，更是令人遗憾。从总体来看，证券民事争讼的解决途径非常不畅通，存在着严重梗阻现象。

为保护投资者权益，维护社会稳定大局，确保我国证券市场的可持续发展，必须建立快速落实证券民事责任的争讼解决机制，打通五大争讼解决途径：友好协商、民事调解、行政调解、仲裁、诉讼。从理想目标来看，这五大争议解决途径在运用的数量上应当依次递减，构成了一个“金字塔”型的结构。

友好协商是金字塔的塔基。绝大多数证券民事争议应当通过友好协商解决，要鼓励证券市场主体首先选择友好协商的方式化解纠纷。通过协商方式解决证券民事纠纷，对于投资者来说省时、省力、省钱，对于上市公司、证券商、中介机构来说有利于保持自己对投资者负责的良好形象，避免伤害投资者的感情。事实上，只要双方当事人都能心平气和地沟通彼此对证券纠纷的观点与看法，以法律与事实作为双方交流认识的标尺，求大同、存小异，多一分理解与信任，则证券民事纠纷一般都会得到圆满的解决。建议上市公司、证券商、中介机构设立专门机构，受理投资者投诉。对上市公司、证券商、中介机构而言，为取得友好协商的成功，有必要保持应有的风度和姿态，切忌纠缠于细枝末节。

民间调解自然而然地构成了金字塔的第二层。友好协商解决证券争议不成的，应当尝试民间调解途径。民间调解的重要性和适用范围仅次于友好协商。调解还是仲裁和诉讼机制中的必经程序。“旁观者清，当局者迷”。由民间调解机构出面以调解方式解决证券民事纠纷，节省了双方当事人参加仲裁与诉讼所要投入的大量人力、物力与财力，也不伤害双方当事人之间的感情，调解方式和程序也十分灵活。调解机构很容易找出争议的症结所在，并据此对有过错的当事人予以规劝，对无过错的当事人进行有针对性的说服，最终在双方当事人之间达成共识，化解证券民事纠纷。适合担任民间调解机构的，既包括证券业协会，也包括证券交易所，还包括其他社会团体、中介机构等非政府组织。建议尽快设立中国投资者协会以及各级投资者协会，而受理投资者投诉、开展高效、公平的民间调解是其基本职能之一。

行政调解位于争议解决金字塔中的第三层。如果友好协商和民间调解未果,双方当事人可以尝试由证券监管者展开行政调解。由于证券监管者握有行政调查权力、行政处罚权力、行政监督权力和行政核准权力,证券市场主体很容易接受证券监管者的调解方案和建议。证券监管者既要努力提高行政调解的成功率,也要尊重双方当事人的意愿,避免动用权力强制双方当事人接受调解方案。

仲裁理所当然地成了争议解决金字塔中的第四层。倘若民间调解、行政调解未果,而且当事人在纠纷发生前或者纠纷发生后订有仲裁协议,则证券民事争议提交仲裁机构予以仲裁。仲裁实行一裁终局,而非诉讼中的二审终审,因此更加快捷、方便。当前,仲裁途径并未彻底打通。例如,北京仲裁委员会成立数年来,受理的证券民事仲裁案件数量很少。主要原因是许多证券市场主体不知道仲裁制度为何物。建议中国证监会尽快修改《上市公司章程指引》及其他法律文件范本(如招股说明书),增加仲裁条款,引导证券市场主体通过仲裁途径解决纠纷。为推动更多的证券民事争议进入仲裁程序,证券业协会、证券交易所等自治机构应当鼓励所属会员自愿向投资者承诺将其未来可能发生的证券争议提交特定仲裁机构。这种承诺,一旦被投资者接受,就构成了仲裁协议,投资者就可将纠纷提交仲裁机构,而无需再与商家另订仲裁协议。

诉讼是解决证券民事争议的最后一道防线,居于金字塔的塔尖。如果友好协商和调解未果,而且缺乏证券民事当事人之间的仲裁协议,证券民事争议便只有诉至人民法院才能解决。人民法院应对证券民事纠纷案件采取积极态度,在公正、及时审理因虚假陈述引发的证券民事赔偿案件的基础上,尽快打开大门,全面受理和审理证券市场中涌现出来的各类民事纠纷案件。鉴于证券民事纠纷案件量大面广、专业性强,建议在法院内部设立专门合议庭审理证券民事纠纷案件,加强对法官的证券法业务培训,培养一大批德才兼备的证券法官队伍。建议最高人民法院针对证券民事纠纷案件的特殊性,运用《证券法》、传统民法和传统民事诉讼程序审理证券民事纠纷的障碍,根据有关实体法和程序法的基本原则和具体制度,发布《人民法院在审理证券民事纠纷案件中适用民事诉讼法若干问题的意见》,以及《人民法院在审理证券民事纠纷案件中适用证券法若干问题的意见》。为避免投资者遭受旷日持久的讼累,人民法院应当尽量引导双方当事人在诉讼过程中达成调解协议。从长远看,《民事诉讼法》第54条规定的诉讼代表人制度也可适用于证券民事诉讼,从而方便广大投资者在其他投资者起诉时搭便车。

证券民事纠纷的解决需要一系列配套机制的支撑。例如,为应对投资者无力聘请律师的问题,应当建立健全投资者法律援助制度,设立小额证券诉讼基金;建立投资者协会,以支持受损害的投资者提起诉讼(包括担任投资者的诉讼代理人);等等。

第八节 投资者协会在落实证券民事责任方面的重要作用

为使我国证券市场健康稳步推向前进,我国应当充分发挥行业协会和社会经济团体的作用。受我国消费者协会制度的启迪,笔者力主处于弱势地位的投资者团结起来,结成一定的组织(股东协会和其他投资者组织),对股东维权工作进行社会监督、保护投资者合法权益。韩国的股东权保护组织(PSPD),香港小股东协会(HAMS)的股东维权经验值得认真研究和借鉴。各级人民政府对投资者协会履行职能应当予以支持。为预防投资者组织偏离其保护投资者权益的宗旨,应当立法禁止投资者组织从事商事活动和营利性服务,以及以牟利为目的向投资者推荐投资品种或者投资方式。除投资者协会外,投资者权益保护基金会也应尽快建立起来。

投资者协会具有两大职能:一是监督各类证券市场主体的行为;二是维护投资者权利。但这两项职能是统一的。监督职能的目的在于投资者维权,而投资者维权也离不开监督职能。各级投资者协会要紧紧围绕科学投资的主旋律,进一步做好投资指导工作和纠纷调解工作。就投资指导而言,投资者协会应当进一步规范和加强投资调查、投资警示等投资指导工作,为投资者用钞票投票提供决策依据。投资者协会还应组织有关行业协会制定科学的指标评价体系,建立社会信用评级制度,帮助投资者行使知情权和投资选择权。就投诉工作而言,投资者协会要进一步提高调解的成功率,争取早立案、早调解、快结案,尽量避免调而未解、久调不解的情况。还要鼓励行业协会(包括证券业协会)与投资者协会开展对等谈判,争取在立法和司法条件尚不成熟的情况下,早日确定特定行业的执业规范、伦理规范和纠纷解决机制,从而推动投资者维权活动的健康发展。鉴于投资者协会在维护投资者权利、拉动市场内需、维护社会稳定方面的重要职责,建议国家进一步加大对各级投资者协会的财政资金支持力度,进一步增加各级投资者协会的投资指导和投诉调解编制和人员,确保投资者协会的公正性。

课题组曾力主在《证券法》和《证券投资基金法》中设专节规定投资者协会的法律地位,但反对之声不绝于耳。这一方面反映了某些利益集团对于投资者协会制度的不理解、不信任,甚至误解,另一方面也反映了投资者介入立法进程的有限性,以及从制度上确保投资者权利的艰巨性。反对建立投资者协会的一个主要理由是,如果有了投资者协会,投资者便会无理取闹,对上市公司、公司经营者、中介机构、监管部门指手画脚,甚至扰乱证券市场监管秩序。这种观点的谬误之处在于,既忽视了投资者协会在投资者教育、投资指导和投资者自律方面发挥的重大作用,又害怕投资者协会代表广大投资者,尤其是中小投资者利益对上市公司、公司经营者、中介机构和其他市场参与者展开合法、合理的有效监督。殊不知,投资者协会既有利于保护投资者权利,强化上市公司、公司经营者、中介机构和监管部门的责任感,也有利于从根本上营造保护投资者的法律环境和社会环境,促进投资活动的持续繁荣,从而使所有证券市场参与者受益。如果投资者对于投资活动的游戏规则失望至极,对于投资活动望而却步,那才是证券市场最大的悲哀。

本章旨在探讨三大法律责任的进一步协调与完善问题。除了强调法律责任,强化证券市场主体(尤其是上市公司和中介机构及其从业人员)的商业伦理责任,加强自律组织(如证券交易所、证券业协会)的自律功能也势在必行。证券市场监管职权的社会化或者非政府化将是中国证券市场发展的不可逆转的趋势。证券市场自律组织的自我监督、自我管理、自我服务、自我保护、自我教育的职能将愈来愈重要。但是,自律组织必须准确定位角色,而不应盲目抄袭政府部门的行政职权和工作方式。既要强调会员的自我保护,也要加强严格自律。自律也是保护。自律组织要通过制定和实施自律规章,规范本行业的证券发行与交易活动,预防和制止有悖诚实信用的不法不当行为,制裁损害投资者权利的行为。自律规章的自律水准理应高于法律,至少不应当低于法律。

第十一章　强化上市公司的社会责任

第一节　公司社会责任概述

一、问题的提出

新《公司法》既强调公司的营利性,也强调公司的社会性。该法在弘扬股权文化的同时,在第 5 条旗帜鲜明地要求公司承担社会责任:"公司从事经营活动,必须遵守法律、行政法规,遵守社会公德、商业道德,诚实守信,接受政府和社会公众的监督,承担社会责任。"这是我国社会主义公司法的一大特色,也是我国立法者对世界公司法的一大贡献。但在实践中,有的公司对公司社会责任制度采取了消极抵制的态度,认为该条规定缺乏可诉性;有的公司则采取了实用主义的作秀态度;有的公司认为承担社会责任会造成"劣币驱逐良币"的问题,因而不愿承担社会责任。如何进一步增强公司社会责任制度的可操作性,是我国当前立法者、政府部门和企业界十分关注的问题。

遗憾的是,即使是作为规范上市公司组织和行为、保护公司和投资者合法权益的《上市公司监督管理条例(征求意见稿)》也未明确要求公司承担社会责任。这至少在一定程度上反映了起草者对公司社会责任理论也是充满困惑或者犹豫的。因此,为规范上市公司行为,建立机制健全、功能完善、运行安全的资本市场,社会各界都应当充分认识到强化上市公司社会责任的极端重要性。

二、公司社会责任的内涵

公司社会责任是指公司不能仅仅以最大限度地为股东们赚钱作为唯一目的,还应最大限度地关怀和增进股东利益之外的其他所有社会利益,包括消费者利益、职工利益、债权人利益、中小竞争者利益、当地社区利益、环境利益、社会弱者利益及整个社会公共利益等内容,既包括自然人的人权尤其是社会权,也包括法人和非法人组织的权利和利益。公司社会责任理论与利益相关者理论表述虽有不同,但其核心内容相同,都体现了对公司营利性之外的社会性的关注。公司社会责任的核心价值观是以人为本,而非以钱为本。

既然公司具有社会性,就不能将公司利益仅仅还原为股东利益;相反,公司理应对其劳动者、债权人、供应商、消费者、公司所在地的居民、自然环境和资源、国家安全和社会的全面发展承担一定责任。股东与其他利益相关人的利益既相互对立,又辩证统一于公司利益基础之上。按照公司社会责任的受益人为准,公司社会责任可以分为公司对消费者的社会责任、公司对劳动者的社会责任、公司对债权人的社会责任、公司对环境与自然资源保护的社会责任以及公司对其他利益相关者的社会责任。对公司主张社会权的利益相关者的身份颇不相同,利益诉求也千差万别,因此在公司资源有限的情况下,利益相关者之间也存在着一定的利益冲突。

公司的社会责任既包括商法上的社会责任,也包括商业伦理上的社会责任。按照公司社会责任的规范来源为准,公司社会责任可以分为法律意义上的社会责任(如及时足额地履行债务、纳税、支付劳动者工资、保护环境)与伦理意义上的社会责任。落实法律意义上的公司的社会责任主要靠法律责任追究机制,而法律责任又以强大的国家公权力为后盾。可见,法律意义上的公司社会责任乃为刚性的社会义务。强化法律意义上的公司社会责任的条款散见于整个法律体系。立法者不需要、也没有足够的智慧制定一部包罗万象的“公司社会责任法”。但作为底线,公司必须履行法律层面的社会义务,如劳动法、消费者权益保护法、产品质量法、税法和环境保护法设定的社会义务。如果说法律为公司设定的社会责任是有限的,而伦理为公司设定的社会责任则是无限的。聪明的公司不仅应当成为守法经营的模范,而且应当成为诚实敦厚的儒商。落实道德意义上的公司社会责任主要靠奖励、良心、舆论与市场。可见,伦理意义上的公司社会责任乃为柔性的社会义务。但是,缺乏商业道德、不诚实守信的公司,即使算得上合法公司,也必将为市场所唾弃。有远见、有出息的公司应当努力追求卓越,争取成为信誉卓著、为劳动者、消费者和社会公众信赖和敬重的贵族公司与儒商,而不应把自己定位为“死猪不怕开水烫”的无赖公司与奸商。建议我国的公司自我加压,自觉推出高于法律标准而且独具公司文化特色的"公司社会责任守则"。可喜的是,国家电网公司2005年率先发布公司社会责任报告,在引领公司社会责任实践方面产生了较好的社会效果。行业协会也应针对本行业的具体情况,制定量体裁衣的公司社会责任守则。本章第二节将以公司的消费者政策为中心展开讨论,兹不展开。建议高等院校的工商管理专业的学生开设商业伦理与公司社会责任课程,作为工商管理专业的必修课。

当然,公司承担社会责任应当量力而行,适度承诺。公司承担社会责任有一个默示前提:公司有能力承担社会责任。如果公司陷入瘫痪、破产,就无力承担社会责任。因此,公司社会责任的承诺和标准的确定应当定位于谋求公司利益、股东利益与非股东利益的多赢,将公司社会责任负担控制在公司可持续发展的范围之内。

公司社会责任既有实体层面的含义,又有程序层面的含义。作为程序意义上的概念,公司社会责任要求公司决策程序考虑和反映社会利益与社会权。例如,德国的职工监事制度允许职工代表通过担任监事的途径参与公司的决策程序(如任免董事、决定董事报酬、其他重大决策)和监督活动。作为实质意义上的概念,公司社会责任要求公司决策的结果能够对社会利益与社会权负责。例如,美国采取公司利益相关者理论的诸州立法,允许公司董事会在作出反收购决策时可以不拘泥于股东利益最大化的思维方式,而以为了增进利益相关者的正当权益而采取反收购措施。

公司社会责任既是一种公司治理理念,也是一种制度安排,更是一种商业实践。没有公司社会责任的理念,便没有成熟的制度设计;没有自觉的公司社会责任实践,公司社会责任理论也就成了无源之水。其中的制度设计则扮演着承上启下的作用。

公司社会责任理论纠正了传统公司法片面强调公司营利性与股东利益最大化的立法理念,要求公司在开展经营活动时不仅要遵守法律和行政法规,而且要遵守商业伦理(商业道德),还要遵守公序良俗(包括社会公共利益和良好社会风俗)。近年来,公司界和法律界已经基本树立公司自治、契约自由的市场经济法治理念,而对商业伦理、诚实信用原则和公序良俗原则重视不足。有鉴于此,公司社会责任理论要求公司在开展经营活动时,不仅要遵守法律和行政法规中的强行性规范和倡导性规范,而且要自觉遵守商业伦理中的道德规范,自觉恪守公序良俗原则。

第二节 强调公司社会责任的理论根据

一、公司的社会性

公司作为投资者的逐利工具,当然具有营利性。但公司作为社会组织的一种,更具有社会性。一些西方传统的经济学家先入为主地假定所有人都是追求个人私利最大化的经济人(economic person),然后推理出相应的经济问题的解决方案。其实,自然人既有动物性,也有社会性。同样,公司的营利性犹如自然人的自然性。在关注到无师自通的公司的营利性的同时,必须强化公司的社会性,体认到公司乃社会中的构成人员而已。公司既是经济人,也是社会人。受人尊重的公司必定是营利性与社会性兼顾的公司。只注重公司的营利性,而不注重公司的社会性,只能沦为富而不贵的公司。

二、公司的经济力量

美国两位研究人员安德森和卡瓦那发表的10项伟大的研究结论表明,在世界经济100强中,51个是公司,国家只占49个。其中,日本的丰田公司强于挪威,通用公司强于丹麦。公司经济实力越强,就应承担越重、越广泛的社会义务。公司社会责任应当与公司力量的规模紧密挂钩。我国上市公司的经济力量也愈来愈强大。数据显示,我国目前的1 500多家上市公司的总市值已超过2006年的GDP。尤其需要注意的是,随着国有大型企业的公司制和股份制改革的步伐加快,国有控股的大型上市公司纷纷登场,远赴海外上市的国有控股大公司回归国内A股市场的积极作用日益现象,国有集团公司与上市子公司的整体上市战略进一步实施,大型国有控股上市公司在市场中的影响力已经越来越强。经济力量越强,社会责任愈大。

三、有助于推动和谐社会的构建

党的“十七大”报告指出,“深入贯彻落实科学发展观,要求我们积极构建社会主义和谐社会。要通过发展增加社会物质财富、不断改善人民生活，又要通过发展保障社会公平正义、不断促进社会和谐”。和谐社会是具有幸福感的社会。和谐社会是以人为本的社会，不是以钱为本的社会。当前，在诸多社会不和谐因素之中，公司问题（如欺诈消费者、侵害劳动者权益、污染环境、浪费资源等问题）是遏制经济发展、社会和谐和法治建设的主要矛盾。鉴于公司可以轻而易举地把公司经营成本的外部化问题，作为公司外部人的利益相关者维权成本过高，法治政府理念会在一定程度上拘束行政机关的监管范围和监管力度[①]，因此，强化公司社会责任就抓住了构建和谐社会的牛鼻子，抓住了主要矛盾与矛盾的主要方面。强化公司社会责任就是公司及其利益相关者从对抗走向合作，从冲突走向和谐，从双输走向双赢的重要举措。

四、是公司占领市场份额的经营方略

总体来看，公司承担社会责任有助于增强公司可持续发展的竞争力。强化公司社会责任是提升公司核心竞争力的“金钥匙”。具体说来，有以下几点好处：(1) 有助于提升公司的诚信度，改善公司形象，预防公共关系危机，避免诚信株连。有些公司及其股东对社会公众利益麻木不仁，无法获得社会公众发自内心的尊重。唯有自觉承担社会责任的公司才能成长为受人尊重的公司。(2) 有助于降低公司的生产经营成本。例如，公司采取了循环经济的理念之后，不仅有助于保护全社会的环境质量，而且有助于降低公司经营成本。又如，长期雇用员工的政策有助于培育雇员的永久忠诚度。(3) 有助于降低公司的筹资成本。投资者总是喜欢投资于诚信经营的公司。对公司利益相关者不诚信的公司，很难保持对投资者的诚信度。(4) 有助于吸引认同公司社会责任理念的消费者。近年来，我国也出现了数起公司在消费者诉讼中虽然获得胜诉判决，但仍然失掉市场的反面案例。因为，不管出于什么理由，消费者不太可能因为自己败给商家，就会忠诚于这一商家。因为，消费者既可以用钞票投票，也可以用脚投票。(5) 有助于推动公司远期利益的最大化。公司在承担社会责任时，可

---

① 例如，在立法存在漏洞、立法者对政府授权不足的情况下，就存在力所不及的问题。这是职权法定、主体法定与程序法定原则的必然要求。

能要舍弃近期的、局部的利益，但有助于实现长远利益的最大化。

德宝大学(DePaul University)的沃斯乔尔(Curtis C. Verschoor)教授在2002年1月的《战略金融》杂志上发表论文，认为2001年最佳商业伦理公司(the 2001 Business Ethics Best Citizen companies)的总体经营绩效明显优于标准普尔500指数中的其他公司。其中的"商业伦理"主要针对七类公司利益相关者，包括股东、雇员、顾客、社区、环境、海外利益相关者、妇女与少数者。[①] 这个研究结论再次说明，公司主动承担社会责任并不吃亏。笔者断言，我国许多行业将陆续迎来微利时代；未来的公司竞争法宝不再是新技术、新产品、一流人才的竞争，而是社会责任品牌的竞争。

五、公司推动社会权实现的社会义务

公司的社会责任与人权中的社会权，尤其是消费者权利、劳动者权利更是紧密相连。公司社会责任与社会权要捍卫的最高价值是相同的。作为一个高度浓缩的概念，社会权指属于人权与基本自由范畴的各类体现社会正义的经济、社会、文化权利。这里所说的"经济、社会、文化权利"，十分广泛，既包括《经社文公约》中列举的10项权利，也包括其他具有经济与社会权利特点的权利，如吃饭权、消费者权利、环境权和发展权。政治国家的力量固然强大，但能力毕竟有限。片面强调国家实现社会权的积极义务是不够的。这一点可以从一些西方国家在福利国家危机面前，纷纷削减社会福利预算开支的事实中得到印证。福利国家的发明为社会权的实现带来了福音，但福利国家所能保障的社会权是极为有限的，一般仅局限于社会保障权(包括失业救济金取得权)，但无法确保公民的环境权、工作权、消费者权等。而公司在推动许多社会权实现时大有可为，如保护公民的环境权、工作权、消费者权、劳动者参加公司经营管理的权利，从根本上解决失业、环保等社会问题。强化公司社会责任，推动社会权的进步，应当摆上21世纪人权界与商界的议事日程。当然，把公司社会责任与作为人权的社会权联系在一起，对于人权界与商界来说都是一个严峻的挑战。

强化公司的社会责任与投资者的所有制性质之间不存在直接的

---

① www.socialfunds.com/news/article.cgi/article832.html.

关联。不能解释为只有国有企业或者国家跨国公司才应承担社会责任,而其他公司不承担社会责任。任何公司都应自觉履行自己的社会责任。国家股东设立国有企业和国家控股公司的主要目标不仅在于追求投资回报最大化,更在于谋求全国人民公共福祉的最大化。实际上,在我国国有企业改革和发展的过程中,国家对国有企业实行利改税的政策之后,长期未行使作为股东的分红权。可见,增进社会福祉、维护社会公共利益应当成为国家股东设立国有独资公司或者控股公司的主要目标。因此,国家控股的特殊产权结构决定了此类企业应当在经营理念上进一步强化对消费者的社会责任。毕竟,国家是包括广大消费者在内的全国人民整体利益的化身。经济实力雄厚的大中型国有企业,尤其是垄断企业应当承担更大的社会责任。对于铁路、民航、保险、银行、电信等垄断性或者准垄断性的企业而言更应如此。饮水思源,垄断性或者准垄断性的企业只有比竞争性产业的公司对消费者承担更大的社会责任,才能无愧于国家和社会对其赋予的垄断特权。在某种意义上,可以说承担社会责任是国有企业享有的垄断地位的合法性之所在,是公司为取得垄断利益而支付的必要对价。

强化公司社会责任也是民营公司责无旁贷的历史使命。每当民营企业家面临杀身之祸或者牢狱之苦的时候,如李海仓被害、刘恩谦被杀、乔金岭自杀、杨斌判刑、胡志标坐牢、周祖豹被另一富翁雇凶行刺等一系列案件被报道的时候,社会公众总会拷问民营企业的财富观和社会责任观,反思一下民营企业家有无为富不仁的行为,有无不诚信的行为。因此,民营企业能否承担社会责任,不但关系到一个企业商运的兴衰,也关系着整个民营经济的声誉和诚信度。

第三节 公司社会责任实践

一、如火如荼的国际社会责任运动

作为民间非政府组织的社会责任国际组织(Social Accountability International,简称 SAI)于 1997 年 8 月设计了社会责任 8000(SA8000)标准和认证体系,并根据 ISO 指南 62(质量体系评估和认证机构的基本要求)评估认可认证机构。截至 2004 年 12 月 31 日,全世界有 572

家公司获得 SA8000 标准的认证,涉及 45 个国家。其中,意大利公司占 167 家,中国公司占 79 家(其中,港澳台公司 25 家,大陆公司 54 家,多为外商独资企业与中外合资经营企业),印度公司占 66 家,巴西公司 62 家,美国公司仅有 2 家。[①]

为进一步推进公司社会责任运动,国际标准化组织(ISO)作为全球最具权威性的标准化组织于 2002 年成立顾问组,从事企业社会责任国际标准的可行性。ISO 于 2004 年 4 月提出《社会责任工作报告》,向全世界征求意见。2004 年 6 月,ISO 在瑞典召开社会责任国际研讨会,有 66 个成员国(其中 33 个为发展中国家)的 355 名代表出席会议。会议认为,制定社会责任国际标准的条件尚不具备,但可以制定具有指导性的国际社会责任导则。随后,ISO 开始制定社会责任导则。2005 年 3 月,ISO 社会责任导则工作组在巴西召开第一次工作会议,中国派 6 名代表出席会议。值得注意的是,ISO 自 2004 年 6 月开始,已将"公司社会责任"(CSR)的提法易为外延更广的"社会责任"。[②]

更为可喜的是,跨国公司的商业领袖们、广大消费者和投资者已经开始觉醒。许多机构投资者积极奉行"公司社会责任投资政策"。笔者 2005 年 3 月前往新加坡参加亚洲银行家高峰会(Asian Bankers' Summit)时,遇到美国原副总统戈尔先生。戈尔先生与他人在英国设立了一家世代投资管理公司(Generation Investment Management Company)。其投资理念是"可持续投资"(sustainable investment)。换言之,这家公司不投资于烟草、赌场等有违社会公益的产业,而只投资于法律和商业伦理鼓励的产业。此种理念值得肯定。

联合国极为重视强化公司的社会责任。时任联合国秘书长安南在 1999 年 1 月 31 日举行的《世界经济论坛》上首次提出了"全球协议"(Global Compact)新构想。2000 年 7 月 26 日,全球协议正式启动。全球协议的宗旨是,促使全球协议及其原则成为企业经营战略和经营策略的一部分,推动主要利害关系人之间的合作,并建立有助于联合

---

① http://www.socialfunds.com/news/article.cgi/article832.html.

② 同上。

国目标实现的伙伴关系。[①] 换言之,全球协议力图推动有社会责任感的法人公民(responsible corporate citizenship)运动,从而使企业成为迎接经济全球化挑战、解决全球化问题的重要力量。安南号召公司领导者加入全球协议,从而与联合国机构、劳动者和民间组织一起支持人权、劳动者保护和环境保护中的九项原则。这九项原则源于《世界人权宣言》、《国际劳工组织关于工作中的基本原则与权利的宣言》和《里约环境与发展宣言》。在这九项原则中,有两项与人权相关,有四项与劳动标准相关,有三项与环境保护相关。[②]

二、我国上市公司的社会责任实践

我国许多公司开始重视公司社会责任的标准认证工作。据2004年5月商务部与劳动和社会保障部对广东、福建、浙江、江苏四省进行的大规模调查表明,外商对我国劳动密集型出口加工企业提出的社会责任认证已经十分普遍。在东莞和宁波,此种认证更达到百分之百。中国企业联合会2004年6月对上述4省50余家公司的调查结论也表明,接受欧美公司订单业务的中国公司均被跨国公司强制验厂,且为一单一验,还有季度、半年的复验。此外,还存在同一家中国公司被多次验厂、多家公司验厂的情况。但此类强制要求公司社会责任认证的公司有以下特点:(1) 主要集中在沿海开放地区;(2) 主要是劳动密集型的出口加工企业;(3) 产品主要销往欧美国家;(4) 企业性质多为民营企业和港台投资企业。[③]

为推动我国上市公司的社会责任运动,中国证监会与国家经贸委

---

① http://www.unglobalcompact.org/Portal/.

② 第一项原则是:公司应当在其影响所及的范围内支持与尊重国际人权保护事业;第二项原则要求公司确保其自身不参与践踏人权的行为;第三项原则要求公司尊重工人的结社自由和集体谈判权利;第四项原则要求公司消除各种形式的强迫性劳动;第五项原则要求公司有效地废除童工;第六项原则要求公司消除招聘和职业上的歧视;第七项原则要求公司对环境挑战采取预防性策略;第八项原则要求公司积极承担更大的环保责任;第九项原则鼓励公司开发和推广环保技术。

③ 参见陈志理、陈全生:《关于企业社会责任标准问题的研究报告》,载《"21世纪论坛"2005年会议参考资料》,2005年5月20日。

在其2002年1月7日发布的《上市公司治理准则》第6章用6个条款专门规定了“利益相关者”。其中,第81条作为一个总括性条款,首次在中国证监会的部门文件中引入了“利益相关者”的概念,明确要求“上市公司应尊重银行及其他债权人、职工、消费者、供应商、社区等利益相关者的合法权利”。第82条立足于公司的可持续发展目标,呼吁“上市公司应与利益相关者积极合作,共同推动公司持续、健康的发展”。第83条既从正面要求上市公司“应为维护利益相关者的权益提供必要的条件”,又从反面规定,当利益相关者“合法权益受到侵害时,利益相关者应有机会和途径获得赔偿”。第84条则主要强调上市公司对其债权人的社会责任:“上市公司应向银行及其他债权人提供必要的信息,以便其对公司的经营状况和财务状况作出判断和进行决策。”第85条涉及对上市公司职工权益的保护,“上市公司应鼓励职工通过与董事会、监事会和经理人员的直接沟通和交流,反映职工对公司经营、财务状况以及涉及职工利益的重大决策的意见”。第86条强调上市公司对其他利益相关者的社会责任:“上市公司在保持公司持续发展、实现股东利益最大化的同时,应关注所在社区的福利、环境保护、公益事业等问题,重视公司的社会责任。”

近年来,越来越多的上市公司宣称愿意认真严肃地承担公司社会责任,并增进利益相关者的利益。一些上市公司修改其公司章程,增加了公司社会责任条款。一些上市公司在其年度报告中也专门披露其实际履行公司社会责任的情况。① 虽然用语不同,但理念是一样的。例如,某上市公司在其年度报告中专设“利益相关者”一节,宣称:“本公司将尊重银行及其他债权人、职工、消费者、供应商、社区等利益相关者的合法权益,坚持可持续发展战略,关注所在社区的福利、环境保护、公益事业等问题,重视公司的社会责任”。②

一些上市公司的民间组织也积极推进公司社会责任运动。例如,

---

① For the annual report issued by China Textile inc. , see http://202.84.17.28/csnews/20020423/221511.asp; for the annual report issued by Shen Zhen Haiwang Biological Engineering Inc. , see http://202.84.17.28/csnews/20020423/221475.asp.

② http://202.84.17.28/csnews/20030122/323634.asp.

山东省董事会秘书协会吁请山东省境内的上市公司树立诚信形象，平等对待非股东利害关系人。[①] 2002 年，中国企业家协会起草了《诚信经营自律宣言》。《诚信经营自律宣言》第 19 条指出："公司应当承担社会责任，关心环境保护，促进可持续发展。应当采取措施预防废水、废气、废料、噪音污染土壤、空气和社会环境，以增进社会福利。严禁以直接排放污染或者牺牲社会环境为代价牟取商业利益。"[②]全国工商联等非营利组织也积极鼓励非公有制企业投身于光彩事业，积极承担社会责任。

公司的社会责任表现既取决于公司的德性，也取决于公司的悟性，更取决于公司的耐性。细节管理决定成败。公司社会责任政策的制定与执行也是如此。公司既要认真修炼生意经，也要认真学习道德经。

第四节　推动公司社会责任运动

一、鼓励公司慎独自律，出台公司社会责任政策

强化公司社会责任的根本希望在于公司的慎独自律。上市公司要对利益相关者怀有感恩之心。劳动是财富之父，资本是财富之母，消费是财富之源。上市公司要培养投资者、消费者和劳动者的忠诚度，首先要培养上市公司对投资者、消费者和劳动者和经营者的忠诚度。上市公司学习"生意经"，源于企业的营利性，旨在弘扬股权文化，创造财富；而学习"道德经"，源于企业的社会性，旨在弘扬和谐文化，善待财富。

聪明的上市公司应当意识到，品牌利益重于财产利益。名誉如衣，信誉如命。公司名誉、公司荣誉、公司信誉具有巨大的财产价值。无性的品牌利益重于有形的财产利益。明天利益重于今天利益。一流的上市公司应当审时度势地正确区分法律决策与商业决策，具有妥

---

① 参见辰雨：《山东董秘协会建议树理诚信形象》，参见 http://202.84.17.28/csnews/20020415/216795.asp.

② http://www.cec-ceda.org.cn/body/talk/chenglantong/2002_8_10.html.

善、平稳处理公关危机的经营艺术。汉语中的“舍得”二字意蕴丰富，值得企业高管认真学习。只有舍弃一些眼前的细微利益，才能得到长远的根本利益。吃小亏、取大利，何乐而不为？公司高管果真这么想，坏事也许就能变成好事。

聪明的上市公司应当针对利益相关者的不同人群，推出相应的社会责任政策。此处仅以公司对消费者的社会责任政策为中心，探讨良好的公司社会责任政策。为彰显自己善待消费者的诚意，各类产业的公司应当制定并公布充分尊重消费者利益的、覆盖产品开发、质量控制、广告策略、定价策略、售后服务、受理投诉等各个环节的、综合性的、诚信的消费者政策。例如，面对自己的消费者，诚信的上市公司应当推行真实、准确、完整、及时、易解、易得的信息披露政策。商业广告的最大问题是报喜不报忧。诚信的公司应当把对消费者有利、有害的消费信息同时提供给消费者。例如，现实生活中的“绿色家装材料”的宣传铺天盖地。许多消费者误以为只要购买了绿色家装材料就不会出现室内空气污染。但实际上，不少消费者购买的“绿色家装材料”之后也出现了室内空气污染。为何“绿色家装材料”出现了污染？原来，“绿色家装材料”中的“绿色”并不是“零污染”、“无污染”，而是有污染，只不过单项材料的污染程度在国家环保标准允许的范围之内。多项“绿色家装材料”加在一起就有可能超出“绿色”的范畴，进入“污染”的行列。如果生产商如实相告，消费者当然可以在购买决策之前作出贤明的决策。再比如，一些保健品生产商往往对保健品的副作用避而不谈，也误导了不少消费者。

二、鼓励社会责任投资

欧洲可持续与问责投资论坛（Eurosif, the European Sustainable and Responsible Investment Forum）出版的《2003 年欧洲机构投资者的社会责任投资》表明，欧洲机构投资者的社会责任投资在 2003 年高达 3 360 亿欧元。[①] 这意味着，社会责任投资已成为某些国家金融市场的主流，而且势头越来越猛。2005 年，法国的养老储备基金拟斥资 6 亿

---

① http://www.eurosif.org/pub2/lib/2003/10/srirept/press.shtml

欧元用于社会责任投资。[1] 而在美国，尽管自1999年之后的两年内美国的市场表现不佳，但2001年的社会责任投资仍高达23 400亿美元。[2]

鉴于投资者的社会责任取向对于管理层的社会责任表现具有举足轻重的作用，无论是个体投资者还是机构投资者，都将肩负着推动公司社会责任实践、在商业界落实社会正义的重责大任。要强化机构投资者的社会责任，鼓励机构投资者的战略投资和社会责任投资，遏制机构投资者的投机主义行为。随着我国的基金管理公司、保险公司、养老基金作为机构投资者的崛起，强调机构投资者的社会责任投资意义重大。兹以证券投资基金管理人和基金托管人为例说明。

信托型证券投资基金是典型的私益信托、商事信托、自益信托。在信托型证券投资基金关系中，投资者既是委托人，也是受益人，基金管理人、基金托管人则分别处于受托人的地位。当然，基金管理人、基金托管人各自履行的受托人职责的具体形态有所不同，前者注重基金资产的管理和投资活动，后者着眼于基金资产的安全性。受托人受人之托，承人之信，纳人之财，理应承担应尽的诚信义务。针对前几年的"基金黑幕"与基金管理人高位接盘、损害投资者利益的现象，《证券投资基金法》第9条要求："基金管理人、基金托管人管理、运用基金财产，应当恪尽职守，履行诚实信用、谨慎勤勉的义务"；还要求基金从业人员"恪守职业道德和行为规范"；并在第二章和第三章分别规定了基金管理人和基金托管人应当履行的诚信义务。

但是，基金管理人投资于具有社会责任感的公司，不仅在法律上和伦理上具有正当性与合法性，而且从长远看，有利于基金持有人的利益最大化。基金管理人在选择投资对象时，应当认真评估投资对象的社会责任表现，并建立一票否决制。当前，我国一些公司在选择投资对象时，往往偏重于公司的财务表现尤其是近期财务表现，缺乏长期投资、战略投资、社会投资的雄才大略。看似对自己的基金持有人

---

① http://www.socialfunds.com/news/article.cgi/article832.html

② Social Investment Forum, 2001 Report on Socially Responsible Investing Trends in the United States, SIF Industry Research Program, November 28, 2001. http://www.socialinvest.org/areas/research/trends/2001-Trends.htm

利益负责,但长此以往,必将助长投资对象的唯利是图行为,最终导致投资对象社会形象与营利水平的集体沦丧。只有未雨绸缪,才能避免基金投资因为潜在的公司社会责任丑闻而导致灭失。我国的机构投资者都应争当社会责任投资者。正确处理投资的社会性(道德经)与营利性(生意经)之间的辩证关系是推动机构投资不断变革的动力,也是衡量机构投资的智慧和艺术水准的重要标尺。

相关的一个问题是,投资基金在寻求自身角色定位时,是追求积极的股东角色,还是追求消极的股东角色?笔者主张,证券投资基金在我国当前公司治理不完善、存在制度设计缺陷的情况下,也应努力成为积极的股东。为了践行社会责任投资理念,基金管理人不仅要学会用脚投票,也要学会用手投票,用诉状投票。

要强化基金管理人对投资对象和公司利益相关者的同情心与爱心,一定要克服基金管理人对自己的基金持有人麻木不仁的投资管理心态。例如,不少基金管理公司曾购买过不诚信上市公司发行的股票,但在散户投资者纷纷对虚假陈述行为人提起诉讼的情况下,基金管理公司缘何倾向于三缄其口,保持沉默?是由于基金管理公司基金经理投资理财水平高超,能够识破虚假陈述骗局?还是由于基金管理公司存在难言之隐,担心自己一旦提起诉讼,反而暴露自己专家理财水平不高的尴尬局面?笔者认为,当证券投资基金投资对象公司存在虚假陈述行为时,负责任的基金管理人应当仗义执言,挺身而出。这是维护广大基金投资者合法权益的需要,也是维护上市公司中小股东权益的需要,更是强化社会责任投资理念的必修课之一。

三、建立与完善公司社会责任信息披露制度

传统的公司法为了追求保护股东与债权人的立法价值,在信息披露制度上只强调财务信息,很少涉及用工、消费、环境保护等方面的社会信息。建议我国公司法和证券法导入社会公开法律机制,丰富信息披露的外延与内涵,把股东之外的其他利害关系人与股东、证券投资者和债权人一起纳入社会公开机制的保护伞下面,并把信息公开披露的内容由传统的财务性公开,扩大到包括财务性公开和社会性公开在内的广泛内容。

相关政府机构应当据此完善信息披露格式,使信息披露制度惠及

包括广大投资者在内的各类利益相关者。上市公司作为全国性、透明度最高的公司，在履行社会责任信息披露方面理应率先垂范。为满足广大社会公众的知情权，除了号召公司自觉履行信息披露义务外，还应当保护媒体依法行使舆论监督权。

近年来，许多公司开始主动披露社会责任报告。总体而言，披露总比不披露好。社会责任报告的发表至少表明企业家开始意识到社会责任品牌的价值，开始意识到企业的命运必须与主流价值观合拍。但是，也存在一些问题：一是报喜不报忧的报告多，敢于自我剖析和自我批评的报告较少。绝大多数社会责任报告从正面宣传自己如何有爱心，如何捐助失学儿童和灾区人民，缴纳税收如何之多。至于从反面客观坦诚自己缺点和问题的少而又少。二是谈及公司对某类利益相关者的社会责任善举时，总是忽视另外一些利益相关者。例如，有些社会责任报告宣传自己如何保护自然环境，却唯独不提自己如何善待劳动者；有些国有企业宣传公司如何对国家经济安全负责，却没有谈自己对国家股东上缴了多少利润；有些公司宣传如何善待劳动者，却未谈及如何善待消费者。这些问题值得社会责任报告的编写者慎思明辨。

结　论

本书以科学发展观作为指导资本市场持续、健康、永续、和谐发展的重要指针，运用法学基本理论和思维，从构建资本市场法治的角度出发，对我国资本市场重大问题进行深入剖析和研究，并得出如下基本结论：

一、关于科学发展观与资本市场法治

科学发展观是指导资本市场法治建设的指南针。要推进资本市场法治，促进资本市场的永续和谐发展，必须牢固树立发展与规范并重的新思维。科学发展观主张，发展是目标，规范是前提，法治是基础，和谐是关键。要推进资本市场法治，促进资本市场的永续和谐发展，还必须牢固树立公平与效率兼顾的新思维。

二、关于弘扬和谐股权文化

为了进一步推动我国资本市场又好又快地永续健康发展，必须弘扬健康向上的和谐股权文化，构建投资者友好型法治环境。首先，弘扬股权文化是改善投资者关系、提升公司治理水平、强化公司竞争力的关键。其次，弘扬股权文化是推动资本市场和谐永续健康发展、拉动经济增长的发动机、火车头和助推器。其三，弘扬股权文化是资本市场法治肩负的首要任务，也是资本市场法治化程度的重要标杆。弘扬健康向上的和谐股权文化、切实保护好投资者权利应当是我国《公司法》与《证券法》的重要立法宗旨，并贯穿于整个资本市场法治建设的全过程。和谐股权文化，包括股东主权理念、股权平等理念、向弱势股东适度倾斜理念、股东民主理念和股东诚信理念。

为弘扬和谐股权文化，必须把弘扬和谐的股权文化作为我国资本市场发展与监管过程中的主旋律，积极构建投资者友好型的法律体系，打造投资者友好型的行政监管体系，打造投资者友好型的司法救济体系，把弘扬股权文化贯穿于公司治理的全过程，作为投资者教育的重要内容,组建中国投资者协会,进一步完善证券投资者保护基金制度。

三、关于证券发行制度改革

在证券发行制度上,中国证监会围绕核准制的落实和深化进行了一系列的制度性建设,初步形成了符合中国资本市场发展水平的证券发行核准制度。我国未来的证券发行监管体制改革仍要在继续坚持市场化改革方向的前提下进一步深化与创新:(1)进一步完善保荐制度;(2)进一步完善询价制度;(3)促进优化资本市场结构和发行监管改革相互协调;(4)建设服务型和法治型证券监管机构。同时,我国证券发行监管体制的改革路径和核心内容应当是注册制改革。注册制的推行需要完善如下相关配套条件:(1)证券市场监管者要从发行申请文件的实质内容的核准转向对发行申请文件的真实性、合法性与完整性的合理审慎审查;(2)证券市场监管机构和自律机构应当从过于重视事先的核准把关,转向事后的监管;(3)进一步完善证券一级市场的失信制裁机制包括信用制裁机制,督促发行公司、保荐机构和其他中介机构慎独自律。在证券发行制度改革的同时,要加强对非法证券活动的整治,切实维护广大投资者的合法权益。

四、关于证券交易所自律监管制度改革

证券交易所是证券市场的心脏,在证券市场运作中发挥着重要作用。为了增强我国证券交易所的活力与竞争力,必须大胆借鉴国际先进的监管实践、立法经验、判例与学说,从中国国情出发,进一步改革我国现行的证券交易所制度,进一步明确证券交易所的法律地位,切实强化证券交易所在证券市场中的自治与自律功能。

与政府主管部门的行政监管相比,证券交易所的自律监管成本低于政府的行政监管,效率高于政府的行政监管,容易得到市场参与者的充分理解与主动遵守。证券交易所的自律阳光可以照耀到法律、法规和行政规章无法覆盖的证券市场死角,确认证券交易所的自律监管还有助于舒缓政府监管所派生的政治压力。为增强我国证券交易所在证券市场中的自律监管职能,完善证券交易所自律监管制度迫在眉睫。

立法者和决策者应当站在增强证券交易所和我国证券市场竞争力的高度上，从强化证券交易所的自律监管职能入手，加快制度创新步伐，完善自律监管职能，强化自律地位，积极稳妥推进证券交易所的公司制改革。

回顾域外先进的证券交易所自律监管实践，反思我国证券交易所自律监管的薄弱环节及其制度设计缺陷，有必要确认证券交易所的自治地位，确认证券交易所的独立的权利能力、行为能力与责任能力，从而消除证券交易所作为政府附属物的弱势地位。

为了建立健全证券交易所自律监管机制，还应建立自律监管与行政监管的良性互动关系。鉴于公司化改革可以强化证券交易所的自治地位，改善证券交易所的自律监管，建议大胆借鉴国外证券交易所公司制改革的成功经验，积极稳妥地推进我国证券交易所的公司化、股份化和最终上市。在证券交易所公司制改革以后，还要强调证券交易所在发挥自律监管职责方面的社会责任，并推出具体的制度设计与措施保障。为强化证券交易所自律监管，还应打破垄断，在证券交易所的设立和运营等诸环节创造公平竞争的环境。

五、关于完善公司治理

公司治理乃公司命运之所系。公司治理水平的高低直接关系到股东的投资价值，关系到公司的竞争力，更关系到民族经济的竞争力。但同时公司治理也是全球化难题。

公司良治的核心特征包括但不限于公司治理的透明度、问责性、民主性、尊重股东价值、股东平等、公司社会责任等方面。因此，公司治理的完善也应当着眼于这一点。建议进一步提高上市公司的透明性，要积极稳妥地推进信息披露的简明化运动，要充分尊重股东的知情权；建议进一步提高上市公司治理的问责性。问责性包括公司治理机构及其组成人员的职责清晰、违反职责的后果明晰，以及追究责任的通道畅通；建议进一步提高上市公司治理的民主性，建议《上市公司监督管理条例》根据《公司法》的规定，进一步细化有关股东大会、董事会、监事会职权的规定，形成股东会负责宏观决策、董事会负责中观决策、经理负责微观决策、监事会负责监督董事会和经理层、独立董事负责监督执行董事和经理层的分权制衡结构。

《条例草案》是上市公司监管的根本大法，在资本市场法律体系之中位于承上启下的重要地位。草案已有较强的可操作性，但仍须进一步增强其操作性，进一步树立"立法宜细不宜粗"的新理念，尽量将上市公司监管实践中已经看准、能够看准的法律关系作出清晰、严谨、全面的界定；应当尽可能多地体现出国际化色彩；从立法语言上看，立法者在法律条款能够缩写、也能够扩写的情况下，应当尽量采取扩写式的写作思路；从规范构成角度看，《条例草案》还应妥善处理实体法律规范与程序法律规范的相互关系。

六、关于独立董事制度

我国《公司法》确定了股东大会、董事会、监事会和经理构成的公司治理结构。看似双层制，实与双层制不同。如何处理独立董事制度与监事会制度的关系，主要存在四种选择模式：(1) 引进单层制及其配套的独立董事制度，废除现行公司治理结构模式和监事会制度；(2) 进一步改良监事会制度，排除单层制和独立董事制度；(3) 独立董事制度与监事会制度并存。(4) 授权公司在其章程中选择单层制或者双层制。笔者认为，要从根本上避免独立董事与监事会制度叠床架屋、监督资源的不必要浪费（如独立董事与监事的薪酬、重复聘请中介机构的费用），应从制度上革除当前独立董事与监事会并存的格局，授权公司自由选择独立董事制度或监事会制度。

完善独立董事制度应当寻求良好的独立董事与内部董事的构成比例，最佳的董事会结构应是内外董事（包括独立董事与关联董事）并存、德能互补、好人与能人为伍的结构。鉴于我国独立董事既要监督与制衡内部控制人，也要监督与制衡控制股东，为使独立董事的声音不被内部董事和关联董事吞没，独立董事应在董事会中占据多数席位。至于独立董事在董事会中占据简单多数还是绝对多数，应当尊重公司与股东自治以及市场的自由选择。

独立董事资格之优劣关系到整个独立董事制度能否发挥其应有作用。大体而言，独立董事既应具备普通董事的任职资格，也应具备其他特殊资格（包括利害关系上的独立性和超脱性，以及过硬的业务能力）。既要保持独立性，还应当具备至少足以与非独立董事相匹配、甚至更强的业务能力，包括担任独立董事所必需的专业知识和工作经验。从知识结构上看，独立董事集体的专业知识应当搭配合理，不宜高度重叠，且能囊括公司管理、财务、法律、营销等内容。为确保董事会的运作效率，《公司法》应要求大型股份公司董事会下设若干专门委员会。为培育独立董事市场，加强独立董事自律，有必要设立董事协会。

独立董事要恪尽普通董事的应尽职责，既要发挥参与决策的职责，也要发挥监督职责，还要发挥顾问和咨询职责。在监督者与顾问之间，前者是第一位的，后者是第二位的。

完善独立董事制度，应当健全独立董事的选拔机制，明确独立董事的问责机制，完善独立董事的利益激励机制。为强化独立董事的行业自律，建议成立独立董事协会。为了方便独立董事开展工作，建议建立独立董事秘书制度。

七、关于证券公司诚信义务及其法律责任

代理人对被代理人所负的诚信义务，包括忠实义务和勤勉义务，也适用于证券公司与其客户之间的代理关系。虽然勤勉义务也很重要，但对投资者财产利益和市场信心损伤最大的行为乃是忠实义务之违反。证券公司的诚信义务主要包括：(1) 严格在客户授予的代理权限内代理证券买卖，杜绝无权代理与越权代理行为；(2) 不得接受全权委托和概括授权；(3) 及时向投资者揭示投资风险；(4) 保障客户资产的安全性；(5) 不得实施自己代理和双方代理行为；(6) 如实报告义务等。证券公司违反委托合同、给客户造成财产损失的行为既是违约行为，也是侵权行为。根据《合同法》第 122 条之规定，因当事人一方的违约行为，侵害对方人身、财产权益的，受损害方有权选择依照《合同法》要求其承担违约责任，或者依照其他法律（如《侵权责任法》、《民法通则》）要求其承担侵权责任。因此，受害投资者有权从中选择对自己最为有利的法律依据维护自身权益。

如果受害投资者以违约为由追究证券公司责任，法院应适用违约责任制度追究证券公司违约责任；若受害投资者以侵权行为为由追究证券公司侵权责任，则法院应当适用侵权责任法追究证券公司的侵权责任。究竟选择何种法律依据，法院应当尊重受害投资者的选择。这也是私法自治原则在侵权责任法与合同法领域的重要体现。

八、关于会计师事务所民事侵权责任制度

会计师事务所侵权责任的理论基础在于受托人信托义务之违反。会计师事务所对利害关系人承担侵权责任时，不应遵循严格责任原则和公平责任原则，而应遵循过错责任原则。在诉讼程序中落实过错责任原则时应当采取过错推定的证据规则。我国应当建立会计师事务所的过错鉴定制度，允许人民法院就其难以判断的会计师事务所过错问题委托由法律、会计等专业人士组成的过错鉴定委员会作出鉴定结论。在落实会计师事务所的过错责任原则时，应区分会计师事务所在主观上的故意与过失。

我国现行立法并未规定特定赔偿金额上限，但《公司法》第 208 条第 3 款要求承担资产评估、验资或者验证的机构在其评估或者证明不实的金额范围内承担赔偿责任。这实际上间接规定了会计师事务所的责任限额，司法解释可以据此予以细化。首先，会计师事务所的民事赔偿最高限额应当控制在评估或者证明不实的金额范围内，而非收费金额范围之内，不管债权人数量之多寡和债权金额之大小。其次，为确保债权人公平受偿，建议建立债权催告制度。具体说来，人民法院在受理利害关系人以会计师事务所为被告提起的民事诉讼之后，应当立即发布公告，催告其他利害关系人向人民法院申报债权，然后按其债权比例在会计师事务所的最高责任限额内获得公平清偿。这不仅可以适度限制会计师事务所的民事责任和执业风险，又可以落实债权人之间的平等对待原则。

九、关于股权分置改革

股权分置改革的实质是从根本性的制度建设层面理顺流通股股东与非流通股股东之间的利益关系，既有利于非流通股股东依法取得流通权，又有利于流通股股东依法获得公平的对价。而流通股股东获得对价的基础即在于非流通股股东在股份发行之初有关“所持国有股、法人股暂不流通”的承诺构成与流通股股东之间的合同。证监会主导下的股权分置改革导致两类股东之间的合同发生变更，根据情势变更原则，流通股股东有理由请求非流通股股东支付合理的对价。由此，笔者认为对价的本质是由于非流通股股东改变此前所持股份“暂

不上市流通”的承诺,为获得流通股股东对原非流通股上市流通的容忍而为的对待给付。

股改对价的确定应遵循公开、公平、公正原则,合同自由原则,保护流通股股东利益原则以及有利于市场稳定原则。股改对价的确定应采用分类表决机制,完善类别股东分类表决机制是维护中小股东利益的重要制度保证。流通股股东的共同法律行为构成股权分置改革方案应由股东大会表决的基础。针对非流通股股东的违约行为,流通股股东可以选择违约责任之诉或者侵权赔偿之诉。

十、关于证券市场执法体制

证券犯罪作为一种社会现象,有其深刻的社会背景和时代特征。现行的证券犯罪执法合作体制在打击证券犯罪、加强市场风险防范方面发挥了重要作用,也为今后进一步加强相关部门之间的执法合作奠定了坚实基础并积累了宝贵经验。但是,现行的合作机制仍有来自外部法律法规以及执法合作机制内部在证据转换、公安机关提前介入等方方面面的制约,需要进行改革,以便更好地应对打击证券犯罪和防范市场风险的需要。

加强和完善证券犯罪执法合作,应当尽快实现公安机关提前介入,实现公安机关介入的关口前移;积极探索行政执法人员收集的证据与刑事犯罪证据的转换方法;重新调整立案与侦查程序的关系;适当扩充中国证监会的执法权力的范围和种类;进一步加强法律执行的可操作性;适应证券犯罪难取证的特点,提高侦查机关查办证券犯罪的技术手段和方法;尤其应当加强公安机关与证券监管部门之间的协作,逐步建立健全打击证券犯罪的预警机制、防控机制、联合办案协作机制;大力加强证券犯罪侦查机构和侦查队伍建设并建立聘请专家协助侦查制度;多管齐下,广辟案源渠道,积极鼓励市场各方参与法律监督。

在修改相关法律法规的同时,积极探索证券犯罪执法合作机制的实现模式也是加强执法合作的重要路径。依照海关缉私警察模式建立证券犯罪侦查队伍、组建经济犯罪侦查局以及证监会向检察机关直接检举等三种模式是当前我国进一步加强证券犯罪执法合作的可选模式,供相关部门参考。

十一、关于完善证券市场法律责任的立法和执法协调

证券市场立法必须扭转重行(刑)轻民的传统思维定势,对于证券民事责任、行政责任与刑事责任予以同等关注,至少放在与行政责任同等重要的位置上。不仅立法机关应当对于证券民事责任、行政责任与刑事责任予以同等关注,司法、执法机关予以同等关注。

就证券民事责任、行政责任与刑事责任的并用与竞合问题,三大法律责任原则上应当并用。当证券市场主体的某一行为同时触犯民事法律规范、行政法律规范或者刑事法律规范,当其无力同时支付民事赔偿金、罚款与罚金时,必须优先满足受害投资者的民事赔偿请求权;在适用法律责任时,如果三种法律责任出现竞合,应当删去相叠部分,使重叠的法律责任只适用一次,做到一事不二罚。对于证券市场主体发生债务不履行与侵权行为竞合时,投资者可自由选择对自己有利的法律依据提起诉讼。至于证券市场中的投资者由于市场主体的虚假陈述遭受损失时,要视其与被告人是否存在合同关系而定:倘若存在合同关系,受害投资者既可选择提起违约之诉,也可选择提起侵权之诉;倘若不存在合同关系,受害投资者只能提起侵权之诉。

健全、透明、公正、高效的证券民事救济制度是证券市场法治中不可或缺的重要内容。为保护投资者权益,维护社会稳定大局,确保我国证券市场的可持续发展,必须建立快速落实证券民事责任的争讼解决机制,打通五大争讼解决途径:友好协商;民事调解;行政调解;仲裁;诉讼。除了强调法律责任,强化证券市场主体(尤其是上市公司和中介机构及其从业人员)的商业伦理责任,加强自律组织(如证券交易所、证券业协会)的自律功能也势在必行,应当充分发挥行业协会和社会经济团体的作用。

十二、关于强化上市公司的社会责任

公司社会责任理论纠正了传统公司法片面强调公司营利性与股东利益最大化的立法理念,要求公司在开展经营活动时,不仅要遵守法律和行政法规,还要遵守商业伦理(商业道德),遵守公序良俗(包括社会公共利益和良好社会风俗)。强化公司社会责任的理论依据在

于公司的社会性,在于公司的经济力量,在于公司推动社会权实现的社会义务;强化公司社会责任有助于推动和谐社会的构建;强化公司社会责任是公司占领市场份额的经营方略。为推动上市公司社会责任运动,应当鼓励公司慎独自律,出台公司社会责任政策;鼓励社会责任投资;建立与完善公司社会责任信息披露制度。

主要参考文献

[1] Richard Goff, Walter Moss, Janice Terry, Jiu-HwaUpshur. *The Twentieth Century: A Brief Global History (Fifth Edition)* [M]. The Mc Graw-Hill Companies, 1998.

[2] *The anatomy of corporate law, A comparative and functional approach*, Reinier H. Kraakman, Hideki Kanda, Edward B. Rock, Paul Davies, Klaus J. Hopt, Oxford University Press, 2004.

[3] *Communication from the Commission to the Council and the European Parliament-Modernising Company Law and Enhancing Corporate Governance in the European Union-A Plan to Move Forward*, May 21, 2003.

[4] Drury, Robert R. & Xuereb Peter G.. "*European Company Laws: A Coparative Approach*".

[5] Peter G. Xuereb, *the Rights of Shareholders*, Oxford, 1989.

[6] James D. Cox et al., *Securities Regulation: Cases and Materials* 20 (1997).

[7] Caroline Bradley, *Demutualization of Financial Exchanges: Businnes As Usual?*

[8] *Journal of International Law & Business*, Spring, 2001, 21 *NW. J. INT'L L. & BUS.* 657.

[9] F. M. B. Reynolds, *Bostead on agency*, fifteenth edition, Sweet & Maxwell, London, 1985.

[10] Powell Raphael, *The Law of Agency* (1961), Sweet & Maxwell.

[11] B. S. Markesinis, R. J. C. Munday, *An outline of the law of agency*, second edition, Butterworths, London, 1986,

[12] *Restatement of Agency*, second edition, American Law Institute, American Law Institute Publisher, 1958.

[13] Warren A Seavy, The ratinale of Agency (1920) 29 *Yale L J* 859.

[14] *Agency and Distribution Agreements: An international survey*, edited by Agustin Jausas, Graham & Trotman, London.

[15] G. H. L. Fridman: *The Law on Agency*, London Butterworth

[16] Sanjai Bhagat & Bernard Black, The Uncertain Relationship Between Board Composition and Firm Performance, 54 *Bus. Law.* 921 (1999).

[17] April Klein, Firm Performance and Board Committee Structure, 41 *J. L. &*

Econ. 277(1998).

[18] *Comparative Corporate Governance*, Edited by Klaus J. Hopt & Eddy Wymeersch, Watlter de Gruyter & Co. ,1997.

[19] James D. Cox, Thomas Lee Hazen and F. Hodge O'Neal, *Corpotations*, Volume 1, Aspen Publishers, Inc. ,2002, Sec. 9.3.

[20] Barry D. Baysinger & Henry N. Butler, *Revolution Versus Evolution in Corporation Law: The ALI's Project and the Independent Director*, 557, 572 (1984).

[21] Ira M. Millstein & Paul W. MacAvoy, The Active Board of Directors and Performance of Large Publicly Traded Corporations, 98 *Colum. L. Rev.* 1283, 1299-1315 (1998).

[22] Adam Bryant, *Calpers Draws a Blueprint for its Concept of An Ideal Board*, N. Y. TIMES, June 17, 1997.

[23] *National Association of Corporate Boards*, Report of NACD Blue Ribbon Commission on Director Professionalism 9(1996).

[24] The Business Roundatable, Statement on Corporate Governance 10(1997).

[25] William L. Cary, *Federalism and Corporate Law: Reflections Upon Delaware*, 83 Yale L. J. 663, 664, 666 (1974); Charles W. Murdock, Delaware: *The Race to the Bottom —Is an End in Sight*?, 9 Loy. U. Chi. L.J. 643 (1978).

[26] *Regulation of Exchanges and Alternative Trading Systems, Exchange Act Release* No. 34-40760, 63 Fed. Reg. 70,848(Dec. 22, 1998) (codified at 17 C. F. R. pts. 202,240,242,249) .

[27] Annotations to the OECD Principles of Corporate Governance, II(A)(2).

[28] Surendra Naht, *Shareholders'Right and Proteciton Under Company Law.*

[29] Objectives and Principles of Securities Regulation, http://www.iosco.org/

[30]〔日〕河本一郎、大武泰南:《证券交易法概论》,法律出版社 2001 年版。

[31] 斯道延·坦尼夫、张春霖、路·百瑞福特:《中国的公司治理与企业改革》,中国财政经济出版社 2002 年版。

[32] 施东晖:《证券交易所竞争论》,上海远东出版社 2001 年版。

[33] 余雪明:《证券交易法》,台湾证券市场发展基金会编印。

[34] 张育军主编:《深圳证券交易所综合研究所研究报告 2000 年》,经济科学出版社 2001 年版。

[35] 王京、滕必焱:《证券法比较研究》,中国人民公安大学出版社 2004 年版。

[36] 韩忠谟:《刑法原理》,中国政法大学出版社 2002 年版。

[37] 今井猛家:《日本的证券犯罪》,高铭暄,赵秉志主编,《中日经济犯罪比较研

究》,法律出版社 2005 年版。
[38] 芝原邦尔:《经济刑法》,法律出版社 2002 年版。
[39] 顾肖荣:《证券犯罪与证券违规违法》,中国检察出版社 1998 年版。
[40] 〔日〕西原春夫:《日本刑事法的重要问题》,法律出版社、日本成文堂 2000 年版。
[41] 吴建斌:《现代日本商法》,人民出版社 2003 年版。
[42] 刘俊海:《股份有限公司股东权的保护》,法律出版社 2004 年版。
[43] 赵万一:《证券法学》,中国法制出版社 2006 年版。
[44] 北京大学法学院金融法研究中心课题组,《成熟市场证券执法体制有哪些可取之处》,载《上海证券报》,2006 年 05 月 11 日。
[45] 梁慧星:《中国民法经济法诸问题》,法律出版社 1989 年版。
[46] 史尚宽:《债法总论》,中国政法大学出版社 2000 年版。
[47] 江平、方流芳:《新编公司法教程》(第 2 版),法律出版社 2003 年版。
[48] 周正庆主编:《证券知识读本》,中国金融出版社 1998 年版。
[49] 刘俊海:《公司的社会责任》,法律出版社 1999 年版。
[50] 刘俊海:《新公司法的制度创新:立法争点与解释难点》,法律出版社 2006 年版。
[51] 孙宪忠、谢鸿飞,常鹏翱:《民法总论》,社会科学文献出版社 2004 年版。
[52] 王利明:《合同法研究(第 1 卷)》,中国人民大学出版社 2002 年版。
[53] 王利明:《合同法研究(第 2 卷)》,中国人民大学出版社 2003 年版。
[54] 王利明:《民法总则研究》,中国人民大学出版社 2003 年版。
[55] 杨桢:《英美契约法论》,北京大学出版社 2003 年版。
[56] 崔建远、韩世远、王轶等:《合同法》(第 3 版),法律出版社 2003 年版。
[57] 钱弘道:《经济分析法学》,法律出版社 2003 年版。
[58] 赵旭东、甘培忠、刘智慧等:《公司法学》,高等教育出版社 2003 年版。
[59] 谈萧:《上市公司治理与监管专题研究》,法律出版社 2006 年版。
[60] 施天涛:《公司法论》,法律出版社 2005 年版。
[61] 赵旭东:《公司法评论》2005 年第 4 辑。
[62] 罗培新:《公司法的合同解释》,北京大学出版社 2004 年版。
[63] 于丹翎:《美国合同法(英文版)》,高等教育出版社 2006 年版。
[64] 证券法释义编写组:《中华人民共和国证券法释义》,中国法制出版社 2005 年版。
[65] 陈乃进主编:《破解全流通谜局》,新华出版社 2004 年版。
[66] 赵万一、汪世虎:《证券法学》,中国法制出版社 2006 年版。
[67] 范健主编:《商法》(第 2 版),高等教育出版社 2002 年版。

[68]〔德〕迪特尔·梅迪库斯:《德国民法总论》,邵建东译,法律出版社 2000 年版。
[69]〔德〕鲁道夫·冯·耶林:《为权利而斗争》,胡宝海译,中国法制出版社 2004 年版。
[70] 崔延花译:《日本公司法典》,中国政法大学出版社 2006 年版。
[71]〔韩〕李哲松:《韩国公司法》,吴日焕译,中国政法大学出版社 2000 年版。
[72] 薛波主编:《元照英美法词典》,法律出版社 2003 年版。
[73] Robert W. Hamilton, *The Law of Corporations*, Fourth Edition, 1996。中国人民大学出版社,民商法精要系列影印注释本,刘俊海、徐海燕注。
[74]《国务院关于推进资本市场改革开放和稳定发展的若干意见》。
[75] 林国全:《证券交易法研究》,中国政法大学出版社 2002 年版。
[76] 陈春山:《从 SEC 发展论证券管理之策略》,载《证券管理》(我国台湾地区),第 17 卷第 7 期。
[77] 林国全、王保树、王文杰、陈峰富编著:《两岸证券法制》,五南图书出版公司 2003 年版。
[78]〔日〕田中诚二、堀口亘、川村正幸:《新版商法》,九全订版。
[79]〔日〕大隅健一郎、今井宏:《最新会社法概说》(第 6 版),有斐阁 2004 年版。
[80] 胡长清:《中国民法总论》,中国政法大学出版社 1997 年版。
[81] 史尚宽:《债法总论》,中国政法大学出版社 2000 年版,第 110—116 页。
[82] 王泽鉴:《民法学说与判例研究(第 1—8 册)》(修订版),中国政法大学出版社 2005 年版。
[83] 王泽鉴:《民法总则》,中国政法大学出版社 2001 年版。
[84]〔美〕科斯:《企业的性质》,载《企业、市场与法律》,上海三联书店 1991 年版,第 7 页。转引自孙宪忠主编:《民法总论》,社会科学文献出版社 2004 年版。
[85]〔法〕卢梭:《社会契约论》,何兆武译,商务印书馆 1996 年版。